Gertraude Krell (Hrsg.)

Betriebswirtschaftslehre und Gender Studies

Vorwort

„Betriebswirtschaftslehre & Gender Studies" als Titel dieses Sammelbandes[1] bezeichnet eine Verbindung, die für beide Seiten eine Bereicherung darstellt: Sie ermöglicht Einsichten und Erkenntnisse, die sowohl für die Betriebswirtschaftslehre als auch für die Gender Studies fruchtbar gemacht werden können.

Angesichts dessen werden mit diesem Buch folgende Ziele verfolgt: Zum einen möchte ich, ohne Anspruch auf Vollständigkeit, einen Eindruck davon geben, in welchem Ausmaß, in welchen Themenbereichen und aus welchen Perspektiven im Rahmen der Betriebswirtschaftslehre im deutschsprachigen Raum der internationale Stand der Geschlechterforschung rezipiert und selbst Geschlechterforschung betrieben wird. Zum anderen sollen die Beiträge zur verstärkten und vertieften Beschäftigung mit dieser Thematik anregen.

Die AutorInnen, die in diesem Buch zu Wort kommen, stammen (mit einer Ausnahme) aus der betriebswirtschaftlichen Scientific Community – und dort vor allem aus jenen Teilgebieten, in denen geschlechterbezogene Themen schon länger und intensiver bearbeitet werden.[2] Aber es gibt auch ‚Raritäten' wie Gender-Analysen der Marketingwissenschaft, der Accountingforschung und des Controlling oder wie Men's Studies.

In meinem Beitrag „Betriebswirtschaftslehre und Gender Studies: Eine Einführung zu Geschichte und Gegenwart" werden die Gender Studies kurz vorgestellt. Daran anknüpfend wird die Betriebswirtschaftslehre aus deren Perspektive betrachtet: Dabei geht es zum einen um das Geschlecht der Personen, die Betriebswirtschaftslehre betreiben, bzw. um die Geschlechterverhältnisse in diesem Fach, zum anderen um Geschlecht als Gegenstand der Betriebswirtschaftslehre.

Anschließend thematisieren Matthias Bode und Ursula Hansen „Das Geschlecht der Marketingwissenschaft" und fragen: „Wie ‚männlich' ist sie und wie ‚weiblich' sollte sie sein?" Ausgehend von der Gegenüberstellung einer vermeintlich „geschlechtsneutralen" und einer auf diskussionsbedürftige Weise geschlechtsdifferenzierenden Marketingwissenschaft wird für eine geschlechtssensible Marketingwissenschaft plädiert.

---

[1] Dieser Sammelband basiert auf der gleichnamigen Ringvorlesung am Fachbereich Wirtschaftswissenschaft der Freien Universität Berlin im Wintersemester 2003/04. Die Mittel sowohl für die Gasteinladungen als auch für die Publikation der Beiträge in diesem Buch wurden im Rahmen der Zielvereinbarungen des Präsidiums der Freien Universität mit dem Fachbereich Wirtschaftswissenschaft zur Verfügung gestellt.

[2] Vgl. dazu Krell & Osterloh (1993) sowie Krell (2004b).

Mit Albrecht Beckers Beitrag „Accountingforschung, Controlling und Gender: Bestandsaufnahme und Perspektiven" ist eine der Teildisziplinen angesprochen, in denen im deutschsprachigen Raum bisher eher keine Verbindung zu Gender bzw. Gender Studies gesehen wird. Becker demonstriert und diskutiert drei mögliche Verknüpfungen: „The Gender of Accountants", „Accounting for Gender" (im Sinne von Gender Equality) und schließlich ebenfalls „The Gender of Accounting".

Cäcilia Innreiter-Moser gibt in ihrem Beitrag „Feministische Theorien und Organisationsforschung" einen Überblick über die unterschiedlichen, als feministisch etikettierten theoretischen Ansätze und Forschungsperspektiven und erörtert jeweils deren Implikationen für die Organisationsforschung.

Unter der Überschrift „Tausend Schleifen" stellt Günther Ortmann grundlegende Überlegungen zu „Geschlecht, Sprache und Organisation" an, in deren Mittelpunkt die Ausgrenzung von Frauen aus und in Organisationen steht.

In ihrem Beitrag zu „Organisation und Geschlecht" nehmen Margit Osterloh und Nicoline Scheidegger eine „Netzwerkperspektive" ein. Sie arbeiten heraus, dass nicht Netzwerke per se, sondern nur bestimmte Netzwerkstrukturen der Karrieremobilität förderlich sind.

Es folgen vier Beiträge aus bzw. zu Personal:[3]

Unter der Überschrift „Personalökonomik und Geschlecht" illustrieren Dorothea Alewell und Anne Canis die Verbindung zwischen einer bzw. ihrer programmatischen Orientierung der Personallehre[4] und geschlechterbezogenen Analysen an drei Beispielen: der Humankapitaltheorie, dem Signalling-Ansatz und der Analyse von Arbeitsmarktregulierungen (hier: Mutterschutz) und deren Auswirkung auf die Arbeitsmarktposition von Frauen.

Andrea Jochmann-Döll greift ein ebenso altes wie aktuelles Thema auf: „Gleiches Entgelt für gleichwertige Arbeit". Die Autorin stellt dar, welchen Beitrag die Arbeitsbewertung zur Entgelt(un)gleichheit von Frauen und Männern leisten kann, und fragt bzw. postuliert angesichts der Relevanz dieser Erkenntnisse für die Entgeltgestaltung: „(K)ein Thema für die Betriebswirtschaftslehre?!"

Anhand eines Fallbeispiels zeigt Michel E. Domsch auf, dass beim „Auslandseinsatz von weiblichen Fach- und Führungskräften" diese im Vergleich zu ihren männlichen Kollegen in vielerlei Hinsicht benachteiligt werden.

---

[3]   In der Ringvorlesung gab es einen weiteren Beitrag aus dem Bereich Personal: Rosemarie Kay referierte über die Diskriminierung bzw. Gleichstellung bei der „Beschaffung und Auswahl von Mitarbeiterinnen". Ihr Beitrag wurde nicht in diesen Sammelband aufgenommen, weil er bereits in der 4. Auflage von „Chancengleichheit durch Personalpolitik" (Krell, 2004a) enthalten ist.

[4]   Für einen Überblick über die verschiedenen programmatischen Orientierungen einer Lehre vom Personal vgl. Krell (1999).

Der Beitrag von Günther Vedder „Menschen mit Familienpflichten als Zielgruppe des Diversity Management" ist zum einen in der Schnittmenge von Personal und Management angesiedelt. Zum anderen verknüpft er das Handlungsfeld der Vereinbarkeit von Familie und Beruf – als Aufgabe der Personalpraxis und Thema der Personallehre – mit der Vorstellung des Konzepts Diversity Management. Dieses Konzept wird zugleich als neuer Rahmen für die Ausgestaltung von Maßnahmen zur Erleichterung der Vereinbarkeit, jetzt weiter gefasst als Work Life Balance, betrachtet.

Unter der Überschrift „Gleichstellung contra Vergemeinschaftung" analysiert Daniela Rastetter „Das Management als Männerbund" – und präsentiert damit zugleich eine mögliche Erklärung dafür, dass es trotz vieler effizienzorientierter Argumente pro Geschlechtergleichstellung mit dieser in der Praxis eher langsam voran geht.

Der letzte Beitrag ist der einzige, der nicht aus der Betriebswirtschaftslehre stammt. Michael Meuser ist Soziologe und einer der wenigen ExpertInnen für Men's Studies im deutschsprachigen Raum. Die Men's Studies als Teilgebiet der Gender Studies spielen im Vergleich zu den Women's Studies sowohl in dieser Disziplin selbst als auch in der Betriebswirtschaftslehre noch eine Nebenrolle. Meusers Überblick „Men's Studies – Entwicklung, Konzepte, Diagnosen" verdeutlicht, dass dieses noch junge Forschungsgebiet gerade auch für betriebswirtschaftliche Fragestellungen fruchtbare Ansatz- und Anknüpfungspunkte bietet.

Noch überwiegen allerdings in der Betriebswirtschaftslehre Abstinenz und Ablehnung hinsichtlich der Beschäftigung mit Geschlecht bzw. Geschlechterforschung. Davon zeugen die Ergebnisse einer im Jahr 2000 durchgeführten Befragung aller UniversitätsprofessorInnen für dieses Fach in Deutschland, Österreich und der Schweiz:[5] Zum einen bejaht nur ein Viertel der Befragten die Beschäftigung mit geschlechterbezogenen Themen in Lehre und Forschung. Zum anderen demonstrieren die dafür angeführten Begründungen, dass mögliche Verknüpfungen zwischen der Betriebswirtschaftslehre und den Gender Studies nicht gesehen oder auch abgelehnt werden. Allerdings gibt es hier deutliche Unterschiede zwischen den betriebswirtschaftlichen Teildisziplinen: Am häufigsten *verneint* wurde eine Beschäftigung mit geschlechterbezogenen Themen in Rechnungswesen/Controlling (von 94% der Befragten), Betriebswirtschaftliche Steuerlehre/Wirtschaftsprüfung (von 96%) und Operations Research (von 100%), am häufigsten *bejaht* in Personal (von 70%), Organisation (von 52%) und Marketing (von 26%). VertreterInnen der zuletzt genannten drei Teildisziplinen führen auch viele überzeugende Argumente für die Integration geschlechterbezogener Themen in Lehre und Forschung an.

Auch seitens der Gender Studies gibt es unterschiedliche Positionen zur Betriebswirtschaftslehre bzw. zu einer Verbindung mit dieser: Einerseits wird im Rahmen eines Sammelbandes (Braun & Stephan, 2000), der unter anderem Beiträge zu „Gender-

---

5   Vgl. Krell & Karberg (2002, S. 9ff.). Mehr dazu in meinem einführenden Beitrag in diesem Band.

Studien in einzelnen Disziplinen" enthält, mit Blick auf die Betriebswirtschaftslehre mit Bedauern konstatiert, dass sich nur wenige BetriebswirtInnen überhaupt mit dieser Materie beschäftigen (vgl. Maier, 2000, S. 149). Andererseits wird im Rahmen einer kritischen Auseinandersetzung mit Gender Mainstreaming und Managing Diversity von einer renommierten deutschen Geschlechterforscherin die Befürchtung geäußert, die Betriebswirtschaftslehre werde zur „neuen Leitdisziplin der Gleichstellungspolitik" – und damit die Gleichstellungspolitik dem ökonomischen Kalkül unterworfen (Wetterer, 2002, S. 135; vgl. auch S. 133).[6]

Angesichts dessen wird mit diesem Sammelband neben den eingangs genannten beiden Zielen[7] noch ein weiteres verfolgt: Vorurteile und Barrieren sowohl seitens der Betriebswirtschaftslehre als auch seitens der Gender Studies abzubauen.

Abschließend möchte ich mich bei allen bedanken, die dazu beigetragen haben, dass dieses Buchprojekt realisiert werden konnte: Allen AutorInnen danke ich für die konstruktive Kooperation. Bei Birgit Voge und vor allem bei Monika Neitzke bedanke ich mich dafür, dass sie die Beiträge zum Schluss noch einmal Korrektur gelesen haben. Monika Neitzke war es auch, die das fertige Manuskript erstellt hat, wofür ich ihr ganz besonders danke. Und zu guter Letzt geht mein Dank für die – wie immer – gute Zusammenarbeit an Frau Roscher und Frau Schilling vom Gabler-Verlag.

Literatur:

Bendl, R. (Hg.) (2005): Betriebswirtschaftslehre und Geschlechterforschung. Band 1: Verortung geschlechterkonstituierender (Re)Produktionsprozesse zur Standortbestimmung der Betriebswirtschaftslehre, Band 2: Empirische Ergebnisse, Frankfurt a.M. u.a. (im Erscheinen).

Braun, C. von & Stephan, I. (Hg.) (2000): Gender Studien: Eine Einführung, Stuttgart/ Weimar.

Krell, G. (1999): Geschichte der Personallehren, in: Lingenfelder, M. (Hg.): 100 Jahre Betriebswirtschaftslehre in Deutschland 1898–1998, München, S. 125-139.

Krell, G. (Hg.) (2004a): Chancengleichheit durch Personalpolitik. Gleichstellung von Frauen und Männern in Unternehmen und Verwaltungen. Rechtliche Regelungen – Problemanalysen – Lösungen, 4. Aufl., Wiesbaden.

---

6   Dass eine solche Position weder den angesprochenen Konzepten noch der Betriebswirtschaftslehre als Disziplin, in der bzw. deren Teilgebieten eine Vielfalt von Lehrmeinungen existiert, gerecht wird, habe ich an anderer Stelle gezeigt (vgl. Krell, 2005).
7   Vgl. dazu auch Bendl (2005).

Krell, G. (2004b): Arbeit und Geschlecht in der Betriebswirtschaftslehre. Expertise im Auftrag des vom BMBF geförderten Projekts GendA – Netzwerks feministische Arbeitsforschung. Diskussion Papers 8/2004, Marburg (download unter: http//genda netz.de/files/document47.pdf).

Krell, G. (2005): Geschlechterpolitik zwischen allen Stühlen: Betriebswirtschaftslehre, Geschlechtsunterscheidungen und die Konzepte Gender Mainstreaming/Managing Diversity als geschlechterpolitische ‚Baustellen', erscheint in: Lüdke, D., Runge, A. & Koreuber, M. (Hg.): Kompetenz und/oder Zuständigkeit: Zum Verhältnis von Geschlechtertheorie und Gleichstellungspraxis, Wiesbaden.

Krell, G. & Karberg, U. (2002): Geschlechterbezogene Themen in der Betriebswirtschaftslehre: Ergebnisse einer empirischen Erhebung, Diskussionsbeiträge des Instituts für Management, hg. von Bresser, R., Krell, G. & Schreyögg, G., Folge 17/02, Berlin (download: www.wiwiss.fu-berlin.de\w3\w3krell > Publikationen).

Krell, G. & Osterloh, M. (1993): Welchen Stellenwert haben Frauenthemen an Personallehrstühlen im deutschsprachigen Raum? Eine Bestandsaufnahme, in: Dies. (Hg.): Personalpolitik aus der Sicht von Frauen – Frauen aus der Sicht der Personalpolitik, 2. Aufl., München/Mering, S. 11-27.

Maier, F. (2000): Wirtschaftswissenschaft, in: Braun, C. von & Stephan, I. (Hg.): Gender Studien: Eine Einführung, Stuttgart/Weimar, S. 142-154.

Wetterer, A. (2002): Strategien rhetorischer Modernisierung. Gender Mainstreaming, Managing Diversity und die Professionalisierung der Gender-Expertinnen, in: Zeitschrift für Frauenforschung & Geschlechterstudien, 20. Jg., Heft 3, S. 129-148.

Inhaltsverzeichnis

Vorwort...V

Gertraude Krell
Betriebswirtschaftslehre und Gender Studies
Eine Einführung zu Geschichte und Gegenwart 1

Matthias Bode und Ursula Hansen
Das Geschlecht der Marketingwissenschaft
Wie „männlich" ist sie und wie „weiblich" sollte sie sein? 39

Albrecht Becker
Accountingforschung, Controlling und Gender
Bestandsaufnahme und Perspektiven 59

Cäcilia Innreiter-Moser
Feministische Theorien und Organisationsforschung 83

Günther Ortmann
Tausend Schleifen
Über Geschlecht, Sprache und Organisation... 105

Nicoline Scheidegger und Margit Osterloh
Organisation und Geschlecht – Eine Netzwerkperspektive
Welche Netzwerkstruktur fördert die Karrieremobilität? 139

Dorothea Alewell und Anne Canis
Personalökonomik und Geschlecht – einige Überlegungen
anhand von Beispielen 157

Andrea Jochmann-Döll
Gleiches Entgelt für gleichwertige Arbeit
(K)ein Thema für die Betriebswirtschaftslehre?!.. 185

Michel E. Domsch
Auslandseinsatz von weiblichen Fach- und Führungskräften
Präsentation eines Fallbeispiels... 205

Günther Vedder
Menschen mit Familienpflichten als Zielgruppe des Diversity Management 229

Daniela Rastetter
Gleichstellung contra Vergemeinschaftung
Das Management als Männerbund 247

Michael Meuser
Men's Studies – Entwicklung, Konzepte, Diagnosen 267

AutorInnenverzeichnis 287

Gertraude Krell

Betriebswirtschaftslehre und Gender Studies
Eine Einführung zu Geschichte und Gegenwart

1   Zum Auftakt: Impressionen zur (Nicht-)Wahrnehmung der Gender Studies
    in der BWL 3

2   Gender Studies: Eine kurze Vorstellung 4

3   Geschlechterverhältnisse in der BWL in historischer und aktueller Sicht 9
    3.1   Studierende 9
    3.2   Zwischenstationen 11
    3.3   HochschullehrerInnen 13
    3.4   Das „akademische Frauensterben" und die Situation der „Überlebenden"
          als Gegenstände der Gender Studies 14

4   Geschlecht als Gegenstand der BWL 17
    4.1   Geschichte: Ausgewählte Monographien 17
          4.1.1   „Allgemeine Gewerkslehre"
                   von Karl Bernhard Arwed Emminghaus (1868) 17
          4.1.2   „Betrieb-Wissenschaft" von Rudolf Dietrich (1914) 18
          4.1.3   „Der Mensch als Betriebsfaktor: Eine Kleinhandelsstudie"
                   von Rudolf Seyffert (1922) 18
          4.1.4   „Mensch und Arbeit im Betrieb" von Guido Fischer (1949) 19
          4.1.5   „Die Reklame" von Victor Mataja (1916) 20
          4.1.6   „Wie und wo erfasse ich Käuferschichten?"
                   von Horst Kliemann (1928) 21
          4.1.7   Zwischenfazit 22
    4.2   Gegenwart: Lehre und Forschung im deutschsprachigen Raum 1991-2000 ... 22
          4.2.1   Zum Design unserer Studie 22
          4.2.2   Ausgewählte Ergebnisse im Überblick 23
          4.2.3   Darstellung und Analyse der bearbeiteten Themen 25

5   Schlussbemerkung 30

Literatur 30

1   Zum Auftakt: Impressionen zur (Nicht-)Wahrnehmung der Gender Studies in der BWL

Die vierte Auflage des „Handwörterbuch der Unternehmensführung und Organisation" (Schreyögg & Werder, 2004) enthält erstmals einen Beitrag mit dem Titel „Gender Studies" (Krell, 2004d). Damit hält ein im Rahmen der Betriebswirtschaftslehre (BWL) bislang vernachlässigtes Forschungsgebiet Einzug in zumindest einen der Bände der Enzyklopädie der Betriebswirtschaftslehre.

Der betriebswirtschaftliche Mainstream sieht allerdings noch anders aus: Im Rahmen einer im Sommer 2000 durchgeführten Befragung aller UniversitätsprofessorInnen für BWL in Deutschland, Österreich und der Schweiz gab nur ein Viertel der Befragten an, dass sich in ihrem Arbeitsbereich in der Lehre und/oder in der Forschung mit geschlechterbezogenen Themen befasst wird (vgl. Krell & Karberg, 2002b, S. 9f.).

Ein Professor für Bankbetriebslehre begründete seine „Fehlanzeige" mit „Es besteht kein inhaltlicher Bezug, deshalb nicht einbezogen" (zit. nach Krell & Karberg, 2002b, S. 18). Eine solche Position ignoriert die zahlreichen Studien zur Ungleichbehandlung aufgrund des Geschlechts bezogen auf die Beschäftigten (vgl. z.B. Acker, 1994; Quack, 1999) und die KundInnen (vgl. z.B. Fay & Williams, 1993; McKechnie, Ennew & Read, 1998; Verheul & Thurik, 2001; sowie zusammenfassend Döbler, 1998, S. 185ff.) von Banken.

Ein anderer Hochschullehrer begründete seine Abstinenz in Sachen geschlechterbezogene Themen nicht nur mit Blick auf sein Fachgebiet Rechnungslegung, sondern auch mit Blick auf seine Studierenden: „(…) Universität der Bundeswehr hat z. Zt. nur männliche Studenten" (zit. nach Krell & Karberg, 2002b, S. 18). Dieser Kommentar illustriert zunächst die weit verbreitete Gleichsetzung von „Geschlecht" mit „Frau" bzw. „Frauen". Auf diese Gleichsetzung wird im Rahmen der Gender Studies sowohl seitens der Women's Studies (vgl. z.B. Krell, 1984, S. 57) als auch seitens der Men's Studies (vgl. z.B. Meuser, in diesem Band) aufmerksam gemacht. Angesichts dessen ist es ein zentrales Anliegen der Männerforschung, zu zeigen, dass Männer keine geschlechtsneutralen Wesen sind und dass und wie ihr Handeln auch durch ihre Geschlechtszugehörigkeit beeinflusst wird. Mehr noch: Aus der Perspektive sowohl speziell der Männerforschung als auch allgemein der Geschlechterforschung wird sichtbar, dass es sich bei Universitäten mit nur männlichen Studierenden um „vergeschlechtlichte Welten" bzw. Organisationen handelt (ebd., S. 272). Daran anknüpfend fragen GeschlechterforscherInnen nach den Ursachen, Praktiken und Effekten des Ausschlusses von Frauen aus Organisationen und – damit zusammenhängend – aus der Organisationsforschung (vgl. dazu auch die Beiträge von Innreiter-Moser;

Ortmann; Rastetter, in diesem Band). Last but not least, sind zwei der in diesem Band vertretenen Autoren Professoren an einer Universität der Bundeswehr.

In der dritten Auflage des Handwörterbuchs des Personalwesens (Gaugler, Oechsler & Weber, 2004) findet sich, wie schon in den beiden Auflagen zuvor, ein Beitrag „Arbeitnehmer, weibliche" (Krell, 2004c). Es gibt auch Beiträge zu älteren, ausländischen und behinderten Arbeitnehmern. Wer einen Beitrag „Arbeitnehmer, männliche" sucht, wird jedoch nicht fündig. Aus der Perspektive der Gender Studies betrachtet, handelt es sich hier nicht um einen Fall des Ausschlusses von Männern. Vielmehr wird erkennbar: Über die männlichen Arbeitnehmer (Zusatz: deutsch, nicht-behindert und ‚in den besten Jahren') gibt es keinen Beitrag, weil sie als der Normalfall bzw. als Norm(al)arbeitnehmer gelten. Gegenstand spezieller Beiträge sind nur diejenigen Arbeitnehmenden, die als „besondere Gruppen", und das heißt zugleich: tendenzielle Problemgruppen, kategorisiert werden. Als ich gefragt wurde, ob ich für die dritte Auflage des Handwörterbuchs des Personalwesens den Beitrag „Arbeitnehmer, weibliche" schreiben wolle, habe ich aufgrund dieser Kategorisierung zunächst gezögert, dann aber zugesagt – und die Gelegenheit genutzt, um erstens eben dies zu problematisieren und zweitens neuere Konzepte zur Geschlechtergleichstellung vorzustellen, für die keine Beiträge vorgesehen waren.

Das soll als Auftakt und zur Einstimmung genügen. Im Folgenden möchte ich zunächst unter 2. das Gebiet der Gender Studies kurz vorstellen und daran anknüpfend die BWL[1] aus der Perspektive der Gender Studies betrachten bzw. eine Gender-Analyse der BWL vornehmen. Unter 3. geht es um das Geschlecht der Personen, die BWL betreiben, bzw. um die Geschlechterverhältnisse in diesem Fach, unter 4. um Geschlecht als Gegenstand der BWL.

2 Gender Studies: Eine kurze Vorstellung

Gender Studies sind aus den Women's Studies hervorgegangen, die – eng verbunden mit dem Feminismus als sozialer Bewegung – seit den 1970er Jahren zunächst in den USA entstanden. Geschlechterforschung schließt konzeptionell Frauenforschung und Männerforschung sowie auch und insbesondere die Erforschung der Geschlechterordnung bzw. -verhältnisse ein. Faktisch dominiert jedoch noch immer die Frauenforschung, Beiträge zur Männerforschung bzw. der Men's Studies finden sich sehr viel seltener (so auch Walter, 2000; Meuser, in diesem Band). Weil die Geschlechterforschung aus der Frauenforschung hervorgegangen ist und noch heute von dieser do-

---

[1] Auf eine Vorstellung der BWL wird hier verzichtet. Vgl. dazu das Kapitel „Die Betriebswirtschaftslehre (BWL): Eine kurze Einführung auch für Nicht-BetriebswirtInnen" in Krell, 2004b, S. 13ff.

miniert wird, wird häufig auch die Bezeichnung „Frauen- und Geschlechterforschung" verwendet.

Erforscht werden im Rahmen der Gender Studies bzw. der Geschlechterforschung sowohl wissenschaftliche Disziplinen als auch deren Gegenstandsbereiche. In beiden Fällen wird der Blick auf die Kategorie Geschlecht und auf die mit „Geschlecht" – bzw. mit dem Verständnis davon – verbundenen Effekte wie z.B. Verhaltensnormen, Ressourcenverteilung usw. gelenkt (vgl. z.B. Stephan & Braun, 2000, S. 9).[2] Im Kontext der Gender Studies wird also eine kritische bzw. problematisierende Perspektive eingenommen. Insofern gilt das mit der Kategorie Geschlecht verbundene Wissen als ein Paradebeispiel für reflexives Wissen, das die wissenden Subjekte und damit zugleich deren Praxis verändert (vgl. Gherardi, 1995, S. 1). Das verweist zugleich darauf, dass Geschlechterforschung und Geschlechterpolitik eng miteinander verbunden sind (vgl. dazu auch Lüdke, Runge & Koreuber, 2005).

Ich beschränke meine Vorstellung der Gender Studies hier auf eine zentrale und Weichen stellende Frage: die Frage nach dem *Verständnis von Geschlecht.* Dazu möchte ich im Folgenden einen groben Überblick über Ansätze und Auseinandersetzungen geben.

Im angloamerikanischen Sprachraum gibt es für das deutsche Wort „Geschlecht" bekanntlich zwei Begriffe: *„Sex & Gender".* In den 1970er und 1980er Jahren dienten diese zur Markierung einer Trennlinie: Mit „Sex" wurde das „biologische Geschlecht" bezeichnet, mit „Gender" das „soziale Geschlecht". Mittels dieser Unterscheidung sollte verdeutlicht werden, dass die Ungleichheit der Geschlechter nicht (nur) auf natürliche Ursachen zurückzuführen, sondern (auch) historisch-gesellschaftlich hervorgebracht ist – und damit auch veränderbar. Neuere dekonstruktivistische Ansätze der Geschlechterfoschung (z.B. Butler, 1991, S. 22ff; Gildemeister & Wetterer, 1995, S. 205ff.) kritisieren jedoch diese Differenzierung zwischen „Sex = Natur" und „Gender = Kultur". Sie verweisen darauf, dass es per se problematisch ist, eine klare Trennlinie zwischen „Natur" und „Kultur" ziehen zu wollen, und dass nicht nur „Gender", sondern auch „Sex" – und damit zugleich „Zweigeschlechtlichkeit" – kulturell bzw. diskursiv hervorgebracht ist.

Analysen zur Hervorbringung von Geschlecht bzw. von Geschlechtsunterscheidungen lassen sich wiederum hinsichtlich ihrer Schwerpunktsetzungen differenzieren: Charakteristisch für *konstruktivistische Ansätze* sind Simone de Beauvoirs (1968) oft zitierter Satz „Man kommt nicht als Frau zur Welt, man wird es" (ebd., S. 265) und Buchtitel wie „Der gemachte Mann: Konstruktion und Krise von Männlichkeiten" (Connell, 2000). Im Mittelpunkt der ebenfalls konstruktivistisch orientierten Forschungen zum „Doing Gender" (West & Zimmerman, 1991) steht die alltägliche interaktive Konstruk-

---

2   Des Weiteren wird die Ausblendung, Vernachlässigung bzw. fragwürdige Verwendung von Geschlechterkategorien herausgearbeitet, wie dies auch zu Beginn meines Beitrags geschehen ist.

tion von Geschlecht und Geschlechterdifferenz. Bei der Betrachtung der Interaktionen vernachlässigt werden allerdings sowohl deren normativer Rahmen als auch deren Machtwirkungen (so auch Villa, 2000, S. 17). Deren Analyse steht wiederum im Zentrum *dekonstruktivistischer bzw. diskursanalytischer Ansätze*: Anknüpfend an Michel Foucault (1981), der unter Diskursen Praktiken versteht, „die systematisch die Gegenstände bilden, von denen sie sprechen" (ebd., S. 7), arbeitet Judith Butler (1991) heraus, wie Geschlechtsunterscheidungen diskursiv „fabriziert" werden (ebd., S. 200) und wie diese Produktionen zugleich „den Effekt des Natürlichen, des Ursprünglichen und Unvermeidlichen erzeugen" (ebd., S. 9), womit bereits eine wichtige Machtwirkung benannt ist. Zur Illustration empfohlen sei die Lektüre des Aufsatzes „Die Polarisierung der ‚Geschlechtscharaktere'" von Karin Hausen (1976). Dort wird herausgearbeitet, wie im letzten Drittel des 18. Jahrhunderts das Bild vom „weiblichen Geschlechtscharakter" (als z.B. emotional, abhängig und emsig) entworfen und dem des „männlichen Geschlechtscharakters" (als z.B. rational, selbstständig und zielgerichtet) gegenüber gestellt wurde. Hausen verdeutlicht auch, dass und wie diese gerade erst fabrizierten Unterscheidungen uno actu zu Unterschieden naturalisiert werden. Und schließlich arbeitet sie heraus, dass die Produktion der „Geschlechtscharaktere" sowohl Bedingung als auch Auswirkung der Zuordnung des Mannes zum beruflichen bzw. öffentlichen Bereich und der Zuordnung der Frau zum häuslichen bzw. familiären Bereich bzw. im (Not-)Fall weiblicher Erwerbstätigkeit zu bestimmten „frauengemäßen" Tätigkeiten ist. Diese Zuordnung hat wiederum Konsequenzen für die Einkommensverteilung: Hausarbeit ist, wenn sie von der Gattin verrichtet wird, unbezahlte Arbeit, und berufliche Tätigkeiten, die als frauentypisch gelten und überwiegend von Frauen ausgeübt werden, werden schlechter bewertet und bezahlt als männerdominierte (vgl. dazu auch Jochmann-Döll, in diesem Band). Für eine ausführliche Darstellung der Verwobenheit von Geschlechtsunterscheidungen und Geschlechterhierarchisierungen als Komponenten der Geschlechterordnung verweise ich auf meinen Beitrag „Die Ordnung der ‚Humanressourcen' als Ordnung der Geschlechter" (Krell, 2003).

Geschlechtsunterscheidungen und -hierarchisierungen werden von (de)konstruktivistisch orientierten AutorInnen aber nicht nur zwischen Frauen und Männern analysiert, sondern auch innerhalb dieser Gruppen, womit zugleich eine „Vielfalt der Geschlechter" markiert wird: Judith Butler (1991) kritisiert die Annahme, Frauen hätten einheitliche und kohärente Identitäten und Interessen (ebd., z.B. S. 20 und S. 210), weil diese kulturelle und gesellschaftliche Vielfalt hinsichtlich Identitäten und Privilegien (z.B. bedingt durch Rasse oder Klasse) ausblendet (ebd., S. 34). Robert Connell (2000) spricht von einer „Vielfalt an Männlichkeiten" bzw. einem „Geschlechterverhältnis unter Männern" (ebd., S. 97), das geprägt ist durch Dominanz und Unterordnung.

Und schließlich wird der Geschlechterdualismus selbst problematisiert: Die dualen bzw. binären Geschlechterkategorien werden als Stützen der Geschlechterhierarchie sichtbar gemacht (z.B. von Butler, 1991, S. 8). Daran anknüpfend kritisieren Regine Gildemeister und Angelika Wetterer (1995) die „Vorstellung einer ‚Natur der Zweigeschlechtlichkeit'" als etwas „objektiv Gegebenes" und arbeiten heraus, dass es sich dabei um eine soziale Konstruktion handelt, die der Herstellung sozialer Ordnung dient (ebd., S. 230). In diesem Sinne spricht auch Judith Lorber (2003) von Gender als einer sozialen Institution, die die Gesellschaft durchgängig hierarchisch strukturiert.

Demzufolge sind Betriebe, Unternehmen, Verwaltungen und andere Organisationen immer schon gegendered bzw. – etwas schwerfällig eingedeutscht – „vergeschlecht-licht".[3] Um dies sichtbar zu machen, werden im Rahmen sowohl der Geschlechterfor-schung als auch der Gleichstellungspraxis Daten über die Verteilung von Ressourcen wie z.B. Aufstiegsförderung (vgl. z.B. Domsch, in diesem Band) oder Entgelt (vgl. z.B. Jochmann-Döll, in diesem Band) auf Frauen und Männer erhoben und verbreitet. Dekonstruktivistisch orientiert Forschende geben jedoch zu bedenken, eine solche „schematische Erhebung von Daten entlang der ‚Mann-Frau'-Differenzierung" könne zur Verfestigung von Gender-Strukturen beitragen (Frey, 2003, S. 125; vgl. auch Wette-rer, 2002). Darauf komme ich noch zurück.

Während (de)konstruktivistische Ansätze vermeintliche Gewissheiten über Ge-schlechtsunterschiede bis hin zur Annahme der Natur der Zweigeschlechtlichkeit in Frage stellen, betonen *radikal-kulturelle Feministinnen* (vgl. zusammenfassend Innreiter-Moser, in diesem Band) bzw. *differenztheoretische Ansätze* (vgl. zusammenfassend Knapp, 2004) gerade die Unterschiede zwischen Frauen und Männern. Die Hervorhe-bung der Differenz geht hier einher mit einer Kritik (der Dominanz und Überbewer-tung) von „Männlichkeit" und einer „Positivierung des ‚Weiblichen'" (ebd., S. 153), die an gängige Verbindungen von Natur, Gefühl, Moral etc. mit Frauen bzw. „Weiblich-keit" anknüpft.[4] Solche Positionen finden sich auch im betriebswirtschaftlichen Kon-text. Beispiele dafür sind

▪ bezogen auf die BWL selbst der Vorwurf, Controlling folge einem „männlichen" Prinzip, das auf Kontrolle und Unterwerfung ziele (dazu kritisch: Becker, in die-sem Band), sowie die Forderung, die Marketingwissenschaft müsse „weiblicher" werden (dazu kritisch: Bode & Hansen, in diesem Band), und

▪ bezogen auf den Gegenstandsbereich der BWL die Begründung der Forderung nach der Erhöhung des Anteils weiblicher Führungskräfte mit der Vorteilhaftigkeit eines „typisch weiblichen Führungsstils" (dazu kritisch: Krell, 2004a).

---

3   Klassische Arbeiten zur Vergeschlechtlichung von Organisationen sind z.B. „Men and Wo-men of the Corporation" von Rosabeth Moss Kanter (1977), „Hierarchies, Jobs, Bodies – A Theory of Gendered Organizations" von Joan Acker (1990), „Gender and Bureaucracy" von Mike Savage und Ann Witz (1992) und „Gender, Symbolism and Organizational Cultures" von Silvia Gherardi (1995).

4   Diese Verbindungen sind allerdings nicht zwangsläufig mit einer Aufwertung von „Weiblich-keit" verbunden, sondern können auch mit deren Abwertung einhergehen. Vgl. dazu z.B. meinen Beitrag „Gefühl und Geschlecht in Bürokratie, Gemeinschaft und ICH-AG" (Krell, 2004e).

Der generelle und zentrale Kritikpunkt an differenztheoretischen Positionen ist, dass Geschlechterstereotypien reproduziert werden statt sie zu problematisieren bzw. zu dekonstruieren (vgl. zusammenfassend Knapp, 2004, S. 154). Dekonstruktivistischen bzw. radikal-konstruktivistischen Ansätzen wird wiederum vorgeworfen, sie vernachlässigten die – unterschiedliche – leibliche Erfahrung und Geprägtheit (vgl. z.B. Villa, 2000).[5] Hinzu kommt die von empirisch Arbeitenden vorgetragene Kritik, poststrukturalistische Ansätze seien aufgrund ihrer Ablehnung von Generalisierung und Gruppenbildung wenig geeignet für die empirischen Studien über Geschlechterverhältnisse (dazu mehr bei Innreiter-Moser, in diesem Band). Dem steht wiederum die schon erwähnte Kritik dekonstruktivistisch orientierter ForscherInnen an empirischen Analysen gegenüber, die an der Mann-Frau-Differenzierung orientiert sind. Hier handelt es sich in der Tat um ein „Gender-Paradox" sensu Judith Lorber (2003): „Das erste und oberste Paradox von *gender* ist, dass die Institution, ehe sie abgebaut werden kann, erst einmal sichtbar gemacht werden muß" (ebd., S. 52; Herv. i. O.). In diesem Sinne sind auch meine Ausführungen zu den Geschlechterverhältnissen in der BWL im folgenden Abschnitt zu verstehen.

Zum Ende dieses Abschnittes möchte ich noch einen kurzen Blick auf den aktuellen Geschlechterdiskurs werfen: Während in den Gender Studies verstärkt (de)konstruktivistische Perspektiven eingenommen werden, findet im populärwissenschaftlichen Diskurs eine Re-Naturalisierung statt: So belehrt uns z.B. Gertrud Höhler (1998) in der „Wirtschaftswoche", für „den Feminismus" mit seinem „vorwissenschaftlichen Charme" heiße es Abschied nehmen. Wir sollten auf den „naturwissenschaftlich gesicherten Boden der Tatsachen" zurückkehren (ebd., S. 134). In ihrem zwei Jahre später erschienenen Buch „Wölfin unter Wölfen" macht sie ihre LeserInnen ausführlicher mit der „neuen Hirnforschung" bekannt, derzufolge Frauen und Männer mit unterschiedlichen und auch nicht „beliebig umsteuerbaren" Identitäten geboren würden (Höhler, 2000, S. 20f.).[6] In das gleiche Horn tutet das Ehepaar Pease mit seinem 2002 erschienenen Bestseller „Warum Männer nicht zuhören und Frauen schlecht einparken. Ganz *natürliche* Erklärungen für eigentlich unerklärliche Schwächen" (Herv. G. K.). Solche Bestseller bzw. die darin verbreiteten „Wahrheiten" stellen für VertreterInnen der Gender Studies eine Herausforderung dar. Regina Frey (2004) beispielsweise bezeichnet das Buch von Pease und Pease als geschlechterpolitisches „Desaster, denn hier wird so getan, als ob es eindeutige Geschlechterkategorien und (wieder) einfache Antworten (…) gäbe" (ebd., S. 45). Aus einer diskursanalytischen Perspektive sind die verkündeten „Tat-Sachen" ein Paradebeispiel dafür, „dass der Rückgriff auf das Natürliche (...) stets politisch ist" (Butler, 1991, S. 187). Davon zeugen auch kritische Analysen zum Thema Hirnforschung und Geschlecht im Rahmen der Gender Studies in den

---

5   Beide Positionen verbindend bzw. vermittelnd, stellt Günther Ortmann (in diesem Band) das Verhältnis von Geschlechtsunterschieden und Geschlechtsunterscheidungen als eine von „Tausend Schleifen" dar.

6   Für eine ausführlichere Darstellung und Kritik (aus poststrukturalistischer Sicht) von Höhlers Argumentation vgl. Krell (2003).

8

Naturwissenschaften (vgl. z.B. Maurer, 2002; Schmitz, 2002), die zugleich zeigen, dass sich die skizzierten AutorInnen nicht auf den „naturwissenschaftlich gesicherten Boden der Tatsachen" stützen können.

Diese Ausführungen sollten deutlich gemacht haben: Wie auch in der Betriebswirtschaftslehre, der Organisationstheorie, der Personallehre usw. existieren in den Gender Studies unterschiedliche und konkurrierende Ansätze bzw. Lehrmeinungen. Es gibt aber auch einen gemeinsamen Nenner, und der besteht darin, dass eine kritische Perspektive auf herrschende (Geschlechter-)Verhältnisse eingenommen wird. Aus einer solch kritischen Perspektive soll nun in den folgenden beiden Abschnitten die BWL betrachtet werden.

3 Geschlechterverhältnisse in der BWL in historischer und aktueller Sicht

Dieses Thema bezogen auf Geschichte und Gegenwart umfassend zu bearbeiten, ist hier aus zwei Gründen nicht möglich: Zum einen würde das den Rahmen einer Einführung sprengen, zum anderen gibt es Forschungslücken.[7] Deshalb werde ich mich in den folgenden drei Abschnitten über Studierende, Zwischenstationen und HochschullehrerInnen auf exemplarische ‚Momentaufnahmen' beschränken. Gegenstand des vierten Abschnitts sind dann Erklärungen der Geschlechterverhältnisse in den Wissenschaften im Rahmen der Gender Studies.

3.1 Studierende

Auch wenn Dieter Schneider (2002) überzeugend argumentiert, die Gründung der *Handelshochschulen* dürfe „keineswegs als Wiege der heutigen akademischen Betriebswirtschaftslehre angesehen werden" (ebd., S. 52), so gilt doch gemeinhin das Jahr 1898, in dem in Leipzig die erste Handelshochschule gegründet wurde, als „Geburtsjahr" der BWL.[8]

---

[7] Genauer gesagt: Es gibt noch keine systematische Aufarbeitung der dazu vorliegenden Erkenntnisse im Rahmen der Forschung zur Geschichte der BWL einerseits und im Rahmen der Frauen- und Geschlechterforschung andererseits.

[8] Davon zeugt auch, dass zum 100. Geburtstag der Leipziger Handelshochschule zwei Sammelbände zum Thema 100 Jahre BWL erschienen sind (Lingenfelder, 1999; Gaugler & Köhler, 2002).

Die ersten Handelshochschulen waren, im Unterschied zu den Universitäten, Institutionen in städtischer oder privater, nicht in staatlicher Trägerschaft (vgl. Franz & Kieser, 2002, S. 67). Gelehrt wurden dort als Kernfächer Volkswirtschaftslehre, Recht, Warenkunde und die so genannte Handelstechnik (= Buchhaltung, Korrespondenz in deutscher und einer Fremdsprache, Stenographie und Schreibmaschinenschreiben). Außer in Mannheim und München kamen noch naturwissenschaftliche und technische Fächer hinzu. Und schließlich gab es an allen Handelshochschulen Vorlesungen zu Kunst, Philosophie, Literatur, Geschichte und anderen geisteswissenschaftlichen Fächern (vgl. Franz, 1998, S. 53). Ein zentrales Anliegen der Promotoren der Handelshochschulbewegung war nämlich, durch Bildung zur sozialen Aufwertung bzw. Anerkennung der zukünftigen Kaufleute, die Hauptzielgruppe der neu gegründeten Institutionen waren, beizutragen (vgl. Franz & Kieser, 2002, S. 64). Davon zeugen auch die folgenden Passagen aus der Festrede des Handelskammerpräsidenten zur Eröffnung der Leipziger Handelshochschule: „[Die Handelshochschule] will *Männer* heranbilden, die auch im öffentlichen Leben die Interessen ihres Standes wirksam zu vertreten befähigt sind und für das Gemeinwohl ein tiefes und umfassendes Verständnis haben." Und: „Es wird sich in Ihnen, *meine Herren,* (…) die Überzeugung kräftigen, dass das Ziel, der letzte Zweck der kaufmännischen Arbeit nicht im Erwerben von Geld besteht, sondern in der Bereicherung des Gemeinwesens, der Förderung des Vaterlandes und der Kultur" (zit. n. ebd., S. 63; Herv. G. K.). Als zweite wichtige Zielgruppe nennt Heike Franz (1998, S. 53) die zukünftigen Handelsschullehrer, und schließlich sollten die Handelshochschulen auch bereits berufstätigen Kaufleuten und Beamten offen stehen. Wer eine Handelshochschule besuchen wollte, musste zunächst kein Abitur haben, sondern nur die mittlere Reife, das so genannte „Einjährige" (vgl. Schneider, 2002, S. 48). Das galt bis 1924. Und bis dahin stellten auch die „praktischen Kaufleute *mit der Berechtigung zum einjährig-freiwilligen Militärdienst* (…) nahezu überall die zahlenmäßig bedeutendste Gruppe der *Studenten* dar" (Franz, 1998, S. 53; Herv. G. K.). Zur Herkunft der Studierenden vermutet Franz, dass es sich mehrheitlich nicht um die „*Söhne* von Großkaufleuten und Großindustriellen", sondern um „die *Söhne* von Handwerkern und vor allem Kleinhändlern" handelte (ebd., S. 64; Herv. G. K.).

Angesichts dessen, dass zwischen 1900 (in Baden) und 1909 (in Mecklenburg) in Deutschland Frauen zum Studium zugelassen wurden (vgl. Hervé, 1973, S. 13 und die dort angegebenen Quellen), habe ich mich bei der Lektüre dieser Passagen, insbesondere der von mir hervorgehobenen Stellen, gefragt, ob die Studierenden der Handelshochschulen ausschließlich Männer waren oder ob Frauen ‚mitgemeint' sind, wenn von „Männern", „Studenten" und „Söhnen" die Rede ist. Dank der Forschungen eines japanischen Kollegen[9] wissen wir, dass es Studentinnen gab: Akira Hayashima verfasste 1998 einen Beitrag über „Die erste Generation der Kölner Diplom-Kauffrauen und Diplom-Handelslehrerinnen". Diesem ist u.a. zu entnehmen, dass dort erstmals im Sommersemester 1907 Frauen als ordentliche Studierende immatrikuliert wurden

---

[9] An dieser Stelle möchte ich mich bei Herrn Hayashima für den aufschlussreichen Briefwechsel und die Zusendung seiner Arbeiten bedanken.

(vgl. ebd., S. 55). Zu den ersten sieben Absolventinnen sind auch „kurze Profile" beigefügt (ebd., S. 58ff.). Von den insgesamt 1155 AbsolventInnen im Zeitraum von 1909 bis 1919 waren 115 Frauen, davon 100 Handelslehrerinnen (vgl. ebd., S. 51). Die Zahl der Diplom-Handelslehrerinnen stieg vor allem im Ersten Weltkrieg stark an, und in den letzten Kriegsjahren betrug der Frauenanteil an den Diplom-HandelslehrerInnen sogar 80% (vgl. ebd., S. 55). An der Leipziger Handelshochschule waren von den 376 bis zum Prüfungstermin 1920/21 diplomierten HandelslehrerInnen aus Deutschland 16 Frauen (vgl. Hayashima, 2002, S. 20). Auch in seinem Beitrag über die erste Generation der Studierenden an der Frankfurter Handelshochschule geht Hayashima (2003) auf die Geschlechterverhältnisse ein: „Von den 115 Absolventen in Frankfurt [zwischen 1901 und 1911] waren nur 3 Frauen. Das waren 2,6 Prozent, was besagt, dass die Frankfurter Akademie eine Männergesellschaft gewesen ist" (ebd., S. 18). Damit lag Frankfurt zwischen Leipzig, wo der Frauenanteil nur 1,5% betrug, und Köln mit ca. 10% (vgl. ebd.).

Machen wir einen Sprung in die Gegenwart: Laut Angaben des Statistischen Bundesamtes (2004) beträgt im Wintersemester 2003/2004 der Frauenanteil an den BWL-Studierenden in Deutschland 45%. Betrachtet man die Qualität der Studienabschlüsse, so zeigt sich – zumindest hier an der Freien Universität Berlin bei den Feiern zur Verabschiedung der DiplomandInnen in BWL (und VWL) – in der Regel das folgende Bild: Unter denjenigen, die ihr Studium mit der Note „sehr gut" abschließen, sind die Studentinnen sogar in der Mehrzahl.

3.2   Zwischenstationen

Bei der Feier zur Verabschiedung der AbsolventInnen werden an unserem Fachbereich auch die *Promovierten* vorgestellt. Und hier handelt es sich dann stets um ein „Gruppenbild mit Dame(n)".

Betrachtet man die Wirtschaftswissenschaften an der Freien Universität Berlin insgesamt, dann betrug – dem 5. Bericht der zentralen Frauenbeauftragten (Koreuber, 2002) zufolge – im Zeitraum von 1998 bis 2001 der Frauenanteil an den Promovierten 27% (vgl. ebd., S. 36).[10] Dieser Prozentsatz erscheint in dreierlei Hinsicht relativ gering:

---

[10]   Im Bericht der zentralen Frauenbeauftragten sind die Zahlen nicht getrennt nach BWL und VWL ausgewiesen. Laut Auskunft der am Fachbereich Wirtschaftswissenschaft der FU Berlin zuständigen Sachbearbeiterin, Frau Kasper, bei der ich mich an dieser Stelle für ihre Unterstützung bedanken möchte, gab es im Zeitraum von 1998 bis 2001 insgesamt 42 Promotionen im Fach BWL, davon 13 (= ca. 30%) von Frauen. Von 2002 bis 2004 waren es insgesamt 29, davon sechs (= ca. 20%) von Frauen.

1. gemessen am Frauenanteil an den AbsolventInnen der Wirtschaftswissenschaften an der Freien Universität Berlin: Dieser betrug im gleichen Zeitraum 40,8% (vgl. ebd.),

2. im Vergleich mit anderen an der Freien Universität Berlin vertretenen Fächern: Die Wirtschaftswissenschaften sind hier das ‚Schlusslicht' aller Geistes- und Sozialwissenschaften (vgl. ebd.), und

3. im historischen Vergleich: In der Weimarer Republik stammten bereits 16,9% der Promotionen in den Wirtschaftswissenschaften von Frauen (vgl. Brüggestrat, 1988, S. 176).

Betrachtet man die wirtschaftswissenschaftlichen *Habilitationen* an der Freien Universität Berlin im Zeitraum von 1998 bis 2001, dann ist der Frauenanteil mit 17,6% noch einmal deutlich geringer (vgl. Koreuber, 2002, S. 36).[11]

Einer Auskunft der Assistentin des Vorstands des Verbands der Hochschullehrer für Betriebswirtschaft e.V. vom Dezember 2004[12] zufolge werden dort 750 Personen als wissenschaftlicher Nachwuchs, d.h. Habilitierende und JuniorprofessorInnen, geführt, davon 180 (also knapp ein Viertel) Frauen.

Erst in der Weimarer Republik waren Frauen überhaupt zur Habilitation zugelassen worden. Mit dem Nationalsozialismus kam es dann wieder zu einem Rückschritt: Habilitationen von Frauen waren zwar nicht verboten, wurden aber erschwert oder gar verhindert, weil, wie einer Wissenschaftlerin wörtlich mitgeteilt wurde, der Führer nicht wünschte, „daß sich Frauen in diese Stellungen an der Universität drängen" (zit. nach Brentano, 1963, S. 7).[13] Eine der Frauen, die während der NS-Zeit dennoch habilitieren konnten, ist der tabellarischen Übersicht von Klaus Brockhoff (2000, S. 433ff.) zufolge die erste Habilitandin im Fach BWL: Liesel Beckmann habilitierte 1940; ihr Betreuer war Karl Friedrich Rößle. Als der erste – im Jahr 1903 – habilitierte Betriebswirt gilt Eugen Schmalenbach (vgl. ebd., S. 432). Zwischen seiner und der Habilitation der ersten Frau liegen demnach fast vier Jahrzehnte. Und es vergingen noch einmal drei Jahrzehnte, bis 1970[14] Rosemarie Kolbeck als zweite Frau im Fach BWL habilitierte; ihr Betreuer war Karl Friedrich Hagenmüller (vgl. ebd., S. 435).

---

11 Auch hier die Zahlen für die BWL (Quelle s. Fußnote 10): Von 1998 bis 2001 habilitierten am Fachbereich Wirtschaftswissenschaft der Freien Universität Berlin für dieses Fach insgesamt 8 Personen, darunter 3 Frauen. Von 2002 bis 2004 waren es 2, darunter keine Frau.

12 Frau Syring, die mir diese Zahlen gemailt hat, möchte ich hier ebenfalls für ihre Unterstützung danken.

13 Das Zitat stammt aus der Befragung von Hans Anger (1960).

14 In Kürschners Deutschem Gelehrten-Kalender (1976, S. 1665) ist als Jahr der Habilitation von Rosemarie Kolbeck 1967 angegeben.

3.3   HochschullehrerInnen

Vierzig Jahre nach der Gründung der ersten Handelshochschule und gut ein Jahrzehnt, nachdem sich die BWL an Universitäten etabliert hatte, gaben Paul Deutsch und Yasutaro Hirai (1938) ihr „Neues Betriebswirtschaftliches Quellenbuch: Eine Allgemeine Betriebswirtschaftslehre in Einzeldarstellungen" heraus. Es enthält auch ein „Verzeichnis der Hochschullehrer der Betriebswirtschaftslehre an den reichsdeutschen Hochschulen" (ebd., S. 221ff.). Diesem ist zu entnehmen, dass es sich bei dieser Personengruppe ausnahmslos um Männer handelt.[15]

Wie bereits angesprochen wurde, gab es vor 1940 auch gar keine habilitierte Betriebswirtin. Mit Blick auf die erste Generation der Hochschullehrer für BWL ist allerdings relativierend hinzuzufügen, dass „(g)erade die Bekanntesten" – wie z.B. Johann Friedrich Schär, Eugen Schmalenbach und Fritz Schmidt – weder Abitur noch promoviert hatten (vgl. Schneider, 2002, S. 48). Johann Friedrich Schär z.B. hatte eine Ausbildung zum Grundschullehrer absolviert, war anschließend im Handel tätig und danach Lehrer an einer höheren Handelsschule, bevor er 1903 auf den ersten handelswissenschaftlichen Lehrstuhl an die Universität Zürich und drei Jahre später an die Berliner Handelshochschule berufen wurde (vgl. ebd.). Er war keine Ausnahme, sondern in der ersten Generation der betriebswirtschaftlichen Hochschullehrer dominierten (ehemalige) Handelsschullehrer und Kaufleute (vgl. Franz, 1998, S. 66). Die zweite Generation erwuchs dann aus den Studierenden der Handelshochschulen. Aber auch für sie waren, wie aus der tabellarischen Übersicht von Brockhoff (2000, S. 433ff.) hervorgeht, weder Promotion noch Habilitation selbstverständlich.

Die im Abschnitt zuvor genannten ersten beiden Habilitandinnen sind auch die ersten beiden Hochschullehrerinnen in Fach BWL: Liesel Beckmann lehrte nach ihrer Habilitation noch zwei Jahre lang als Dozentin an der Universität München und ging dann 1942 als „Ordinarius" an die Handelshochschule Königsberg (Klein-Blenkers, Deges & Hartwich, 1992, S. 120). In der „Gesamtübersicht über die Hochschullehrer der Betriebswirtschaft in der Zeit von 1898–1955" von Fritz Klein-Blenkers, Frank Deges und Ralf Hartwich (1992) ist Liesel Beckmann unter den insgesamt 142 verzeichneten Per-

---

15   Bekanntlich war im Nationalsozialismus die Zugehörigkeit zum weiblichen Geschlecht weder das einzige noch das folgenschwerste Ausschlusskriterium. Davon zeugt der Zusatz „(entpflichtet)" hinter den Namen einiger Hochschullehrer. Einer von ihnen ist Eugen Schmalenbach, der sich nicht von seiner jüdischen Frau trennen wollte und deshalb 1933 die vorzeitige Emeritierung beantragte. Erich Potthoff (2002, S. 106f.) schildert aus eigener Erinnerung, wie Schmalenbach und seine Frau 1944 in ein Sammelquartier für Ehepaare mit jüdischen Partnern gebracht wurden und unter welchen Bedingungen sein Doktorvater dort seine Arbeit weiterführte (vgl. ebd., S. 106). Alfred Isaac, der 1925 mit Hirai das erste „Quellenbuch der Betriebswirtschaftslehre" veröffentlicht hatte und bis 1934 Professor an der Nürnberger Handelshochschule war (vgl. Klein-Blenkers u.a., 1992, S. 218), taucht in dem Verzeichnis der reichsdeutschen Hochschullehrer von 1938 gar nicht mehr auf. Als Jude war er zu diesem Zeitpunkt schon emigriert. Hanns Linnhardt, der noch verzeichnet ist, verliert sein Amt im gleichen Jahr aus politischen Gründen (vgl. Gmähle, 1968, S. 71).

sonen die einzige Frau. Erst 1971 kam eine zweite hinzu. In diesem Jahr wurde Rose-marie Kolbeck Professorin an der Universität Frankfurt am Main (vgl. Kürschners Deutscher Gelehrten-Kalender, 1976, S. 1665). Zu den ersten betriebswirtschaftlichen Universitätsprofessorinnen gehört schließlich auch Ursula Hansen, die (zusammen mit Matthias Bode) in diesem Band mit einem Beitrag vertreten ist.

Für das Jahr 2000 haben wir im Rahmen unserer Erhebung zu geschlechterbezogenen Themen in der BWL auf Basis des Mitgliederverzeichnisses des Verbands der Hoch-schullehrer für Betriebswirtschaft ermittelt, dass von den insgesamt 737 Universitäts-professorInnen für BWL in Deutschland, Österreich und der Schweiz 31 (= 4,1%) Frau-en waren (vgl. Krell & Karberg, 2002b, S. 5).

3.4 Das „akademische Frauensterben" und die Situation der „Überlebenden" als Gegenstände der Gender Studies

Schon diese kursorische Betrachtung zeigt, dass sich mit Blick auf die BWL das für Frauen in den Wissenschaften typische Bild zeigt: „Je höher die Qualifikations- bzw. Hierarchiestufe, desto seltener sind Frauen dort vertreten – Friederike Hassauer spricht in diesem Zusammenhag vom ‚akademischen Frauensterben' (HASSAUER 1994: 35)" (Krais, 2000a, S. 11). Dessen Ursachen zu ergründen, um ihnen entgegen-wirken zu können, ist wiederum ein Arbeitsgebiet der Frauen- und Geschlechterfor-schung. Diese befasst sich darüber hinaus mit der Situation der „Überlebenden", d.h. der Frauen, die es geschafft haben, Hochschullehrerin zu werden.

Um die Suche nach Erklärungen für die marginalisierte Situation von Frauen an Uni-versitäten zu vereinfachen, bietet Margherita von Brentano (1963) zwei Hypothesen an „Frauen *können* nicht qualifizierte wissenschaftliche Arbeit leisten" und „Frauen *sollen* nicht – das hieße, es wird ihnen auf direkte oder indirekte Weise erschwert oder un-möglich gemacht" (ebd., S. 78; Herv. i. O.) – und macht zugleich darauf aufmerksam, dass hier ein circulus vitiosus waltet (vgl. ebd.).

Einigen Studien aus dem angelsächsischen Raum zufolge sind Wissenschaftlerinnen in der Tat weniger produktiv als Wissenschaftler (vgl. zusammenfassend Bielby, 2000 [1991], S. 59f.; Heintz, 2003, S. 60f.). Was aber sagt das aus? Schon Margherita von Brentano betont zu Recht, dass „wissenschaftlich stichhaltige(n) Untersuchungen (…) eine genügend große und repräsentative Gruppe von Frauen und Männern durch genügend langen Zeitraum und *unter gleichen Bedingungen*" vergleichen müssten (1963, S. 78; Herv. G. K.). Und gleiche Bedingungen sind schon deswegen nicht gegeben, weil sich Wissenschaftlerinnen in einem Minderheitenstatus befinden.[16] Bettina Heintz (2003, S. 60) macht darauf aufmerksam, dass die festgestellten Produktivitätsunterschiede die Unterrepräsentation von Frauen im Wissenschaftssystem nur dann erklären können, wenn bei gleicher Produktivität Frauen auch tatsächlich die gleichen Positionen erreichen wie Männer und wenn die Unterschiede nicht durch das System selbst hervorgebracht sind.

Hervorgebracht sein können die Unterschiede z.B. durch Stereotype und Vorurteile, denen zufolge Frauen „es nicht können" oder „es schlechter können". Diese Stereotype und Vorurteile können wiederum gespeist sein aus der Einstellung „Frauen sollen nicht". Als ‚Kostproben' möchte ich hier drei Passagen aus Antworten der Hochschullehrer anführen, die von Hans Anger (1960) gefragt wurden, wie sie (sich) erklären, dass es so wenige Hochschullehrerinnen gibt. Sie lauten: „Geistigkeit ist ein Privileg der Männer", „Weil zu einem Hochschullehrer die ganze Fülle einer männlichen Begabung gehört" und „Sie *kann* nicht öffentlich auf dem Katheder auftreten" (zit. n. Brentano, 1963, S. 81; Herv. i. O.). Auch William T. Bielby (2000 [1991], S. 70ff.) sieht in Stereotypen und den mit ihnen verbundenen Prozessen der sich selbst erfüllenden Prophezeiung eine wichtige sozialpsychologische Barriere für Frauen in der Wissenschaft.

Vom Wissenschaftssystem selbst hervorgebracht sein können Produktivitätsunterschiede zwischen Frauen und Männern, einer Untersuchung der Begutachtungspraxis des schwedischen Medical Research Council (MRC) zufolge, auch durch „Vetternwirtschaft und Sexismus im Gutachterwesen" (Wennerås & Wold, 2000 [1997]). Dies ist keineswegs ein Einzelfall: Auch andere Studien belegen die Diskriminierung von Wissenschaftlerinnen bei der Leistungsbeurteilung (vgl. zusammenfassend Martin, 1994, S. 412ff.; Heintz, 2003, S. 63).

Als weitere Barrieren bzw. Ausschlussmechanismen genannt werden u.a. der „Mythos der Unvereinbarkeit der Wissenschaft (mit Familienpflichten, G. K.)" (Nowotny, 1986, S. 22ff.), „Schwierigkeiten [der Frauen] im Umgang mit der Institution" (ebd., S. 25ff.), die „homosoziale Kooptation" bei der Rekrutierung von (Nachwuchs-)Wissenschaftlern (vgl. z.B. Heintz, 2003, S. 63f.), die berufliche Isolation bzw. schlechtere Vernetzung von (Nachwuchs-)Wissenschaftlerinnen (vgl. z.B. ebd., S. 61f.; Martin, 1994, S. 411f.).

Damit sind zugleich Ansatzpunkte für Maßnahmen zur Geschlechtergleichstellung im Wissenschaftsbetrieb benannt. Aber trotz solcher Maßnahmen „bleibt für Frauen der Weg zu den oberen Regionen der Pyramide steinig", stellt der damalige Präsident der Hochschulrektorenkonferenz (HRK) Klaus Landfried (2003) in seiner Rede zur Jahresversammlung der HRK in Dresden fest und fügt hinzu: „Die Abwehrmechanismen

---

[16] Generell zu den Effekten des Minderheitenstatus von Frauen vgl. Rosabeth Moss Kanter (1977, S. 210ff.).

zeigen eine viel höhere Subtilität als ehedem, aber selbst simple Männer wie ich bemerken sie gelegentlich" (ebd., S. 3).

Abschließend dazu noch zwei Anmerkungen bzw. Ergänzungen:

Zum einen handelt es sich hier, wie schon Margherita von Brentano (1963, S. 73) betonte, um „kein universitätsspezifisches Problem". Davon zeugt auch, dass das Bild von der „gläsernen Decke" sowohl mit Blick auf Wissenschaftlerinnen (vgl. z.B. Krais 2000b, S. 34) als auch mit Blick auf Managerinnen (vgl. z.B. Osterloh & Littmann-Wernli, 2002) gebraucht wird. In die gleiche Richtung zielt William T. Bielbys (2000 [1991]) Plädoyer, mit Blick auf das Thema „Geschlecht und Karriere" die Wissenschaft nicht als Sonderfall zu betrachten. Insofern können die in diesem Band enthaltenen Beiträge zur Relevanz von Netzwerken für die Karriere in Unternehmen (vgl. Osterloh & Scheidegger) und zum Management als Männerbund (vgl. Rastetter) sowie die Ausführungen zu „Homosozialität" im Beitrag von Michael Meuser und zum Ausschluss von Frauen aus Organisationen im Beitrag von Günther Ortmann[17] auch zur Erklärung der Geschlechterverhältnisse im Wissenschaftsbetrieb beitragen.

Zum anderen wird aber auch dafür plädiert, bei der Erforschung der Geschlechterkonstellationen in den Wissenschaften die „Geschlechterdifferenz" (hier verstanden als „Kürzel für die Prozesse der Kategorisierung, Aktivierung und Asymmetrisierung von Geschlecht, die theoretisch wie empirisch auseinander zu halten sind") nicht als „omnirelevantes Ordnungsprinzip" zu betrachten, sondern als „kontingente(s) Produkt spezifischer Konstellationen und Kontexte" (Heintz, Merz & Schumacher, 2003, S. 12). Dementsprechend untersuchen die Autorinnen (mittels ethnographischer Methoden) vergleichend Geschlechterdifferenzen bzw. -konstellationen in den vier Disziplinen Architektur, Botanik, Meteorologie und Pharmazie.[18] Vergleichbare (Fall-) Studien zur BWL stehen noch aus.

Nach dieser Betrachtung der Geschlechterverhältnisse der Personen, die BWL studier(t)en, in diesem Fach promovier(t)en, habilitier(t)en und als HochschullehrerInnen arbeit(et)en, soll im folgenden Teil dieses Beitrags untersucht werden, ob und ggf. wie das Thema Geschlecht in der BWL zum Gegenstand der Lehre und/oder der Forschung gemacht wird.

---

17 Dort (siehe 4.2) wird Niklas Luhmann zitiert, der die (bzw. seine) Besorgtheit über die „Zulassung von Frauen zu einem männlichen Kollegenkreis" thematisiert. Als ‚Gegenstück' dazu soll hier Luhmanns Fachkollegin Renate Mayntz zu Wort kommen, die schreibt: „Gestört hat mich an meinem weiblichen Minderheitenstatus vor allem, dass ich aus der zwischen männlichen Kollegen herrschenden Kameraderie ausgeschlossen blieb. Manchmal kam ich mir im männlichen Kollegenkreis wie ein Zirkuspferd vor, auf dessen Kunststücke man stolz ist" (Mayntz, 1996, S. 235; zit. n. Krais 2000b, S. 46).

18 Zur Begründung der Auswahl bzw. Kombination/Komposition dieser vier Disziplinen vgl. ebd., S. 14ff.

4 Geschlecht als Gegenstand der BWL

Im ersten Abschnitt dieses Teils werden dazu ausgewählte Monographien aus der ‚Frühgeschichte' des Faches analysiert, im zweiten die Ergebnisse einer im Sommer 2000 durchgeführten Erhebung zum Stellenwert geschlechterbezogener Themen in der betriebswirtschaftlichen Lehre und Forschung in Deutschland, Österreich und der Schweiz vorgestellt.

4.1 Geschichte: Ausgewählte Monographien

Bei den im Folgenden betrachteten sechs Monographien handelt es sich um Pionierarbeiten, die auch in Beiträgen zur Geschichte der BWL als solche gewürdigt werden. Ausgewählt wurden – exemplarisch – Bücher, in denen Geschlecht thematisiert und danach gefragt wird, *wie* dies jeweils geschieht.

4.1.1 „Allgemeine Gewerkslehre" von Karl Bernhard Arwed Emminghaus (1868)

Dieses Buch, das auch als erste Industriebetriebslehre gilt, enthält einen Abschnitt mit dem Titel „Beschäftigung von Frauen und jugendlichen Arbeitern". Dort wendete sich Emminghaus zunächst gegen die Forderung nach Beschränkung der Frauenarbeit, weil „schon jetzt in gewissen Industriezweigen die Frauenarbeit technisch und wirtschaftlich der Männerarbeit überlegen" sei (ebd., S. 90), und setzte als Forderungen bzw. Gestaltungsempfehlungen dagegen (vgl. ebd., S. 90f.):

- eine der weiblichen Konstitution gemäße Beschäftigung,

- keine Niedriglöhne für Frauen,

- für verheiratete Frauen: Reduktion der Arbeitszeit, keine Nachtarbeit und „Asyle" zur Unterbringung der Kinder,

- für ledige Frauen: eine besondere Fürsorge.

Als eine „heilige Pflicht für den Unternehmer" (ebd., S. 108) betrachtete Emminghaus die „Sorge für Sittlichkeit", heute würden wir sagen: den Schutz vor sexueller Belästigung und Gewalt. Angesichts der Gefahren, die sich aus dem Zusammenarbeiten von Frauen und Männern ergeben können, plädierte er (vgl. ebd., S. 110) für getrennte Arbeitsräume für Frauen und Männer, weibliche Aufsichten für Frauen sowie verstärkte Aufsicht in der Nacht, und berichtete, dass „sorgsame Fabrikanten ihre Arbeiterinnen am Abend etwas früher aus der Arbeit (entlassen), um das gemeinsame Nachhausegehen mit den Arbeitern im Dunkeln zu verhüten" (ebd.).

4.1.2 „Betrieb-Wissenschaft" von Rudolf Dietrich (1914)

Dietrichs Buch ist disziplinär nicht ganz einfach zu verorten. Der Verfasser ordnete es zwar der Wirtschaftswissenschaft (und nicht der an den Technischen Hochschulen gelehrten Betriebswissenschaft als Vorläuferin der heutigen Arbeitswissenschaft) zu, war aber kein Volkswirt und grenzte sich von der Handelswissenschaft und der Privatwirtschaftslehre ausdrücklich ab (vgl. ebd., S. 14). Dennoch gilt Dietrichs „Betrieb-Wissenschaft" als Pionierarbeit der BWL bzw. Personallehre (vgl. z.B. Wächter, 1981, S. 462).

Dietrich thematisierte Geschlecht im Zusammenhang mit der Entlohnung und konstatierte zunächst, dass „die ganze Lohn-Ordnung nach den Arten und Gattungen der betrieblichen Männer-Arbeiten aufgebaut worden [ist]" (ebd., S. 453).

Wie Emminghaus argumentierte auch Dietrich dagegen, dass Frauen geringere Löhne erhalten als Männer: „Es besteht kein vernünftiger Grund dafür, die Löhne der Frauen, weil sie Frauen sind, niedriger zu bemessen" (ebd., S. 453). Gängigen zeitgenössischen Begründungen wie unterschiedliche Lebenshaltungskosten – denn: „Frauen trinken und rauchen nicht" oder: Männer müssen „häusliche Arbeiten von anderen verrichten lassen und bezahlen" – hielt er entgegen: „Als ob es selbstverständlich wäre, dass die Frauen – und nur sie – zwei verschiedene Arbeit-Lasten auf sich nehmen! Als ob sie nicht auch gern manches fremden Händen überließen, wenn sie für ihre berufliche Arbeit besser bezahlt wären!" (ebd., S. 453f.). Dietrichs Forderung nach gleichen Löhnen für Frauen, „wenn sie dieselbe oder ähnliche Arbeit verrichten und die gleiche Arbeit-Zeit haben" (ebd., S. 486), ist bis heute aktuell (vgl. z.B. Jochmann-Döll, in diesem Band).

4.1.3 „Der Mensch als Betriebsfaktor:
Eine Kleinhandelsstudie" von Rudolf Seyffert (1922)

Bei diesem Buch handelt es sich um die erste Monographie zur Personallehre (vgl. dazu auch Krell, 1987; 1999).

Aufgrund seiner Analyse der Personalstruktur kam Seyffert zu dem Schluss, die „Personalfrage im Detailhandel" sei „in der Hauptsache eine Verkäuferinnenfrage" (Seyffert, 1922, S. 87). Deshalb befasste er sich mit Studien zu den sozialen Verhältnissen der

Verkäuferinnen,[19] aus denen u.a. hervorging, dass die Verkäuferinnen überwiegend aus dem Arbeiter- und dem Kleinbürgertum stammten, und zwar aus zwei Gründen, denen es entgegenzuwirken gelte:

- Als ersten Grund nannte Seyffert die geringe soziale Achtung der Verkäuferinnen und die Gefahr der Belästigung durch männliche Kunden (vgl. ebd., S. 89). Für eine „allgemeine Hebung des Verkäuferinnenniveaus" müssten Ausbildung und Beruf der Verkäuferin auch für die „Töchter besserer Kreise" attraktiv gemacht und – durch die Personalverwaltung – Fürsorgemaßnahmen ergriffen werden: „Der Verkehr zwischen beiden Geschlechtern wird außerhalb der Verkaufsräume und vor allem in den Pausen nach Möglichkeit unterbunden. Zum Teil ist auch jeder nichtgeschäftliche Verkehr zwischen männlichen und weiblichen Angestellten verboten" (ebd., S. 135f.).

- Einen zweiten Grund sah Seyffert in der „schlechten Entlohnung" (ebd., S. 91) generell der im Einzelhandel Beschäftigten und speziell der weiblichen. Die „Gehaltsspannung zwischen den Geschlechtern" sah er verursacht zum einen durch die Stellung der Frauen in der betrieblichen Hierarchie und zum anderen durch die „niedrige Bewertung der Frauenarbeit" (ebd., S. 92). Durch Tarifverträge seien aber inzwischen die „ganz unzureichenden" Gehälter vollständig und die „knapp auskömmlichen" stark abgebaut und die Unterschiede zwischen den Geschlechtern „stark verringert" (ebd.).

Im Unterschied zu Emminghaus und zu Dietrich argumentierte Seyffert aber nicht ethisch-normativ, sondern ihm ging es um die Verbesserung der Qualität der weiblichen „Betriebsfaktoren".

4.1.4 „Mensch und Arbeit im Betrieb" von Guido Fischer (1949)

Hier handelt es sich ebenfalls um ein Pionierwerk der Personallehre. Da mir die erste, 1929 erschienene Auflage nicht zur Verfügung steht, betrachte ich hier die zweite.

In dieser zweiten Auflage finden sich im Sachregister zwei Einträge zu „Frauenarbeit": Der erste betrifft das Kapitel „Leistungswert der Arbeit" und dort die Unterscheidung von „Männer-, Frauen- und Jugendarbeit" (ebd., S. 114): Da menschliche Arbeit nicht nur Objekt der Leistungsmessung sei, müsse auch bei gleichem Leistungsgrad „eine deutliche Trennung zwischen Männer- und Frauenarbeit" vorgenommen werden. „Denn der menschliche Organismus und die Psyche des Mannes sind anders als die der Frau" (ebd.). Deshalb müsse bei der Arbeitsgestaltung auf die „Eigenart der Frau" Rücksicht genommen werden, und zwar sowohl wegen der Leistungserzielung als

---

19 Vor allem der von Käthe Mende (1912) über „Münchner junge Ladnerinnen zu Hause und im Beruf, aufgrund einer Erhebung geschildert".

auch wegen der (Volks-)Gesundheit. Darum geht es auch an der zweiten Stelle zu „Frauenarbeit". Dort postulierte Fischer, die *„körperliche Eigenart der Frau"* verlange z.B. andere Arbeitsstühle und ein anderes Verhältnis zwischen sitzender und stehender Tätigkeit (ebd., S. 161; Herv. G. K.). Darüber hinaus sei es „vom hygienischen und volksgesundheitlichen Standpunkt aus (...) notwendig, die Frauenarbeit von schweren körperlichen Anstrengungen fernzuhalten. Auch längere, große Nervenreize können Frauen nur selten ertragen." Und weiter: „Daß die Frauenarbeit auch auf die speziellen Frauenleiden und auf die Zeit der Mutterschaft Rücksicht zu nehmen hat, ist ein bereits erfreulicherweise verwirklichter Gedanke" (ebd., S. 162).

4.1.5 „Die Reklame" von Victor Mataja (1916)

Diese Pionierarbeit des Marketings erschien erstmals 1910.[20] Auch hier benutze ich die zweite Auflage.

In der zweiten Auflage von Matajas Buch werden „Frauen" in zwei Kontexten thematisiert: zum einen als „im Reklamefach" Beschäftigte, zum anderen als Kundinnen im Abschnitt „Die Frauen und die Reklame":

- Im Abschnitt „Frauen im Reklamefach" plädierte Mataja für die Beschäftigung von Frauen: „Zu erwähnen wäre noch, dass (…) auch Frauen gute Verwendung finden können, mindestens nach dem Beispiel von Amerika und England zu urteilen" (ebd., S. 181) – auch in „höheren Stellungen". In einer längeren Fußnote wird u.a berichtet: „Das Reklamefachblatt ‚Profitable Advertising', das selbst lange Zeit von einer Dame (Kate E. Griswold) herausgegeben wurde, brachte in dem Februarhefte 1903 unter dem Titel ‚Women workers in the field of publicity' Skizzen über Frauen, die es (…) als Reklameleiterinnen größerer Unternehmungen, Verfasserinnen von Annoncen usw. zu höheren Stellungen gebracht haben" (ebd.). Als eine Begründung für die Beschäftigung bzw. für den Erfolg von Frauen im Reklamefach führte Mataja an: „Nicht zu verkennen ist, dass bei der Werbetätigkeit für Artikel, die dem weiblichen Bedürfniskreis angehören, die Frauen eine natürliche Überlegenheit besitzen, insoweit das Verständnis für die Empfindungen der Abnehmerinnen in Frage kommt" (ebd., S. 181f.).

- Im Abschnitt „Die Frauen und die Reklame" stellte er zum einen die Frau als *wichtige Zielgruppe* heraus: Für die Reklame sei „die Frau zu treffen das Ziel, die Frau zu gewinnen der Sieg" (ebd., S. 322f.), zunächst, weil sie „Mittelpunkt der Welt des Verbrauches" sei. Hinzu komme, „dass die Frau Hauptträger der freiwilligen Reklame ist, welche durch Herumsprechen und Weiterempfehlen entsteht" (ebd., S. 328). Zum anderen sah er „die Frau" als *besondere Zielgruppe,* deren „wirtschaftlich-psychischen Eigentümlichkeiten" bedeutsam für die (Theorie der) Reklame

---

20 Auf das Buch von Mataja gehen auch Bode und Hansen (in diesem Band) ein.

seien: Frauen als Kundinnen seien u.a. sparsamer, kritischer, weniger leicht zu täuschen und zu manipulieren (ebd., S. 322ff.). Im Allgemeinen werde die „Frauenseele" zwar ein Rätsel genannt, „soweit die Frau jedoch als Käuferin in Betracht kommt, scheinen vor allem die großen Warenhäuser das Rätsel gelöst zu haben" (ebd., S. 330).

4.1.6 „Wie und wo erfasse ich Käuferschichten?" von Horst Kliemann (1928)

Gegenstand dieses zweiten Frühwerks des Marketings ist laut Untertitel die „Einteilung der Käufermassen in Interessenschichten als Grundlage des Verkaufs- und Produktionsplanes". Dazu habe die Reklamepsychologie wertvolle, aber lückenhafte Vorarbeit geleistet, „denn sie ging von den seelischen Wirkungen der Werbemittel aus, ordnete, zergliederte, erläuterte diese Wirkungen und stellte schließlich fest, dass z.B. die Anwendung von ‚A' mehr auf Männer, ‚B' mehr auf Frauen wirke" (ebd., S. 12). Der Praktiker brauche aber Wissen über die Schichten auch für Fragen der Produktion. Dies erfordere eine neue „soziologische Käufergruppierung", die dann auch für die Reklamepsychologie fruchtbar gemacht werden könne (ebd.).

Als Differenzierungskriterien verwendete Kliemann u.a. „Alter und Geschlecht" (ebd., S. 51ff.). Der gleichnamige Abschnitt besteht aus einer halben Seite Text und zehn Seiten mit Abbildungen von Werbeplakaten/-anzeigen. Im Text befasste er sich zunächst mit dem Alter und dann mit dem Geschlecht als Merkmal, das „(a)lles wieder durchkreuzt": „Der Backfisch, die verheiratete Frau, der Familienvater, deutlich heben sich diese Schichten aus der Menge hervor" (ebd., S. 51). Für Informationen über „die psychische Sondereinstellung dieser Schichten" verwies er auf Werke der Psychotechnik und der differentiellen Psychologie (ebd., S. 51). Die abgebildeten Plakate oder Anzeigen wurden von ihm beispielsweise wie folgt untertitelt (vgl. ebd., S. 51ff.):

- „Die Frau als Käuferin von Geschenken" steht unter einer Werbung für Zigaretten und Zigarren, auf der eine Frau abgebildet ist und mittels der Frauen in der Kunst des Beschenkens von Männern unterwiesen werden.

- „Die Dame der Gesellschaft" steht unter einer Werbung für 4711 Kölnisch Wasser, auf der im Vordergrund die elegant gekleidete „Dame von Welt" als Adressatin abgebildet ist, der ein Bad mit 4711 empfohlen wird, damit sie, so der Text, nachdem es spät geworden ist, aber auch wundervoll war, am Morgen munter in die Reitschule oder auf den Tennisplatz eilen kann. Im Hintergrund ist, etwas kleiner, die weibliche Hausangestellte zu sehen, die das Bad vorbereitet.

- „Die Frau als Gattin" steht unter einer Werbung, die Ehefrauen Sekt als Mittel zur Neubelebung ihrer Ehe anpreist.

■ „Der Mann als Käufer einer von Frauen benützten Maschine" steht unter einer Werbung von General Electric für elektrische Waschmaschinen. Das Bild zeigt einen erschöpften und verschwitzten Mann mit Waschbrett und -bottich. Im Text[21] wird kommentiert: „Wenn Vater nur einmal waschen müsste!", würde er sofort eine Waschmaschine kaufen, und hinzugefügt: „Denn Väter sind gewöhnt zu rechnen. Sie würden erklären: (...) ‚Zeit und Anstrengung sind zu kostbar für eine Arbeit, die eine Maschine billiger und besser machen kann.'"

4.1.7   Zwischenfazit

Dort, wo das *Geschlecht der Beschäftigten* angesprochen wird, geht es ausnahmslos um „Frauenarbeit", und zwar unter vier – normativen – Aspekten: Plädiert wird erstens für die Beschäftigung von Frauen, zweitens für Entgeltgleichheit, drittens für Sittlichkeit bzw. Schutz vor sexueller Belästigung sowie viertens für die Anpassung von Personaleinsatz und Arbeitsgestaltung an die „weibliche Konstitution" bzw. „weibliche Eigenart". Mit Blick auf das *Geschlecht der KundInnen* spricht Mataja ebenfalls Frauen als Zielgruppe der Reklame an, Kliemann thematisiert unter „Geschlecht" Frauen und Männer. In den betrachteten Werken wird einerseits von „der Frau" oder „den Frauen" gesprochen, andererseits wird zwischen verschiedenen Gruppen von Frauen differenziert. In beiden Fällen (und auch bezogen auf den „Mann als Käufer einer von Frauen benutzten Maschine") werden herkömmliche Geschlechts(rollen)stereotype verwendet.

4.2   Gegenwart: Lehre und Forschung im deutschsprachigen Raum 1991-2000

Gegenstand dieses Abschnitts ist eine im Sommer 2000 vorgenommene Befragung aller UniversitätsprofessorInnen für BWL in Deutschland, Österreich und der Schweiz zum Stellenwert geschlechterbezogener Themen in ihrem Arbeitsbereich (vgl. Krell & Karberg, 2002b; sowie 2002a; 2003) .

4.2.1   Zum Design unserer Studie

Die Grundgesamtheit von 737 (aktiven) UniversitätsprofessorInnen für BWL in Deutschland, Österreich und der Schweiz (zur Erinnerung: davon 31 = 4,1% Frauen)

---

[21]   ... im Original in Englisch. Die deutsche Übersetzung wurde von Kliemann hinzugefügt.

wurde auf Basis des aktuellen Mitgliederverzeichnisses des Verbands der Hochschullehrer für Betriebswirtschaft e.V. ermittelt.

Diese 737 UniversitätsprofessorInnen wurden im Sommer 2000 schriftlich befragt. Bei dem verwendeten Fragebogen handelt es sich um eine überarbeitete Version dessen, den wir (Krell & Osterloh, 1993) für unsere Studie zum Stellenwert von „Frauenthemen" an Personallehrstühlen im deutschsprachigen Raum entwickelt hatten, wobei generell „Frauenthemen" durch „geschlechterbezogene Themen" ersetzt wurde. Der Fragebogen bezieht sich auf den Zeitraum von 1991[22] bis 2000 und ist in zwei Teile gegliedert: Im ersten Teil zur Lehre geht es um Veranstaltungen exklusiv zu geschlechterbezogenen Themen, die Mitbehandlung dieser Themen in anderen Veranstaltungen und um Diplomarbeiten, im zweiten Teil zur Forschung um Dissertationen, Habilitationen, Forschungsprojekte und Publikationen zu geschlechterbezogenen Themen. Hinzugefügt wurde am Ende der Teile zu Lehre und Forschung jeweils eine Frage nach den Beweggründen, geschlechterbezogene Themen einzubeziehen. Es folgte eine Frage nach dem Frauenanteil an den wissenschaftlichen MitarbeiterInnen.[23] Schließlich konnten die Befragten angeben, ob sie Interesse an einer Dokumentation der Ergebnisse haben.

4.2.2 Ausgewählte Ergebnisse im Überblick

Von den 737 UniversitätprofessorInnen antworteten 337. Ausgewertet werden konnten 305 Antworten, was einem Rücklauf von 41% entspricht.

Bejaht wurde(n) die Frage(n) nach der Beschäftigung mit geschlechterbezogenen Themen von nur etwa einem Viertel der Befragten (35% der Frauen und 25% der Männer), wobei hinzuzufügen ist, dass schon eine einschlägige Diplomarbeit für ein „Ja" ausreichte.

Die drei Teildisziplinen der BWL, aus denen die meisten Ja-Antworten kamen, waren Personal (70% Ja-Antworten), Organisation (52% Ja-Antworten) und Marketing (26% Ja-Antworten). Dies entspricht dem Ergebnis der Studie von Friederike Maier, Nadja Förtsch und Angela Fiedler (2000, S. 17ff.).[24]

---

[22] Die Befragung von Krell und Osterloh (1993) umfasste den Zeitraum von 1986 bis 1991.

[23] Diese Frage zielte zunächst auf die Geschlechterverhältnisse beim wissenschaftlichen Nachwuchs, auf die hier unter 3.2 eingegangen wurde. Darüber hinaus wird die These vertreten, dass ein Zusammenhang zwischen dem Geschlecht der Lehrenden und Forschenden und den von ihnen gewählten Inhalten und Methoden besteht (vgl. z.B. Hausen & Nowotny, 1986, S. 9; sowie für eine kritische Auseinandersetzung Krell, 2005).

[24] Diese hatte allerdings ein etwas anderes Design: Befragt wurden weibliche Lehrende (nicht nur Professorinnen, sondern auch wissenschaftliche Mitarbeiterinnen, Lehrbeauftragte etc.) an deutschen Universitäten und Fachhochschulen, und Gegenstand der Befragung waren nur Lehrveranstaltungen.

Bemerkenswert ist zunächst die Spannbreite der Positionen zum Stellenwert geschlechterbezogener Themen: So kamen z.B. aus einer Teildisziplin (Rechnungswesen) die Statements „gehört dazu" und „keine Relevanz". Generell stieß unser Befragungsgegenstand sowohl auf Unverständnis und Ablehnung als auch auf Interesse und Unterstützung.

Auf der ‚Negativ-Seite' zeigte sich folgendes Bild: Ein Befragter schickte den Fragebogen unausgefüllt zurück und schrieb: „Die von Ihnen gestellten Fragen sind für mich unbeantwortbar." In die gleiche Richtung gehen Kommentare auf ausgefüllten Fragebogen wie „Es besteht kein inhaltlicher Bezug, deshalb nicht einbezogen" (Bankbetriebslehre, männlich) und „Im Fach ‚Rechnungslegung' ist keine geschlechterbezogene Thematik erkennbar, ebenso wenig in ‚Unternehmensbesteuerung'; Universität der Bundeswehr hat z. Zt. nur männliche Studenten" (Rechnungswesen, männlich). Ein Kollege schrieb: „Da bei mir zur Zeit sämtliche Lehrgebiete, (die) Bankbetriebslehre, (die) Unternehmensfinanzierung und (die) Investitionsrechnung, offensichtlich als weiblich einzustufen sind, gibt es bei mir eine ausnahmslos geschlechterbezogene weibliche Betriebswirtschaftslehre" und fügte einen leeren Fragebogen bei. Ein weiterer begründete seine Nichtteilnahme u.a. mit der negativen Besprechung seines Lehrbuchs durch „Frauenforscherinnen".

Der ‚Positiv-Seite' ist zunächst zuzurechnen, dass 138 Antwortende ihr Interesse an unseren Ergebnissen bekundeten, darunter 90, die sich bislang nicht mit geschlechterbezogenen Themen befasst hatten. Des Weiteren sind hier beispielhaft folgende Begründungen *für* die Berücksichtigung geschlechterbezogener Themen anzuführen:

- „Standard – zumindest bei allen ökonomischen Fragen, die sich auf Allokation und Effizienz beziehen" (Personal, männlich),

- „Wichtiger Bereich des Arbeitsmarktes" (Personal, weiblich),

- „Verantwortung (für ein Mitwirken am Gleichstellungsprozess)" (Personal, weiblich),

- „Theoretisch erforderlich" (Organisation, männlich),

- „Aus der Themenstellung heraus geboten; z.B. Einflussfaktoren in politischen Prozessen" (Organisation, männlich),

- „Das Thema fordert eine Differenzierung" (Marketing, männlich),

- „Thema erfordert es, die issue-orientierten Zweige der Cultural Studies (Gender Studies u.a.) mit einzubeziehen" (Marketing, männlich),

- „Fachlich-inhaltlicher Zusammenhang" (Public Management, männlich),

- „Unabdingbar, da in den Veranstaltungen etwa gleich viel Männer und Frauen sind" (Allgemeine BWL, männlich).

Allerdings ist (das Votum für)[25] die Berücksichtigung geschlechterbezogener Themen nicht gleichbedeutend mit einer Orientierung der BWL hin zu Gender Studies, die zum einen Women's und Men's Studies einschließen und zum anderen eine kritische bzw. aufklärerisch-emanzipatorische Perspektive auf herrschende Geschlechterverhältnisse einnehmen (s.u. 2.). Im folgenden Abschnitt sollen die im Rahmen der Studie angegebenen Themen daraufhin etwas genauer betrachtet werden.

4.2.3 Darstellung und Analyse der bearbeiteten Themen

Zunächst stelle ich dar, welche Themen überhaupt bearbeitet wurden – und untersuche zugleich, ob die wissenschaftlichen Gegenstände jeweils Frauen, Geschlechter (-ordnungen) oder Männer waren. Dabei trenne ich zwischen dem dominierenden Fachgebiet Management[26] und den restlichen Teildisziplinen, auf die insgesamt nur etwa ein Zehntel der insgesamt 389 Themenangaben entfiel. Bei Management beschränke ich mich wiederum aus Platzgründen auf die „Top Ten" und nenne zu diesen exemplarisch im Rahmen der Befragung genannte Publikationen.[27]

Auf Platz eins der Top Ten in Management stand der Themenkomplex *„Führungspositionen, Management"*. Auf ihn entfielen 118 Nennungen.[28] Davon bezogen sich 84 speziell auf Frauen (z.B. Hadler, 1995; Wunderer & Dick, 1997), dagegen keine speziell auf Männer.[29]

Auf dem zweiten Platz folgte mit 70 Nennungen *„Chancengleichheit, Gleichstellung, Frauenförderung"*. 27 dieser Nennungen, überwiegend Diplomarbeiten, aber auch Publikationen (z.B. Erten-Buch, Frech & Schmidt, 1999), bezogen sich auf „Frauenförderung".

---

[25] Einige Befragte nannten zwar Beweggründe für die Berücksichtigung geschlechterbezogener Themen, vermeldeten aber keine diesbezüglichen Aktivitäten.

[26] Dazu wurden alle Nennungen aus Personal und Organisation (aus diesen beiden Teilbereichen stammten nicht nur die meisten Ja-Antworten und Themenangaben, sondern viele der Antwortenden nahmen auch eine Doppelzuordnung zu beiden Fächern vor) plus einer aus Unternehmensführung zusammengefasst.

[27] Umfassendere Auswertungen inklusive Bibliographien aller genannten Veröffentlichungen finden sich in Krell und Karberg (2002a) speziell zur Personallehre – hier wurden ergänzend ProfessorInnen für dieses Fach befragt, deren ‚Mutterdisziplin' nicht die BWL ist, und (soweit möglich) die Ergebnisse mit denen von Krell und Osterloh (1993) verglichen – und in Krell und Karberg (2002b) zur BWL insgesamt. Des Weiteren gibt es noch eine Auswertung speziell zu Lehrveranstaltungen: Hier wurden sowohl Veranstaltungen exklusiv zu geschlechterbezogenen Themen als auch die ‚Mitbehandlung' dieser Themen in anderen Veranstaltungen dokumentiert (vgl. Krell & Karberg, 2003).

[28] Bei den Zahlenangaben zu den Top Ten ist zu berücksichtigen, dass Themen zum Teil doppelt, in wenigen Fällen auch dreifach zugeordnet wurden.

[29] Nimmt man die Themenangaben der aus anderen Disziplinen stammenden Personal-ProfessorInnen (s. Fußnote 27) hinzu, gibt es hier zwei Nennungen zu „Männerthemen" (Rastetter, 1998; Maas, 1999). Vgl. dazu auch Rastetter, in diesem Band.

Platz drei wurde von *„Vereinbarkeit von Beruf und Familie bzw. Privatleben"*[30] einge-nommen. Dazu gab es 60 Nennungen, davon 17 speziell zu Frauen (z.B. Freisler-Traub & Innreiter-Moser, 1999) und zwei speziell zu Männern (z.B. Peinelt-Jordan, 1996).

Auf Platz vier folgte mit 23 Nennungen *„Personalentwicklung"* (PE). Entsprechend der Fokussierung auf „Frauenförderung" standen als AdressatInnen der PE Frauen im Vordergrund, und zwar insbesondere weibliche Fach- und Führungs(nachwuchs)-kräfte (z.B. bei Autenrieth, Chemnitzer & Domsch, 1993).[31] Männer, insbesondere männliche Führungskräfte als Zielgruppe gleichstellungsförderlicher PE-Maßnahmen wurden in nur zwei Beiträgen berücksichtigt (Emmerich & Krell, 1998; Tondorf & Krell, 1999).

Mit 19 Nennungen nahm *„Personalbeschaffung und -auswahl"* den fünften Platz ein. Den Schwerpunkt bildeten hier Arbeiten explizit zur Diskriminierung von Frauen bei der Personalauswahl (z.B. Kay, 1998). Implizit um die Diskriminierung von Frauen geht es bei Beiträgen zu „Geschlechtsrollen in der Führungskräfteauswahl" (Gmür, 1998) und zur geschlechtsneutralen Gestaltung von Stellenanzeigen (z.B. Domsch & Lieberum, 1997).

Mit 17 Nennungen folgte auf Platz sechs *„Andere Länder, Ländervergleich"*. Auch hier ging es hauptsächlich um Frauen (vgl. z.B. Köhler-Braun, 2000).

Mit 15 Nennungen belegte *„Managing Diversity"*[32] Platz sieben (z.B. Krell, 1996; Wag-ner & Sepehri, 2000). Diversity umfasst über das Merkmal Geschlecht hinaus auch andere wie z.B. Alter, Nationalität, Ethnizität, Einstellungen. Insofern ist Gender ein Aspekt von Diversity und Diversity ein Aspekt von Gender.

Platz acht wurde, mit 12 Nennungen, von *„Entgeltpolitik"* eingenommen. Neben einer personalökonomisch orientierten[33] Publikation über „Geschlechtsspezifische Lohndif-ferentiale" (Föhr, 2000) gab es mehrere zur Geschlechtsdiskriminierung bei der anfor-derungsabhängigen (z.B. Jochmann-Döll & Krell, 1993)[34], aber nur eine zur leistungs-abhängigen (Krell & Tondorf, 1998) Entgeltdifferenzierung.

Auf Platz neun stand der Themenkomplex *„Die Kategorie Geschlecht in der Ökonomie, Betriebswirtschaftslehre, Personallehre und Organisationsforschung"*. Diese elf Nennungen bezogen sich nicht auf den Gegenstandsbereich der BWL, sondern auf die Disziplinen selbst. Beispielhaft seien hier genannt: ein Sammelband „Ökonomie und Geschlecht" (Beblo et al., 1999), ein Artikel über die „Erste frauenspezifische Lehrveranstaltung in der Studienrichtung Betriebswirtschaft an der Universität Linz" (Innreiter-Moser,

---

[30] Vgl. dazu auch Vedder, in diesem Band.
[31] Vgl. dazu auch Domsch, in diesem Band.
[32] Vgl. dazu auch Vedder, in diesem Band.
[33] Vgl. dazu auch Alewell und Canis, in diesem Band.
[34] Vgl. dazu auch Jochmann-Döll, in diesem Band.

1994) und der schon erwähnte Beitrag „Welchen Stellenwert haben Frauenthemen an Personallehrstühlen im deutschsprachigen Raum?" (Krell & Osterloh, 1993).[35]

Auf Platz zehn folgte schließlich der Themenkomplex *„Geschlechterverhältnisse in Organisationen"*, bei dem es nicht nur um Führungspositionen ging, sondern z.B. auch um die Vertretung von Frauen im Betriebsrat. Dazu gab es zehn Nennungen, die sich alle auf Lehrveranstaltungen und laufende (Dissertations-)Projekte bezogen.[36]

Es folgen die vergleichsweise wenigen Themenangaben aus den restlichen Teildisziplinen. Diese werden vollständig dokumentiert, inklusive der „Mitbehandlungen", die zwar nicht gezählt,[37] aber ergänzend genannt werden:

Aus *Marketing*[38] gab es zehn Nennungen (eine Dissertation und Diplomarbeiten). Dabei ging es um Frauen als Konsumentinnen (z.B. „Die Frau als Zielgruppe der Werbung" oder „Die Rolle der Frau bei Kaufentscheidungen im Familien-Lebenszyklus") bzw. um Geschlechtsunterschiede (z.B. „Geschlechtsbezogene Produktpositionierungen" oder „Marketing unter Berücksichtigung geschlechtsspezifischer Unterschiede…").

Aus *Bankbetriebslehre/Finanzierung* wurden (ohne Angabe, um was es sich handelt, vermutlich Diplomarbeiten) fünf Themen genannt, die Frauen als Mitarbeiterinnen betreffen (z.B. „Arbeitszeitmodelle in Banken zur Förderung der Berufstätigkeit von Frauen"), zwei Diplomarbeiten zu Frauen als Kundinnen („Diskriminierung von Frauen bei der Kreditvergabepolitik der Banken?" und „Aspekte der Gründungsfinanzierung bei Existenzgründungen durch Frauen") plus eine laufende Dissertation zur „Bewertung von Hausfrauenarbeit".

Sechs Nennungen enthielt der Fragebogen eines Professors für *Kulturbetriebslehre*, an dessen Institut es einen Forschungsschwerpunkt „Audiovisuelle Medien und Feminismus" gibt. Die Publikationen beziehen sich auf Geschlechterverhältnisse im Film (z.B. Preschl, 1995) und im Kunstbetrieb (Zembylas, 1998).

Aus *Versicherungsbetriebslehre/-wissenschaft* bzw. *Risikoforschung/-management* gab es vier Nennungen sowie ergänzend Angaben zur Mitbehandlung in der Lehre. Diese bezogen sich überwiegend auf Frauen als – potentielle – Kundinnen (z.B. eine Diplomarbeit „Die Altersversorgung der Frau in Deutschland"). In Lehrveranstaltungen wurde auch eine Differenzierung nach Geschlecht im Zusammenhang mit Risikofragen vorgenommen (z.B. „in allen Vorlesungen zur Privat- und Sozialversicherung, soweit Risiken [Mortalität, Morbidität], Risikoverhalten, Versicherungsbedarf, Produktgestaltungen und Prämienkalkulationen geschlechtsspezifisch sind, also besonders in den

---

35 Zur Organisationsforschung wurden keine Publikationen genannt, sondern nur Lehrveranstaltungen und eine laufende Dissertation.

36 Veröffentlichungen dazu gab es wiederum nur aus dem Arbeitsbereich eines Professors für Personal, der kein Betriebswirt ist (z.B. Rastetter, 1994; Volmerg et al., 1995).

37 Vgl. dazu Krell und Karberg 2002b, S. 21.

38 Vgl. dazu auch Bode und Hansen, in diesem Band.

Personenversicherungen"). Hinzu kam eine Diplomarbeit zur Vereinbarkeit von Familie und Beruf in Versicherungsunternehmen.

Vier Themenangaben stammten aus *Rechnungswesen/Prüfungswesen/Controlling*.[39] Hier gab es unter anderem eine Diplomarbeit über „Frauen im Controlling" und eine Publikation zur ökonomischen Analyse der Prostitution (Edlund & Korn, 1998). Ergänzend anzuführen sind zwei Nennungen zur Mitbehandlung in der Lehre („Behandlung der Variable Geschlecht zur Erklärung von Prüfungsprozessen" in einer Standardvorlesung „Prüfungstheorie" und „Frauen als Prüfer" als Themenangebot in einem Hauptseminar).

Für *Tourismus* gab es vier Angaben, und zwar bezogen auf „Die Frau als Urlaubskonsumentin" (Dolnicar, 1999), „Die Rolle der Frau und Unternehmerin im Tourismus" (mitbehandelt in einem Projekt „Unternehmertum im Tourismus") und „Personalmanagement in Dienstleistungsbereichen mit hohem Frauenanteil" (Diplomarbeit).

Internationales Management war mit drei Nennungen vertreten: einer laufenden Dissertation über Frauen in Führungspositionen sowie Diplomarbeiten zu „Frauen als Führungskräfte und Expatriates" und „Arbeitsbedingungen von Frauen in der neuen internationalen Arbeitsteilung". Und im Rahmen einer Standardvorlesung „Globalisierung" wurde das Thema „die globalisierte Frau" mitbehandelt.

Je eine Diplomarbeit genannt wurde aus den folgenden drei Fächern:

- *Betriebswirtschaftslehre für Klein- und Mittelunternehmen* (Thema: „Theoretische Entwicklung eines Grundlagenkonzeptes zu Maßnahmen der Frauenförderung in Schweizerischen KMU"),

- *Öffentliche Unternehmungen und Verwaltungen/Hochschulmanagement* (Thema „Auswirkungen des New Public Management auf Frauenanliegen") und

- *Umweltwirtschaft* (Thema: „Versorgungswirtschaftliche Handlungsmuster im beruflichen Handeln weiblicher Führungskräfte").

Ergänzend gab es zwei Angaben zur Mitbehandlung in Standardvorlesungen von Professoren für Public Management („nur im Zusammenhang mit Personal" und „nur 1x", und zwar Kritik des New Public Management „aus Frauensicht"); und in einer Vorlesung zu „Umweltmanagement" wurden „Geschlechtsunterschiede in der Umweltsensibilität" mitbehandelt.

Diese Darstellung zeigt zunächst, dass zwar nach „geschlechterbezogenen Themen" gefragt wurde, aber überwiegend „Frauenthemen" angegeben wurden. Themen mit dem Etikett „Geschlecht" wurden deutlich seltener,[40] „Männerthemen" in der BWL

---

[39] Vgl. dazu auch Becker, in diesem Band.

[40] Hinzu kommt: Vor dem Hintergrund der Gleich(setz)ung Mensch = Mann wird „Geschlecht" nicht selten als „Frau(en)" interpretiert (vgl. dazu auch Krell, 1984, S. 57). Davon zeugt auch

nur dreimal genannt (Domsch, 1997; Peinelt-Jordan, 1996; 1998), und zwar allesamt aus „Personal". Betrachtet man die gesamte Personal-Community inklusive der Nicht-BetriebswirtInnen, dann landen „Männerthemen" mit 12 Nennungen sogar auf Platz 8 der „Top Ten" (vgl. Krell & Karberg, 2002a, S. 287 und S. 292).

Sehr viel schwieriger zu beantworten ist die Frage, ob eine kritische bzw. aufkläre-risch-emanzipatorische Perspektive im Sinne der Gender Studies eingenommen wurde.

Noch vergleichsweise einfach ist das bei den „Männerthemen". Hier kann in der Regel bereits aus den Titeln geschlossen werden, dass es sich um Beiträge handelt, die der neuen kritischen Männerforschung bzw. den Men's Studies zugeordnet werden kön-nen. Willi Walter (2000) nennt als deren Ursprünge die Geschlechtsrollenforschung, die Gay Studies sowie die Auseinandersetzung mit der Frauenforschung bzw. mit feministischen Theorien. Der Bezug zu den Gay Studies und der Geschlechtsrollenfor-schung spiegelt sich auch in unserer Erhebung wider: Die Veröffentlichungen von Jörg Maas (z.B. 1998 und 1999)[41] lassen sich den Gay Studies zuordnen, in denen von Klaus Peinelt-Jordan (z.B. 1996) geht es um Vereinbarkeitsprobleme von Männern.

Bei den Themen mit dem Etikett „Geschlecht" dominierten solche zu „Geschlechtsun-terschieden" – vor allem bezogen auf Führungs- und Konsumverhalten; in Diplomar-beiten wurden auch Themen wie „Geschlechtstypisches Kommunikationsverhalten" oder „Geschlechtsspezifische Unterschiede in der Teamkoordination" behandelt. Kriti-sche Auseinandersetzungen mit Geschlechtsunterscheidungen und/oder der Ge-schlechterhierarchisierung als Komponenten der Geschlechterordnung waren dagegen deutlich seltener vertreten.

Bei den „Frauenthemen" geht zum Teil aus den Titeln hervor, dass eine kritische bzw. emanzipatorische Perspektive eingenommen wird, so z.B., wenn die Diskriminierung von Frauen bei der Personalauswahl oder Arbeitsbewertung untersucht wird. Aber nicht immer lassen die Titel bzw. Themen erkennen, ob es sich um Beiträge mit einer kritischen bzw. emanzipatorischen Orientierung im Sinne der Gender Studies handelt. Zum Teil zeugen die angeführten Titel aber auch von einer stereotypisierenden Per-spektive auf „die Frau" als Führungskraft, Mitarbeiterin und Kundin.

---

die zu Beginn dieses Beitrags zitierte Bemerkung, an der Universität der Bundeswehr seien geschlechterbezogene Themen nicht relevant, weil dort nur Männer studierten.

41 Dies sind Nennungen aus dem Arbeitsbereich eines Professors für Personal, der kein Be-triebswirt ist.

5 Schlussbemerkung

Wie alle Gender-Analysen soll auch diese nicht nur zur Bestandsaufnahme dienen, sondern zugleich Veränderungen anstoßen. Wenn dieser Sammelband zu einer verstärkten Öffnung und Sensibilisierung der BWL für die Gender Studies beiträgt, dann hat er sein bzw. habe ich mein Ziel erreicht.

Literatur[42]

Acker, J. (1990): Hierarchies, Jobs, Bodies – A Theory of Gendered Organizations, in: Gender & Society, 4. Jg., Heft 2, S. 139-158.

Acker, J. (1994): The Gender Regime of Swedish Banks, in: Scandinavian Journal of Management, 19. Jg., Heft 2, S. 117-130.

Anger, H. (1960): Probleme der deutschen Universität. Bericht über eine Umfrage unter Professoren und Dozenten, Tübingen.

Autenrieth, C., Chemnitzer, K. & Domsch, M. E. (1993): Personalauswahl und -entwicklung von weiblichen Führungskräften, Frankfurt a.M.

Beauvoir, S. de (1968): Das andere Geschlecht, Reinbek.

Beblo, M., Krell, G., Schneider, K. & Soete, B. (Hg.) (1999): Ökonomie und Geschlecht: Volks- und betriebswirtschaftliche Analysen mit der Kategorie Geschlecht, München/ Mering.

Bielby, W. T. (2000 [1991]): Geschlecht und Karriere: Ist die Wissenschaft ein Sonderfall? in: Krais, B. (Hg.): Wissenschaftskultur und Geschlechterordnung: Über die verborgenen Mechanismen männlicher Dominanz in der akademischen Welt (Erstveröffentlichung 1991), Frankfurt/ New York, S. 55-81.

Brentano, M. von (1963): Die Situation der Frauen und das Bild „der Frau" an der Universität, in: Universität und Universalität. Universitätstage 1993. Veröffentlichung der Freien Universität Berlin, Berlin, S. 73-93.

Brockhoff, K. (2002): Geschichte der Betriebswirtschaftslehre. Kommentierte Meilensteine und Originaltexte, Wiesbaden.

---

[42] Von einigen der im Rahmen der Studie von Krell und Karberg genannten Veröffentlichungen aus dem Zeitraum 1991–2000 gibt es inzwischen neuere Varianten bzw. Auflagen.

Brüggestrat, M. (1988): Der Weg in die Karriere: Promovierte Wirtschaftswissenschaftler in Deutschland 1919–1982, Frankfurt a.M. u.a.

Butler, J. (1991): Das Unbehagen der Geschlechter, Frankfurt a.M.

Connell, R. W. (2000): Der gemachte Mann: Konstruktion und Krise von Männlichkeiten, 2. Aufl., Opladen.

Deutsch, P. & Hirai, Y. (1938): Neues Betriebswirtschaftliches Quellenbuch: Eine Allgemeine Betriebswirtschaftslehre in Einzeldarstellungen, Leipzig.

Dietrich, R. (1914): Betrieb-Wissenschaft, München/Leipzig.

Döbler, T. (1998): Frauen als Unternehmerinnen: Erfolgspotentiale weiblicher Selbstständiger, Wiesbaden.

Dolnicar, S. (1999): Die Frau als Urlaubskonsumentin: vernachlässigtes Marktsegment oder ein Verfahren die Realität zu vereinfachen? Tagungsband des Tourismusforum 1999, 24.–26. 03. 1999, Mayrhofen/Österreich, S. 157-165.

Domsch, M. E. (1997): Wollen Männer in den Himmel? (Interview), in: Trojaner, 4. Jg., Heft 1, S. 26-29.

Domsch, M. E. & Lieberum U. B. (1997): Chancengleichheit auf dem Stellenmarkt. Eine empirische Anzeigenanalyse, in: Wirtschaftswissenschaftliches Studium, 26. Jg., Heft 3, S. 161-165.

Edlund, L. & Korn, E. (1998): An economic theory of prostitution, Diskussionspapier No. 98-21, Universität Dortmund (unter Revision für Journal of Political Economy).

Emmerich, A. & Krell, G. (1998): Managing Diversity-Trainings, in: Krell, G. (Hg.): Chancengleichheit durch Personalpolitik, 2. Aufl., Wiesbaden, S. 369-386.

Emminghaus, K. B. A. (1886): Allgemeine Gewerkslehre, Berlin.

Erten-Buch, C., Frech, M. & Schmidt, A. (1999): Für Frauenförderung an Universitäten oder: Von einer ewigen Pionierin, in: Buber, R. & Ernst, U. (Hg.): Frauenwege. An einer Wirtschaftsuniversität zwischen Politik und Wissenschaft, Frankfurt a.M., S. 171-196.

Fay, M. & Williams, L. (1993): Gender Bias and the Availability of Business Loans, in: Journal of Business Venturing, 8. Jg., Heft 4, S. 363-376.

Fischer, G. (1949): Mensch und Arbeit im Betrieb, 2. Aufl., Stuttgart.

Föhr, S. (2000): Geschlechtsspezifische Lohndifferentiale – Befunde und ökonomische Analyse, in: Nagelschmidt, I. (Hg.): Leipziger Studien zur Frauen- und Geschlechterforschung, Reihe A, Bd. 2, Leipzig, S. 31-68.

Foucault, M. (1981): Archäologie des Wissens, Frankfurt a.M.

Franz, H. (1998): Zwischen Markt und Profession: Betriebswirte in Deutschland im Spannungsfeld von Bildungs- und Wirtschaftsbürgertum (1900–1945), Göttingen.

Franz, H. & Kieser, A. (2002): Die Frühphase der Betriebswirtschaftslehre an Hochschulen (1898–1932) – Von der Handelstechnik zur Betriebswirtschaftslehre als Wissenschaft, in: Gaugler, E. & Köhler, R. (Hg.): Entwicklungen der Betriebswirtschaftslehre, Stuttgart, S. 61-85.

Freisler-Traub, A. & Innreiter-Moser, C. (Hg.) (1999): Zerreißproben – Frauen im Spannungsfeld von Gesellschaft – Beruf – Familie, Linz.

Frey, R. (2003): Gender im Mainstreaming. Geschlechtertheorie und -praxis im internationalen Diskurs, Königstein i.Ts.

Frey, R. (2004): Warum Männer und Frauen zuhören und einparken können – oder warum eine theoretisch inspirierte Gender-Praxis angebracht ist, in: Netzwerk Gender Training (Hg.): Geschlechterverhältnisse bewegen. Erfahrungen mit Gender Training, Bielefeld, S. 39-46.

Gaugler, E. & Köhler, R. (Hg.) (2002): Entwicklungen der Betriebswirtschaftslehre. 100 Jahre Fachdisziplin – zugleich eine Verlagsgeschichte, Stuttgart.

Gaugler, E., Oechsler, W. & Weber, W. (Hg.) (2004): Handwörterbuch des Personalwesens, 3. Aufl., Stuttgart.

Gherardi, S. (1995): Gender, Symbolism and Organizational Cultures, London u.a.

Gildemeister, R. & Wetterer, A. (1995): Wie Geschlechter gemacht werden. Die soziale Konstruktion der Zweigeschlechtlichkeit und ihre Reifizierung in der Frauenforschung, in: Knapp, G.-A. & Wetterer, A. (Hg.): TraditionenBrüche: Entwicklungen feministischer Theorie, 2. Aufl., Freiburg i.Br., S. 201-254.

Gmähle, P. (1968): Betriebswirtschaftslehre und Nationalsozialismus, Dissertation, Erlangen-Nürnberg.

Gmür, M. (1998): Geschlechterrollen in der Führungskräfteauswahl, Diskussionsbeitrag Nr. 19 in der Reihe Management, Forschung und Praxis des Lehrstuhls für Management, hg. von Prof. R. Klimecki, Konstanz.

Hadler, A. (1995): Frauen in Führungspositionen. Prognosen bis zum Jahr 2000: Eine empirische Untersuchung betrieblicher Voraussetzungen und Entwicklungen in Großunternehmen, Frankfurt a.M.

Hausen, K. (1976): Die Polarisierung der „Geschlechtscharaktere", in: Conze, W. (Hg.): Sozialgeschichte der Familie in der Neuzeit Europas, Stuttgart, S. 363-393.

Hausen, K. & Nowotny, H. (1986): Vorwort, in: Dies. (Hg.): Wie männlich ist die Wissenschaft? Frankfurt a.M., S. 9-14.

Hassauer, F. (1994): Homo. Academica: Geschlechterkontrakte, Institutionen und die Verteilung des Wissens, Wien.

Hayashima, A. (1998): Die erste Generation der Kölner Diplom-Kauffrauen und Diplom-Handelslehrerinnen, Reprinted from the Kwansai Gakuin University Social Sciences Review, Vol. 3, Nishinomiya, Japan.

Hayashima, A. (2002): Heinrich Nicklisch und seine Leipziger Kommilitonen 1898–1914, Reprinted from the Kwansai Gakuin University Social Sciences Review, Vol. 7, Nishinomiya, Japan.

Hayashima, A. (2003): Die erste Generation der Diplom-Kaufleute, Diplom-Handelslehrer und Versicherungsverständigen an der Akademie für Sozial- und Handelswissenschaften zu Frankfurt am Main 1901–1914, Reprinted from the Kwansai Gakuin University Social Sciences Review, Vol. 8, Nishinomiya, Japan.

Heintz, B. (2003): Auftakt: Wissenschaftsstruktur und Geschlechterordnung, in: Heintz, B., Merz, M. & Schumacher, C.: Wissenschaft, die Grenzen schafft: Geschlechterkonstellationen im disziplinären Vergleich, Bielefeld, S. 19-76.

Heintz, B., Merz, M. & Schumacher, C. (2003): Einleitung, in: Dies.: Wissenschaft, die Grenzen schafft: Geschlechterkonstellationen im disziplinären Vergleich, Bielefeld, S. 9-18.

Hervé, F. (1973): Studentinnen in der BRD: Eine soziologische Untersuchung, Köln.

Höhler, G. (1998): Auf Biegen und Brechen, in: Wirtschaftswoche Nr. 51 vom 10. 12. 1998, S. 134-137.

Höhler, G. (2000): Wölfin unter Wölfen: Warum Männer ohne Frauen Fehler machen, 2. Aufl., München.

Innreiter-Moser, C. (1994): Erste frauenspezifische Lehrveranstaltung in der Studienrichtung Betriebswirtschaft an der Universität Linz, in: Seiser, G. & Knollmayer, E. (Hg.): Von den Bemühungen der Frauen in den Wissenschaften Fuß zu fassen, Wien, S. 377-382.

Isaac, A. & Hirai, Y. (1925): Quellenbuch der Betriebswirtschaftslehre, Berlin.

Jochmann-Döll, A. & Krell, G. (1993): Die Methoden haben gewechselt, die „Geschlechterabzüge" bleiben – Auf dem Weg zu einer Neubewertung von Frauenarbeit, in: Hausen, K. & Krell, G. (Hg.): Frauenerwerbsarbeit: Forschungen zu Geschichte und Gegenwart, München/Mering, S. 133-148.

Kanter, R. M. (1977): Men and Women of the Corporation, New York.

Kay, R. (1998): Diskriminierung von Frauen bei der Personalauswahl: Problemanalyse und Gestaltungsempfehlungen, Wiesbaden.

Klein-Blenkers, F. unter Mitwirkung von F. Deges und R. Hartwig (1992): Gesamtübersicht über die Hochschullehrer der Betriebswirtschaft in der Zeit von 1898–1955, 2., bis zum Jahr 1955 erweiterte Aufl., Köln.

Kliemann, H. (1928): Wie und wo erfasse ich Käuferschichten? Einteilung der Käufermassen in Interessenschichten als Grundlage des Verkaufs- und Produktionsplanes, Wien u.a.

Knapp, G.-A. (2004): Gleichheit, Differenz, Dekonstruktion: Vom Nutzen theoretischer Ansätze der Frauen- und Geschlechterforschung für die Praxis, in: Krell, G. (Hg.): Chancengleichheit durch Personalpolitik, 4. Aufl., Wiesbaden, S. 151-159.

Köhler-Braun, K. (2000): Aufstiegsförderung weiblicher Führungs(nachwuchs)kräfte in den USA und in der Bundesrepublik Deutschland. Möglichkeiten der Einflußnahme und praktische Auswirkungen, Frankfurt a.M.

Koreuber, M. (2002): Frauenförderung als Querschnittsaufgabe: 5. Bericht der zentralen Frauenbeauftragten der Freien Universität Berlin 2000–2002, Berlin.

Krais, B. (2002a): Einleitung: Die Wissenschaft und die Frauen, in: Dies. (Hg.): Wissenschaftskultur und Geschlechterordnung: Über die verborgenen Mechanismen männlicher Dominanz in der akademischen Welt, Frankfurt/New York, S. 9-29.

Krais, B. (2002b): Das soziale Feld Wissenschaft und die Geschlechterverhältnisse: Theoretische Sondierungen, in: Dies. (Hg.): Wissenschaftskultur und Geschlechterordnung: Über die verborgenen Mechanismen männlicher Dominanz in der akademischen Welt, Frankfurt/New York, S. 31-54.

Krell, G. (1984): Das Bild der Frau in der Arbeitswissenschaft, Frankfurt/New York.

Krell, G. (1987): Personaltheorie in historischer Perspektive: Rudolf Seyfferts „Der Mensch als Betriebsfaktor" (1922), in: Zeitschrift für Personalforschung, 1. Jg., Heft 3, S. 299-320.

Krell, G. (1996): Mono- oder multikulturelle Organisationen. „Managing Diversity" auf dem Prüfstand, in: Industrielle Beziehungen, 3. Jg., Heft 4, S. 334-350.

Krell, G. (1999): Geschichte der Personallehren, in: Lingenfelder, M. (Hg.): 100 Jahre Betriebswirtschaftslehre in Deutschland 1898–1998, München, S. 125-139.

Krell, G. (2003): Die Ordnung der „Humanressourcen" als Ordnung der Geschlechter, in: Weiskopf, R. (Hg.): Menschenregierungskünste. Anwendungen poststrukturalistischer Analyse auf Management und Organisation, Wiesbaden, S. 63-90.

Krell, G. (2004a): „Vorteile eines neuen, weiblichen Führungsstils": Ideologiekritik und Diskursanalyse, in: Dies. (Hg.): Chancengleichheit durch Personalpolitik, 4. Aufl., Wiesbaden, S. 377-392.

Krell, G. (2004b): Arbeit und Geschlecht in der Betriebswirtschaftslehre. Expertise im Auftrag des vom BMBF geförderten Projekts GendA – Netzwerks feministische Arbeitsforschung. Diskussion Papers 8/2004, Marburg
(download unter: http//genda netz.de/files/document47.pdf).

Krell, G. (2004c): Arbeitnehmer, weibliche, in: Gaugler, E., Weber, W. & Oechsler, W. (Hg.): Handwörterbuch des Personalwesens, 3. Aufl., Stuttgart, Sp. 112-120.

Krell, G. (2004d): Gender Studies, in: Schreyögg, G. & Werder, A. von (Hg.): Handwörterbuch der Unternehmensführung und Organisation, 4. Aufl., Stuttgart, Sp. 341-347.

Krell, G. (2004e): Gefühl und Geschlecht in Bürokratie, Gemeinschaft und ICH-AG. In: Pasero, U. & Priddat, B. P. (Hg.): Organisationen und Netzwerke: Der Fall Gender, Wiesbaden, S. 65-92.

Krell, G. (2005): Gender-Analysen (in) der Betriebswirtschaftslehre, erscheint in: Bendl, R. (Hg.): Betriebswirtschaftslehre und Geschlechterforschung: Verortung geschlechterkonstituierender (Re)Produktionsprozesse zur Standortbestimmung der Betriebswirtschaftslehre, Frankfurt a.M. u.a.

Krell, G. & Karberg, U. (2002a): Geschlechterbezogene Themen in der Personallehre, in: Zeitschrift für Personalforschung, 16. Jg., Heft 3, S. 279-307.

Krell, G. & Karberg, U. (2002b): Geschlechterbezogene Themen in der Betriebswirtschaftslehre: Ergebnisse einer empirischen Erhebung, Diskussionsbeiträge des Instituts für Management, hg. von Bresser, R., Krell G. & Schreyögg G., Folge 17/02, Berlin
(download: www.wiwiss.fu-berlin.de\w3\w3krell > Publikationen).

Krell, G. & Karberg, U. (2003): Gender Mainstreaming in betriebswirtschaftlichen Lehrveranstaltungen? Ergebnisse einer empirischen Erhebung, in: Wirtschaftswissenschaftliches Studium, 31. Jg., Heft 5, S. 21-26.

Krell, G. & Osterloh, M. (1993): Welchen Stellenwert haben Frauenthemen an Personallehrstühlen im deutschsprachigen Raum? Eine Bestandsaufnahme, in: Dies. (Hg.): Personalpolitik aus der Sicht von Frauen – Frauen aus der Sicht der Personalpolitik, 2. Aufl., München/Mering, S. 11-27.

Krell, G. & Tondorf, K. (1998): Leistungsabhängige Entgeltdifferenzierung: Leistungslohn, Leistungszulagen, Leistungsbeurteilung auf dem gleichstellungspolitischen Prüfstand, in: Krell, G. (Hg.): Chancengleichheit durch Personalpolitik, 2. Aufl., Wiesbaden, S. 303-317.

Kürschners Deutscher Gelehrten-Kalender (1976): Bio-bibliographisches Verzeichnis deutschsprachiger Wissenschaftler der Gegenwart, 12. Ausgabe, Berlin/New York.

Landfried, K. (2003): Rede auf der Jahreshauptversammlung der Hochschul-Rektoren-Konferenz (HRK) in Dresden
(download: www.hrk.de/de/download/dateien/Landfried.pdf).

Lingenfelder, M. (Hg.) (1999): 100 Jahre Betriebswirtschaftslehre in Deutschland 1898–1998, München.

Lorber, J. (2003): Gender-Paradoxien, 2. Aufl., Opladen.

Lüdke, D., Runge, A. & Koreuber, M. (Hg.) (2005): Kompetenz und/oder Zuständigkeit: Zum Verhältnis von Geschlechtertheorie und Gleichstellungspraxis, Wiesbaden.

Maas, J. (1998): Organisation – Strukturation – Homosexualität. Integration der Phänomene Männlichkeit und Homosexualität in einen strukturationstheoretisch fundierten Ansatz der Organisationstheorie, in: Zeitschrift für Personalforschung, 12. Jg., Heft 2, S. 223-256.

Maas, J. (1999): Identität und Stigma-Management von homosexuellen Führungskräften, Wiesbaden.

Maier, F., Förtsch, N. & Fiedler, A. (2000): Geschlechterfragen in den Wirtschaftswissenschaften – eine Zwischenbilanz zu den Entwicklungen in einem Männerberuf und zur Thematisierung von Geschlechteraspekten, in: Dies. (Hg.): Dokumentation der Tagung Frauen und Wirtschaftswissenschaften an Hochschulen – Geschlechtsspezifische Aspekte in der Lehre – 25./26. November 1999, Berlin, S. 5-22.

Martin, J. (1994): The Organization of Exclusion: Institutionalization of Sex Inequality, Gendered Faculty Jobs and Gendered Knowledge in Organizational Theory and Research, in: Organization, 1. Jg., Heft 2, S. 401-431.

Mataja, V. (1916): Die Reklame. Eine Untersuchung über Ankündigungswesen und Werbetätigkeit im Geschäftsleben, 2. Aufl., München/Leipzig.

Maurer, M. (2002): Sexualdimorphismus, Geschlechtskonstruktionen und Hirnforschung, in: Pasero, U. & Gottburgsen, A. (Hg.): Wie natürlich ist Geschlecht?, Wiesbaden, S. 65-108.

Mayntz, R. (1996): Mein Weg zur Soziologie: Rekonstruktion eines kontingenten Karrierepfades, in: Fleck, C. (Hg.): Wege zur Soziologie nach 1945: Autobiographische Notizen, Opladen, S. 225-235.

McKechnie, S. A., Ennew, C. T. & Read, L. H. (1998): The Nature of the Banking Relationship: A Comparison of the Experience of Male and Female Small Business Owners, in: International Small Business Journal, 16. Jg., Heft 3, S. 39-55.

Mende, K. (1912): Münchner junge Ladnerinnen zu Hause und im Beruf, aufgrund einer Erhebung geschildert, Stuttgart.

Nowotny, H. (1986): Gemischte Gefühle. Über die Schwierigkeiten des Umgangs von Frauen mit der Institution Wissenschaft, in: Hausen, K. & Nowotny, H. (Hg.): Wie männlich ist die Wissenschaft?, Frankfurt a.M., S. 17-30.

Osterloh, M. & Littmann-Wernli, S. (2002): Die „gläserne" Decke: Realität und Widersprüche, in: Peters, S. & Bensel, N. (Hg.): Frauen und Männer im Management: Diversity in Diskurs und Praxis, 2. Aufl., Wiesbaden, S. 259-275.

Pease, A. & Pease, B. (2002): Warum Männer nicht zuhören und Frauen schlecht einparken. Ganz natürliche Erklärungen für eigentlich unerklärliche Schwächen, 15. Aufl., München.

Peinelt-Jordan, K. (1996): Männer zwischen Familie und Beruf – ein Anwendungsfall für die Individualisierung der Personalpolitik, München/Mering.

Peinelt-Jordan, K. (1998): Erziehungsurlaubswillige Männer, in: Krell, G. (Hg): Chancengleichheit durch Personalpolitik, 2. Aufl., Wiesbaden, S. 183-191.

Potthoff, E. (2002): Betriebswirtschaftslehre im Nationalsozialismus (1933–1945) bei politischer Gleichschaltung und staatlicher Wirtschaftslenkung, in: Gaugler, E. & Köhler, R. (Hg.): Entwicklungen der Betriebswirtschaftslehre, Stuttgart, S. 87-110.

Preschl, C. (1995): Geschlechterverhältnisse im Blickfeld von Liebe und Begehren. Ein Beitrag zum Kino, in: Angerer, M.-L. (Hg.): The Body of Gender: Körper. Geschlechter. Identitäten, Wien, S. 131-151.

Quack, S. (1999): Unternehmensreorganisation, Karrierewege und Geschlecht: Banken im internationalen Kontext, in: Nickel, M., Völker, S. & Hüning, H. (Hg.): Transformation, Unternehmensreorganisation, Geschlechterforschung, Opladen, S. 109-130.

Rastetter, D. (1994): Sexualität und Herrschaft in Organisationen. Eine geschlechtervergleichende Analyse, Opladen.

Rastetter, D. (1998): Männerbund Management. Ist Gleichstellung trotz wirksamer archaischer Gegenkräfte möglich? in: Zeitschrift für Personalforschung, 12. Jg., Heft 2, S. 167-187.

Savage, M. & Witz, A. (Hg.) (1992): Gender and Bureaucracy, Oxford.

Schmitz, S. (2002): Hirnforschung und Geschlecht: Eine kritische Analyse im Rahmen der Genderforschung in den Naturwissenschaften, in: Bauer, I. & Neissl, J. (Hg.): Gender Studies, Denkachsen und Perspektiven der Geschlechterforschung, Innsbruck, S. 109-125.

Schneider, D. (2002): Die ersten Handelshochschulen, in: Gaugler, E. & Köhler, R. (Hg.): Entwicklungen der Betriebswirtschaftslehre, Stuttgart, S. 39-59.

Schreyögg, G. & Werder, A. von (Hg.) (2004): Handwörterbuch der Unternehmensführung und Organisation, 4. Aufl., Stuttgart.

Seyffert, R. (1922): Der Mensch als Betriebsfaktor. Eine Kleinhandelsstudie, Stuttgart.

Statistisches Bundesamt (2004): Studierende, Deutschland, Stichsemester, Nationalität, Geschlecht, Studienfach (download: https://www-genesis.destatis.de/genesis/online/Online).

Stephan, I. & Braun, C. von (2000): Einleitung, in: Braun, C. von & Stephan, I. (Hg.): Gender Studien: Eine Einführung, Stuttgart/Weimar, S. 9-15.

Tondorf, K. & Krell, G. (1999): „An den Führungskräften führt kein Weg vorbei!" Erhöhung von Gleichstellungsmotivation und -kompetenz von Führungskräften des öffentlichen Dienstes, Düsseldorf.

Verheul, I. & Thurik, R. (2001): Start-Up Capital: „Does Gender Matter?", in Small Business Economics, 16. Jg., Heft 4, S. 329-345.

Villa, P.-I. (2000): Sexy Bodies. Eine soziologische Reise durch den Geschlechtskörper, Opladen.

Volmerg, B., Leithäuser, T., Neuberger, O., Ortmann, G. & Sievers, B. (1995): Nach allen Regeln der Kunst: Macht und Geschlecht in Organisationen, Freiburg.

Wächter, H. (1981): Das Personalwesen: Herausbildung einer Disziplin, in: Betriebswirtschaftliche Forschung und Praxis, 32. Jg., Heft 5, S. 462-473.

Wagner, D. & Sepehri, P. (2000): „Managing Diversity" – Eine empirische Bestandsaufnahme, in: Personalführung, 33. Jg., Heft 7, S. 50-59.

Walter, W. (2000): Gender, Geschlecht und Männerforschung, in: Braun, C. von & Stephan, I. (Hg.): Gender Studien. Eine Einführung, Stuttgart/Weimar, S. 97-115.

Wennerås, C. & Wold, A. (2002 [1997]): Vetternwirtschaft und Sexismus im Gutachterwesen, in: Krais, B. (Hg.): Wissenschaftskultur und Geschlechterordnung: Über die verborgenen Mechanismen männlicher Dominanz in der akademischen Welt (Erstveröffentlichung 1997), Frankfurt/New York, S. 107-120.

West, C. & Zimmerman, D. H. (1991): Doing Gender, in: Lorber, J. & Farrell, S. A. (Hg.): The Social Construction of Gender, Newbury Park u.a., S. 13-37.

Wetterer, A. (2002): Strategien rhetorischer Modernisierung. Gender Mainstreaming, Managing Diversity und die Professionalisierung der Gender-Expertinnen, in: Zeitschrift für Frauenforschung & Geschlechterstudien, 20. Jg., Heft 3, S. 129-148.

Wunderer, R. & Dick, P. (1997) (Hg.): Frauen im Management. Kompetenzen, Führungsstile, Fördermodelle, Neuwied u.a.

Zembylas, T. (1998): Geschlechterasymmetrie im Kunstbetrieb, in: Kampitz, P. (Hg.): Angewandte Ethik. Beiträge am 21. Wittgenstein Symposium, Kirchberg am Wechsel, S. 445-451.

Matthias Bode und Ursula Hansen

Das Geschlecht der Marketingwissenschaft

Wie „männlich" ist sie und wie „weiblich" sollte sie sein?

1 Einleitung 41

2 Marketingwissenschaft als Männerwirtschaft 42

3 Vorgehensweise 44

4 Die „geschlechtsneutrale" Marketingwissenschaft 45

5 Die geschlechtsdifferenzierende Marketingwissenschaft 49

6 Ausblick auf die geschlechtssensitive Marketingwissenschaft 51

Literatur 54

1   Einleitung

„Ihre eigentliche Erfüllung finden Frauen im Konsum." Spätestens seit der amerikanischen TV-Erfolgsserie „Sex and the City" hat sich dieses Klischee in ein von Männern und Frauen geteiltes Glaubensbekenntnis gewandelt. Der Romanautor Émile Zola (1883) wusste davon schon Ende des 19. Jahrhunderts zu berichten. Bezug nehmend auf den damals entstehenden neuen Betriebstypus des Warenhauses, berichtete er detailliert von den Einkaufserlebnissen im „Paradies der Damen":

> „Frau Marty kaufte, von ihrer Sucht nach Aufwand fortgerissen, wahllos alles im ‚Paradies der Damen', was sie zufällig in den Auslagen sah; Frau Guibal wanderte stundenlang dort umher, ohne jemals einen Einkauf zu tätigen, glücklich und zufrieden mit der Augenweide; Frau de Boves, die knapp bei Kasse und immer von allzu großen Wünschen geplagt war, zürnte den Waren, die sie nicht mitnehmen konnte; Frau Bourdelais ging mit dem Spürsinn einer klugen und praktischen Bürgersfrau ohne Umschweife auf alle wohlfeilen Gelegenheiten los und machte sich die großen Warenhäuser mit einer solchen Geschicklichkeit einer guten, von jeder Erregung freien Hausfrau zunutze, daß es ihr große Ersparnisse eintrug; die sehr elegante Henriette endlich kaufte dort nur bestimmte Artikel, ihre Handschuhe, Wirkwaren, alle gröbere Wäsche" (Zola, 1976, S. 128f.).

In der modernen Marketingwissenschaft wird das Marketing als Managementphilosophie verstanden, mit der die Koordination und Ausrichtung aller unternehmerischen Aktivitäten auf die Identifikation und Befriedigung von Konsumentenbedürfnisse und -wünsche angestrebt wird. Die zentrale Rolle der Frauen als Konsumenten wurde dabei schon sehr früh wissenschaftlich erforscht. In einem frühen Werk zur Werbeforschung und -praxis betonte Mataja (1910, S. 256): „Die Frau ist gewissermaßen der Mittelpunkt der Welt des Verbrauchs, sie ist es, die das überwiegende Maß der Einkäufe für Haushalt, Wohnungseinrichtung und Bedarf der Kinder besorgt. Selbst auf die Anschaffungen, die der Mann durchführt, übt sie häufig maßgebenden Einfluß aus." Bereits um die Jahrhundertwende entstanden Marktforschungsstudien über Haushaltstätigkeiten wie das Wäschewaschen oder die Nahrungszubereitung (vgl. Frederick, 1929; Catterall, Maclaran & Stevens, 2000, S. 8). In diesem Sinne zählt die Marketingwissenschaft zu den ersten Disziplinen, die die Arbeit von Frauen im Haushalt anerkannten und erforschten und die besonderen Kompetenzen von Frauen als Beschaffungsorganisatorinnen des Haushalts im Einkauf zu würdigen wussten.

Auf der anderen Seite steht der Vorwurf an das Marketing, Frauen zu erniedrigen, die geschlechtsspezifische Arbeitsteilung zu stabilisieren und die weibliche Sexualität für Profitzwecke zu instrumentalisieren (vgl. z.B. Schmerl, 1980, S. 5). Selbst die Emanzipation der Frauen wird demnach noch in neue Konsumprodukte verwandelt.

Die Marketingwissenschaft steht damit innerhalb eines Meinungsfeldes, das von einer „Indoktrinationsdisziplin zum Zwecke der Herrschaftssicherung des Patriarchats" bis hin zur „Wissenschaft von der Erfüllung weiblicher Wünsche und Bedürfnisse" reicht. Wenn in einer empirischen Untersuchung z.B. Fachvertreter des Rechnungswesens behaupten, dort gäbe es überhaupt keinen Geschlechterbezug (vgl. Krell & Karberg, 2003, S. 281; siehe dazu auch den Beitrag von Becker in diesem Band), so ist dies für die Marketingwissenschaft nicht möglich. Es existiert ein fundamentaler gesellschaftlicher Bezug zu Fragen nach dem Einfluss und der Relevanz des Geschlechts auf die analysierten Phänomene.

Unsere Grundposition lautet dazu: Ja, die Marketingwissenschaft ist männlich geprägt, und Nein, die Marketingwissenschaft muss nicht „weiblicher" werden, sondern besser. Besser heißt in diesem Sinne primär, die impliziten, geschlechtsspezifischen Einflüsse explizit und damit diskutierbar zu machen.

2 Marketingwissenschaft als Männerwirtschaft

In einer ersten Annäherung an das Geschlecht der Marketingwissenschaft kann die Frage gestellt werden, wer die Marketingwissenschaft macht. In Erweiterung des Buchtitels von Willi Bongard (1966) „Männer machen Märkte" kann festgestellt werden: Sie machen auch die Marketingtheorie. Eine Durchsicht der in Deutschland von 1945 bis 1978 veröffentlichten Marketingliteratur (Schiller, 1979) offenbart einen Frauenanteil bei den Publikationen von ca. 3%. Dem entspricht die Hochschulsituation, bei der die Wirtschaftswissenschaften zu den hoch-segregierten Männerberufen gehören. In den Rechts-, Wirtschafts- und Sozialwissenschaften gab es 1999 einen Frauenanteil bei den Professoren von 7,5% bei einem Frauenanteil von 24,3% bei Dozenten und Assistenten sowie 31,4% bei den wissenschaftlichen Mitarbeitern (vgl. Wissenschaftsrat, 2002). Die Professorinnenzahl liegt leicht unter dem Durchschnitt aller Disziplinen von 8,3%[1] und spiegelt die extreme Reduktion der Frauenanteile wider, je höher es in der beruflichen Hierarchie geht (mit einem fächerübergreifenden Anteil von ca. 50% aller Hochschulabschlüsse, 33% der Promotionen, knapp 18% der Habilitationen und einem Schwerpunkt von Frauen bei den C2- und C3-Stellen[2]). Für die amerikanische Universitätslandschaft findet sich eine Studie, die speziell die Frauenerwerbsquote in

---

[1] In der gesamten EU liegt die Vergleichszahl bei 15,2% Frauenanteil (vgl. European Commission „Science and Society", 2003).

[2] Hier sind die Zahlen relativ vergleichbar mit den amerikanischen Verhältnissen: Demnach sind Mitte der 1990er Jahre auf dem Universitätsniveau 54% aller Bachelor- und Master-Abschlüsse von Frauen, die dann 34% der Promotionen ausmachen (vgl. Jones, 1995).

Marketingfachbereichen untersucht hat (vgl. Hult & Hasselback, 1998).[3] Auf Basis von Daten bis 1997 ergab sich ein Frauenanteil von knapp 20% bei allen (promovierten) Marketingprofessoren. Im Durchschnitt weisen sie eine geringere Berufserfahrung auf, was auf das tendenziell eher neue Phänomen einer Zunahme von Professorinnen hinweist.[4]

Geht man nun davon aus, dass Frauen nicht per se eine geringere Eignung für Führungspositionen als Männer besitzen, ist diese Situation vehement zu kritisieren. Aus individueller Sicht stecken hinter diesen Zahlen abgebrochene Karriereverläufe und aus gesellschaftlicher Sicht eine skandalöse Verschwendung von Ressourcen und ungenutzten Potenzialen (vgl. Friedan, 1984). Bedeutet dies aber deswegen auch, dass die Wissenschaft, und hier speziell die Marketingwissenschaft, männlich ist?

Aus einer traditionellen Perspektive heraus muss dies zunächst einmal verneint werden. Demnach sieht sich die Marketingwissenschaft selbst als objektiv, neutral, rational und allein dem Wahrheitsideal bzw. der Wahrheitsannäherung verpflichtet (vgl. Hunt, 1990; Kroeber-Riel & Weinberg, 1996, S. 14). Und die objektive Wahrheit kann dementsprechend nur wahr oder falsch sein, aber nicht männlich oder weiblich. In dieser Sichtweise würde der Zuwachs an weiblichen Kollegen an der Grundsituation nichts ändern: Im besten Falle wäre die Marketingtheorie nur näher an die Wahrheit zu bringen. Der Frauenanteil würde aber an der Theorie nichts ändern, genau wie es keine Unterscheidung in Marketingtheorien von blond- und schwarzhaarigen oder links- und rechtshändigen Wissenschaftlern geben kann.

Demgegenüber stehen Wissenschaftsansätze, die durchaus von einem potenziellen Einfluss der Zusammensetzung von Wissenschaftlern auf die jeweilige Wissensproduktion ausgehen. Wissenschaftlichkeit entscheidet sich demnach über den sozialen Konsens innerhalb der Wissenschaftsgemeinde (vgl. Anderson, 1983, S. 26). Die Produktion wissenschaftlicher Erkenntnisse wird als ein sozialer Prozess angesehen, in dem disziplinäre Überzeugungen, historische Faktoren und komplexe soziologische Vorgänge eine bedeutende Rolle für die Akzeptanz von Modellen und Theorien spielen (vgl. Habermas, 1968). Über den sozialen Kontext der Entstehung und Nutzung von Forschungsprogrammen werden so die Einflüsse der primären (z.B. Sprache) und sekundären (z.B. Universität, Disziplin, Lehrstuhl) wissenschaftlichen Sozialisation zusammengefasst (vgl. Kuhn, 1970). Hieraus resultiert eine Perspektive, die internalisiert wird und die Forschungsperspektive prägt: von der Präferenz für bestimmte Symbolsysteme (z.B. eher mathematisch oder verbal) über die Kriterien der Wissenschaftlichkeit bis hin zur Wahrnehmung angemessener Problembereiche. In einem

---

3   Die Grundbasis bezieht sich auf die mit deutschen Hochschulen vergleichbaren Institutionen mit 4-jähriger Studienausrichtung.

4   Dies korrespondiert auch mit der Entwicklung von Marketingpromotionen in den USA. Während vor 1977 der Anteil von Frauen noch bei weniger als 8% lag, steigerte er sich zwischen 1977 und 1986 auf 19,5% und liegt für die Periode 1987 bis 1997 bei 31,9% (vgl. Hult & Hasselback, 1998, S. 37).

derartigen Wissenschaftsverständnis kann es je nach Frauen- und Männeranteil durchaus zu unterschiedlichen Sicht- und Vorgehensweisen kommen.

3 Vorgehensweise

Um den geschlechtlichen Charakter einzuordnen, kann zunächst auf die historisch belegbare Tendenz zurückgegriffen werden, bei der die Unterschiede zwischen Mann und Frau über Dichotomien des „Männlichen" und „Weiblichen" beschrieben werden. „Männlich" wird danach mit Adjektiven wie aktiv, rational, kompetitiv, egoistisch oder objektiv assoziiert, während als „weibliche" Pendants passiv, emotional, kooperativ, altruistisch oder subjektiv angeführt werden (vgl. z.B. Jay, 1981; Firat, 1994, S. 210; Hirschman, 1993, S. 540; Hoppe, 2002, S. 35ff.). Historisch zeigt sich dabei eine Tendenz, die „männlichen" Attributzuschreibungen mit einem höheren sozialen Status zu verbinden. Diese sozialen Zuweisungen können je nach ideologischem Standpunkt unterschiedlich interpretiert werden, wodurch derartige Zuweisungen als

- realitätsgetreue Beschreibungen,

- normative Konzeptionen des Wünschenswerten,

- kulturell bedingte oder

- biologisch bedingte Zuschreibungen

verstanden werden (vgl. Holland-Cunz, 2003, S. 122ff.). Unabhängig von der Bewertung der Dichotomien können diese Zuschreibungen als Referenzpunkt für die Frage nach dem Geschlecht der Marketingwissenschaft genutzt werden. Im Vordergrund stehen dabei die folgenden Problembereiche, die implizit der folgenden Analyse zugrunde gelegt werden:

1. die *Problemauswahl* (welche Untersuchungsgegenstände werden in der Marketingwissenschaft behandelt?);

2. die *Methodenwahl* (wie werden die Probleme methodisch untersucht und wissenschaftlich reflektiert?);

3. die *Ergebnispräsentation* (wie werden die Forschungsresultate sprachlich-symbolisch dargestellt?).

Nun handelt es sich bei der Marketingwissenschaft nicht um eine monolithische Institution mit einer gleichgeschalteten Forschungsphilosophie. Insbesondere die explizite Behandlung der Thematik „Geschlecht und Marketing" weist erhebliche Unterschiede auf. Während es im deutschsprachigen Raum hierzu kaum Publikationen gibt (vgl.

dazu Hansen & Bode, 1997, S. 167ff.), hat sich in der anglo-amerikanischen Marketingwissenschaft eine explizite Genderforschung etabliert. Anfang der 1990er Jahre wurden erste bahnbrechende Artikel publiziert,[5] die insbesondere aus den Bereichen der Werbe- und Konsumforschung stammten, sich aber meist zentral an die Marketingtheorie richteten. Aus diesem Forscherkreis entwickelte sich schnell eine Vernetzung in Form der „Gender and Consumer Behavior Group", die unter dem Dach der weltweiten „Association for Consumer Research" bereits ihre 7. internationale Konferenz veranstaltet hat.[6] Inzwischen wird von mehreren Generationen gesprochen, die explizit eine Genderperspektive in der Marketingwissenschaft anwenden (vgl. Peñaloza, 2000, S. 47). Während es in der deutschsprachigen Marketingwissenschaft keinerlei Anzeichen für eine intensivere Beschäftigung mit der Genderforschung gibt, wird in der anglo-amerikanischen Marketingtheorie inzwischen von der Pluralität verschiedenster feministischer Ansätze gesprochen.

Um im Folgenden die existierenden Perspektiven und Ansatzmöglichkeiten im Umgang mit dem Geschlecht abzubilden, werden als grundsätzliche Positionen die *geschlechtsneutrale* und *geschlechtsdifferenzierende* Marketingwissenschaft untersucht. In einer abschließenden Betrachtung soll aufgezeigt werden, inwieweit die Marketingwissenschaft, über beide Positionen hinausgehend, die Potenziale der Genderforschung produktiver nutzen könnte.

4 Die „geschlechtsneutrale" Marketingwissenschaft

Männer haben in der Marketingwissenschaft einiges erreicht. Für sie gilt ebenso, was Gallos (1993, S. 13) allgemein für die Betriebswirtschaftslehre anführt: „They have designed and conducted the research, served as research objects, developed the theories, written the histories, defined the procedures for science, controlled access to the ivory towers and academies, and set the values and policies that guide both men and women." Damit haben sie eine männerdominante Fachkultur geprägt, die auch die

---

[5] Einer der ersten Artikel, die das F-Wort „Feminismus" im Titel führte, war von Barbara Stern (1992). Sie betonte hier zunächst den Wert feministischer Analyseansätze für die Werbeforschung. Ein zentraler Übersichtsartikel, der auf einer theoretischen Ebene mögliche Implikationen einer intensiven Thematisierung verdeutlichte, stammt von Julia Bristor und Eileen Fischer (1993). Zur gleichen Zeit publizierte Elizabeth Hirschman (1993) einen ähnlichen Grundsatzartikel, der als schärfere Kritik an der traditionellen Marketingtheorie aus feministischer Sicht einzuordnen ist.

[6] Vgl. als wichtige Zusammenfassung von ersten, überarbeiteten Konferenzbeiträgen Costa (1994). Dass es sich hierbei nicht nur um US-Wissenschaftler handelt, belegt die 6. Konferenz, die 2002 in Dublin stattfand, ausgerichtet von irischen und französischen Co-Chairs.

Normalitätsstandards prägt. Ausdruck eines wissenschaftlichen Universalismus ist dabei die Position einer geschlechtsneutralen Vorgehensweise, die nur in begründeten Ausnahmefällen aufgegeben wird. Von der überwiegenden Mehrzahl der Marketing-wissenschaftler praktiziert, steht hier die Trennung zwischen den behandelten Phä-nomenen und der Wissenschaft selbst im Vordergrund. Die Marketingwissenschaft kann sich demnach mit allgemein menschlichen, speziell „männlichen" oder „weibli-chen" Problemfeldern beschäftigen, sie bleibt dabei aber als Wissenschaft neutral. Dem wird die hier vertretene These gegenübergestellt, dass die intendierte Geschlechts-neutralität nur geschlechtsblind sein kann und implizit eine Präferenz für die „männ-liche" Perspektive enthält.

Für Bristor und Fischer (1993) zeigt sich eine männliche Perspektive bei der *Problem-auswahl* daran, dass ein Schwerpunkt auf autonome, instrumentelle Handlungs- und Entscheidungsaspekte gelegt wird. Eine „weibliche" Perspektive würde sich ihrer Meinung nach in einer stärkeren Berücksichtigung zwischenmenschlicher Beziehun-gen ausdrücken. Ein Beispiel sehen sie in der verbreiteten Annahme individueller Kaufentscheidungen, während die interpersonale Einbettung im Rahmen von Familie oder Freundeskreis eher als Abweichung betrachtet wird. Ähnlich kritisieren Mick und Buhl (1992, S. 317) die Vorgehensweise der Werbeforschung dadurch, dass dort der Mensch ein einsames Subjekt ohne Identität sei. Nach Buttle (1991, S. 97) sind die Rezipienten in diesem Modell „islands of cognitive and affective responses, uncon-nected to a social world, detached from culture". Es waren feministische Ansätze, die hier ein lebensnäheres Verständnis der Menschen einforderten, das von den sozialen und kulturellen Verankerungen ausgeht (vgl. Scott, 1994, S. 462).

Soweit es richtig ist, dass Frauen mehr eine versorgende Perspektive des zwischen-menschlichen Umgangs verfolgen, könnte man z.B. annehmen, dass sich das Thema Kundenzufriedenheit schon viel eher (und nicht nur als strategische Abhängigkeit anhand sinkender Marktchancen) in der Marketingwissenschaft als Aspekt einer zu-frieden stellenden Versorgung des Marktpartners verbreitet hätte (vgl. Desmond, 1997). Und es erscheint zumindest bedenkenswert, ob aggressive Orientierungen in der inhaltlichen Problemdefinition der Marketingtheorie (Guerilla-Marketing, Marke-ting-Kriegsführung, Angriffsstrategien, Kampf um Regalplatz usw.) so ausgeprägte Verbreitungschancen gehabt hätten. Da aber das reale Objekt der Marketingwissen-schaft ebenfalls von Männern dominiert wird, ist die Problemdefinition für die Marke-tingwissenschaft auch in dieser Hinsicht männlich geprägt.

Methodisch fördert die vermeintliche „Geschlechtsneutralität" eine Forschungspraxis, bei der Untersuchungssamples nur aus Männern oder Frauen bestehen, ohne aber eine begrenzte Anwendbarkeit zu diskutieren (vgl. Bristor & Fischer, 1993, S. 527). Auf der anderen Seite finden sich gemischte Untersuchungssamples, die nicht auf die mögli-chen Einflüsse des Geschlechts hinsichtlich der Forschungsergebnisse untersucht wer-den. Dieses Vorgehen kann dann selbst bei Untersuchungen beobachtet werden, in denen die Bedeutung von Frauenbildern in der Werbung analysiert wird oder die

Wahrnehmung von Haushaltsprodukten in der Werbung (vgl. z.B. Pechmann & Ratneshwar, 1991). Geht man aber von dem Standpunkt aus, dass es keine soziale Situation gibt, in der die Zuordnung einer Person zu der Kategorie „Frau" oder „Mann" unwichtig sei, müsste eine Umkehrung des Vorgehens der Normalfall sein. Die geschlechtsneutrale Annahme ist deshalb so lange als zweifelhaft anzusehen, wie das Datenmaterial nicht auf mögliche Unterschiede hin untersucht wurde. Nicht zuletzt zeigen sich geschlechtsspezifische Einflüsse selbst in den verwendeten Indikatoren. So kann z.B. die Beziehung zwischen Emotionalität und Zufriedenheit beim Kauf durch sozialisationsbedingte Unterschiede in der Art der Artikulation von Emotionen bei Frauen und Männern beeinflusst werden (vgl. z.B. Burns, Williams & Maxham, 2000).

Ein zentraler Ansatz der Kritik an der impliziten Geschlechtsaufladung der Marketingwissenschaft richtet sich auf die scheinbar geschlechtsneutrale *Darstellung* der Beziehung zwischen Anbietern und Nachfragern. In einer Diskussion zur Rolle des Verkäufers wird einem Kritiker geantwortet: „Für Sie ist der Verkäufer ein Mann, der versucht, seine Kunden übers Ohr zu hauen. Für mich ist er ein Mann, der versucht, gewinnbringende Dauerbeziehungen zu seinen Kunden zu schaffen" (Wage, 1972, S. 66). Für uns ist „der" Verkäufer erst einmal eine Frau. Gehört der Einzelhandel doch zu den Wirtschaftszweigen mit der höchsten Frauenerwerbsquote und überwiegend weiblichen Teilzeitbeschäftigten. Auch der „Mann auf der Straße" und „Otto Normalverbraucher" sind natürlich keineswegs geschlechtsspezifisch gemeint. Das Neutralitätsargument, dass Frauen immer „mitgemeint und -gedacht sind", erscheint aber weniger plausibel, wenn dann plötzlich neben *dem* Unternehmer, *dem* Kunden und *dem* Vertreter die Frau doch noch auftaucht, z.B. als Kassiererin, Stewardess oder Marktfrau. Als Grundtendenz zeigt sich dabei die implizite Charakterisierung der Beziehung zwischen Anbietern und Nachfragern als eine Beziehung zwischen den Geschlechtern. Der Konsum wird dabei der Sphäre des Privaten zugeordnet und die Produktion der Sphäre des Öffentlichen: „Der" Konsument wird traditionell mit Attributen versehen, die als weiblich assoziiert werden, und „der" Unternehmer mit männlichen Attributen (vgl. Firat, 1994). Ebenso zeigen Fischer und Bristor (1994), dass unterschiedliche Typologien von Austauschbeziehungen mit heterosexuellen Mann-Frau-Beziehungen konnotiert sind.[7]

Auch ausgewählte Lehrbuchbeispiele spiegeln eine implizite Perspektive wider. So wird in einem klassischen Lehrbuch zur Werbeforschung das Phänomen der Reaktanz derart erklärt, dass „der" Konsument sich normalerweise sonntags mit den gleichermaßen geliebten Aktivitäten Golf, Gartenarbeit oder Sportsendungen im Fernsehen

---

[7] In einer rhetorischen Zuspitzung ist das verwendete metaphorische Referenzmodell für die Produktionsorientierung ein leichter Flirt mit dem Konsumenten, für die Verkaufsorientierung steht die Vergewaltigung der Konsumenten und für die Beziehungsorientierung die Heirat (vgl. Fischer & Bristor, 1994, S. 325, 328). Deutlich wird diese Rhetorik, wenn z.B. auf eine implizite, geschlechtsspezifische Einrahmung verzichtet wird. Dies geschieht z.B. bei der Analyse von Marktbeziehungen zwischen Unternehmen (B2B-Marketing), bei denen „der" Nachfrager eine einflussreichere und aktivere Rolle spielt als im Privatkonsum.

vergnügt. Lädt seine Frau nun Freundinnen ein, würde der Mann nur stören. Wenn nun seine Frau ihn deshalb zum Golfspielen auffordert, wird er sich wegen der Einschränkung von Alternativen auf die Gartenarbeit versteifen (vgl. Kroeber-Riel & Meyer-Hentschel, 1982, S. 102).[8] Es fällt schwer sich zu entscheiden, was einen mehr ärgert: die konservativen Rollenklischees oder die naive Verbindung partiellster männlicher Erfahrungswelten mit dem Kredo einer „natürlich" geschlechtsneutralen Marketingwissenschaft.

Die Sprache ist keine neutrale Mitteilungs- oder Beschreibungsform, sondern immer auch besetzt mit Assoziationen, Werten und Denkmustern (vgl. Lakoff & Johnson, 1980). Für die Ökonomie kritisiert in diesem Sinne Zameck (1997, S. 28) einen derartigen „sprachlichen Androzentrismus" mit den Worten: „Die sprachlich männliche Orientierung ist Ausdruck der Wahrnehmung der Wirklichkeit durch die Ökonomie." Es handelt sich bei der sprachlichen Geschlechtsblindheit zudem nicht einfach um „schlechten Stil" oder männliche Arroganz. Sie ist verantwortlich für schlechtes Marketing. So belegen zahllose empirische Untersuchungen (vgl. z.B. Moulton, 1977), dass die artikulierte Neutralität des generischen Maskulinums à la „der Konsument" ein Mythos ist. In den Studien von Braun, Sczesny und Stahlberg (2002) wird deutlich, dass bei der grammatikalisch männlichen Form sowohl für Männer als auch Frauen Assoziationen signifikant stärker in Richtung Männer gelenkt werden, als es bei Alternativformen wie neutralisierenden Ausdrücken oder Beidnennungen der Fall ist.[9] Zwar wird Formulierungsproblemen beim Design von Fragebogen eine hohe Aufmerksamkeit geschenkt, nur für die Geschlechterproblematik scheint es keinen Platz zu geben (siehe z.B. das Standardwerk Sudman & Bradburn, 1982).

Die hier dargestellte Haltung ist deshalb nicht geschlechtsneutral, sondern geschlechtsblind: „Scientists firmly believe that as long as they are not conscious of any bias or political agenda, they are neutral and objective, when in fact they are only unconscious" (Namenwirth, 1986, S. 29).

---

[8] Diese Beispiele sind keine Spezialität von Kroeber-Riel oder von deutschen Marketingwissenschaftlern. So wird die amerikanische Managementausbildung mit den Worten kritisiert: „Most management texts are written by men, using examples of men" (Smith, 1997, S 100). Zudem sind Männer in den Beispielen „natürlich" westlich-europäisch, verheiratet und heterosexuell (vgl. zur männlich geprägten amerikanischen Managementausbildung McKeen, Bujaki & Burke, 2000).

[9] In ihren Studien stellten sie Männer und Frauen Fragen wie: „Wer ist Ihr Lieblingssportler" oder „Nennen Sie drei Politiker" und variierten dann die Formulierungen („drei Politiker"; „drei Politikerinnen/Politiker; „drei PolitikerInnen").

5   Die geschlechtsdifferenzierende Marketingwissenschaft

Neben der Geschlechtsblindheit, die eine männliche Perspektive aufrechterhält, ist die Ebene der Geschlechterdifferenz die weitaus am häufigsten anzutreffende Berücksichtigung der Kategorie des Geschlechts im Marketing. Sobald Marketingwissenschaftler der Geschlechterdifferenz eine potenzielle Erfolgswirksamkeit für die Marketinggestaltung zusprechen, wird sie in die Problemdefinition einbezogen. Würde man allein diese konzeptionelle Vorgehensweise betrachten, ergäbe sich ein beeindruckendes Bild für das Marketing: Wie kann eine Wissenschaft „männlich" sein, die eine derartige Vielzahl von Untersuchungen zum unterschiedlichen Verhalten von Frauen und Männern aufweist? Als Antwort darauf kann die These vertreten werden, dass die bisher praktizierte Geschlechtsdifferenzierung im Marketing theoretisch fragwürdig ist und zur Konservierung ungleicher Machtverhältnisse zwischen den Geschlechtern beiträgt.

Die methodische Grundannahme ist zunächst: Frauen sind anders als Männer. In der empirischen Forschung wird dann versucht, derartige Differenzen abzubilden, um darauf aufbauend segmentspezifische Handlungsempfehlungen für die Praxis zu entwickeln. Grundsätzlich gibt es für jede Kategorie des Konsumentenverhaltens Studien, die Unterschiede aufzeigen: bei der Aufnahme und Verarbeitung von Informationen, beim Entscheidungsverhalten, bei dem eigentlichen Kaufverhalten, der Nutzungs- und Entsorgungsphase. Was die traditionellen Arbeiten zur Geschlechtsdifferenzierung dabei eint, ist die theorielose Auflistung von stereotypischen Unterscheidungen (vgl. dazu den Beitrag von Krell in diesem Band), ohne größere Konzeptionalisierungen, Anbindung an Arbeiten der Geschlechterforschung oder Interpretation der Daten. Es ist eine artifizielle Wirkungsforschung, die das Geschlecht als singuläre soziodemographische Variable operationalisiert und mit aufgefundenen Differenzen kausal verknüpft (vgl. Artz & Venkatesh, 1991). In einer Übersicht zu derartigen Marketingstudien kommen Gentry, Commuri & Jun (2003, S. 10) zu dem Ergebnis: „Our attention to differences between men and women continues to rest at just that – differences between men and women. "

Das Grundproblem besteht dabei in der Essentialisierung und Naturalisierung von Unterschieden. Unberücksichtigt bleiben spezifische Rollenerwartungen, -zuschreibungen, -identifikationen und der Einfluss spezifischer sozialer Situationen (vgl. Fischer & Arnold, 1990; Palan, 2001). Verändern sich empirische Ergebnisse über einen historischen Rollenwandel, wenn z.B. beim Autokauf Ehefrau und Ehemann eine gemeinsame Entscheidung treffen, wird mit Ausrufezeichen nicht gespart und als Kommentierung angeführt: „Verdrehte Zeiten!" (Kroeber-Riel, 1984, S. 473).

Dass hier auch andere Positionen möglich sind, zeigt das Werbebuch von Mataja aus dem Jahre 1910, in dem der Frau ein eigenes Kapitel gewidmet ist. Zurückgreifend auf empirische Studien beschreibt er beispielsweise unterschiedliche Mediennutzungen und Konsumweisen, eine intensivere Mund-zu-Mund-Werbung von Frauen, eine längere Ladenaufenthaltszeit oder die besondere Rolle der Frau bei der rapiden Entwicklung der Warenhäuser.[10] Anders als heutige Konsumforscher, die von einer tendenziell leichteren Beeinflussbarkeit der Frau durch die Werbung ausgehen, stellt er die entgegengesetzte These auf, dass Frauen schwerer zu überzeugen sind, ein genaueres Auge für Details haben und Angebote sorgfältiger abwägen:

> „Man sagt demnach auch, daß Männer durch unehrliche Ankündigungen leichter zu täuschen sind als Frauen. Vielleicht sind sie überhaupt leichter zu täuschen, das sogenannte schwache Geschlecht ist eben durch die harte Schule des Lebens vertrauter mit den Künsten der List geworden" (Mataja, 1926, S. 261).

Wichtig ist in diesem Kontext, dass Mataja durchgehend die Unterschiedlichkeit in Bezug zu spezifischen Lebenssituationen und Rollenzuweisungen setzt. So erklärt er ein höheres Kaufinvolvement bei Frauen mit ihrer Funktion als Einkäuferin des Haushalts, wodurch sie eine statusbedingte Aufwertung der Konsumtätigkeiten erleben. Interessanterweise gibt es dadurch auch viele Übereinstimmungen mit Ergebnissen der modernen Genderforschung im Marketing, die z.B. auf den Komplex von kritischeren Erwartungen bei höherer Markenbindung von Frauen in einigen Konsumbereichen hinweisen (vgl. Westwood, Pritchard & Morgan, 2000, S. 360).

Neben dieser Strategie einer sozio-kulturellen Konzeptionalisierung der Geschlechterdifferenz finden sich seit den 1990er Jahren in der Marketingwissenschaft auch Ansätze einer „weiblich" definierten bzw. bewerteten Geschlechterdifferenz. Die dichotome Struktur der Weiblich-männlich-Unterscheidung wird akzeptiert, aber ihre Bewertung wird kritisiert. Eine derartige Umwertungsstrategie kritisiert die Überbetonung der „männlichen" Seite der Marketingwissenschaft und fordert zumindest eine Einbeziehung der „weiblichen" Seite (vgl. Hirschman, 1993):

- Männer bevorzugen objektive, quantitative Verfahren. Zu fordern sind mehr subjektive, qualitative Verfahren.

- Männer haben die rationalen Aspekte des Konsumverhaltens betont. Zu fordern ist eine stärkere Berücksichtigung von emotionaleren Aspekten.

---

10 Warenhäuser richteten bei ihrer Entstehung Ende des 19. Jahrhunderts den primären Marketingschwerpunkt auf Frauen. Die erweiterten Erlebniselemente wie Vorträge, Diskussionen, Musik- oder Theateraufführungen orientierten sich am weiblichen Geschmack. Gezielt wurden Warenhäuser als soziale Räume für Frauen arrangiert. Neben der Kirche zählten Warenhäuser zu den wenigen öffentlichen Orten, in denen sich Frauen auch ohne männliche Begleitung zeigen durften. Laermans (1993, S. 87) beschreibt so die frühen Warenhäuser als „female leisure centres", als Pendant zu den männlichen Freizeitorten Kneipe oder Sportplatz. Daneben unterschieden sich die Warenhäuser auch in ihrer Dominanz weiblicher Angestellter von anderen Arbeitsumfeldern (vgl. Benson, 1986).

- Männer bevorzugen die Machtposition des männlichen Anbieters. Zu fordern sind Ansätze, die stärker die weibliche Position der Konsumenten stärken.

- Männer betrachten im Anbieter- und Konsumentenverhalten primär kompetitive, individualistische Aspekte. Zu fordern sind Ansätze, die kooperative Prozesse stärker berücksichtigen und fördern.

Halb ironisch, halb ernst gemeint betitelte der Konsumforscher Russ Belk (1991) einen Beitrag zur Genderkonferenz: „Real men DO collect soft data." Zu Recht wird die Vernachlässigung derartiger Aspekte kritisiert. Desgleichen spielt dabei auch eine Trivialisierung und Abwertung eine Rolle, die einen Bezug zu den Mann-Frau-Dichotomien hat. Eine einfache Zuweisung der Dichotomien zu Männern und Frauen ist aber problematisch. Implizit besteht dabei die Annahme, dass ein verstärkter Anteil an Frauen in der Marketingwissenschaft die Zunahme einer „weiblichen" Problemauswahl, Methodenwahl und Ergebnispräsentation mit sich bringen würde. Wie angeführt, ist die Zunahme des Frauenanteils zu fördern, ein derartiger Wirkungseffekt aber aufgrund von Erfahrungen in anderen gesellschaftlichen Subsystemen zu bezweifeln (vgl. Harding, 1994, S. 167; Schöler-Macher, 1994). Dass dieser Ansatz selbst bei Annahme einer derartigen Wirkung immer noch methodische Nachteile aufweist, soll im Folgenden beschrieben werden.

6 Ausblick auf die geschlechtssensitive Marketingwissenschaft

Die „geschlechtsneutrale" Position kann als ein Ansatz beschrieben werden, der meint, ein Marketing für Menschen zu machen, und dabei doch zunächst an Männer denkt. Besteht nun die Alternative darin, die Marketingwissenschaft „weiblicher" zu machen und zuerst an Frauen zu denken? Hier wird die Position vertreten, dass für eine reflexionsfähige und geschlechtssensitive Marketingwissenschaft weniger die Frage nach dem Grad der „weiblichen" oder „männlichen" Prägung im Vordergrund stehen sollte. Vielmehr wird die Verbesserung der Marketingwissenschaft angestrebt, gemacht von Männern und Frauen für Männer und Frauen.

Als Ansatzpunkt kann dafür Mataja genommen werden, der die Unterschiede zwischen Mann und Frau auf sozio-kulturelle Umstände zurückführte. Damit ergibt sich ein Anknüpfungspunkt an die moderne Genderforschung, die zwischen „sex" als biologischem Geschlecht und „gender" als sozialem Geschlecht unterscheidet (vgl. Oakley, 1972). Dadurch lösen sich dann die starren Verbindungen zwischen männlich = maskulin und weiblich = feminin. Dies heißt zunächst, dass eine geschlechtliche Zuweisung dynamisch, historisch und veränderbar ist. Zum anderen werden Frauen und Männern in unterschiedlichem Grad „maskuline" oder „feminine" Eigenschaften zugeschrieben. Eine Frau kann sich passiv (= „feminin") in der Liebe verhalten, ein Tyrann bei der Arbeit sein (= „maskulin") und beim Autokauf besonderen Wert auf die Motortechnik legen (= „maskulin"). Des Weiteren öffnet sich die Genderperspektive hin zu einer aggregierten, sozialen Ebene. Gender ist etwas, was im Alltag „gemacht wird" (vgl. West & Zimmerman, 1987). Über die Art, wie wir mit anderen interagieren, wie wir uns anderen präsentieren, handeln wir Geschlechtskonventionen aus, die ihren Beitrag zur gesellschaftlichen Konstruktion der jeweiligen Zuweisung von maskulin/feminin leisten.

Für die *Problemselektion* ergibt sich dann eine perspektivische Erweiterung darauf, dass auch Produkte, Konsumweisen oder Einkaufsstätten „maskulin/feminin" aufgeladen sind (vgl. z.B. Pavia & Costa, 1994). Gleichzeitig können „maskuline/feminine" Produkte und Verhaltensweisen zur geschlechtstypischen Rollenausgestaltung von Konsumenten führen.[11] Darüber hinaus strukturieren „maskuline/feminine" Attribute selbst aktuelle Marktprobleme. So werden Servicequalität und Nachkaufmarketing von der Marketingwissenschaft zur Herstellung profitabler Kundenbeziehungen empfohlen (vgl. Hansen & Bode, 1999, S. 293ff.). Statt harter, rationaler und aggressiver Verhaltensmuster sind nun vermehrt kooperative, sanfte, emotionale und versorgende Verhaltensmuster gefragt, die als feminin gelten. In der einfachen geschlechtsdifferenzierenden Perspektive werden derartige Qualitäten eher Frauen zugeordnet. Aus einer geschlechtssensitiven Perspektive heraus wird eher gefragt, welche Konsequenzen eine derartige Zuordnung hat. So kann die Instrumentalisierung „feminiener" Qualitäten durch zusätzliche Arbeitsleistungen in Form von „emotional labor" (vgl. Hochschild, 2003) kritisiert werden: „Frauen können das eben besser, Männer müssten das erst lernen." Dies kann zu einem erhöhten Druck und zu persönlichen Schwierigkeiten führen, die dann organisatorisch nicht aufgefangen, sondern den einzelnen Angestellten als Privatangelegenheit zugeschoben werden. Zu fragen ist des Weiteren, inwieweit ganze Abteilungen wie im Bereich Beschwerdeannahme und -bearbeitung feminisiert werden und welche Effekte damit verbunden sind. Angesprochen ist damit der Feminisierungseffekt, bei dem eine Zunahme des weiblichen Beschäftigungsanteils aufgrund der gesellschaftlichen Priorisierung von „Männerarbeit" tendenziell zu einem Prestige- und Statusverlust führt. Oftmals sind damit auch Lohnreduktionen verbunden (vgl. z.B. für den PR-Bereich Lüdke, 2001).[12] Auf der organisationalen

---

[11] So trägt die Marketingpraxis zur geschlechtlichen Kodierung von Produkten bei und verwendet gleichzeitig existierende Kodierungen. Ein Beispiel für den Wandel stellt die Umpositionierung von vormals „rein femininen" Produkten wie Make-up, Schmuck und Parfüm hin zum Rollenzubehör für den heterosexuellen Mann dar.

[12] Dieser Effekt kann sich auch im Wissenschaftskontext bemerkbar machen. So zeigte sich die American Psychological Association Ende der 1980er Jahre besorgt aufgrund des steigenden Anteils von Frauen, die ihren Doktor in Psychologie machten: „The Association expressed concern that psychology may become a female-dominated profession, with the loss of prestige and financial remuneration usually evident in such situations" (APA, 1988 zitiert nach Nicolson 1992, S. 55).

Ebene stellen sich schließlich Fragen bezüglich der Implementierungsprobleme. Wenn kooperative, konfliktlösende Verhaltensmuster als „feminin" wahrgenommen werden und kompetitive, aggressive Verhaltensmuster eher als „maskulin", dann können nach Palmer und Hodgson (1996) auch Unternehmenskulturen „femininen" und „maskulinen" Charakter besitzen – verbunden mit unterschiedlichen Implementierungshürden.

Bei der *Methodenwahl* zeigte sich als geschlechtsdifferenzierende Alternative eine Aufwertung von feminin konnotierten Methoden. Ein Beispiel sind die Postulate von Mies (1994), die als erkenntnistheoretische Umsetzung der Frauenforschung u.a. die Nutzung der eigenen Betroffenheit, qualitative Methoden und aktive Parteinahme versteht. Wie Nelson (1995) betont, ist eine derartige Strategie problematisch. Die alleinige Wahrnehmung, dass die in der Marketingwissenschaft privilegierten Methoden mit maskulinen Assoziationen besetzt sind, kann nicht automatisch zur Ablehnung führen. Die Grundfrage muss dabei immer sein, inwieweit die Marketingwissenschaft verbessert werden, und nicht, inwieweit sie mit feminineren Attributen ausgestattet werden sollte. So hat auch eine „harte, quantitative, experimentelle" Position im Sinne eines eher maskulin kodierten Vorgehens seine Vorzüge für spezifische Forschungsfragen. Durch eine Überbetonung kann daraus aber ein rigider Objektivismus werden, in dem statistische Präzision als alleiniges Bewertungskriterium gilt. Dementsprechend kann die weiblich-negativ assoziierte „weiche, qualitative, subjektive" Position erfahrungsnahe und reichhaltige Ergebnisse liefern, sie kann aber im Extrem auch zu einer subjektivistischen Selbstbespiegelung geraten. Eine geschlechtssensitive Strategie vermeidet deshalb die einfache, dualistische Diskussion.[13] Angestrebt wird dann nicht eine „feminine" oder „maskuline" Marketingwissenschaft, sondern eine Marketingwissenschaft, die sich der Einflüsse von geschlechterbezogenen Aspekten bewusst ist, positive Potenziale nutzt und negative Tendenzen vermeidet. Insofern ist dann nicht eine Wahl zwischen subjektiver oder objektiver Methodologie angestrebt. Nach Harding (1995) stellen sich die Pole eher als „schwache" und „starke Objektivität" dar. *Schwache Objektivität* bedeutet das Verbergen der eigenen Perspektive. Wie gezeigt, können im Namen der Objektivität und Neutralität geschlechtsspezifische Sichtweisen die Forschung prägen. Ihre Nichtbeachtung lässt die Einflüsse nicht verschwinden. Es verhindert zudem ein methodisch abgesichertes Umgehen und eine explizite Diskutierbarkeit derartiger Effekte. *Starke Objektivität* beginnt dagegen mit der Bewusstwerdung der eigenen Subjektivität, führt dann weiter zur Überprüfung der Ergebnisse im Rahmen subjektiver Bedingtheiten und endet mit der Offenlegung und somit Diskutierbarkeit im Rahmen der Scientific Community.

In einer derartigen geschlechtssensitiven Marketingwissenschaft untersuchen sowohl Frauen als auch Männer die Gestaltung der marktlichen Austauschbeziehungen von Frauen und Männern. Selbstbewusst kann sie sich als reflektierte Wissenschaft dann auch der Wertfrage stellen, wenn es um den Einfluss der Marketingpraxis auf die Geschlechterverhältnisse in der Gesellschaft geht. Dies bedeutet eine Arbeit an einem

---

13 Ein Beispiel ist dafür der gender-value compass von Nelson (1996, S. 28).

marktlichen „Paradies für Damen", das die Interessen von Frauen in ihren vielfältigen Rollen als Konsumentinnen, Arbeitnehmerinnen, Partnerinnen, Wissenschaftlerinnen oder Marketinganwenderinnen berücksichtigt.

Literatur

Anderson, P. F. (1983): Marketing, scientific progress, and scientific method, in: Journal of Marketing, 47. Jg. (Fall), Heft 4, S. 18-31.

Artz, N. & Venkatesh, A. (1991): Gender representation in advertising, in: Holman, R. & Solomon, M. (Hg.): Advances in Consumer Research, 18. Jg., S. 618-623.

Belk, R. W. (1991): Real men DO collect soft data, in: Costa, J. A. (Hg.): Gender and consumer behavior, Salt Lake City, S. 387-393.

Benson, S. P. (1986): Counter cultures: Saleswomen, managers, and customers in American department stores, 1890-1940, Urbana.

Bongard, W. (1966): Männer machen Märkte: Mythos und Wirklichkeit der Werbung, Frankfurt a.M./Berlin.

Braun, F., Sczesny, S. & Stahlberg, D. (2002): Das generische Maskulinum und die Alternativen. Empirische Studien zur Wirkung generischer Personenbezeichnungen im Deutschen, in: Faschingbauer, T. (Hg.): Neuere Ergebnisse der empirischen Genderforschung, Hildesheim u.a., S. 77-87.

Bristor, J. M. & Fischer, E. (1993): Feminist thought: Implications for consumer research, in: Journal of Consumer Research, 19. Jg. (March), S. 518-536.

Burns, A. C., Williams, L. A. & Maxham, III J. M. (2000): Narrative text biases attending the critical incidents technique, in: Qualitative Market Research: An International Journal, 3. Jg., Heft 4, S. 178-186.

Buttle, F. (1991): What do people do with advertising?, in: International Journal of Advertising, 10. Jg., S. 95-110.

Catterall, M., Maclaren, P. & Stevens, L. (2000): Marketing and feminism: an evolving relationship, in: Catterall, M. & Maclaran, P. (Hg.): Marketing and feminism: Current issues and research, London/New York, S. 1-15.

Costa, J. A. (2000): Gender and consumption in a cultural context, in: Catterall, M. & Maclaran, P. (Hg.): Marketing and feminism: Current issues and research, London/New York, S. 255-275.

Costa, J. A. (Hg.) (1994): Gender issues and consumer behavior, Newbury Park.

Desmond, J. (1997): Marketing and the war machine, in: Marketing Intelligence & Planning, 15. Jg., Heft 7, S. 338-351.

European Commission „Science and Society" (2003): „She Figures" Women and Science Statistics and Indicators, Luxembourg.

Firat, A. F. (1994): Gender and consumption: Transcending the feminine?, in: Costa, J. A. (Hg.): Gender issues and consumer behavior, Newbury Park, S. 205-228.

Fischer, E. & Arnold, A. J. (1994): Sex, gender identity, gender roles attitudes, and consumer behavior, in: Psychology & Marketing, 11. Jg., Heft 2, S. 163-182.

Fischer, E. & Bristor, J. M. (1994): A feminist poststructuralist analysis of the rhetoric of marketing relationships, in: International Journal of Research in Marketing, 11. Jg. (September), S. 317-331.

Frederick, C. (1929): Selling Mrs. consumer, New York.

Friedan, B. (1984): Der Weiblichkeitswahn oder die Selbstbefreiung der Frau. Ein Emanzipationskonzept (erw. Übersetzung von The feminine mystique, 1963), Hamburg.

Gallos, J. V. (1993). Women's experiences and ways of knowing: Implications for teaching and learning in the organizational behavior classroom, in: Journal of Management Education, 17. Jg., Heft 1, S. 7-26.

Gentry, J. W., Commuri, S. & Jun, S. (2003): Review of Literature on Gender in the Family, in: Academy of Marketing Science Review, Heft 1, S. 1-18, <http://www.ams review.org/articles/gentry01-2003.pdf>.

Habermas, J. (1968): Erkenntnis und Interesse, in: Habermas, J.: Technik und Wissenschaft als Ideologie, Frankfurt a.M., S. 146-168.

Hansen, U. & Bode, M. (1997): Blinde Flecken der Marketingwissenschaft: Das Problemfeld der 4 Gs, in: Bruhn, M. & Steffenhagen, H. (Hg.): Marktorientierte Unternehmensführung: Reflexionen – Denkanstöße – Perspektiven. Festschrift für Heribert Meffert zum 60. Geburtstag, Wiesbaden, S. 57-83.

Hansen, U. & Bode, M. (1999): Marketing & Konsum. Theorie und Praxis von der Industrialisierung bis ins 21. Jahrhundert, München.

Harding, S. (1994): Das Geschlecht des Wissens. Frauen denken die Wissenschaft neu (Übersetzung von Whose science? Whose knowledge?: Thinking from women's lives, 1991), Frankfurt a.M.

Hirschman, E. C. (1993): Ideology in consumer research, 1980 and 1990: A marxist and feminist critique, in: Journal of Consumer Research, 19. Jg. (March), S. 537-555.

Hochschild, A. (2003): The managed heart: Commercialization of human feeling, 20. Aufl. (Erstausgabe 1983), Berkeley.

Holland-Cunz, B. (2003): Die alte neue Frauenfrage, Frankfurt a.M.

Hoppe, H. (2002): Feministische Ökonomik. Gender in Wirtschaftstheorien und ihren Methoden, Berlin.

Hult, G. T. M, & Hasselback, J. R. (1998): A report of gender and professional age of the marketing professorate, in: Journal of Marketing Education, 20. Jg., Heft 1, S. 35-40.

Hunt, S. D. (1990): Truth in marketing theory and research, in: Journal of Marketing, 54. Jg. (July), Heft 3, S. 1-15.

Jay, N. (1981): Gender and dichotomy, in: Feminist Studies, 7. Jg, Heft 1, S. 39-56.

Jones, M. G. (1995): Gender equity for the twenty-first century, in: Day, B. (Hg.): Education for the 21st century, Dubuque, S. 425-440.

Krell, G. & Karberg, U. (2003): Gender Mainstreaming in betriebswirtschaftlichen Lehrveranstaltungen? Ergebnisse einer empirischen Erhebung. In: WiSt – Wirtschaftswissenschaftliches Studium, 32. Jg., Heft 5, S. 276-281.

Kroeber-Riel, W. (1984): Konsumentenverhalten, 3. Aufl., München.

Kroeber-Riel, W. & Meyer-Hentschel, G. (1982): Werbung. Steuerung des Konsumentenverhaltens, Würzburg/Wien.

Kroeber-Riel, W. & Weinberg, P. (1996): Konsumentenverhalten, 6. Aufl., München.

Kuhn, T. S. (1970): The structure of scientific revolutions, 2. Aufl., Chicago.

Laermans, R. (1993): Learning to consume: Early department stores and the shaping of the modern consumer culture, in: Theory, Culture and Society, 10. Jg., S. 79-102.

Lakoff, G. & Johnson, M. (1980): Metaphors we live by, Chicago.

Lüdke, D. (2001): „Feminisierung" und Professionalisierung der PR. US-amerikanische Konzeptualisierungen eines sozialen Wandels, in: Klaus, E., Röser, J. & Wischermann, U. (Hg.): Kommunikationswissenschaft und Gender Studies, Wiesbaden, S. 163-186.

Mataja, V. (1910): Die Reklame. Eine Untersuchung über Ankündigungswesen und Werbetätigkeit im Geschäftsleben, Leipzig.

McKeen, C. A., Bujaki, M. L. & Burke, R. J. (2000): Preparing business graduates for the „real" world – the role of the university, in: Women in Management Review, 15. Jg., Heft 7, S. 356-369.

Mick, D. G. & Buhl, C. (1992): A meaning-based model of advertising experiences, in: Journal of Consumer Research, 19. Jg. (December), S. 317-338.

Mies, M. (1994): Frauenbewegung und 15 Jahre „Methodische Postulate zur Frauenforschung", in: Diezinger, A., Kitzer, H., Anker, I., Bingel, I., Haas, E. & Odierna, S. (Hg.): Erfahrungen mit Methode. Wege sozialwissenschaftlicher Frauenforschung, Freiburg, S. 105-128.

Moulton, J. (1977): The myth of the neutral „man", in: Vetterling-Braggin, M., Elliston, F. & English, J. (Hg.): Feminism and Philosophy, Totowa, S. 124-137.

Namenwirth, M. (1986): Science seen through a feminist prism, in: Blier, R. (Hg.): Feminist approaches to science, New York, S. 18-41.

Nelson, J. A. (1995): Feminism and Economics, in: Journal of Economic Perspectives, 9. Jg., Heft 2, S. 131-148.

Nelson, J. A. (1996): Feminism, objectivity and economics, London/New York.

Nicolson, P. (1992): Feminism and academic psychology: Towards a psychology of women?, in: Campbell, K. (Hg.): Critical Feminism: Argument in the Disciplines, Buckingham, S. 53-82.

Oakley, A. (1972): Sex, gender & society, New York.

Palan, K. M. (2001): Gender identity in consumer behavior research: a literature review and research agenda, in: Academy of Marketing Science Review, Heft 10, <http://www.amsreview.org/articles/palan10-2001.pdf>.

Palmer, A. & Hodgson, M. (1996): An analysis of the congruence of gender effects on relationship marketing strategy, in: Sheth, J. N. & Söllner, A. (Hg.): 1996 International Conference on Relationship Marketing: Development, Management and Governance of Relationships, Berlin, S. 53-67.

Pavia, T. M. & Costa, J. A. (1994): Gender dimensions of the alphabetic characters with implications for branding, in: Costa, J. (Hg.): Gender and Consumer Behavior, Newbury Park, S. 184-204.

Pechmann, C. & Ratneshwar, S. (1991): The use of comparative advertising for brand positioning: Association versus differentiation, in: Journal of Consumer Research, Heft 18 (September), S. 145-160.

Peñaloza, L. (2000): Have we come a long way, baby? Negotiating a more multicultural feminism in the marketing academy in the USA, in: Catterall, M. & Maclaran, P. (Hg.): Marketing and feminism: current issues and research, London/New York, S. 39-56.

Schiller, R. (1979): Bibliographie der Marketingliteratur: Verzeichnis deutschsprachiger Literatur ab 1945, Kölner Absatzwirtschaftliche Dokumentation, Bd. 2, Stuttgart.

Schmerl, C. (1980): Werbung auf den Trampelpfaden des Patriarchats, in: Dies. (Hg.): Frauenfeindliche Werbung. Sexismus als heimlicher Lehrplan, Berlin, S. 5-11.

Schöler-Macher, B. (1994): Die Fremdheit der Politik. Erfahrungen von Frauen in Parteien und Parlamenten, Weinheim.

Scott, L. M. (1994): The bridge from text to mind: Adapting reader response theory to consumer research, in: Journal of Consumer Research, 21. Jg. (December), S. 461-480.

Smith, C. R. (1997): Gender issues in management education: A new teaching resource, in: Women in Management Review, 12. Jg., Heft 3, S. 100-104.

Stern, B. B. (1992): Feminist literary theory and advertising research: A new „reading" of the text and the consumer, in: Journal of Current Issues and Research in Advertising, 14. Jg., S. 9-22.

Sudman, S. & Bradburn, N. M. (1982): Asking questions: A practical guide to questionnaires, San Francisco.

Wage, J. L. (1972): Offener Brief an Wolfgang Menge, in: Absatzwirtschaft, 15. Jg., Heft 1, S. 66.

West, C. & Zimmerman, D. H. (1987): Doing gender, in: Gender and Society, 1. Jg., Heft 2, S. 125-151.

Westwood, S., Pritchard, A. & Morgan, N. J. (2000): Gender-blind marketing: Businesswomen's perceptions of airline services, in: Tourism Management, 21. Jg., S. 353-362.

Wissenschaftsrat (2002): Eckdaten und Kennzahlen zur Lage der Hochschulen von 1980 bis 2000, Köln.

Zameck, W. von (1997): Ökonomische Theorie der Frau. Eine mikroökonomische Analyse von Markt- und Nichtmarktentscheidungen, Berlin.

Zola, E. (1976): Paradies der Damen (Übersetzung von Au Bonheur des Dames, 1983), München.

Albrecht Becker

Accountingforschung, Controlling und Gender
Bestandsaufnahme und Perspektiven

1   Einleitung 61

2   Bestandsaufnahme 62

     2.1   Accountingforschung und Controlling 62

     2.2   The Gender of Accountants 63

     2.3   Accounting for Gender 66

     2.4   The Gender of Accounting 68

     2.5   Resümee 69

3   Perspektivisches 71

     3.1   Controlling und Gleichstellungspolitik: Perspektiven für die Gestaltung
von Controllingsystemen 72

     3.2   Kritik des Controlling: Perspektiven für Forschung und Lehre 74

Literatur 77

1   Einleitung

Rechnungswesen, Controlling und Genderforschung – auf den ersten (betriebswirt-schaftlichen) Blick ist ein Zusammenhang zwischen diesen Lehr- und Forschungsge-bieten nicht nahe liegend. Dies zeigen nicht zuletzt die von Krell und Karberg (2002, S. 18) in ihrer Erhebung über geschlechterbezogene Themen in der Betriebswirtschafts-lehre angeführten Äußerungen von Hochschullehrern für Rechnungswesen aus dem deutschsprachigen Raum: „Mir sind derzeit keine sinnvollen Beweggründe für die vertretene Lehre + Forschung [über geschlechterbezogene Themen, A. B.] bekannt" sowie „Im Fach ‚Rechnungslegung' ist keine geschlechterbezogene Thematik erkenn-bar, ebensowenig in ‚Unternehmensbesteuerung'; Universität der Bundeswehr hat z. Zt. nur männliche Studenten."

Anders sieht es in der internationalen Forschungslandschaft aus. Im Rahmen des Dis-kurses über den *social and organizational context of accounting* (Miller, 1994) werden genderbezogene Themen behandelt. Accounting umfasst sowohl das externe Rech-nungswesen (*financial accounting*) als auch das interne Rechnungswesen bzw. Control-ling (*management accounting and control*); häufig werden in der Accountingforschung auch Probleme der Wirtschaftsprüfung (*auditing*) angesprochen. In der internationalen Forschung werden also die Abgrenzungen zwischen diesen Teilbereichen nicht so strikt gezogen wie in der Betriebswirtschaftslehre.[1] Insofern werde ich, wenn ich mich auf diesen internationalen Diskurs beziehe, von Accounting bzw. Accountingfor-schung sprechen bzw. die englischen Begriffe verwenden; beziehe ich mich auf die (deutschsprachige) Betriebswirtschaftslehre, spreche ich von Controlling, Rechnungs-wesen etc.

Ich beginne den folgenden Teil 2 mit einer kurzen Skizze des Diskurses zum *social and organizational context of accounting* und verorte die genderbezogene Forschung darin. Anschließend gebe ich einen Überblick über genderbezogene Forschungen zum Ac-counting. Dabei werde ich, wenn auch nur am Rande, auf existierende Kritik bzw. Inkonsistenzen vorliegender Studien hinweisen. Meine Systematik orientiert sich an Forschungsfeldern und weniger an unterschiedlichen theoretischen Ansätzen und Debatten der Geschlechterforschung.[2] Ich setze allerdings voraus, dass Gender nicht einfach ein biologisches Geschlecht von Personen bezeichnet, sondern sozial kon-struiert ist und wird. In Teil 3 diskutiere ich mögliche Implikationen der genderbezo-genen Accountingforschung für die Betriebswirtschaftslehre. Ich konzentriere mich dabei auf das Controlling, weil dieser Bereich insbesondere in Hinblick auf seine Imp-

---

1   Das gilt auch in technischer Hinsicht, weil im angelsächsischen Raum das Einkreissystem vorherrscht, bei dem internes und externes Rechnungswesen auf eine gemeinsame Daten-quelle, den *general ledger*, zurückgreifen (Zirkler, 2002).

2   Überblicke über Ansätze der genderbezogenen Forschung und ihre Relevanz für die Organi-sations- und Managementforschung finden sich z.B. bei Alvesson und Billing (1997), Calás und Smircich (1996); für die Betriebswirtschaftslehre bei Krell (2004d).

likationen für die Gleichstellungspolitik ein bislang (zu) wenig beachtetes Potenzial darstellt.

2 Bestandsaufnahme

2.1 Accountingforschung und Controlling

Die betriebswirtschaftliche Controllingtheorie ist überwiegend normativ ausgerichtet (Habersam, 1997). Dabei herrschen zwei Grundverständnisse von Controlling vor: Controlling als Funktion der Koordination der Subsysteme des Führungssystems von Unternehmen (Horváth, 2002) bzw. von Organisationen (Küpper, Weber & Zünd, 1990; Küpper, 2001) oder Controlling als Rationalitätssicherung von Führungsprozessen (Weber & Schäffer, 1999). Ein Großteil der Literatur beinhaltet Konzeptionen zur „richtigen" Gestaltung des Controlling im Sinne der theoretisch-normativen Ansätze. Die empirische Controllingforschung konzentriert sich überwiegend auf die Erhebung formaler Systeme, Regeln und Anforderungsprofile an Controller/innen (Becker, 2003; Becker, Jordan & Messner, 2003) und bewertet diese zumeist vor dem Hintergrund der normativen Gestaltungsansätze (z.B. Amshoff, 1993; Niedermayr, 1994). Betriebswirtschaftliche Controllingforschung konzentriert sich somit auf die formalen Aspekte, also darauf, was Macintosh und Scapens (1990) „management accounting system" nennen.

Im Gegensatz dazu sind die Forschungen zum *social and organizational context of management accounting* an der beobachtbaren Praxis der Nutzung von Accountingsystemen, an „management accounting practice" (Macintosh & Scapens, 1990) interessiert. Dieser Diskurs bildet sich seit den 1970er Jahren im angelsächsischen und skandinavischen Raum heraus; die zentralen Fachzeitschriften sind *Accounting, Organizations and Society* und *Critical Perspectives on Accounting*. Hopwood formuliert 1983 das Forschungsprogramm: „trying to study accounting in the contexts in which it operates" (Hopwood, 1983). Miller konstatiert zehn Jahre später, dass die an Hopwoods Aufruf anschließende Forschung das Bild des Accounting und seiner Geschichte grundlegend verändert habe: „Accounting has become to be regarded as a *social and institutional practice*, one that is intrinsic to, and constitutive of social relations" (Miller, 1994, S. 1). Charakteristisch ist dabei neben der Konzentration auf Accounting- bzw. Controllingpraxis, dass Accounting als Set von Techniken und Praktiken der Kalkulation im weitesten Sinne verstanden wird (Hoskin & Macve, 1994). Die Rolle des (Financial und Management) Accounting für die soziale Konstruktion organisationaler Realität wird auf der Basis unterschiedlicher organisationstheoretischer Ansätze untersucht (vgl. für einen Überblick Puxty, 1993; Becker, 2003; 2004).

Genderbezogene Forschung über Accounting kann an diese Forschungstradition der Erforschung der Accountingpraxis in ihren sozialen und organisationalen Kontexten anknüpfen. Im Editorial zu einem Schwerpunktheft zu „Accounting and Gender" der *Accounting, Organizations and Society* schreibt Hopwood: „Gender (…) represents a new but nevertheless significant axis on which to conduct an examination of accounting in action" (1987, S. 65). So wie sich der angesprochene Accountingdiskurs als ein Teildiskurs der *organization studies* betrachten lässt, lassen sich genderbezogene Forschungen über Accounting als Teildiskurs der Accountingforschung betrachten.[3] Für diesen Genderdiskurs im Rahmen der Accountingforschung ist erstens zu konstatieren, dass Forschungen aus dem Bereich des Financial Accounting und Auditing dominieren. Zweitens finden sich hier die gleichen theoretischen Diskussionen und Paradigmen wie in anderen Forschungsfeldern der Genderforschung. Für den Überblick, den ich hier geben möchte, erscheint mir allerdings eine Systematisierung nach theoretischen Orientierungen nicht geeignet, weil es nicht darum geht, diese Ansätze vergleichend zu bewerten oder eine bestimmte Perspektive auf den Zusammenhang von Gender und Accounting zu vertreten. Ich systematisiere die Arbeiten vielmehr nach inhaltlich differenzierten Forschungsfeldern: (1) die Rolle von Gender für die berufliche Situation von Frauen, die im Accounting tätig sind (The Gender of Accountants); (2) die Repräsentation, Reproduktion und Veränderung von Genderbeziehungen und -hierarchien durch Accounting (Accounting for Gender); (3) die Affinität von Accounting und einem maskulinen Geschlechterstereotyp sowie die Ausgrenzung von Frauen als „das Andere" im und durch Accounting (The Gender of Accounting). In der deutschsprachigen Forschung zum Controlling finden sich einige Arbeiten zum Thema Frauen im Controlling (s.u. 2.2) und zu Controlling im Dienst der Gleichstellungspolitik (s.u. 2.3), wobei die lebhafteste Diskussion über Gender Budgeting geführt wird.

2.2 The Gender of Accountants

Sowohl in der internationalen Forschung als auch in den – wenigen – Beiträgen aus dem deutschen Sprachraum geht es schwerpunktmäßig um die berufliche Situation von Frauen im Accounting bzw. Controlling. Hier ist zunächst herauszustellen, dass sowohl Financial als auch Management Accounting im angelsächsischen Raum wesentlich stärker institutionalisiert sind als im deutschsprachigen Raum. Dies gilt insbesondere für das Management Accounting bzw. Controlling. In Großbritannien spielt beispielsweise das Chartered Institute of Management Accountants (CIMA) eine bedeutende Rolle für die Ausbildung von Management Accountants, indem es Zertifizie-

---

3   Zwar gibt es gute Gründe, Genderforschung als übergeordneten Diskurs zu behandeln (Calás & Smirich, 1996), mich interessiert hier aber die genderbezogene Forschung im Rahmen der Accounting- bzw. Controllingforschung.

rungen durchführt. Im Rahmen der CIMA-*guidelines of ethical conduct* und vergleichbarer Dokumente gibt es allerdings keine Referenz zu Fragen der Gleichstellung von Männern und Frauen und anderer genderbezogener Themen.[4]

Als Gegenstück zur CIMA könnte im deutschsprachigen Raum allenfalls der Controllerverein e.V. gelten; er führt zwar keine der CIMA vergleichbaren Zertifizierungen durch, sein Einfluss auf die Praxis des Controlling ist aber deutlich. Analog der CIMA finden sich im „Controller-Leitbild" des Controllervereins keine Referenzen zur Gleichstellung der Geschlechter oder anderen genderbezogenen Themen. Darüber hinaus kennt der Controllerverein nur Controller in der männlichen Form. Die einzige Referenz zu Frauen im Controlling bzw. Controllerinnen aus dem Controllerverein findet sich bei Deyhle (1992).[5] Er bezeichnet den Controller als „Lotse zum Gewinn", als ökonomische Begleitung des Managements bei Zielfindung und -erreichung. Controlling ereigne sich in der Interaktion zwischen Controller/in und ergebnisverantwortlichen Managern/innen. Nach Deyhle „(...) mag es eine Frau leichter haben, die begleitende Rolle zu spielen. Controller-Arbeit bedeutet typisch, durch andere hindurchzuwirken auf ein Ziel hin. Vielleicht haben das die Frauen in der Geschichte immer schon verhältnismäßig besser gekonnt" (1992, S. 381). Damit reproduziert Deyhle ein bekanntes Stereotyp. Gleichzeitig bleibt er jede Reflexion des offensichtlichen Widerspruchs der behaupteten besseren Qualifikation von Controllerinnen und ihrer Unterrepräsentation schuldig.

Nach einer Untersuchung von Witt und Witt (1993) beträgt nämlich der Frauenanteil im Controlling der von ihnen befragten Unternehmen zwischen 7% und 18%, in leitenden Positionen zwischen 1% und 3%. Dabei ist das Aufgabenspektrum der Controllerinnen zusätzlich tendenziell enger und stärker operativ als das ihrer männlichen Kollegen. Bemerkenswert sind auch die durch befragte sechs Manager und zwei Managerinnen vorgenommenen Beurteilungen der Leistung von Frauen und Männern im Controlling: Wird eine differenzierte bzw. analytische Beurteilung vorgenommen, dann werden hinsichtlich einiger Komponenten bzw. Kriterien die Frauen positiver beurteilt als ihre männlichen Kollegen; darunter befinden sich Kernaufgaben des Controlling wie z.B. die Entscheidungsunterstützung und Items wie Qualität der Arbeit. Bei einer pauschalen bzw. summarischen Gesamtbeurteilung schneiden allerdings die Männer besser ab.

Pietropoli-Wolf (1998) befasst sich mit Anforderungen an Controller/innen. Dazu wertet sie Stellenanzeigen in der österreichischen Tageszeitung *Der Standard* von 1997 und 1998 aus und führt Interviews mit fünf Controllerinnen und zwei Controllern. Inhaltlich ist in den Anforderungsprofilen eine Zunahme der Bedeutung von Soft Skills

---

4   Im Rahmen einer E-mail-Kommunikation (03./05.08.2004) wurde mir erklärt, dass die *ethical guidelines* für Männer und Frauen gleichermaßen gälten und dass alle Fragen der Diskriminierung nach dem Geschlecht über gesetzliche Regelungen abgedeckt seien.

5   Deyhle ist Gründer und Ehrenvorsitzender des Controllervereins; daher mag sein Statement als charakteristisch für die Position des Controllervereins gelten.

festzustellen. Außerdem zeigen sich in den Interviews geschlechtsdifferenzierte Wahrnehmungen: Die Frauen konzentrieren sich stärker auf die Soft Skills und schreiben diese auch eher Controllerinnen zu, während die Männer stärker auf Hard Skills als Anforderungen an Controller/innen fokussieren und diese eher bei Männern sehen.

Studien aus dem angelsächsischen Raum über die berufliche Situation von Wirtschaftsprüferinnen ergeben ebenfalls ein nicht sehr überraschendes Bild, das dem der Situation von Frauen in (Fach- und) Führungspositionen in anderen Bereichen entspricht (vgl. dazu z.B. Bischof, 1999). Exemplarisch sei auf eine Studie von French und Meredith (1994) über Frauen in der Wirtschaftsprüfung in den USA verwiesen. Sie konstatieren, dass der Anteil von Frauen insgesamt zwar von 25% (1970) auf 50% (1988) gestiegen ist; der Anteil der Frauen an allen zertifizierten Chartered Public Accountants aber nur von 4% in 1969 auf 27% in 1984. Ungefähr 10% der neu aufgenommenen Partner/innen von Accountinggesellschaften sind weiblich. French und Meredith (1994) zitieren ähnliche Ergebnisse aus Studien in Großbritannien und Irland. Barker und Monks (1998) führen darüber hinaus als Ergebnis ihrer Befragung von Wirtschaftsprüferinnen in Irland an, dass diese sich selbst ein geringeres Ausmaß an „business knowledge" (Kenntnis über allgemeines Management) zuschreiben als ihren männlichen Kollegen. Als typische Karrierehindernisse führen sie die erwarteten Arbeitszeiten und die Inflexibilität der Organisation, die Doppelbelastung durch Beruf und Familie sowie allgemein die Diskriminierung von Frauen an. Mehr als 50% der befragten Wirtschaftsprüferinnen berichten von sexueller Belästigung durch Kollegen oder Klienten (vgl. auch Kirkham, 1997).

Die Ergebnisse von French und Meredith (1994) über den gestiegenen Anteil von Frauen in der Wirtschaftsprüfung werden von diesen selbst als Erfolgsgeschichte interpretiert: Frauen drängen in die Profession der Wirtschaftsprüfung, dies führe zu einem tendenziellen Rückzug von Männern und einer bedeutsameren Rolle von Frauen. Gallhofer (1998) hingegen kritisiert diese Interpretation und deutet die Ergebnisse als Zeichen für die Entwicklung der Wirtschaftsprüfung zur „Semiprofession". Mit steigendem Frauenanteil und dem Rückzug von Männern sänken tendenziell das Einkommensniveau, der Status und das Qualifikationsniveau einer Profession; dies werde auch bei der Wirtschaftsprüfung eintreten.[6] Hier stehen sich zwei typische Interpretationsmuster und in der genderbezogenen Organisationsforschung verbreitete theoretische Ansätze gegenüber (vgl. Calás & Smircich, 1996): *liberal feminism* (French & Meredith, 1994) und *socialist critical feminism* (Gallhofer, 1998).

Generell lässt sich resümieren, dass die vorliegenden Arbeiten zum „Gender of Accountants" keine überraschenden Ergebnisse erbracht haben. Genauer: Die Ergebnisse unterscheiden sich nicht signifikant von Ergebnissen zu anderen Berufsfeldern.

---

6 French und Meredith halten einer solchen Argumentation wiederum entgegen: „Hence, it appears to us that when patriarches leave occupations that women have entered, it is because they lack sufficient resources for further aggression. What is perplexing is that feminists argue that women simply get jobs that men don't want" (1994, S. 238).

2.3 Accounting for Gender

Financial Accounting, Auditing und Management Accounting bzw. Controlling sind an der Repräsentation, Reproduktion und Veränderung von Genderbeziehungen und -hierarchien beteiligt. In diesem Forschungsfeld geht es erstens um die Frauen- und Männerbilder, die im Accounting und Controlling repräsentiert sind und die im Zuge dieser Repräsentation reproduziert werden; das nahe liegende Untersuchungsobjekt sind hier Geschäftsberichte. Zweitens findet sich eine Reihe von Studien über die Rolle von „household accounting" für die Reproduktion gesellschaftlicher und häuslicher Genderhierarchien. Drittens gibt es Konzepte und Vorschläge zum systematischen Überwachen von gleichstellungs- und genderrelevanten Steuerungsgrößen in Unternehmen und anderen Organisationen; damit sind insbesondere die Konzepte des Gleichstellungscontrolling und des Gender Budgeting gemeint.

Für die Untersuchung von Geschäftsberichten seien exemplarisch drei unterschiedlich ansetzende Studien skizziert:

- Adams und Harte (1998) untersuchen die freiwillige Offenlegung genderbezogener Sachverhalte in Geschäftsberichten Britischer Banken und Kaufhäuser. Dabei stellen sie fest, dass zwischen 1935 und ca. 1985 keine freiwilligen Angaben zu diesem Komplex gemacht werden. Erst unter dem Druck von Gewerkschaften, der *Equal Opportunities Commission* und Personalabteilungen werden freiwillige Angaben über Frauenanteile bei Bewerbungen, Trainingsmaßnahmen, Beförderungen bzw. Karrierestufen und über Maßnahmen gegen sexuelle Belästigung gemacht. Gedeutet wird dies hauptsächlich als Reaktion auf gestiegene Legitimationserfordernisse (Adams & Harte, 1998, S. 808).

- Tinker und Neimark (1987) analysieren die Geschäftsberichte von General Motors von den 1930er bis in die 1980er Jahre, um die These von Frauen als industrieller Reservearmee zu belegen. Die in den Geschäftsberichten transportierten Frauenbilder wechselten, so Tinker und Neimark, mit den Verwertungsbedürfnissen des Kapitals. Ihr Beleg: In den 1930er und 1950er bis 1970er Jahren werden Frauen hauptsächlich als Dekoration für Autos dargestellt, in den 1940er und 1980er Jahren hingegen als Beschäftigte. Dies spiegele die Tatsache, dass in diesen Zeiten ein zweites Haushaltseinkommen notwendig ist, um den Autokonsum zu ermöglichen. Genderungleichheit wird von Tinker und Neimark (1987, S. 86) als Nebenwiderspruch des Kapitalismus betrachtet. Diese Position wird von verschiedenen Autorinnen und Autoren deutlich kritisiert (vgl. z.B. Burrell, 1987; Crompton, 1987; Adams & Harte, 1998).

- Benschop & Meihuizen (2002) untersuchen die Darstellung von Frauen und Männern in Geschäftsberichten von 30 nach einer Zufallsstichprobe ausgewählten börsennotierten Unternehmen, die 1996 einen Geschäftsbericht in niederländischer Sprache veröffentlichten. Anhand von Abbildungen aus den Geschäftsberichten dokumentieren sie, dass Frauen systematisch in relativ zu Männern untergeordneten Positionen dargestellt werden (oder überhaupt nicht auftauchen). Durch die unverhohlene Darstellung männlicher Dominanz und klassischer genderbezogener Arbeitsteilung, so Benschop und Meihuizen (2002, S. 632), unterminieren die Geschäftsberichte den professionellen Neutralitätsanspruch des Accounting.

Die exemplarisch erwähnten Untersuchungen dokumentieren also, dass (externes) Rechnungswesen keineswegs genderneutral ist, sondern dass „annual reports contribute to the gendering of organisations through (…) representations of gender in their texts, statistics and images" (Benschop & Meihuizen, 2002, S. 611). Geschäftsberichte reproduzieren somit herrschende Hierarchisierungen der Geschlechter.

Walker und Llewellyn (Walker, 1998; 2003; Llewellyn & Walker, 2000) haben anhand von Ratgebern das „household accounting" als Teil des in der Tradition des Scientific Management (Taylor, 1919) aufkommenden „household engineering" bzw. „scientific home management" untersucht. Walker (1998; 2003) sieht die Rolle des household accounting in Bezug auf Gender und die Reproduktion der Geschlechterordnung zunächst darin, die mit der Frauenbewegung zu Beginn des letzten Jahrhunderts stärker werdenden Emanzipationsbestrebungen einzudämmen: „By reconstructing housekeeping as a profession it inculcated the notion that middle class women could pursue a worthy career in the home and would no longer aspire to a vocation outside it" (Walker, 2003, S. 758). Llewellyn und Walker (2000) argumentieren weiterhin, dass durch die budgetorientierte Technologie des *household accounting* die häusliche Sphäre als rein konsumptive Sphäre repräsentiert wird und die produktiven Aspekte systematisch ausgeblendet werden: „whilst accounting portrays the household as nonproductive and women still perform the majority of domestic tasks, women are cast as economic dependants in accounting terms" (S. 471).[7]

Während bei der Forschung zum „household accounting" auf die Reproduktion der Geschlechterordnung fokussiert wird, geht es in dem dritten, hier skizzierten Teilbereich des Forschungsfeldes „Accounting for Gender" um Accounting bzw. Conrolling im Dienste der Gleichstellungspolitik und damit um die Veränderung der Geschlechterordnung. Das in diesem Zusammenhang bekannteste Instrument ist das Gender Budgeting. Es beinhaltet eine genderorientierte Analyse der öffentlichen Haushaltspolitik im Zuge des Gender Mainstreaming (z.B. Beirat für gesellschafts-, wirtschafts- und umweltpolitische Alternativen, 2002; Schratzenstaller, 2002; Zauner, 2004). Gender Budgeting verfolgt drei Ziele: Verankerung von Genderbewusstsein, Förderung der Beteiligung von weiblichen Betroffenen sowie die Bewertung öffentlicher Ausgaben und Einnahmen in Hinblick auf genderrelevante Effekte. Ein klassisches Beispiel für solche genderrelevanten Effekte ist das Ehegattensplitting in der deutschen Steuersystematik, das Ehepaare mit deutlich ungleichen Einkommen begünstigt; da Frauen

---

7   Die Arbeiten von Walker und Llewellyn (Walker, 1998; 2003; Llewellyn & Walker, 2000) bieten über ihre Relevanz für genderbezogene Forschung hinaus gleichzeitig ein gutes Beispiel für die Durchdringung der gesamten Gesellschaft mit Accounting (vgl. dazu Power, 1997).

systematisch zu den schlechter Verdienenden gehören, stützt und reproduziert diese steuerliche Regelung indirekt solche Ungleichheiten. Gender Budgeting ist bislang nur im Bereich der öffentlichen Haushalte ein Thema; konzeptionell spricht jedoch nichts gegen eine Übertragung auf Unternehmen und andere Organisationen.

Krell (1996; 2004b) entwirft das Konzept eines Gleichstellungscontrolling als Instrument der Planung und Steuerung gleichstellungspolitischer Zielsetzungen und Maßnahmen in Organisationen (vgl. auch Verband des Personals öffentlicher Dienste & Schweizer Syndikat Medienschaffender, o.J.; Sander & Müller, 2003). Dies ist im Grunde nichts anderes als ein normatives Controllingmodell, das als Erfolgs- und damit Steuerungsgröße die Gleichstellung der Geschlechter in der Organisation hat. Basis von Zielformulierungen und Kontrollen bilden für Krell (2004b, S. 17ff.) die vier „Ecksteine einer Erfolg versprechenden Gleichstellungspolitik": Realisierung von Chancengleichheit beim Zugang zu und in Führungspositionen und anderen männerdominierten Bereichen, Abbau von Diskriminierungen in Arbeitsgestaltung und Entgeltpolitik bei herkömmlicher „Frauenarbeit", Erleichterung der Vereinbarkeit von Beruf und Privatleben für Frauen und Männer ohne diskriminierende Folgen sowie Erhöhung der Gleichstellungskompetenz und -motivation von Führungskräften. In einem Kontrollzyklus mit den Schritten (1) Setzen von Solls, (2) Ist-Analyse, (3) Weitere Prüfschritte und Maßnahmen sowie (4) Erfolgskontrolle werden die aus den Ecksteinen abgeleiteten Ziele operationalisiert und ihre (Nicht-)Erreichung überwacht und analysiert. In normativer Hinsicht bietet ein Gleichstellungscontrolling vielfältige Ansatzpunkte zur Steuerung der Entwicklung und Implementation von Gleichstellungspolitik. Dies wird mich in Abschnitt 3.1 noch einmal beschäftigen.

2.4   The Gender of Accounting

Auf Gleichstellung und Gleichbehandlung von Frauen und Männern zielende Konzepte und Studien beziehen sich entweder auf die Repräsentation von Frauen in den Institutionen des Accounting oder auf die Nutzbarmachung der Instrumente des Controlling für die Gleichstellungspolitik. Diese Orientierung bleibt innerhalb der kritischen genderbezogenen Accountingforschung nicht unhinterfragt. „Why would one desire assimilation into the selfsame institutions that sustain the exclusionary practices that make assimilation an issue in the first place?", fragen Shearer und Arrington (1993, S. 255). Diese Kritik ist allerdings nur dann berechtigt, wenn begründet werden kann, dass das Ziel der Gleichstellung selbst entweder innerhalb der Institutionalisierungen oder aufgrund bestimmter Charakteristika des Accounting unmöglich erreicht werden kann oder sollte. Eine erste Begründungsstrategie für diese Position argumentiert, dass es einen Zusammenhang, zumindest aber eine Affinität zwischen männlichem Genderstereotyp und Accounting gibt, dass Accounting mithin „männlich" sei. Eine zweite Begründungsstrategie für die angeführte Kritik an der gleichstellungsorientierten Accountingforschung nimmt eine kritische Strömung innerhalb der feministischen Theorie, die *critical socialist feminist theory*, auf (vgl. Calás & Smircich, 1996). So argumentiert zum Beispiel Gallhofer (1998), dass das Aufdecken von Chancenungleichheit und Strategien zur Erlangung gleicher Zugangschancen gleichzeitig andere Ungleichheiten reproduzierten. Darauf komme ich im folgenden Abschnitt 2.5 zurück; hier geht es zunächst um den Zusammenhang von Accounting und Männlichkeit.

Einige Autorinnen argumentieren, dass Accounting mit Männlichkeit assoziiert sei, da monetäre Größen „harte" Information darstellen, die in Form objektiver Messgrößen rationale und impersonale Entscheidungstechniken unterstützen sollte. Als „hard, dry, impersonal, objective, outer-focused, action-oriented, analytic, dualistic, quantitative, linear, rationalist, reductionist and materialist" entsprechen sie, so Hines (1992, S. 328), einem „universal masculine" bzw. einem Prinzip, das auf Kontrolle und Unterwerfung (der Natur, der Beschäftigten) gerichtet sei. Damit werde zugleich das „Feminine" als „das Andere" ausgeschlossen.[8] Oakes und Hammond (1995) argumentieren, dass sich diese Ausgrenzung nicht nur in der Praxis des Accounting, sondern auch in der Accountingforschung finde. Auch hier seien Frauen unterrepräsentiert und herrsche eine Verallgemeinerung und Naturalisierung männlicher Entscheidungs- und Verhaltensstrategien vor. Diese finde ihren Ausdruck beispielsweise in der fraglosen Unterstellung des ökonomischen Verhaltensmodells. „Research is often the construction of the world in our blurred image, and that image is gendered" (Oakes & Hammond, 1995, S. 66). Broadbent (1998) entwirft ein Gegenmodell zur vorherrschenden maskulinen „accounting logic", das auf Habermas' (1981a; 1981b) Idee der idealen Sprechsituation beruht. Mehr als ein Appell zur Berücksichtigung der Interessen möglichst vieler Stakeholder und „to introduce the emotional or subjective sphere into accounting" als Repräsentanz der „weichen" femininen Werte in einer Organisation findet sich dort (Broadbent, 1998, S. 291) allerdings nicht.

2.5 Resümee

Genderbezogene Forschung im Accounting bzw. im Controlling lässt sich zusammenfassend drei Forschungsfeldern zuordnen:

▨ Der Großteil der Arbeiten befasst sich mit der Situation von Frauen im Bereich der Wirtschaftsprüfung (z.T. im Controlling), mit Diskriminierung, Zugangsmöglichkeiten und Karrierechancen.

---

8   Dieser Bezug auf ein „universal feminine" und ein „universival masculine" beinhaltet – trotz gegenteiliger Beteuerungen von Hines (1992) – ein essenzialistisches und naturalisierendes Verständnis von Gender. Dass sich über die Ausgrenzung von Frauen auch anders theoretisch nachdenken lässt, zeige ich mit Bezug auf Krell (2003) in Abschnitt 3.2.

■ Sodann existieren Arbeiten, die die Repräsentation von Gender in Dokumenten und Instrumenten des Accounting in dreifacher Weise thematisieren: erstens in Bezug auf die stereotypisierende und diskriminierende Darstellung von Frauen in Geschäftsberichten von Unternehmen, zweitens in Hinblick auf den Beitrag des (Household) Accounting zur gesellschaftlichen genderbezogenen Arbeitsteilung sowie drittens in emanzipatorischer Absicht in Form der Entwicklung von accounting- bzw. controllingbasierten Instrumenten eines genderbezogenen Reporting. Dieser dritte Bereich nimmt stärker Bezug auf Controlling als auf Wirtschaftsprüfung oder externes Rechnungswesen.

■ Eine dritte Forschungsrichtung behandelt die „gendered nature" (Broadbent, 1998) des Accounting; hier wird nicht explizit zwischen Auditing, Financial und Management Accounting differenziert, sondern auf eine auf Beherrschung und Kalkulation zielende „männliche" Accountinglogik abgehoben.

Im Rahmen des Diskurses zum *social and institutional context of accounting* (Miller, 1994), genauer: von Autorinnen und Autoren, die sich explizit einer kritischen Accountingforschung (Moore, 1991) verpflichtet fühlen, wird wiederum ein Großteil dieser Forschung kritisiert. Bereits erwähnt hatte ich exemplarisch die Kritik Gallhofers (1998) an den Arbeiten zur Chancengleichheit von Frauen im Accounting. Sie trifft sich mit der generelleren Kritik an Forschungen, die auf einer *liberal feminist theory* beruhen: „The majority of the women-in-management literature is still trying to demonstrate that women are people too" (Calás & Smircich, 1996, S. 223). Gallhofer (1998) kritisiert an diesen Arbeiten darüber hinaus, dass sie sich ausschließlich an den Interessen der *white middle-class women* orientierten und damit ausklammerten,

■ dass für Frauen aus unteren Klassen nicht die Frage der Karrieremöglichkeiten das Problem sei, sondern der Zugang zu Bildungsmöglichkeiten, die zunächst überhaupt einen Eintritt in die Accountingprofession ermöglichen könnten;

■ dass die Orientierung auf Teilhabe an der Accountingprofession soziale Ungleichheiten auf der Basis der Zugehörigkeit zu ethnischen Gruppen reproduziere;

■ dass Frauen in anderen Kulturen möglicherweise andere Interessen als in westlichen Industrieländern hätten und der Beitrag der Accountingprofession zu den problematischen Konsequenzen der Globalisierung verschwiegen werde; sowie

■ dass die Orientierung auf gleiche Karrierechancen von Frauen eine patriarchale Herrschaftsform stütze, die auf der Privilegierung der öffentlichen (Arbeits-) Sphäre gegenüber der häuslichen (Arbeits-)Sphäre beruhe.

Gallhofer (1998) kritisiert damit, dass die Arbeiten auf der Basis der *liberal feminist theory* von „Frau" als kontextunabhängiger und prinzipiell homogener Kategorie ausgehen. Die Bemühungen um Gleichstellung in der Accountingprofession bergen, so begrüßenswert sie auch seien, die Gefahr, andere Ungleichheiten (ethnische Herkunft, Klasse, Globalisierung) zu verschleiern und damit zu reproduzieren. Shearer und

Arrington (1993) kritisieren in ähnlicher Weise an den erwähnten Arbeiten, dass sie auf einer essenzialistischen Konzeption von Geschlechtsidentität beruhten. „But sexual identity and sexual difference are, like any other category of meaning, historical and cultural products" (S. 255).

Ansätze der genderbezogenen kritischen Accountingforschung parallelisieren häufig das Herrschaftsverhältnis zwischen den Geschlechtern und der Klassenherrschaft im Kapitalismus bzw. behandeln jenes als Nebenwiderspruch neben dem Hauptwiderspruch zwischen Kapital und Arbeit. So resümiert beispielsweise Lehman (1992, S. 279), „that factors such as class, alienation, ideology, and economic crises explain women's changing role in society" (vgl. auch Tinker & Neimark, 1987). Gegen diese Position wendet wiederum Crompton (1987) ein, für einen Nebenwiderspruch „patriarchy has been around for rather a long time" (S. 104). Vielmehr hätten Genderbeziehungen – im Gegensatz zu Beziehungen zwischen Klassen – auch außerhalb des Kapitalismus Relevanz. Sie argumentiert weiter, dass die Exklusion von Frauen aus dem Accounting nicht nur den Zugang zu formalen Zertifizierungen betreffe, sondern viel stärker den Zugang zu informellen Netzwerken und eher implizitem „organizational knowledge", das praktischen Erfolg im Beruf ermöglicht.[9] Dies widerspreche der Dominanz ökonomischer Kategorien über Genderkategorien: „such exclusion may be *gender* rational as far as men are concerned, but not *class* rational" (Crompton, 1987, S. 109).

Während also die *liberal feminist*-Accountingtheorie mit einem tendenziell unreflektierten und dekontextualisierten Konzept von Gender arbeitet, reduzieren *critical socialist feminist*-Accountingforscher/innen das Genderproblem tendenziell auf einen Nebenwiderspruch.

3   Perspektivisches

Mein kurzer Überblick hat zunächst einmal gezeigt, dass genderbezogene Forschungen im Controlling in doppelter Weise unterrepräsentiert sind. Erstens beziehen sich im internationalen Diskurs zum *social and organizational context of accounting* keine mir bekannten Arbeiten explizit auf Management Accounting bzw. Controlling; allerdings gibt es Ansätze, die Accounting in genereller Weise thematisieren und damit Management Accounting bzw. Controlling umfassen. Zweitens zeigt sich, dass es im deutschsprachigen Raum nur sehr wenige Arbeiten zu Controlling und Gender gibt. Die Arbeiten von Witt und Witt (1993) und Pietropoli-Wolf (1998) befassen sich de-

---

[9]   Dies korrespondiert im Übrigen mit den in Abschnitt 2.1 erwähnten Befunden von Barker und Monks (1998), dass die weiblichen Accountants sich ein geringeres Maß an „business knowledge" zuschreiben als ihren männlichen Kollegen.

skriptiv mit der beruflichen Situation von Controllerinnen; Krell (1996; 2004b) sowie einige weitere Publikationen (vgl. für einen Überblick Sander & Müller, 2003) legen normative Konzeptionen für ein Gleichstellungscontrolling vor. Die Arbeiten zum Gender Budgeting (Schratzenstaller, 2002; Zauner, 2004) befassen sich mit der öffentlichen Haushaltspolitik und damit nicht explizit mit Controlling.

Dass Gender und Gleichstellung ein zentrales Thema für das Controlling – wie für alle anderen Bereiche der Betriebswirtschaftslehre und die Organisationstheorie und -gestaltung allgemein – darstellen, haben die vorangegangenen Ausführungen gezeigt (vgl. auch Calás & Smircich, 1996; Alvesson & Billing, 1997; Krell, 2004a; 2004b; 2004d). Daran anknüpfend, skizziere ich im Folgenden Perspektiven für die Theorie des Controlling (3.2) und Möglichkeiten, Gleichstellungspolitik mit Hilfe von Instrumenten des Controlling zu unterstützen (3.1).

3.1 Controlling und Gleichstellungspolitik: Perspektiven für die Gestaltung von Controllingsystemen

Gleichstellungpolitik ist mehr und anderes als Frauenförderung. Krell (1997) definiert Gleichstellungspolitik als integrativen Ansatz: „Chancengleichheit wird zum Teilziel und damit Gleichstellungspolitik zur Teilaufgabe der Unternehmens- oder Verwaltungsführung, insbesondere der Personalpolitik gemacht" (S. 16f.). Werden Controllingsysteme im weitesten Sinn als Instrumente des zielorientierten Managements von Organisationen verstanden, so lässt sich die Steuerung der Organisation durch Controllinginstrumente sowohl auf Basis ökonomischer als auch nicht-ökonomischer, monetärer wie nicht-monetärer Ziele konzipieren (Küpper, 2001; Schulte, 2000). Es lässt sich vor diesem Hintergrund sogar argumentieren, dass Controlling ein notwendiger Bestandteil von Gleichstellungspolitik sein muss. Bereits erwähnt hatte ich, dass das Instrument des Gender Budgeting problemlos auf andere Organisationen als öffentliche Verwaltungen übertragbar ist. Der Budgetierungsprozess von Organisationen wäre hier auf genderrelevante Effekte und Teilhabe zu untersuchen. Hier möchte ich noch kurz auf zwei weitere instrumentelle Ansatzpunkte für ein Gleichstellungscontrolling eingehen. Da gleichstellungspolitische Konzepte wie Managing Diversity häufig als strategischer Erfolgsfaktor für Organisationen bezeichnet werden (Krell, 2004c), überrascht es nicht, dass diese Instrumente aus dem Bereich stammen, der herkömmlicherweise dem strategischen Controlling zugerechnet wird.

Einen geeigneten Weg für die Implementation von Gleichstellungscontrolling kann eine Balanced Scorecard (Kaplan & Norton, 1996) bieten. Die Balanced Scorecard wurde in den 1990er Jahren entwickelt und soll insbesondere die Verkürzungen rein monetärer Kennzahlensysteme kompensieren. Die Grundidee der Balanced Scorecard besteht in der Kombination finanzieller Kennzahlen (z.B. Return on Investment, Economic Value Added) als Indikatoren für die Leistung einer Organisation mit Kennzahlen für Leistungstreiber als Indikatoren für Faktoren, die den Output bzw. das Leistungspotenzial einer Organisation positiv beeinflussen. Kaplan und Norton (1996) schlagen vier Teil-Kennzahlensysteme vor: finanzielle Kennzahlen, Kennzahlen bezüglich der Kunden, Kennzahlen bezüglich der internen Leistungsprozesse sowie Kennzahlen bezüglich des Personals und organisationalen Wissens und Lernens.[10] Insbesondere diese „Lern- und Entwicklungsperspektive" (vgl. Abbildung 1) ist für das Gleichstellungscontrolling von besonderem Interesse. Geht es hier klassischerweise um die Erfassung von formalen Qualifikationen des Personals oder Innovationsraten, lassen sich gerade in dieser Teil-Scorecard Kennzahlen integrieren, die für die Gleichstellungspolitik von Bedeutung sind. In Abbildung 1 wird dies am Beispiel der Kennzahl Frauenanteil (in einem Unternehmensbereich oder der gesamten Organisation) illustriert. Weitere Beispiele für gleichstellungsrelevante Kennzahlen finden sich im „Projekt Gleichstellungs-Controlling" des Verbands des Personals öffentlicher Dienste und des Schweizer Syndikats Medienschaffender (o.J.). Die Balanced Scorecard wird auch bereits im Kontext des Managing Diversity propagiert und verwendet (Aretz & Hansen, 2002, S. 80ff.). Bei Motorola sind Kennzahlen zur Förderung von Diversity im Unternehmen fester Bestandteil der Balanced Scorecard (Allner, Kaltenbach & Schulz, 2004). Und in Cox' Modell des kulturellen Wandels im Rahmen des Diversity Managements (nach Krell, 2004c, S. 52) bietet sich, obwohl nicht explizit erwähnt, die Balanced Scorecard als Unterstützung im Schritt „Research & Measurement" an.

Ein zweiter Ansatzpunkt für das Gleichstellungscontrolling lässt sich aus Kapplers (2000) Konzept des strategischen Controlling als Entgrenzung ableiten. Er geht davon aus, „dass Strategie (…) vor allem Fantasie, Kreativität und Mut für die Analyse und bei der Überschreitung des bisher Betrachteten benötigt, um mit dem Unternehmen in neue Felder vorzustossen" (S. 308). Konstitutiv für strategisches Controlling sei daher die Grenzüberschreitung: „Die Erweiterung der Möglichkeit, öffnende Fragen zu stellen, ist Strategisches Controlling. Nachhaltig immer wieder zu hinterfragen, um Öffnungen an der Grenze unserer mentalen Modelle zu finden, die Innovationen ‚hereinzulassen', ist das Metier des strategisch tätigen Controllers" (S. 310). Das zentrale Instrument einer solchen strategisch tätigen Controllerin bilden Leitfragen. Leitfragen zielen darauf, Gewohntes, als selbstverständlich Akzeptiertes ins Bewusstsein zu rufen und damit sichtbar und kritisierbar zu machen. Hier sind Fragen denkbar, die relevant für die Gleichstellungspolitik sind und die regelmäßig zu stellen wären. Diese könnten sich an Krells (2004b) vier Ecksteinen einer erfolgreichen Gleichstellungspolitik orientieren: Wieso ist der Anteil weiblicher Führungskräfte geringer als der der männli-

---

[10] Generell gilt, dass die Balanced Scorecard für jede Organisation spezifisch angepasst und modifiziert werden kann bzw. muss. Es sind also auch andere, nicht-monetäre und/oder nicht-ökonomische Outputmaße genauso denkbar wie eine andere Systematik der Teil-Kennzahlensysteme.

Abbildung 1:   *Balanced Scorecard und Gleichstellungscontrolling (in Anlehnung an Kaplan*
                & Norton, 1996; sowie Verband des Personals öffentlicher Dienste & Schweizer
                Syndikat Medienschaffender, o.J.)

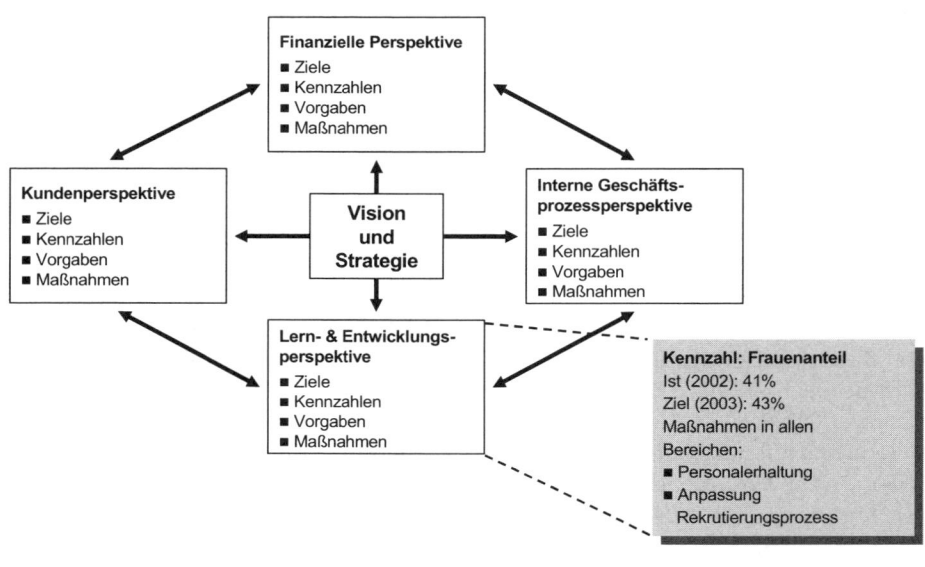

chen? Wieso nehmen viel weniger Männer als Frauen ihr Recht auf Elternzeit in Anspruch? Wieso habilitieren in der Betriebswirtschaftslehre weniger Frauen als Männer?
Welche Maßnahmen zur Förderung der Vereinbarkeit von Beruf und Familie haben
wir in den letzten 12 Monaten ergriffen? Was tun wir, wenn wir diskriminierende
Handlungen beobachten, die nicht in unseren Zuständigkeitsbereich fallen?

Gleichstellungspolitik und Gleichstellungscontrolling können sich, das hat bereits
diese kurze Skizze gezeigt, zwanglos an bekannte Instrumente des Controlling an-
schließen lassen. Ihre Logik steht dem nicht grundsätzlich entgegen.

3.2   Kritik des Controlling: Perspektiven für Forschung und Lehre

Können also Controllinginstrumente und -systeme für die Zwecke eines Gleichstellungscontrolling genutzt werden, so erscheint es auch nicht plausibel, das Controlling
bzw. Accounting mit einem „universal masculine" (Hines, 1992; Broadbent, 1998) zu

assoziieren. Eine zentrale Einsicht der Forschungen zum (historischen und gegenwärtigen) organisationalen und gesellschaftlichen Kontext des Controlling bzw. Accounting besteht darin, dass „[t]here is no ‚essence' of accounting, and no invariant object to which the name ‚accounting' can be attached" (Miller & Napier, 1993, S. 631; vgl. auch Becker, 2004). Eine Theorie des Controlling „in the contexts in which it operates" (Hopwood, 1983) fokussiert auf Controllingpraxis als Teil der sozialen Konstruktion organisationaler und gesellschaftlicher Realität. Gender ist ein genuiner Bestandteil dieser sozialen Konstruktionsprozesse. Dies markiert zugleich Berührungspunkte von Accountingtheorien und Theorien über Gender (z.B. Benhabib et al., 1995; Butler, 1995; vgl. auch Krell, 2003). Einer genderorientierten Controllingforschung stellt sich dann als grundlegende Forschungsfrage: Welchen Beitrag leistet die Praxis des Controlling zur (Re-)Produktion von Genderunterscheidungen und -hierarchisierungen?

Umfassende theoretische Arbeiten zu dieser Frage liegen bislang noch nicht vor. Eine mögliche Perspektive für eine solche Konzeptualisierung von Controlling und Gender kann sich an Krells (2003) diskursanalytischer Arbeit über die Produktion einer „Ordnung der Geschlechter" orientieren. Krell zeigt darin, wie personalpolitische und arbeitswissenschaftliche Diskurse zu Genderdifferenzierungen und Genderhierarchisierungen beitragen. Ein solcher an Foucault (1971; 1981) ansetzender Ansatz erscheint nicht zuletzt deswegen für die Thematisierung von Controlling und Gender in besonderer Weise geeignet, weil sich hier vielfältige Anknüpfungspunkte zu existierenden Ansätzen der Accountingtheorie ergeben (z.B. Hoskin & Macve, 1986; 1994; Miller & Napier, 1993; Hopper & Macintosh, 1998). Die Foucault-orientierte Accountingtheorie (für einen Überblick vgl. Becker, 1999; 2003) hat entscheidend zu einem fundierteren Verständnis des Accounting als sozialer und organisationaler Praxis beigetragen: „Accounting systems will never look the same again", konzediert auch Armstrong (1994, S. 26), der diesem Ansatz eigentlich eher reserviert gegenübersteht.

Kern eines solchen Ansatzes ist die Analyse der Konstruktion der *governable person* durch Accounting bzw. Controlling (Miller & O'Leary, 1987) und durch Personalpolitik (Townley, 1994). Dies lässt sich mit Foucaults (1981) Systematik der Prinzipien der Disziplinierung und Kontrolle, *principle of enclosure, principle of the efficient body* und *principle of disciplined body* (Hopper & Macintosh, 1998) beschreiben. Krell (2003) zeigt, wie sich diese Prinzipien auf die soziale Konstruktion von Genderunterscheidungen und Genderhierarchisierungen anwenden lassen. Eine genderorientierte Controllingtheorie müsste den Beitrag des Controlling zu diesen Konstruktions- und Herrschaftsprozessen analysieren. Einen ersten Versuch in dieser Hinsicht hat Burrell (1987) unternommen, indem er den Beitrag des Accounting zur Entsexualisierung von Organisationen als Herrschaftsinstrument untersucht.[11] Versteht man unter Controlling(-praxis) ein Set organisationaler Praktiken der Quantifizierung, Kalkulation und Ökonomisierung (vgl. ausführlich Becker, 2003), so wären alle diese Praktiken auf ihre

---

11   Im Sinne von Krell und Weiskopf (2001) entspräche dies der Strategie des Organisierens von Leidenschaften, die sie „Eindämmen und Trockenlegen" nennen.

Wirkung in Hinblick auf die (Re-)Produktion bzw. Veränderung von Genderordnungen in Organisationen zu analysieren. Ein bereits untersuchtes Beispiel stammt wiederum aus dem Bereich der Personalpolitik: die Diskriminierung von Frauen durch die scheinbar objektiven Verfahren der Arbeitsbewertung (für einen Überblick vgl. Krell & Winter, 2004; Jochmann-Döll, in diesem Band). Ähnlich könnten beispielsweise Balanced Scorecards (und alle anderen Kontrollsysteme und -instrumente) auf diskriminierende Wirkungen untersucht werden.

Hatte ich eingangs noch konstatiert, dass ein Zusammenhang zwischen Rechnungswesen, Controlling und Genderforschung auf den ersten (betriebswirtschaftlichen) Blick nicht nahe liegend sei, kann nun nach diesem kurzen Durchgang durch die genderorientierte Controlling- und Accountingforschung ein solcher Zusammenhang nicht mehr überraschen. Gerade in Hinblick auf eine Theorie der sozialen Konstruktion von Controlling als organisationaler Praxis zeigen sich vielfältige Anknüpfungspunkte, die hier nur angedeutet werden konnten. Eine kritische Theorie des Controlling gewinnt aus der Genderforschung zusätzliche Unterstützung in Hinblick auf zentrale Probleme des Controlling: Controlling ist keineswegs ein (Interessen-)neutrales Instrument der reinen Abbildung organisationaler Sachverhalte; vielmehr trägt es in vielfältiger Weise zur Unterstützung und Durchsetzung von spezifischen (Macht-)Interessen – hier in Bezug auf Genderhierarchien – bei. Damit wird auch die Objektivität des Controlling in Frage gestellt. Controlling ist dann nicht als ein wertfreies, rein technisches Instrument der Repräsentation zu verstehen. Ethisch verantwortungsvolles Controlling muss die eigenen Ausblendungen und Konstruktionen reflektieren. Die in Abschnitt 3.1 in Anlehnung an Kappler (2000) skizzierten Leitfragen können ein solches Instrument der Reflexion sein.

Was folgt daraus für die Lehre des Controlling? Zunächst einmal: Im Sinne eines Gender Mainstreaming der Universitäten gilt es, genderrelevante Fragen in die Curricula und Lehrveranstaltungen zu integrieren. Die Untersuchung von Krell und Karberg (2002; 2003) zeigt, dass dies in den Teildisziplinen Personal und Organisation innerhalb der Betriebswirtschaftslehre relativ am weitesten gediehen ist und Rechnungswesen sowie Controlling hier sicherlich Nachholbedarf haben. Die Diskussion der theoretischen Implikationen hat aber auch gezeigt, dass die Genderforschung für das Fach Controlling zentrale Fragen des Selbstverständnisses tangiert: Repräsentation, Objektivität und ethische Verantwortung. Dies sind Fragen, die in der universitären Lehre reflektiert werden müssen. Genderfragen, so zeigt sich nun, müssen nicht an das Controlling von außen herangetragen werden, sondern tangieren es in seinem Kern und sind mit ihm immer schon qua sozialer und gesellschaftlicher Einbettung untrennbar verbunden.

Literatur

Adams, S. A. & Harte, G. (1998): The changing portrayal of the employment of women in British banks' and retail companies' corporate annual reports, in: Accounting, Organizations and Society, 23. Jg., S. 781-812.

Allner, B., Kaltenbach, O. & Schulz, A. (2004): Praxisbeispiel Motorola: Diversity-orientierte Vergütung, in: Krell, G. (Hg.): Chancengleichheit durch Personalpolitik: Gleichstellung von Frauen und Männern in Unternehmen und Verwaltungen. Rechtliche Regelungen – Problemanalysen – Lösungen, 4. Aufl., Wiesbaden, S. 351-356.

Alvesson, M. & Billing, Y. D. (1997): Understanding gender and organizations, London.

Aretz, H. J. & Hansen, K. (2002): Diversity und Diversity Management im Unternehmen, Münster.

Amshoff, B. (1993): Controlling in deutschen Unternehmungen: Realtypen, Kontext und Effizienz, 2. Aufl., Wiesbaden.

Armstrong, P. (1994): The influence of Michel Foucault on accounting research, in: Critical Perspectives on Accounting, 5. Jg., S. 25-55.

Barker, P. C. & Monks, K. (1998): Irish women accountants and career progression: A research note, in: Accounting, Organizations and Society, 23. Jg., S. 813-823.

Becker, A. (1999): Accounting: Diskurs oder soziale Praxis? Kritik der postmodernen Accountingforschung, in Schreyögg, G. (Hg.): Organisation und Postmoderne. Grundfragen – Analysen – Perspektiven, Wiesbaden, S. 253-264.

Becker, A. (2003): Controlling als reflexive Steuerung von Organisationen, Stuttgart.

Becker, A. (2004): Jenseits des Kerns des Controlling: Management Accounting as Social and Institutional Practice, in: Zeitschrift für Controlling & Management, Heft 48, S. 95-107.

Becker, A., Jordan, S. & Messner, M. (2003): Controlling als organisationale Praxis: Implikationen für die Forschung, in Weber, J. & Hirsch, B. (Hg.): Zur Zukunft der Controllingforschung: Empirie, Schnittstellen und Umsetzung in der Lehre, Wiesbaden, S. 143-160.

Beirat für gesellschafts-, wirtschafts- und umweltpolitische Alternativen (2002): Frauen macht Budgets: Staatsfinanzen aus Geschlechterperspektive, Wien.

Benhabib, S., Butler, J., Cornell, D. & Fraser, N. (1995): Feminist contentions: A philosophical exchange, New York.

Benschop, Y. & Meihuizen, H. E. (2002). Keeping up gendered appearances: Representations of gender in financial annual reports, in: Accounting, Organizations and Society, 27. Jg., S. 611-636.

Bischof, S. (1999): Männer und Frauen in Führungspositionen der Wirtschaft, Köln.

Broadbent, J. (1998): The gendered nature of „accounting logic": Pointers to an accounting that encompasses multiple values, in: Critical Perspectives on Accounting, 9. Jg., S. 267-297.

Burrell, G. (1987): No accounting for sexuality, in: Accounting, Organizations and Society, 12. Jg., S. 89-101.

Butler, J. (1995): Körper von Gewicht: Die diskursiven Grenzen des Geschlechts, Berlin.

Calás, M. B. & Smircich, L. (1996): From „The Woman's" point of view: Feminist approaches to organization studies, in: Clegg, S. R., Hardy, C. & Nord, W. R. (Hg.): Handbook of organization studies, London, S. 218-257.

Crompton, R. (1987): Gender and accountancy: A response to Tinker and Neimark, in: Accounting, Organizations and Society, 12. Jg., S. 103-110.

Deyhle, A. (1992): Entwicklungsperspektiven des Controlling, in: Risak, J. & Deyhle, A. (Hg.): Controlling: State of the Art und Entwicklungstendenzen, 2. Aufl., Wiesbaden, S. 359-385.

Foucault, M. (1971): Die Ordnung der Dinge, Frankfurt a.M.

Foucault, M. (1981): Überwachen und Strafen: Die Geburt des Gefängnisses, 4. Aufl., Frankfurt a.M.

French, S. & Meredith, V. (1994): Women in public accounting: Growth and advancement, in: Critical Perspectives on Accounting, 5. Jg., S. 227-241.

Gallhofer, S. (1998): The silences of mainstream feminist accounting research, in: Critical Perspectives on Accounting, 9. Jg., S. 355-375.

Habermas, J. (1981a): Theorie des kommunikativen Handelns, Bd. 1: Handlungsrationalität und gesellschaftliche Rationalisierung, Frankfurt a.M.

Habermas, J. (1981b): Theorie des kommunikativen Handelns, Bd. 2: Zur Kritik der funktionalistischen Vernunft, Frankfurt a.M.

Habersam, M. (1997): Controlling als Evaluation: Potentiale eines Perspektivenwechsels, München.

Hines, R. D. (1992): Accounting: Filling the negative space, in: Accounting, Organizations and Society, 17. Jg., S. 313-341.

Hopper, T. & Macintosh, N. (1998): Management accounting numbers: Freedom or prison – Geneen versus Foucault, in: McKinlay, A. & Starkey, K. (Hg.): Foucault, Management and Organization Theory, London, S. 126-150.

Hopwood, A. G. (1983): On trying to study accounting in the contexts in which it operates, in: Accounting, Organizations and Society, 8. Jg., S. 287-305.

Hopwood, A. G. (1987): Accounting and gender: An introduction, in: Accounting, Organizations and Society, 12. Jg., S. 65-69.

Horváth, P. (2002): Controlling, 8. Aufl., München.

Hoskin, K. & Macve, R. H. (1986): Accounting and the examination: A genealogy of disciplinary power, in: Accounting, Organizations and Society, 11. Jg., S. 105-136.

Hoskin, K. & Macve, R. H. (1994): Writing, examining, disciplining: The genesis of accounting's modern power, in: Hopwood, A. G. & Miller, P. (Hg.): Accounting as social and institutional practice, Cambridge, S. 67-97.

Kaplan. R. S. & Norton, D. P. (1996): The balanced scorecard: Translating strategy into action, Boston.

Kappler, E. (2000): Entgrenzung, in: Seicht, G. (Hg.): Jahrbuch für Controlling und Rechnungswesen 2000, Wien, S. 299-339.

Kirkham, L. M. (1997): Through the looking glass: Viewing sexual harassment within the accounting profession, in: Critical Perspectives on Accounting, 8. Jg., S. 273-283.

Krell, G. (1996): Gleichstellungscontrolling, in: Personalwirtschaft, Heft 11, S. 12-14.

Krell, G. (1997): Chancengleichheit durch Gleichstellungspolitik – eine Neuorientierung, in: Krell, G. (Hg.): Chancengleichheit durch Personalpolitik: Gleichstellung von Frauen und Männern in Unternehmen und Verwaltungen. Rechtliche Regelungen – Problemanalysen – Lösungen, Wiesbaden, S. 13–27.

Krell, G. (2003): Die Ordnung der „Humanressourcen" als Ordnung der Geschlechter, in: Weiskopf, R. (Hg.): Menschenregierungskünste: Anwendungen poststrukturalistischer Analyse auf Management und Organisation, Opladen, S. 65-90.

Krell, G. (Hg.) (2004a): Chancengleichheit durch Personalpolitik: Gleichstellung von Frauen und Männern in Unternehmen und Verwaltungen. Rechtliche Regelungen – Problemanalysen – Lösungen, 4. Aufl., Wiesbaden.

Krell, G. (2004b): Chancengleichheit durch Personalpolitik – Ecksteine, Gleichstellungscontrolling und Geschlechterverständnis als Rahmen, in: Dies. (Hg.): Chancengleichheit durch Personalpolitik: Gleichstellung von Frauen und Männern in Unternehmen und Verwaltungen. Rechtliche Regelungen – Problemanalysen – Lösungen, 4. Aufl., Wiesbaden, S. 15-32.

Krell, G. (2004c): Managing Diversity: Chancengleichheit als Wettbewerbsfaktor, in: Dies. (Hg.): Chancengleichheit durch Personalpolitik: Gleichstellung von Frauen und Männern in Unternehmen und Verwaltungen. Rechtliche Regelungen – Problemanalysen – Lösungen, 4. Aufl., Wiesbaden, S. 41–56.

Krell, G. (2004d): Arbeit und Geschlecht in der Betriebswirtschaftslehre. Discussion Paper 8/2004, GendA – Netzwerk feministische Arbeitsforschung, Institut für Politikwissenschaft der Philipps-Universität Marburg.

Krell, G. & Karberg, U. (2002): Geschlechterbezogene Themen in der Betriebswirtschaftslehre: Ergebnisse einer empirischen Erhebung. Diskussionsbeiträge des Instituts für Management, 17/02, Freie Universität Berlin.

Krell, G. & Karberg, U. (2003): Gender Mainstreaming in betriebswirtschaftlichen Lehrveranstaltungen, in: WiSt – Wirtschaftswissenschaftliches Studium, 32. Jg., S. 276-281.

Krell, G. & Weiskopf, R. (2001): Leidenschaften als Organisationsproblem, in: Managementforschung, 11. Jg., S. 1-45.

Krell, G. & Winter, R. (2004): Anforderungsabhängige Entgeltdifferenzierung: Orientierungshilfen auf dem Weg zu einer diskriminierungsfreieren Arbeitsbewertung, in: Krell, G. (Hg.): Chancengleichheit durch Personalpolitik: Gleichstellung von Frauen und Männern in Unternehmen und Verwaltungen. Rechtliche Regelungen – Problemanalysen – Lösungen, 4. Aufl., Wiesbaden, S. 309-332.

Küpper, H.-U. (2001): Controlling: Konzeption, Aufgaben und Instrumente, 3. Aufl., Stuttgart.

Küpper, H.-U.; Weber, J. & Zünd, A. (1990): Zum Verständnis und Selbstverständnis des Controlling: Thesen zur Konsensbildung, in: Zeitschrift für Betriebswirtschaft, Heft 60, S. 281-293.

Lehman, C. R. (1992): „Herstory" in accounting: The first eighty years, in: Accounting, Organizations and Society, 17. Jg., S. 261-285.

Llewellyn, S. & Walker, S. P. (2000): Household accounting as an interface activity: The home, the economy and gender, in: Critical Perspectives on Accounting, 11. Jg., S. 447-478.

Macintosh, N. B. & Scapens, R. W. (1990): Structuration theory in management accounting, in: Accounting, Organizations and Society, 15. Jg., S. 455-477.

Miller, P. (1994): Accounting as social and institutional practice: An introduction, in: Hopwood, A. G. & Miller, P. (Hg.): Accounting as social and institutional practice, Cambridge, S. 1-39.

Miller, P. & Napier, C. (1993): Genealogies of accounting, in: Accounting, Organizations and Society, 18. Jg., S. 631-647.

Miller, P. & O'Leary, T. (1987): Accounting and the construction of the governable person, in: Accounting, Organizations and Society, 12. Jg., S. 235-265.

Moore, D. C. (1991): Accounting on trial: The critical legal studies movement and its lessons for radical accounting, in: Accounting, Organizations and Society, 16. Jg., S. 763-791.

Niedermayr, R. (1994): Entwicklungsstand des Controlling: System, Kontext und Effizienz, Wiesbaden.

Oakes, L. S. & Hammond, T. A. (1995): Biting the epistemological hand: Feminist perspectives on science and their implications for accounting research, in: Critical Perspectives on Accounting, 6. Jg., S. 49-75.

Pietropoli-Wolf, G. (1998): Frauen im Controlling: Eine explorative Studie anhand von 7 Fallbeispielen, unveröff. Diplomarbeit, Universität Innsbruck.

Power, M. (1997): The audit society: Rituals of verification, Oxford.

Puxty, A. (1993): The social and organizational context of management accounting, London.

Sander, G. & Müller, C. (2003): Gleichstellungs-Controlling in Unternehmungen und öffentlichen Verwaltungen, in: Pasero, U. (Hg.): Gender – from costs to benefits, Opladen, S. 284-298.

Schratzenstaller, M. (2002): Gender Budgets, in: Bothfeld, S., Gronbach, S. & Riedmüller, B. (Hg.): Gender Mainstreaming: Eine Innovation in der Gleichstellungspolitik, Frankfurt a.M., S. 133-155.

Schulte, A. (2000): Die Einbeziehung ökonomischer, ökologischer und sozialer Aspekte in das Controlling, unveröff. Diplomarbeit, Freie Universität Berlin.

Shearer, T. L. & Arrington, C. E. (1993): Accounting in other wor(l)ds: A feminism without reserve, in: Accounting, Organizations and Society, 18. Jg., S. 253-272.

Taylor, F. W. (1919): The Principles of Scientific Management, New York.

Tinker, T. & Neimark, M. (1987): The role of annual reports in gender and class contradictions at General Motors: 1917-1976, in: Accounting, Organizations and Society, 12. Jg., S. 71-88.

Townley, B. (1994): Reframing human resource management: Power, ethics, and the subject at work, London.

Verband des Personals öffentlicher Dienste & Schweizer Syndikat Medienschaffender (o.J.): Das Projekt „Gleichstellungs-Controlling".
http://www.gleichstellungs-controlling.org/projektcontrolling/ziel.html
(accessed 2004-08-04).

Walker, S. P. (1998): How to secure your husband's esteem: Accounting and private patriarchy in the British middle class household during the nineteenth century, in: Accounting, Organizations and Society, 23. Jg., S. 485-514.

Walker, S. P. (2003): Professionalisation or incarceration? Household engineering, accounting and the domestic ideal, in: Accounting, Organizations and Society, 28. Jg., S. 743-772.

Weber, J. & Schäffer, U. (1999): Sicherstellung der Rationalität von Führung als Aufgabe des Controlling?, in: Die Betriebswirtschaft, Heft 59, S. 731-747.

Witt, F.-J. & Witt, K. (1993): Frauen als Controller, in: controller magazin, Heft 3, S. 166-171.

Zauner, M. (2004): Gender Budget als Teil des Gender Mainstreaming-Prozess, in: Brackert, P. & Hoffmeister-Schönfelder, G. (Hg.): Rechtshandbuch für Frauen- und Gleichstellungsbeauftragte: Recht von A – Z für Frauen- und Gleichstellungsbeauftragte in der Öffentlichen Verwaltung, in Unternehmen und in Beratungsstellen, 9. Aktualisierung, Hamburg.

Zirkler, B. (2002): Führungsorientiertes US-amerikanisches Management Accounting: Entwicklung – Aufgabenfelder – Spezifika, Wiesbaden.

Cäcilia Innreiter-Moser

Feministische Theorien und Organisationsforschung

1   Einleitung 85

2   Organisationsforschung und Geschlecht in historischer Perspektive 87

3   Feministische Theorien und deren Bezüge zur Organisationsforschung 89
    3.1   Liberaler Feminismus 90
    3.2   Radikal-kultureller Feminismus 91
    3.3   Psychoanalytischer Feminismus 93
    3.4   Marxistischer Feminismus 94
    3.5   Sozialistischer Feminismus 95
    3.6   Dritte-Welt-/(Post-)Kolonialer Feminismus 96

4   Mit der Kategorie „Geschlecht" verbundene feministische Forschungs-
    perspektiven und ihre Grenzen 96
    4.1   Die ‚Gender als eine Variable'-Perspektive 97
    4.2   Die ‚Feministischer Standpunkt'-Perspektive 98
    4.3   Die Perspektive des postmodernen/poststrukturalistischen Feminismus 99

5   Schlussbemerkungen 100

Literatur 101

1   Einleitung

Organisationen sind zentrale Bestandteile unseres Lebens. Von der Geburt bis zum Tod sind wir von ihnen umgeben, sei es im Privat- oder im Arbeitsleben. Die Organisationsforschung beschäftigt sich mit diesen organisierten Gebilden vor allem im Arbeitskontext, ihren Erscheinungsformen, ihren Entstehungsweisen, ihren Wirksamkeiten, den Phänomenen der Beziehungsgestaltung innerhalb und zwischen Organisationen u.v.m.

Es ist daher beispielsweise von großem Interesse, wie Organisationen funktionieren, welcher Logik sie folgen, wer was dominiert, wie Beziehungen gestaltet werden, wie Macht entsteht, wie diese verteilt und gelebt wird. Welchen Beitrag leisten Organisationen – als Räume für menschliches Handeln – für materielle Strukturen, zur Produktion von Werten, Konzeptionen? Und (wie) werden diese Phänomene mit der Tatsache in Beziehung gesetzt, dass in fast allen Organisationen Männer und Frauen arbeiten? Mit anderen Worten: Welchen Beitrag leisten Organisationen zur Entstehung, Reproduktion oder auch Veränderung von Geschlechterbeziehungen?

Bis in die 1980er Jahre wurden Gender-Aspekte in der Organisationsforschung mit wenigen Ausnahmen nicht beachtet. Die Kategorie „Geschlecht" spielte kaum eine Rolle. Und es wurde weder bedacht, welche Auswirkungen dies auf Ergebnisanalyse und Interpretation haben könnte, noch, dass (mit wenigen Ausnahmen) nur Männer am Prozess der Wissensgenerierung und des Verstehens von Organisationen beteiligt waren. Es kann also von einer männlichen Dominanz in der Organisationsforschung ausgegangen werden, was zum einen die Art und Weise von Fragestellungen beeinflusst und zum anderen die Antworten, die produziert werden. Schon Fragen und erst recht Antworten, die für Frauen wichtig waren und sind, wurden marginalisiert.

Insbesondere die klassischen Organisationstheorien, so argumentiert Fiona Wilson (1996), waren blind und taub gegenüber der Kategorie Geschlecht. Fragestellungen wurden aus der Perspektive von Männern untersucht, die Männer galten als Norm, die Frauen als Abweichung davon. Angelegenheiten, die Frauen betrafen, wurden entweder als weniger wichtig, als nicht unterscheidbar zu den Männern oder als Ursache spezifischer Probleme gesehen. Weder Psychologie noch Soziologie zeigten in ihren Studien Interesse an der Kategorie Geschlecht. Im Mittelpunkt der Managementforschung standen ebenfalls Männer und ihre Eigenschaften (Powell, 1993), weshalb es nicht verwundert, dass erfolgreichen Managern und Managerinnen männliche Attribute zugeschrieben werden (Haern & Parkin, 1988). Wie Marta Calás und Linda Smircich (1992) sehr treffend bemerken, scheint es so, als habe es vor dem „Eindringen" der Frauen ins Management wohl kein Geschlecht in der Organisation gegeben. Die Organisationsforschung gibt sich – wie zahlreiche andere Disziplinen – zwar geschlechtsneutral, basiert aber auf einer männlichen Perspektive oder subsumiert Männer und

Frauen als homogene Gruppe. Wird nach Geschlecht differenziert betrachtet, so sind Frauen bestenfalls ein peripherer Untersuchungsgegenstand.

Die Literatur im Bereich Organisationsforschung wurde von Männern über Männer und für Männer geschrieben, und dies, obwohl Frauen seit der Industrialisierung in Organisationen – und vereinzelt auch in der Organisationsforschung – zu finden sind, wie z.B. Mary Parker Follet, die beteiligt war am Übergang vom Scientific Management zur Human-Relations-Bewegung (siehe dazu Althans, 2003).

Damit sind bereits wesentliche Erkenntnisse jener Feministinnen angesprochen, die Ende der 1970er Jahre die Kategorien „Frau" bzw. „Geschlecht" in die Wissenschaft eingebracht haben. In der Organisationsforschung hat der Dialog zwischen herkömmlichen Ansätzen und feministischen Perspektiven zahlreiche „Stimmen" mit eingeschlossen und so beide Bereiche gedanklich bereichert. Durch die Berücksichtigung der Kategorie „Geschlecht" haben die Erfahrungen von Frauen Form und Substanz erhalten und sind sichtbar geworden (so z.B. Gherardi, 2003).

Im vorliegenden Beitrag soll zunächst unter 2. eine historische Spurensuche nach der Kategorie Geschlecht in der Organisationsforschung unternommen werden. Um die Kategorie „Geschlecht" in der Organisationsforschung begreifbar zu machen, erscheint es mir notwendig, unter 3. unterschiedliche feministische Ansätze und deren Bezüge zur Organisationsforschung zu skizzieren. Dabei orientiere ich mich an den Systematisierungen von Calás und Smircich (1996) sowie Gherardi (2003). Um die dominanten Forschungsperspektiven der einzelnen feministischen Ansätze aufzuzeigen, werde ich mich unter 4. an Alvesson und Billing (1997) orientieren, die wiederum eine Klassifizierung von Harding (1987) verwenden. Dazu drei Anmerkungen: Um Überschneidungen zu reduzieren, werde ich die Perspektive des postmodernen/poststrukturalistischen Feminismus nur unter 4. thematisieren. Dennoch führt die gewählte Einteilung dazu, dass die Abschnitte 3 und 4 nicht ganz überschneidungsfrei sind. Zweitens ist die Orientierung an Überblicksarbeiten und den dort vorgenommenen Einteilungen mit „Schubladisierungen" verbunden, die keinesfalls unproblematisch sind. Die Zuordnungen, Zuschreibungen und Bewertungen helfen wohl, Komplexität zu reduzieren und Orientierung zu geben, allerdings um den Preis, dass die Ergebnisse den jeweils Zugeordneten nicht immer ganz gerecht werden. Ich selbst müsste mich unter mehrere Ansätze einsortieren. Drittens werde ich – aufgrund der Seitenzahlbeschränkung – bei der Darstellung der einzelnen Ansätze kaum mit Primärquellen arbeiten und auf die Nennung zentraler Vertreterinnen der jeweiligen Ansätze weitgehend verzichten.

2 Organisationsforschung und Geschlecht in historischer Perspektive

Die Geschichte der Organisationsforschung ist eine junge. Sie beginnt mit der Entwicklung der Führung und Gestaltung von Betrieben als eigenständige Disziplin. Der US-amerikanische Ingenieur Frederick W. Taylor veröffentlichte 1911 „The Principles of Scientific Management" und leitete damit die Geburtsstunde der modernen Organisationsforschung ein. Neben Taylor prägten Henry Fayol (1929; erstmals 1916) und Max Weber (1922) die Organisationsforschung in jener Zeit. Gemeinsam ist diesen Forschern, dass sie durch ihre Metaphern zur Beschreibung von Organisationen die Vorstellung vermitteln, perfekte Organisationen sollten wie Maschinen funktionieren. Diese Sichtweise prägte auch die Realität von Organisationen in den folgenden Jahrzehnten – und z.T. noch heute. Den arbeitenden Menschen ist in diesen Ansätzen die Funktion von Rädern im Getriebe zugedacht, die entpersonalisierte Verfahren ausführten. Kontrolle, Regulation und das Prinzip der instrumentellen Rationalität gaben in diesen Arbeiten individuellen Charakteristiken – wie Geschlecht – keinen Platz. Wilson (1996) oder auch Mills und Tancred (1992, S. 1f.) sprechen deshalb von der „Geschlechtsblindheit der Organisationsforschung". Bei genauerer Betrachtungsweise von Taylors Arbeiten wird aber, wie Linstead (2000) zeigt, deutlich, dass sich Taylor der individuellen Unterschiede der Arbeitskräfte sehr wohl bewusst war und auch der Tatsache, dass Frauen unter den Beschäftigten sind. So sollten beispielsweise Frauen zwei Tage im Monat frei bekommen, ohne dass Fragen gestellt werden. Taylor war also nicht blind gegenüber der Kategorie Geschlecht. Seine Ansätze dazu, so Linstead, fanden allerdings keinen Widerhall. In der Forschung blieb das Maschinenbild die dominierende Betrachtungsweise, über die tatsächlichen Zustände in der Praxis liegen so gut wie keine Forschungen vor, obgleich anzunehmen ist, dass gerade in der Rüstungsindustrie der teilnehmenden Nationen am 1. Weltkrieg Frauen ihre männlichen Kollegen sowohl in den Fabriken als auch in den Familien – an der „Heimfront" – zu ersetzen hatten. Dieser Einsatz blieb in der Organisationsforschung (im Gegensatz zur sozialgeschichtlichen Forschung) ebenso unbeachtet wie die Rückkehr der Soldaten an ihre angestammten Arbeitsplätze. Diese Tatsache gilt auch für die Situation im 2. Weltkrieg.

Aufgrund der mit der maximierten Arbeitsteilung und Standardisierung des Taylorismus verbundenen negativen Effekte entstand mit den berühmten Hawthorne-Studien ab den 1930er Jahren die Human-Relations-Bewegung als Gegenbewegung bzw. Supplement (Roethlisberger & Dickson, 1940). Dieses neue Paradigma fokussiert auf die soziale Dimension von Organisationen. Arbeitsklima, zwischenmenschliche Beziehungen, Führungstrainings etc. werden als wesentliche Bestandteile des Managements von Betrieben propagiert. Die Human-Relations-Bewegung fand in der Praxis Anerkennung. In vielen Betrieben richtete sich die Aufmerksamkeit auf Einstellungen, Normen und Gruppenbeziehungen. Diese Bedachtnahme auf die Verbesserung sozia-

ler Beziehungen führte aber im Großen und Ganzen nicht dazu, dass die ingenieurs-
und arbeitswissenschaftliche Betrachtungsweise in Blick auf die Arbeit als solche ihre
Dominanz verlor. Die Gestaltung der Sozialbeziehungen wurde vielmehr als zusätzliche Aufgabe neben die des Arbeitsablaufs gestellt und schlug sich u.a. in Be-
triebsvereinen wie Kegelclubs, Fußballvereine usw. nieder. Da in dieser Sicht die Arbeitsverhältnisse die gleichen blieben, ist es auch nicht verwunderlich, dass auf
Geschlechterverhältnisse wiederum nicht Bezug genommen wird. Blindheit oder bewusste Unterdrückung? Zweiteres ist nahe liegend, wenn man den Analysen von Joan
Acker und Donald van Houten (1992; erstmals 1974) folgt. Ihre Arbeiten sind ein bedeutender Meilenstein in der feministischen Kritik an der Organisationsforschung. In
Übereinstimmung mit Caplow (1954, S. 230ff.) gehen sie (Acker & van Houten, 1992,
S. 16) von einer Geschlechterstruktur in Organisationen aus. Das bedeutet, es gibt
Unterschiede zwischen Arbeiten/Arbeitsstellen, die Männer bzw. Frauen innehaben,
und in der Wertigkeit solcher männlichen und weiblichen Jobs im Sinne einer hierar-
chischen Ordnung, in welcher „männliche" Jobs höher gestellt sind als „weibliche"
Jobs. Daraus folgt: Männer besitzen im Allgemeinen mehr Macht in Organisationen als
Frauen. Acker und van Houten (1992, S. 16) nennen dieses Phänomen „sex power
differential" und schreiben ihm für die Analyse von Verhalten in Organisationen eine
mindestens gleich bedeutende Rolle zu wie sozial-psychologischen Faktoren. In den
Hawthorne-Studien bestand z.B. eine Testgruppe nur aus Frauen und einem männlichen Vorgesetzten, eine Kontrollgruppe waren nur Männer, und obwohl im Laufe der
Experimente eine Leistungssteigerung bei den Frauen und eine Leistungsverminde-
rung bei den Männern festgestellt wurde, war die Kategorie „Geschlecht" in den veröffentlichten Ergebnissen jener Zeit keine Erwähnung wert. Auch nicht, dass das Experiment in der Gruppe „Frauen und männlicher Vorgesetzter" anders angelegt war
als in der Gruppe „nur Männer". Inwiefern dies die Ergebnisse beeinflusste, wurde
nicht aufgezeigt (Acker & van Houten, 1992, S. 17ff.).

Seit den 1950er Jahren überprüften Industriesoziologen in den USA (z.B. Gouldner,
1954; Blau, 1963) die „best practice" des Bürokratiemodells Max Webers empirisch und
relativierten so dieses Modell als Erfolgsmodell. Damit wurde ein weiteres Stadium
der Organisationsforschung eingeleitet. Die Annahme der „one best organization"
wurde aufgegeben. Die Kontingenztheorie bzw. der situative Ansatz zeigt in den
1960er Jahren den Einfluss von Unterschieden in Größe, Technologie und Umwelt auf
die Art und Weise der Führung von Organisationen, ihrem Design und ihren Strukturen auf (vgl. zusammenfassend Kieser & Kubicek, 1992). Bei dieser Kontingenzsicht-
weise ist es nicht dazu gekommen, Geschlecht als relevantes Kontingenzmerkmal in
die Theorie einzubeziehen.

Seit den 1980er Jahren bereichert die kulturelle Dimension die Organisationsforschung. Die Aufmerksamkeit wird zunehmend darauf gelegt, wie Werte und Verständnis unterschiedlicher Gruppen deren Sichtweisen von Organisationen und ihr
Handeln darin beeinflussen. In diesem Zusammenhang finden sich denn auch einige
Genderanalysen (vgl. z.B. Gherardi, 1995). Dass die Organisationskulturforschung

weniger geschlechtsblind ist als die zuvor beschriebenen Ansätze, dürfte zwei Gründe haben: Zum einen ist das Thema offensichtlich anschlussfähig an die Geschlechterforschung, zum anderen fällt sein Aufkommen zeitlich mit dem Einzug der Genderforschung in die Organisationsforschung zusammen.

Heute ist die Organisationsforschung charakterisiert durch Pluralität; „das dominante Paradigma ist zerbrochen, die Forschungsrichtung(en) breit aufgefächert" (Bauer, 2002, S. 35).

Zusammenfassend lässt sich feststellen, dass die Kategorie „Geschlecht" in der Organisationsforschung eine stiefmütterliche Rolle spielte und spielt. Wie Christiane Jüngling (2003, S. 2) bemerkt, gibt es „(...) inzwischen allgemeine organisationstheoretische Ansätze, die sich zur Analyse der Produktion und Reproduktion von asymmetrischen Geschlechterverhältnissen in Organisationen nutzen lassen, systematisch mitgedacht wird die Geschlechterdimension nicht".

3 Feministische Theorien und deren Bezüge zur Organisationsforschung

Wie eingangs erwähnt, wurde Ende der 1970er Jahre der Begriff „gender" als Forschungsdimension von Feministinnen in die Sozialwissenschaften eingebracht. Geschlecht wurde eine analytische Kategorie, mittels der Frauen und ihre Erfahrungen sicht- und hörbar gemacht wurden. Wie in der Organisationsforschung gibt es auch in der feministischen Forschung eine Vielzahl und Vielfalt an konstituierenden – und konkurrierenden – Interpretationen (vgl. zusammenfassend Gherardi, 2003, S. 212ff.; Calás & Smircich, 1996).

Es gibt also nicht „den" Einfluss „der" feministischen Forschung auf die Organisationsforschung, sondern den unterschiedlicher feministischer Ansätze. Die feministischen Theorien sind zwar unterschiedlich, haben aber auch Gemeinsamkeiten: Als konzeptionelle Linsen ermöglichen sie eine umfassendere Sicht auf Organisationen, die den Blick auf „Andere", nicht nur Frauen, möglich macht, die ohne diese Theorien unsichtbar bleiben würden. Weitere Gemeinsamkeiten sind das Erkennen einer männlichen Dominanz in sozialen Arrangements und der Wunsch, dies zu verändern. Damit üben sie jeweils Kritik am Status quo und sind daher stets auch politisch. Sie unterscheiden sich wiederum im Ausmaß ihrer Kritik und in der Art ihrer politischen Maßnahmenvorschläge. Diese reichen vom „Reformieren" der Organisationen zum „Transformieren" der Organisationen *und* der Gesellschaft bis zum Umgestalten und Verändern unseres bisherigen Verständnisses davon, was Wissen/Theorie und Praxis ausmacht. Feministische Denkweisen durchkreuzen sich also mit Organisationsfragen theoretisch und praktisch unterschiedlich: Je nach Zugang beleuchten sie besondere Fragestellungen und ignorieren andere. So wird die analytische Kategorie Geschlecht unterschiedlich weit verwendet: nur bezogen auf Frauen, ihren Zugang zu und ihr Leben in Arbeitsorganisationen oder fokussiert auf Gender und Gender-Prozesse. Andere feministische Ansätze stellen wiederum Kategorien wie „gender", „Maskulinität", „Feminität" und „Organisation" grundsätzlich in Frage. Jede feministische Schule betont und bearbeitet das „Problem" unterschiedlich und schlägt unterschiedliche Maßnahmen als „Lösung" vor (Calás & Smircich, 1996, S. 219).

3.1 Liberaler Feminismus

Die Gleichstellung von Männern und Frauen ist das politische Ziel der liberal-feministischen Strömung. Die Forderungen nach gleichen Rechten für Männer und Frauen basieren auf der klassischen liberalen Vertragstheorie des 18. und 19. Jahrhunderts. Das Menschenbild geht vom abstrakten Individuum aus, das vernunftbegabt und unabhängig von sozialen Umständen gleiche Rechte und Zugangschancen zu und in allen Bereichen des gesellschaftlichen Lebens haben soll (Calás & Smircich, 1996, S. 222). Das grundlegende Prinzip ist die Gleichheit zwischen Männern und Frauen, wobei diese „Gleichheit" nach Simone de Beauvoir (2004; erstmals 1949) vor allem durch eine Anpassung von Frauen an Männer zu leisten wäre (Maihofer, 1998, S. 161f.). Bei genauerem Hinsehen auf dieses abstrakte Individuum werde nämlich sichtbar, dass der Mann die Norm ist, und Vertreterinnen des liberalen Feminismus wollen zeigen, dass Frauen genauso vollwertige Menschen sind wie Männer. Ging der liberale Feminismus der 1960er Jahre noch von der Gleichheit von Männern und Frauen aus, so änderte sich dies in den 1980er Jahren insofern, als Vertreterinnen des liberalen Feminismus forderten, dass es eines Konzeptes von Gleichstellung bedarf, das der Tatsache Rechnung trägt, dass Frauen diejenigen sind, die Kinder gebären können. Das biologische Geschlecht (sex) erfährt eine Vermischung mit dem sozialen Geschlecht (gender) und der Zuschreibung von Eigenschaften und Verhaltensweisen, die für Frauen (und Männer) angemessen seien (Calás & Smircich, 1996, S. 222).

In der Forschung bildet eine einfache und unproblematische Kategorisierung von Menschen nach ihrem biologischen Geschlecht die relevante Kategorie. Es wird analysiert, in welchen Bereichen, unter welchen Bedingungen und in welchem Ausmaß Männer und Frauen sich in ihren Orientierungen unterscheiden und wie soziale Strukturen und Prozesse sie betreffen. Das zentrale Thema im Bereich der Organisationsforschung ist „Frauen im Management". Die frühe „Women in Management"-Literatur ist von der Psychologie geprägt. Es werden Geschlechterunterschiede innerhalb bestehender Organisationskonzepte – wie Führung, Macht, Arbeitszufriedenheit usw. – untersucht. Mit Blick auf Personalmanagement sind es Themen wie Rekrutierung, Leistungsbewertung und Bezahlung von Frauen im Vergleich zu Männern in der gesamten Organisation. Zur Analyse der sozialen und strukturellen Ebene verwenden liberale Feministinnen das Konzept der „gläsernen Decke". Sie wollen zeigen, dass Frauen im Erfüllen von organisationalen Bedürfnissen so gut wie Männer sind, wenn strukturelle Barrieren sie nicht behindern. Beeinflusst sind diese Arbeiten, speziell die zur gläsernen Decke, vor allem von der Soziologin Rosabeth Moss Kanter (1977).

Die Organisationsforschung geht vom „Menschen" unabhängig von dessen biologischem Geschlecht aus, und organisationale Prozesse, die von Geschlechtsstereotypen geprägt sind, werden als bloße „Reflexion" der weiteren sozialen Arrangements zwischen den Geschlechtern gesehen (Gherardi, 2003, S. 216).

Die Forschungsmethodik ist vorwiegend quantitativ. Im Mittelpunkt steht der Vergleich von Männern und Frauen – bezogen auf die Aspekte Ungleichheit, Diskriminierung sowie die Erklärung dieser Phänomene. Spezifische Bedingungen, unter denen Frauen leben und arbeiten, werden beachtet bzw. sollen beachtet werden, um „gender" zu verstehen. Mit Hilfe von Statistiken kann hohe Glaubwürdigkeit erreicht werden. Es wird gezählt, was gezählt werden kann. Im Forschungskontext werden Fragestellungen und Zugänge gegenüber Forschungsarbeiten, die „gender" nicht betonen, nicht verändert (Calás & Smircich, 1996, S. 225; Alvesson & Billing, 1997, S. 26).

Kritisch kann angemerkt werden, dass Vertreterinnen des liberalen Feminismus die herrschenden Machtverhältnisse nicht direkt in Frage stellen. Ihr oberstes Ziel ist, „Frauen an die Spitze zu bekommen", und nicht die Machtbeziehungen innerhalb kapitalistischer und anderer sozialer Systeme zu erkennen oder gar zu verändern.

3.2 Radikal-kultureller Feminismus

Im Gegensatz zu den Forschungen der liberalen Feministinnen, denen vorgeworfen wird, die herrschenden (männlichen) Karrierestrategien in Organisationen nicht ausreichend infrage zu stellen, setzen die radikalen Feministinnen einzig die Perspektiven und Erfahrungen von Frauen in das Zentrum ihrer Analysen. Die Unterordnung von Frauen wird als fundamentales Problem definiert, das in allen gesellschaftlichen Bereichen verwurzelt sei, was eine Beschränkung des Feminismus auf Veränderungen innerhalb bestehender Machtstrukturen unmögliche mache. Politisch liegen die Wurzeln dieser Strömung in der neuen Linken (Amerika) und der 1968er Studentenbewegung in Europa (Gherardi, 2003, S. 216).

Vertreterinnen des radikal-kulturellen Feminismus begreifen „gender" als ein System männlicher Dominierung, ein fundamentales Organisationsprinzip patriarchaler Gesellschaften. Die Ungleichstellung von Frauen gegenüber Männern wird systemisch betrachtet, nämlich als Konsequenz eines männlichen Geschlechtsprivilegs in einer Gesellschaft, in der der Mann und das Männliche die Norm definieren. Die Unterscheidung zwischen persönlichen/privaten und politischen/öffentlichen Bereichen gibt es aus radikal-kultureller Sicht nicht, da alle Bereiche des Lebens Schauplätze sexueller Politik sind. Forschung aus dieser Perspektive ist immer „interessiert" (Gherardi, 2003, S. 216).

Aus der Sicht radikaler Feministinnen sollen die traditionellen Zuschreibungen der Frauen zur Natur genutzt und die positiven Werte der Qualitäten von Frauen betont werden. Aufgrund dieser Nähe zur Natur würden Frauen im Gegensatz zu Männern eine andere Sicht der Welt besitzen. Durch „Bewusstseinsbildung" könnten diese Qualitäten Frauen zur Erlangung politischer Macht verhelfen. Im Mittelpunkt der Anliegen der radikal-feministischen Perspektive stehen also die Erfahrungen, Sichtweisen und Praktiken von Frauen. „Gender" ist hier also keine zentrale Kategorie, zumal Vertreterinnen dieses Ansatzes auch die Gefahr sehen, dass über das Konzept „gender" Männer in „Frauenräume" eindringen könnten. Generell favorisieren radikale Feministinnen eine separate Politik – zumindest bis Frauen und Männer als gleichwertig anerkannt sind (Calás & Smircich, 1996, S. 226).

Diese Richtung zeigt auch Möglichkeiten und Visionen alternativer Welten außerhalb des Patriarchats auf, und zwar durch die Gründung „alternativer Organisationen" als wichtiges Signal. Im Zentrum stehen dabei (Gherardi, 2003, S. 216; Calás & Smircich, 1996, S. 227f.):

- das Schaffen von „Frauenräumen", in welchen Elemente, die mit männlichen Machtformen assoziiert werden, zurückgewiesen werden;

- das Gestalten von alternativen Formen der Organisation;

- das Forcieren der Ausbildung von Frauen in nicht-traditionellen Berufen innerhalb von „Frauenräumen", um Gelegenheiten für männliches Dominanzverhalten nicht aufkommen zu lassen.

Das feministische Modell einer Organisation ist geprägt von Basisdemokratie, Empowerment, Gemeinschaft und Kooperation. Feministische Organisationen sind als hierarchie- und führungslos gedacht. Untersuchungen in den 1970er Jahren zeigen, dass radikal-feministische Organisationspraktiken eine Mischung oben genannter Werte und Ziele mit denen von Selbstverwaltungsorganisationen oder Genossenschaften aufweisen (vgl. zusammenfassend Calás & Smircich, 1996, S. 228).

Separate Strategien entpuppten sich in der Praxis allerdings als utopisch und zeigten damit die Grenzen des radikal-kulturellen Feminismus deutlich auf. Die soziale Realität liefert nicht die Bedingungen für anhaltende „Frauenräume". Alternative Organisationen können den Widersprüchen, radikale Formen zu sein, die sich mehr oder weniger in kapitalistischen Praktiken engagieren, nicht entfliehen. Hinzu kommt: Obwohl zahlreiche Studien über feministische Organisationen durchgeführt wurden, haben sie in der Organisationsforschung kaum Bedeutung erlangt (Calás & Smircich, 1996, S. 228f.).

Aus eigener Erfahrung als Mitglied des Vorstandes eines nach meiner Sicht ursprünglich radikal-feministisch konzipierten Vereins zur Qualifizierung von Frauen konnten
die Ideale, den Verein möglichst „regelungsfrei" und „führungslos" am Leben zu
halten, nicht beibehalten werden. Auch das Zusammenarbeiten von Frauen zur Erfüllung von marktfähigen Aufgaben kann gewisse Anforderungen an das Funktionieren
von Arbeitsteilung und Koordination nicht negieren.

3.3 Psychoanalytischer Feminismus

Vertreterinnen dieses Ansatzes bestreiten den biologischen Determinismus, der in der
traditionellen psychoanalytischen Interpretation von Gender und Sexualität verankert
ist. Sie sehen vielmehr spezifische soziale Arrangements (z.B. die patriarchale Familie)
als ausschlaggebend für die unterschiedliche Ausprägung einer männlichen und weiblichen psychischen Entwicklung. Ausgehend davon, ist dieser Perspektive zufolge
Veränderung möglich, wenn die strukturellen Arrangements verändert werden, die
eine ungleiche Gender-Entwicklung produzieren. Zur Reduzierung geschlechterspezi-
fischer sozialer Ungleichheit fordert der psychoanalytische Ansatz deshalb Veränderungen in den Geschlechterbeziehungen und Kindererziehungspraktiken.

 Diese feministische Richtung analysiert die Bedeutung psychosexueller Entwicklung
für die Entstehung patriarchaler sozialer Strukturen einschließlich der Forschungs-
strukturen. Geschlechtsspezifische Identität sei also nicht nur ein Problem der Sozialisation, sondern habe auch – wie Rosi Braidotti (1989, nach Gherardi, 2003, S. 217) fest-
stellt – erkenntnistheoretische Konsequenzen, insofern als es sehr wohl von Bedeutung
sei, wessen Wissen für wertvoll gehalten wird und wessen Wissen abgewertet wird.

Gender ist in diesem Ansatz in der Dichotomie weiblich-männlich konstruiert, wobei
„das Weibliche" einerseits als unterdrückt und andererseits als besonders wertvoll
herausgearbeitet wird. So wird die Verschiedenheit von Frauen und Männern von
einigen Vertreterinnen des psychoanalytischen Feminismus nicht als „Problem" gesehen, sondern sollte nach deren Meinung als Vorteil genutzt werden. Der Einfluss dieser Sichtweise wird im Kontext der Organisationsforschung in Themen wie „women's
ways of managing and leading" sichtbar. Die Beziehungsorientierung von Frauen, ihre
sozialen Fähigkeiten, Sensitivität, Empathie und Ähnliches sollten als Wettbewerbsres-
sourcen gesehen und eingesetzt werden. Entsprechend der einzigartigen psychosexu-
ellen Prägung seien Frauen offensichtlich für bestimmte Führungsaufgaben in Organisationen besonders geeignet (so z.B. Loden, 1985; Helgesen, 1990). Kritische Stimmen
lenken allerdings die Aufmerksamkeit auch darauf, ob die genannten Vorteile von
Frauen diese auch tatsächlich „bevorteilen" oder ob nicht wieder Geschlechter-
Stereotype geprägt werden (z.B. Fletcher, 1994, S. 74; Krell, 2004, S. 378ff.).

Weiters wird kritisch angemerkt, die Fokussierung auf die psychosexuelle Entwicklung bewirke, dass die „Machtdynamik" auf die „Psychodynamik" reduziert werde, was dazu führe, dass die Aufmerksamkeit von materiellen Strukturen, die Ungleichheit zu Folge haben, abgezogen werde (Calás & Smircich, 1996, S. 229ff.; Alvesson & Billing, 1997, S. 77f.).

3.4 Marxistischer Feminismus

Die marxistische Theorie ist eine Reaktion und Kritik zum Kapitalismus und der liberal-politischen Theorie. Im Zentrum der Analyse dieser Perspektive steht der Klassengegensatz zwischen Arbeit und Kapital. Im Vergleich zur liberal-politischen Position, die von autonomen handelnden Menschen ausgeht, ist der Mensch in der marxistischen Welt von strukturellen, historischen und materiellen Bedingungen geprägt: Die wirtschaftlichen Verhältnisse und deren Organisation bestimmen die sozialen und politischen Gestaltungsspielräume und damit die jeweiligen Lebensbedingungen von Männern und Frauen. Geschlechter-Identität – so die marxistischen Feministinnen – wurzelt in diesen strukturellen und materiellen Umständen. „Geschlecht" wird wie „Klasse" als eine soziale Kategorie gesehen, die charakterisiert ist durch Dominanz- und Unterdrückungsbeziehungen, die die strukturellen Gesellschaftsmuster bestimmen (Gherardi, 2003, S. 217; Calás & Smircich, 1996, S. 233f.).

Kritik üben Feministinnen dieser Schule allerdings nicht nur am Kapitalismus und der liberal-politischen Position, sondern auch an der marxistischen Theorie: Diese sei dem Patriarchat gegenüber blind und blende aus, dass Männer als Gruppe Frauen als Gruppe dominieren und kontrollieren. Proletarische Frauen, so die marxistischen Feministinnen, sind also einer zweifachen Unterdrückung ausgesetzt: zum einen durch die „Klasse" und zum andern durch ihr „Geschlecht". Dies prägt auch den Blick der Vertreterinnen dieses Ansatzes auf Organisationen in Wirtschaft und Gesellschaft, die damit nicht nur als kapitalistisch, sondern auch als patriarchal analysiert werden, weil sie die ungleichen Geschlechterverhältnisse ständig reproduzieren. Veränderungen seien deshalb nur durch tief greifende Strukturänderungen möglich (Calás & Smircich, 1996, S. 232).

Ein wesentlicher Kritikpunkt zwischen Marxismus und Feminismus liegt in der Frage, welche Unterdrückungskategorie – die der Klasse oder die des Geschlechts – ursächlicher sei. Außerdem würde in marxistischen Theorieansätzen zu stark auf Bereiche der Produktion abgezielt. Aspekte der Reproduktion und der geschlechtsspezifischen Arbeitsteilung als Unterdrückungsfaktor werden von marxistischen Feministinnen daher in das Zentrum ihrer Analysen gestellt (Haug, 1996).

3.5   Sozialistischer Feminismus

Diese Strömung vereint zentrale Einsichten des marxistischen, radikal-kulturellen sowie psychoanalytischen Feminismus und überwindet damit einige Grenzen dieser Ansätze. Gender wird hier dynamisch gesehen und bedeutet, über eine sozial konstruierte, binäre Identität hinausgehend, ein konstitutives Element von sozialen Beziehungen, basierend auf wahrgenommenen Unterschieden zwischen den Geschlechtern. Geschlecht als analytische Kategorie sei ein primärer Weg, Machtbeziehungen zum Ausdruck zu bringen (Scott, 1986, S. 1067).

Eine Organisationsforschung, die in ihren Arbeiten Organisationen als „Analyse-Einheiten" betrachtet, wird aus der Sicht sozialistischer Feministinnen kritisiert. Die Trennung in privat und öffentlich wird als falsche Dichotomie aufgezeigt, die historisch durch Interaktion von Patriarchat und Kapitalismus entstanden ist. Das Privatleben könne – so deren Argumente – nicht vom Arbeitsleben getrennt werden. Familien, Organisationen und Gesellschaft seien wechselseitig durch Geschlechterbeziehungen eingerichtet (Calás & Smircich, 1996, S. 233f.). Im Mittelpunkt der Arbeiten sozialistischer Feministinnen stehen „Geschlechterbeziehungen" und Sex–gender-Systeme als dynamische und prozessuale Machtbeziehungen, die geschlechtsspezifisch soziale Ungleichheit produzieren und reproduzieren. Das betrifft sowohl die Trennung von Berufs- bzw. öffentlicher Sphäre und Privatsphäre als auch innerhalb der beruflichen Sphäre Arbeitsmarkt und Organisationen.

Organisationen und Arbeitsmarkt sind, den Vertreterinnen dieser feministischen Ansätze zufolge, entlang der Geschlechterlinie strukturiert, was sich als „Teufelskreis der Job-Segregation" beschreiben lässt. So sind z.B. Teilzeit-Jobs vorwiegend von Frauen besetzt. Es wird erkannt, dass die Geschlechterlinie auch in Artefakten wie Symbolen, Bildern etc. sichtbar und durch diese reproduziert werden (Gherardi, 2003, S. 217). Zwischen den Geschlechtern gemachte Unterschiede spiegeln sich auch in Gesprächen wider, in welchen analysiert und beachtet werden sollte, wer die Gesprächsthemen bestimmt, wer diese unterbrechen darf usw. Forscherinnen wie z.B. Joan Acker (1990) zeigen in ihren Analysen das Zusammenspiel von Geschlechterannahmen, gesellschaftlichen Erwartungen und deren Spiegelung im Regelwerk und den Praktiken von Organisationen.

Die beharrliche Strukturierung von Organisationen entlang der Geschlechterlinie wird, so die sozialistischen Feministinnen, unterstützt und getragen durch Geschlechter-Substrukturen von Organisationen. So sind für die physische und soziale Reproduktion der ArbeitnehmerInnen, die außerhalb des Arbeitsplatzes geschieht, vorwiegend wieder die Frauen zuständig. Sie tun dies meist in Form von unbezahlter Arbeit (West & Zimmerman, 1987). Wichtig ist den Vertreterinnen dieses Ansatzes, die materiellen Faktoren, insbesondere die geschlechtsspezifische Arbeitsteilung, die zu ungleichen Geschlechterverhältnissen führen, zu beleuchten.

Kritisch kann auch mit Blick auf den sozialistischen Feminismus festgehalten werden, dass das Hauptaugenmerk auf Analysen der Differenz zwischen Männern und Frauen als scheinbar „homogenen" Gruppen liegt. Obwohl hier die Kategorie „Klasse" zumindest thematisiert wird, werden soziale Unterschiede zwischen Frauen doch auffallend wenig berücksichtigt. Diesbezüglich sind der postmoderne Feminismus, der unter 4. skizziert wird, und der Dritte-Welt-Feminismus als Kritik am sozialistischen Feminismus, aber auch an allen vorher dargestellten, zu sehen.

3.6   Dritte-Welt-/(Post-)Kolonialer Feminismus

Seit den 1970er Jahren wird von Frauen aus Afrika, Asien, Australien, Lateinamerika und der Karibik die westliche Vorherrschaft in den feministischen Theoriedebatten stark kritisiert. „Frauen anderer Herkunft und Hautfarbe (...) würden dieser Bewegung lediglich subsumiert" (Mayer, 2002, S. 74). Ein universaler Feminismus unter westlichen Vorzeichen wird scharf zurückgewiesen. Mit dem Blick auf die Besonderheiten von Frauen aus Kolonialländern und der Dritten Welt wird die Brüchigkeit der Kategorie „Geschlecht" erneut sichtbar (Gherardi, 2003, S. 218). Die Globalisierung der Wirtschaft macht deutlich, dass die Verwendung der Kategorie „Geschlecht" (wie auch die anderer Konstrukte) über Kulturen und deren Geschichten hinweg mehr als problematisch ist. Was das Leben und Arbeiten in und zwischen Organisationen unterschiedlicher Kulturen betrifft, so kann nach Calás und Smircich (1996, S. 240f.) die Organisationsforschung hierbei kaum helfen. Auch wenn es eine Flut an Erkenntnissen aus den Forschungen zum interkulturellen Management gibt und diese in der „Women-in-development"-Literatur aus feministischer Perspektive bereichert wurde, so sei das vorwiegend aus liberal-feministischer Perspektive geschehen. Der Fokus müsse aber aus der Sicht des Dritte-Welt-Feminismus auf die vielfältigen Differenzen innerhalb der Frauen gelegt werden (ebd., S. 241f.).

4   Mit der Kategorie „Geschlecht" verbundene feministische Forschungsperspektiven und ihre Grenzen

Wie in Abschnitt 3 beschrieben, sehen und nutzen die einzelnen feministischen Strömungen die Kategorie „Geschlecht" sehr unterschiedlich. Die unterschiedlichen Positionen innerhalb des Feminismus können nach Harding (1987, S. 1ff.) methodologisch klassifiziert werden in: ‚Gender als eine Variable'-Perspektive, ‚Feministischer Standpunkt'- Perspektive und die Perspektive des ‚poststrukturalistischen Feminismus'. Die drei Richtungen folgen nicht zeitlich aufeinander, sondern sind durchaus parallel in Anwendung. Das Gros der Organisationsforschung, die die Kategorie „Geschlecht" mit einbezieht, findet sich zweifellos in der ‚Geschlecht als eine Variable'-Perspektive.

4.1   Die ‚Gender als eine Variable'-Perspektive

Dieser Forschungsperspektive folgt der Liberalfeminismus. Da die männerdominierte Forschung Frauen nicht oder kaum beachtet und auf mögliche Unterschiede und deren Auswirkungen keine Rücksicht genommen hat (Acker & van Houten, 1992), soll nun die Kategorie „Frauen" in den vorwiegend quantitativ angelegten Forschungsstudien „hinzugefügt" werden. Sandra Harding (1987, S. 182f., zitiert nach Alvesson & Billing, 1997, S. 25) spricht von feministischem Empirismus, der das Ziel verfolgt, Forschung objektiver, neutraler und genauer zu machen.

Im Kontext der Organisationsforschung dominiert nach wie vor der ‚Gender als eine Variable'-Ansatz, dennoch wird er auch sehr kritisch gesehen (Alvesson & Billing, 1997, S. 26ff.):

- Es wird kritisiert, dass Männer und Frauen fix definierte Kategorien bleiben und miteinander (nur) unter den gegebenen Bedingungen verglichen werden.

- Es wird bezweifelt, dass allein durch Techniken die Realität objektiver abgebildet werden kann.

- Es wird bezweifelt, dass durch Fragebögen, Experimente oder auch strukturierte Interviews Geschlechterbeziehungen reliabel abgebildet werden können.

- Es werde nicht der Tatsache Rechnung getragen, dass der Bedeutungsgehalt der in Fragen und Antworten verwendeten Sprache je nach persönlichen Erfahrungen und Lebensumständen sehr unterschiedlich sein kann.

- Es erscheine bedenklich, aus den meist einfachen statistischen Verknüpfungen Kausalitäten abzuleiten, denn diese Verknüpfungen könnten die komplexen gesellschaftlichen Muster und Strukturen nicht mit einbeziehen.

Trotz dieser Kritikpunkte gibt der ‚Gender als Variable'-Ansatz durchaus Anstöße zum Nachdenken und Diskutieren. Seine Grenzen dürfen aber nicht übersehen werden.

4.2 Die ‚Feministischer Standpunkt'-Perspektive

Die ‚Feministischer Standpunkt'-Perspektive wird von den radikal-kulturellen, psychoanalytischen, marxistischen und sozialistischen Feministinnen vertreten. Aus dieser Perspektive wird anerkannt, dass die Biologie für Geschlechterunterschiede eine gewisse Relevanz hat, aber es wird ihr keinesfalls *der* bestimmende Einfluss auf die herrschenden Geschlechterstrukturen zugeschrieben (siehe Abschnitt 3). Die Frage bzw. Suche nach „der Wahrheit" ist aus dieser Perspektive nicht die einzige Aufgabe der Forschung. Vielmehr müsse Forschung auch Wissen schaffen, das sozial und politisch relevant ist und Veränderungen möglich und sichtbar macht. Für die ‚Feministischer Standpunkt'-Perspektive sind Frauen mehr als eine „Variable", die Abschaffung diskriminierender sozialer Bedingungen ist zentral (Alvesson & Billing, 1997, S. 29).

Diese Richtung geht deshalb auch in ihren Themen sehr viel weiter als der Variablen-Ansatz. Alle relevanten Aspekte einer Gesellschaft werden als gender-relevant gesehen, weshalb als notwendig gilt, Erfahrungen und Interessen von Frauen gerade auch in die Wissensproduktion einzubeziehen. Methodisch erfordere dies einen qualitativen Ansatz, um die informalen und unsichtbaren Segregationsprozesse an die Oberfläche zu bringen (Alvesson & Billing, 1997, S. 31).

Vertreterinnen der ‚Feministischen Standpunkt'-Perspektive ist durchaus bewusst, dass Frauen keine homogene Gruppe sind, sondern sich bezogen auf z.B. Alter, Ausbildung, Rasse, Religion, Sexualität etc. unterscheiden. Dennoch betonen sie das, was Frauen gemeinsam haben, z.B. ihre Position in den Produktions- und Reproduktionsbeziehungen oder die Möglichkeit, Kinder gebären zu können. Solche Phänomene unterscheiden zugleich die Gruppe der Frauen grundlegend von der Gruppe der Männer. Auch die Männer werden (meist) als homogene Gruppe und als Träger des patriarchalen Wertesystems betrachtet (Alvesson & Billing, 1997, S. 30).

Dass sie von der Homogenität der Frauen ausgeht, wird der ‚Feministischen Standpunkt'-Perspektive zur Last gelegt. Alvesson und Billing (1997, S. 33ff.) zeigen die Kritikpunkte sehr treffend auf: Universalität und Generalisierungen, wie sie der männerdominierten Forschung vorgeworfen werden, sind auch hier die Folge. Weiters wird damit eine ethnozentrische Sicht weißer Mittelklasse-Frauen reproduziert (siehe Abschnitt 3.6). Diesen Kritikpunkten wird wiederum entgegengehalten, dass der Diversität von Frauen wohl durch Auswahl und Untersuchung jeweils spezifischer Gruppen Rechnung getragen werden kann, aber dabei die Gefahr besteht, dass die Kategorie „Geschlecht" gegenüber anderen Dimensionen geschwächt wird.

Insofern konzentrieren sich Vertreterinnen der ‚Feministischen Standpunkt'-Perspektive weiterhin auf patriarchale Strukturen, Männer und Frauen als homogene Gruppen sowie die Diskriminierung und Unterdrückung von Frauen und blenden damit Komplexität, Variation und Widersprüche dieser Themen – auch in Organisationen – aus. Genau darauf erwidert die dritte Perspektive.

4.3 Die Perspektive des postmodernen/ poststrukturalistischen Feminismus

Die Kategorie „Geschlecht", wie sie in den unter 3. skizzierten Ansätzen verwendet wird, wird im poststrukturalistischen Feminismus in Frage gestellt. Begriffe wie „Männer", „Frauen", „männlich" und „weiblich" werden nicht länger als fundamentale und valide Ausgangspunkte gesehen, sondern als unstabil und mehrdeutig (Bendl, 2000, S. 376; Calás & Smircich, 1996, S. 235ff.). Sie bezeichnen – so die Vertreterinnen dieses Ansatzes – falsche Einheiten. Da die Kategorien in sich selbst vielfältig seien, könnten sie nicht als allgemeine eindeutige Konzepte genutzt werden. Gender als Bezeichnung und Richtlinie für Identität und Erfahrungen wird als willkürlich und widersprüchlich gesehen, es sei vielmehr dynamisch, unbestimmt und fragmentiert. Die Sprache und der Diskurs seien essentiell für die Konstituierung von Realität und Wissen (Gherardi, 2003, S. 218). Verwendete Begriffe hätten keine stabilen Bedeutungen, „(...) vielmehr bilden sie sich permanent neu in einem Prozeß des Sich-Unterscheidens und Aufeinander-Verweisens" (Hofmann, 2002, S. 317f.).

Vertreterinnen der poststrukturalistischen Perspektive sehen „Wahrheit, Vernunft, Macht, Geschlecht" usw. als „diskursiv hervorgebracht", und somit gilt es, durch Dekonstruktion ihre Genese aufzuzeigen und ihre („natürliche") Bedeutungszuweisungen und Ordnungen in Frage zu stellen. Sprache und Bedeutungszuweisungen können, so die Vertreterinnen des poststrukturalistischen Feminismus, nicht losgelöst von ihren jeweiligen Kontexten verwendet werden. So sei die Bedeutung des Begriffes „Frauen" nicht universell, sie verändere sich mit den Situationen, in denen dieser Begriff verwendet wird. Ebenso sei es mit gängigen Konzepten wie Hierarchie, Diskriminierung, Maskulinität etc. (Kolesch, 2002, S. 316ff.; Alvesson & Billing, 1997, S. 38).

Für die Forschung steht nicht das Schaffen von „Wahrheit" im Mittelpunkt, sondern das Aufzeigen von Widersprüchen und problematischen Bemühungen, „Wahrheit" zu etablieren. Im Zusammenhang mit Geschlecht und Organisationen geht es um kritische Reflexion, wie Geschlecht „gemacht", Geschlechterbeziehungen/-ordnungen geschaffen und Vielfalt verdeckt werden. Zentrales Instrument dabei ist die Analyse des Diskurses über Männer und Frauen und von dessen Machtwirkungen (Alvesson & Billing, 1997, S. 40f.).

Kritisch wird die poststrukturalistische feministische Forschungsperspektive vor allem von empirisch orientierten ForscherInnen gesehen. Diese monieren, sie möge wohl philosophisch und theoretisch von Interesse sein, hilfreich für empirische Forschung sei sie nicht. Diversität und Variationen würden überstrapaziert, denn trotz historischer, kultureller oder gruppenbedingter Unterschiede seien Generalisierungen hilfreich und notwendig, um überhaupt noch irgendetwas aussagen zu können. Außerdem könnten nicht alle möglichen Diversitätsdimensionen gleichzeitig beachtet werden. Und schließlich: Ob und welche politischen Folgerungen aus diesem Ansatz ableitbar seien, bleibe unklar (Alvesson & Billing, 1997, S. 42ff.).

5 Schlussbemerkungen

Organisationstheorien und Organisationen als deren Gegenstand sind nicht geschlechtsneutral. „Gender" in den Theorien nicht zu berücksichtigen, liefert deshalb ein einseitiges, unvollständiges und damit falsches Bild von Organisationen. Es ist ein Verdienst der skizzierten feministischen Ansätze und Bewegungen, dass „Geschlecht" bzw. „Frau(en)" als Kategorie in der Organisationsforschung Platz gefunden hat. Frauen sichtbar zu machen, aufzuzeigen, wie Geschlechterstrukturen entstehen und immer wieder reproduziert werden, wirft neues Licht auf Organisationen und Organisationstheorien. Um Gender Studies als Programm der Organisationsforschung zu etablieren und auszufüllen, müssten aber auch und verstärkt Männer und Maskulinität analysiert werden (siehe dazu Meuser, in diesem Band).

Die dargestellten theoretischen Ansätze und methodologischen Perspektiven zeigen unterschiedliche und wichtige Aspekte der Geschlechterfrage in Organisationen auf. Am meisten unterscheiden sie sich in ihren Beiträgen für handlungsorientierte politische Gleichstellungsarbeit. Darauf möchte ich noch etwas näher eingehen.

Empirische Studien – seriös durchgeführt – liefern wertvolle Informationen, die gerade in Organisationen eine gute Ausgangsbasis für Bewusstmachung und Bewusstseinsbildung in Hinblick auf Geschlechteraspekte darstellen. Zahlen und Indikatoren sind eine prominente Sprache in Vorstandsetagen, mit der Aufmerksamkeit und Verständnis erreicht werden kann. Aus persönlichen Erfahrungen mit Chancengleichheitsprojekten (siehe dazu www.equality.at) in unterschiedlichen österreichischen Organisationen in Wirtschaft und Verwaltung weiß ich um die Wichtigkeit quantitativer ‚Variablen-Forschung' ebenso wie der Analyse und Bewusstmachung von Geschlechterstrukturen mittels qualitativer Methoden. Und das spricht dagegen, beides in der zuvor geschilderten Art und Weise gegeneinander auszuspielen. Die von der ‚Feministischen Standpunkt'-Perspektive propagierten qualitativen Methoden sind notwendig und sinnvoll, um Kontexte, in denen Zahlen und Fakten eingebettet sind, sichtbar, verstehbar und gestaltbar machen zu können. Soll zusätzlich zu einer theoretischen auch eine handlungspolitische Position Platz haben, bedarf es einer sensiblen Vorgehensweise, die am Entwicklungs- und Bewusstseinsstand einer konkreten Organisation anknüpfen kann. Symbole, Bilder, Rituale, Normen, Standards, Glaubenssätze etc. als TrägerInnen von gender-relevanten Informationen müssen erst als solche bewusst werden, um nachhaltig verändert werden zu können.

Eine weitere Erkenntnis im Verlaufe meiner Arbeiten mit Organisationen war, dass unter dem Begriff „Diversity" (siehe dazu auch Vedder, in diesem Band) Maßnahmen zur Gleichstellung von Männern und Frauen leichter umzusetzen sind. Die Bezeichnung „Diversity-Beauftragte" trägt der Vielfalt einer Belegschaft wohl viel mehr Rechnung als „Gender-Beauftragte" oder „Equality-Beauftragte", dennoch heißt es, achtsam zu sein, dass die Dimension Geschlecht nicht an den Rand gedrängt wird.

Die größte Schwierigkeit im Umgang mit der Kategorie „Geschlecht", theoretisch wie praktisch, erscheint mir letztlich das scheinbar tiefe Gefangensein im Bild biologischer Unterschiede.

Literatur

Acker, J. (1990): Hierarchies, Jobs, Bodies: A Theory of Gendered Organizations, in: Gender & Society, 4. Jg., S. 139-158.

Acker, J. & van Houten, D. R. (1992): Differential Recruitment and Control: The Sex Structuring of Organizations, in: Mills, A. J. & Tancred, P. (Hg.): Gendering Organizational Analysis, Newbury Park u.a., S. 15-30.

Althans, B. (2003): In Terms of Desire: Mary Parker Follett und der Diskurs der Organisationstheorie, in: Weiskopf, R. (Hg.): Menschenregierungskünste, Anwendungen poststrukturalistischer Analyse auf Management und Organisation, Wiesbaden, S. 261-279.

Alvesson, M. & Billing, Y. D. (1997): Understanding Gender and Organizations, London.

Bauer, R. (2002): Struktur und Differenz. Vielfalt als Konstruktionsprinzip von Organisationen und Organisationstheorien, Linz.

Beauvoir, S. de (2004): Das andere Geschlecht. Sitte und Sexus der Frau, 4. Aufl. (Originalausgabe 1949), Reinbek.

Bendl, R. (2000): Gendering Organization Studies: A Guide to Reading Gender Subtexts in Organizational Theory, in: Finnish Journal of Business Economics, Heft 3, S. 373-393.

Blau, P. M. (1963): The Dynamics of Bureaucracy. A Study of Interpersonal Relations in Two Government Agencies, 2. Aufl., Chicago/London.

Braidotti, R. (1989): The Politics of Ontological Difference, in: Brennan, T. (Hg.): Between Feminism and Psychoanalysis, London, S. 89-105.

Calás, M. & Smircich, L. (1996): From ‚The Woman´s´ Point of View: Feminist Approaches to Organization Studies, in: Clegg, S., Hardy, C. & Nord, W. R. (Hg.): Handbook of Organization Studies, London, S. 218-257.

Calás, M. & Smircich, L. (1992): Re-writing Gender into Organisational Theorizing: Directions from Feminist Perspectives, in: Reed, M. & Hughes, M. (Hg.): Rethinking Organization. New Directions in Organization Theory and Analyses, London, S. 227-253.

Caplow, T. (1954): The Sociology of Work, Minneapolis.

Fayol, H. (1929): Allgemeine und industrielle Verwaltung (Originalausgabe 1916), Berlin/München.

Fletcher, J. (1994): Castrating the Female Advantage: Feminist Standpoint Research and Management Science, in: Journal of Management Inquiry, 3. Jg., Heft 1, S. 74-82.

Gherardi, S. (1995): Gender, Symbolism and Organizational Cultures, London u.a.

Gherardi, S. (2003): Feminist Theory and Organisation Theory – A Dialogue on New Bases, in: Tsoukas, H. & Knudsen, C. (Hg.): Organization Theory, Oxford, S. 210-236.

Gouldner, A. W. (1954): Patterns of Industrial Bureaucracy. A Case Study of Modern Factory Administration, Toronto.

Harding, S. (1987): Introduction: Is There a Feminist Method?, in: Dies. (Hg.): Feminism & Methodology, Bloomington/Indianapolis, S. 1-14.

Harding, S. (1987): Conclusion: Epistemological Questions, in: Dies. (Hg.): Feminism & Methodology, Bloomington/Indianapolis, S. 181-190.

Haug, F. (1996): Frauen-Politiken, Berlin/Hamburg.

Hearn, J. & Parkin, W. (1988): Women, Men and Leadership: A Critical Review of Assumptions, Practices and Change in Industrialized Nations, in: Adler, N. & Izraeli, D. N. (Hg.): Women in Management Worldwide, New York, S. 17-40.

Helgesen, S. (1990): The Female Advantage: Women´s Ways of Leadership, New York.

Hofmann, S. (2002): Poststrukturalismus, in: Kroll, R. (Hg.): Metzler Lexikon Gender Studies Geschlechterforschung, Ansätze – Personen – Grundbegriffe, Stuttgart, S. 317-319.

Jüngling, C. (2003): Organisationsforschung und Geschlechterpolitiker, von der Herrschaftsmaschine zur Spielwiese für Mikropolitiker.
URL: http://www.hgdoe.de/pol/Juengling05-00.htm (dl. 31.10.2003).

Kanter, R. M. (1977): Men and Women of the Corporation, New York.

Kieser, A. & Kubicek, H. (1992): Organisation, 3. Aufl., Berlin.

Kolesch, D. (2002): Postmoderne, in: Kroll, R. (Hg.): Metzler Lexikon Gender Studies Geschlechterforschung, Ansätze – Personen – Grundbegriffe, Stuttgart, S. 315-317.

Krell, G. (2004): „Vorteile eines neuen, weiblichen Führungsstils“: Ideologiekritik und Diskursanalyse, in: Dies. (Hg.): Chancengleichheit durch Personalpolitik, 4. Aufl., Wiesbaden, S. 377-392.

Linstead, S. (2000): Comment: Gender Blindness or Gender Suppression? A Comment on Fiona Wilson´s Research Note, in: Organization Studies, 21. Jg., Heft 1, S. 297-303.

Loden, M. (1985): Feminine Leadership, or How to Succeed in Business without Being one of the Boys, New York.

Maihofer, A. (1998): Gleichheit und/oder Differenz? Zum Verlauf einer Debatte, in: Kreisky, E. & Sauer, B. (Hg.): Geschlechterverhältnisse im Kontext politischer Transformation, in: Politische Vierteljahresschrift, Sonderheft 28, Opladen, S. 155-176.

Martin, J. (1990): Deconstructing Organizational Taboos: The Suppression of Gender Conflict in Organizations, in: Organization Science, 1. Jg., Heft 4, S. 339-359.

Mayer, R. (2002): Dritte-Welt-Feminismus, in: Kroll, R. (Hg.): Metzler Lexikon Gender Studies Geschlechterforschung, Ansätze – Personen – Grundbegriffe, Stuttgart, S. 74-75.

Mills, A. J. & Tancred, P. (Hg.) (1992): Gendering Organizational Analysis, Newbury Park u.a.

Nyland, C. (2000): An Early Account of Scientific Management as Applied to Women´s Work with Comment by Frederick W. Taylor, in: Journal of Management History, 6. Jg., Heft 6, 248-271.

Powell, G. (1993): Women and Men in Management, 2. Aufl., Newbury Park.

Roethlisberger, F. & Dickson, W. (1940): Management and the Worker. An Account of a Research Program Conducted by the Western Electric Company. Hawthorne Works, Chicago, London.

Scott, J. W. (1986): Gender: a useful category of historical analysis, in: American Historical Review, 91. Jg., S. 1053-1075.

Taylor, F. W. (1911): The Principles of Scientific Management, New York/London.

Weber, M. (1922): Wirtschaft und Gesellschaft, Tübingen.

West, C. & Zimmerman, D. H. (1987): Doing Gender, in: Gender and Society, 1. Jg., Heft 2, S. 125-151.

Wilson, F. (1996): Research Note: Organizational Theory: Blind and Deaf to Gender?, in: Organization Studies, 17. Jg., Heft 5, S. 825-842.

Günther Ortmann

Tausend Schleifen
Über Geschlecht, Sprache und Organisation

1   *Mulier taceat in ecclesia* 107

2   Panikattacken 108

3   Maulklatschen 109

4   Männer unter sich 110
    4.1   Kant und das *gender pairing* 110
    4.2   Geschlossene Gesellschaft, oder: *Ceci n'est pas une pipe* 111

5   Tausend Schleifen 114

6   *Rat Race Economics* 118

7   *Glass Ceiling* 120

8   Organisationstheorie und Geschlecht 122

9   *Sex* und *gender* 124

10 Unterschied, Differenz, Alterität 128

Postscriptum: Die Reinheit der Gattungen und die Vielfalt der Stimmen 131

Literatur 134

1   Mulier taceat in ecclesia

Das Ansinnen, die Frau möge schweigen, und sie möge *in der Gemeinde* schweigen, *in ecclesia*, hat zwar die Patina biblischer Antiquiertheit, 1. Korinth. 14, 34, zeugt aber von großer, heute würden wir sagen: sprechakttheoretischer Umsicht.

Denn, wie wir seit Austin (1962, deutsch 2. Aufl. 2002) und Searle (1983) wissen, wir *tun* Dinge mit Wörtern. Wir ver-sprechen, wir kündigen, allgemeiner: *setzen* „etwas als etwas". Sprechend setzen wir ein Searlesches „X zählt als Y im Kontext K" in Kraft, in Geltung, setzen es durch. X_1 zählt als Versprechen im Kontext K_1. Die Versprechen X_1 und X_2 zählen als Vertrag im Kontext K_2. Das Stück Papier X_3 zählt als Geld im Kontext K_3. Frauenarbeit zählt gemäß Eingruppierung als minderwertig im Kontext K_4. Die Frau zählt nicht als relevante Sprecherin im Kontext K_5. Man kann an diesen Beispielen sehen, warum *performative Sprechakte* dieser Art für Searle (1997) die Quelle von Institutionen bilden – weil sie das, was mit ihnen gesagt wird, *als geltend etablieren*, hier: als geltende Regel. Dazu bedarf es, wie schon Austin gesehen hatte, einer entsprechenden Autorität und Akzeptanz des Sprechers oder der Sprecherin. Wenn es sich um öffentliche, um Angelegenheiten der Allgemeinheit handelt, muss sich das (performative) Sprechen und seine Akzeptanz *in der Gemeinde* ereignen – in der Öffentlichkeit. Das *mulier taceat in ecclesia* zielt daher auf den Kern der Sache: auf den Erstickungstod jedweder Möglichkeiten der Frau, dort, wo es darauf ankommt, an der Etablierung der gesellschaftlichen Einrichtungen mitzuwirken. Öffentlich gesprochen, ist sein performativer Sinn, der Frau das Recht auf öffentliche performative Rede zu bestreiten. Das in eine Formel aus vier Wörtern zu bringen, in einen derart sparsamen performativen (*sic*) Sprechakt – *chapeau*!

Und nun: die Gemeinde namens Organisation.

Wenn ich in den nächsten drei Abschnitten in die Welt von Autoren/Akteuren eintauche, die vom *linguistic turn* in den Sozialwissenschaften nichts ahnten oder hielten, in die Welt von FAZ-Herausgebern, Buntbarschen und Systemtheoretikern, so möchte ich die Aufmerksamkeit darauf lenken, dass sie gleichwohl einen wohlausgebildeten praktischen Sinn für die performativen Effekte des Sprechens, allgemeiner: des Setzens von Zeichen, hatten. Vor allem davon nämlich handeln die folgenden Beispiele. Danach, in den Abschnitten 5-7, geht es um die vielen rekursiven Schleifen, in denen sich Frauendiskriminierung ereignet und verfestigt, besonders innerhalb von Organisationen. Im 8. Abschnitt diskutiere ich, ob und wie die Organisationstheorie sich des Themas anzunehmen hat. Die restlichen Abschnitte sind den Debatten um *gender* und *gender*-Differenzen und der Rolle gewidmet, die Organisationen – organisierte Performanz – bei der Etablierung einschlägiger Unterscheidungen spielen.

2 Panikattacken

Frank Schirrmacher, Herausgeber der *Frankfurter Allgemeine Zeitung*, sah in einem Beitrag mit dem Titel *Männerdämmerung* in der FAZ Nr. 149 vom 1. 7. 2003, S. 33 „die entscheidenden Produktionsmittel zur Massen- und Bewusstseinsbildung" in weiblicher Hand, jedenfalls zu „fast achtzig Prozent". Ein so offensichtlich von Panik diktierter Realitätsverlust ist hier, versteht sich, nur von soziologischem Interesse, nicht als Argument. Was nur kann Schirrmacher gemeint haben? Zunächst ein Schlüsselerlebnis: nichts Geringeres als die „bedingungslose Unterwerfung eines Mannes (Friedrich Merz) unter eine Frau (Sabine Christiansen)" in deren 150. Sendung in der ARD. Dann aber die Verallgemeinerung: „Eine Telefonistin, ein Kindermädchen, eine Schauspielerin und eine Stewardess definieren das Land." Sabine Christiansen, Sandra Maischberger, Maybritt Illner, Anne Will, Marietta Slomka, Elke Heidenreich, lauter weibliche Stimmen in der TV-*ecclesia*, Liz Mohn, Friede Springer und Ulla Berkéwicz tonangebend in wichtigen Verlagen: *horribile dictu*.

Mit dem Realitätsgehalt der Schirrmacherschen Besorgnis möchte ich mich nicht aufhalten.[1]

Mich interessiert, dass dieser Autor (1.) den Blick aufs „Definieren des Landes" und auf einschlägige Positionen mit Definitionsmacht richtet, in sprechakttheoretischer Terminologie: auf Sprecherinnen mit großer performativer, womöglich instituierender Wirkung, und dass er (2.) seinerseits nicht einfach konstative Aussagen macht, also Aussagen, die sinnvoll unter dem Gesichtspunkt ,wahr/falsch' zu beurteilen wären, sondern performative Äußerungen. Er sagt nicht nur und nicht in erster Linie etwas über die Wirklichkeit aus, sondern er versucht diese zu formen, zu gestalten. Er versucht, Ansichten, Zurechnungen, Zuschreibungen – ein *Etwas-als-etwas* – zu *etablieren*. Er tut Dinge mit Wörtern.[2] Er *macht* oder *schürt* Angst. Er rüttelt auf. Er lässt einen Weckruf ertönen: „Wachet auf ..." Es ist ihm darum *zu tun* zu beunruhigen. Zu *warnen*. Sorge zu *bereiten*.

---

1   Weit über 90% aller Chefredakteurs-, Professoren-, Minister- und Topmanagerpositionen und nahezu 100% der wirklich wichtigen Machtpositionen in der Welt werden von Männern gehalten. Günter Grass hat Steinmetz gelernt, Norman Mailer wollte Boxer werden und Thomas Mann hatte kein Abitur, wie Evelyn Roll in einer Erwiderung in der Süddeutschen Zeitung Nr. 187 vom 16./17. 8. 2003, Supplement „Wochenende", S. I, gelassen angemerkt hat.

2   Ein Einwand könnte lauten: Als perlokutionäre Sprechakte erforderten Schirrmachers Äußerungen bestimmte Effekte, etwa Beunruhigung, bei seinen Adressaten, Effekte, von denen wir nicht wissen können, ob sie eingetreten sind. Ich gehe hier pauschal davon aus, dass die FAZ mit ihrer Autorität solche Effekte jedenfalls bei vielen auszulösen vermag. Im Übrigen enthält Schirrmachers Text auch diverse illokutionäre Äußerungen, das sind solche, die für ihre performativen Effekte ohne derartige Reaktionen seitens der Adressaten auskommen – wie zum Beispiel das „outing" von Frauen als ehemalige Kindermädchen.

Recht besehen sagt Schirrmacher: *mulier taceat in ecclesia.* Und er meint nicht nur die Mediengemeinde, sondern – wenn schon, denn schon – „das Land".

3 Maulklatschen[3]

In der Welt des afrikanischen Buntbarsches (*Tilapia makrochir*) trifft man auf Vorläufer performativer Sprechakte. Hier ist das Tun und das Sprechen allerdings noch ungeschieden.

> „Treffen dort Männchen aufeinander", berichtet ein ‚Streiflicht' der Süddeutschen Zeitung, „hebt ein intensives Drohen und Imponieren an. Sie umkreisen sich mit abgespreizten Flossen. Phase zwei ist gekennzeichnet vom typischen ‚Maulklatschen': Die Kontrahenten rammen sich mit offenen Mäulern und versuchen, den anderen wegzuschieben. Wer am stärksten droht, wer am heftigsten schiebt, der behauptet den Platz."

Das passiert, wenn Männer unter sich bleiben. Machen wir einen großen Sprung und ziehen daraus eine konstruktive Lehre für Organisationen. Sie lautet: *gender pairing.* Dafür gibt es Unterstützung seitens der avancierten experimentellen Wirtschaftsforschung. Matthias Sutter, Ronald Bosman, Martin Kocher und Frans van Winden (2003) haben den Einfluss des *gender pairing* auf ökonomische Entscheidungen in Zwei-Personen-*power-to-take*-Spielen experimentell getestet. Ihr Ergebnis: Das Geschlecht an sich hat keinen signifikanten Einfluss auf das Entscheidungsverhalten, wohl aber das *gender pairing*.

> „In particular, we observe much more competitive and destructive behaviour when partners of an economic interaction have the same gender than when they have the opposite gender." (ebd., S. 1)

Das bedeutet für Verhandlungen und Auseinandersetzungen in Organisationen, vorbehaltlich allfälliger kultureller Unterschiede und sonstiger Verallgemeinerungshindernisse:

---

[3] *Hommage à* Birgit Althans, die ihrerseits, wie wir es noch bei Luhmann sehen werden, von Frauen handelt, die empfindlich stören und lieber schweigen sollten: denjenigen Frauen auf dem *shop floor*, die Elton Mayo und seine *human-relations*-Forscher so genervt haben – ausgerechnet die gefeierten Fürsprecher der informellen Kommunikation; siehe das Kapitel „Die Hawthorne-Experimente, der *Human-Relations*-Diskurs und der Klatsch" in Althans' schönem Buch: *Der Klatsch, die Frauen und das Sprechen bei der Arbeit* (2000). Zu den schwatzenden, klatschenden Weibern im *Relay Assembly Test Room* in Hawthorne vorher schon Acker & van Houten (1974).

„(...) mixed gender pairing is more cooperative and entails a lower probability of an inefficient outcome" (ebd., S. 17).

Das nun hieße: Organisationen, die als Männerhäuser besetzt sind, neigten zu Ineffizienz.

Wider diese kühle Vermutung stehen berühmte Einreden.

4 Männer unter sich

4.1 Kant und das *gender pairing*

In der *Anthropologie in pragmatischer Hinsicht,* unter dem Titel „Der Charakter der Geschlechter", hat Immanuel Kant die nahezu entgegengesetzte These vertreten.

> „Zur Einheit und Unauflöslichkeit einer Verbindung ist das beliebige Zusammentreten zweier Personen nicht hinreichend; ein Teil mußte dem andern *unterworfen* und wechselseitig einer dem andern irgendworin überlegen sein, um ihn beherrschen oder regieren zu können. Denn in der *Gleichheit* der Ansprüche zweier, die einander nicht entbehren können, bewirkt die Selbstliebe lauter Zank."

Wo Sutter et al. Neigung zu Kooperation vermuten, da sieht Kant: lauter Zank. Was kann man da machen?

> „Ein Teil muß im *Fortgange der Kultur* auf heterogene Art überlegen sein: der Mann dem Weibe durch sein körperliches Vermögen und seinen Mut, das Weib aber dem Manne durch ihre Naturgabe, sich der Neigung des Mannes zu ihr zu bemeistern; da hingegen im noch unzivilisierten Zustande die Überlegenheit bloß auf der Seite des *Mannes* ist. – Daher ist in der Anthropologie die weibliche Eigentümlichkeit mehr als die des männlichen Geschlechts ein Studium für den Philosophen." (Kant, 1977, ApH, S. 648; Hervorh. außer der letzten i. Orig. gesperrt)

Und was findet der Philosoph mit Blick auf den rohen Naturzustand?

> „Das Weib ist da ein Haustier. Der Mann geht mit Waffen in der Hand voran, und das Weib folgt ihm mit dem Gepäck seines Hausrats beladen." (ebd., S. 649)

Später aber kann es das Weib noch weit bringen – weit, aber nicht zu weit. Höhere Absicht mit dem menschlichen Geschlecht ist, neben der Arterhaltung, „die Kultur der

Gesellschaft und Verfeinerung derselben durch die Weiblichkeit" (ebd., S. 651). Nach den Sternen aber, und nach Büchern, sollten die Frauen nicht greifen:[4]

> „Was die gelehrten Frauen betrifft: so brauchen sie ihre Bücher etwa so wie ihre Uhr, nämlich sie zu tragen, damit gesehen werde, daß sie eine haben; ob sie zwar gemeiniglich still steht oder nicht nach der Sonne gestellt ist." (ebd., S. 654)

So bleibt es dabei, auch nach erfolgreicher Verfeinerung der Kultur durch die Weiblichkeit: *taceat*.

Das hat 200 Jahre später ein anderer kaum anders gesehen, der nun aber von Organisationen handelt und dessen Organisationstheorie wir zu den raffiniertesten, elaboriertesten, umfassendsten überhaupt zählen dürfen. Wieder geht es ums Sprechen in Organisationen.

4.2 Geschlossene Gesellschaft, oder: *Ceci n'est pas une pipe*

Bestimmte Unternehmen sind für evangelische Mitarbeiter, bestimmte Universitäten für progressive Wissenschaftler, bestimmte Behörden für Bewerber, die der CDU (oder der SPD) nahe stehen, unzugänglich. Solche *closed shops* entstehen im Zuge einer sich selbst verstärkenden Entwicklung. Heute sprechen wir von Pfadabhängigkeit.[5] Wenn man den Fuß nicht am Anfang in die Tür bekommt, dann gelingt es später *eben deshalb* erst recht nicht mehr.

Organisationen schlechthin waren jahrhundertelang und sind noch heute für Frauen schlecht zugänglich, besonders ihre höheren Etagen. Warum? Diese Frage führt uns wieder in die Welt des Sprechens.

> „Die Bedeutung des informalen Meinungsaustausches unter Kollegen macht es verständlich", schreibt Niklas Luhmann, Deutschlands bedeutendster Organisationstheoretiker, 1964 in seinem frühen organisationstheoretischen Meisterwerk *Funktionen und Folgen formaler Organisation*, „daß die Zulassung von

---

4   Mehr noch: Für den Kant der *Anthropologie* sind Frauen weder zu moralischer noch zu rechtlicher eigener Gesetzgebung befähigt. Man kann derlei übrigens nicht einfach als zeitgeistbedingten Lapsus abtun. Zeitgenossen von Kant, zum Beispiel Theodor von Hippel (1972; zuerst 1774), haben für den Naturzustand durchaus eine Gleichheit zwischen Mann und Frau geltend gemacht; siehe dazu Lindemann-Stark (1994).

5   Damit ist gemeint: Die Resultate von Prozessen, hier: die Geschlossenheit von *closed shops* respektive ihre Unzugänglichkeit für Protestanten, Progressive oder Frauen, sind nicht von Anfang an determiniert, sondern hängen vom Prozessverlauf ab; für Näheres siehe Ackermann (2001), Ortmann (2003, S. 271ff.).

> Frauen in einem männlichen Kollegenkreis gewisse Sorgen bereitet. Sie können nicht so leicht sich zu einem Kollegen setzen, die Pfeife anzünden und eine schwierige Sache zwanglos aus gemütlicher Distanz mit einem durchsprechen."

> Fußnote: „Daß dieses Symbol freundlich-informaler Absichten Frauen im allgemeinen nicht zur Verfügung steht, wurde in einer britischen Untersuchung über den Staatsdienst gegen ihre Zulassung angeführt. Vgl. Royal Commission on the Civil Service (1929-30), Minutes of Evidence Q 8936 und 8937, zit. bei Kingsley, 1944, S. 184f."

> Luhmann fährt fort: „Es fällt ihnen schwerer, die Fesseln strikter Formalität und pedantischer Selbstbezogenheit abzuwerfen, ohne damit andere Türen zu weit zu öffnen." (Luhmann, 4. Aufl. 1995, S. 318)

Diese Argumentation, einschließlich der zuletzt sich andeutenden Männerphantasien – „andere Türen"! Und welche Pfeife da wohl entzündet werden soll? –, setzt die Organisation als Männerhaus – den „männlichen Kollegenkreis" – bereits voraus. Weit davon entfernt zu begründen, warum Frauen schlecht in den Staatsdienst oder andere formale Organisationen passen, begründet Luhmann allenfalls, warum Frauen nicht mehr passen, wenn sich erst einmal Männer dort breit gemacht haben. In Wirklichkeit begründet er natürlich nicht einmal das, sondern er *führt nur vor*, wie Männer begründen, warum Frauen nicht dazupassen. Und sie müssen es *generell* begründen: „Frauen gehören nicht in den Staatsdienst", weil sie schlecht sagen können: „Wir waren zuerst da." Sie können schlecht sagen: „Heute *nicht mehr*, weil damals *noch nicht*", weil dann die Kontingenz der Verhältnisse eingeräumt wäre: die Möglichkeit von Organisationen voller Frauen, verschüttet nur – „nur"! – in der Kluft zwischen Noch Nicht und Nicht Mehr.

Das, 1964 geschrieben, wird der eine oder die andere für ein inzwischen obsoletes Zeugnis des Zeitgeistes der fünfziger und sechziger Jahre zu relativieren geneigt sein. Ein Vierteljahrhundert später aber, 1988, in einem witzigen und scharfzüngigen Aufsatz mit dem Titel „Frauen, Männer und George Spencer Brown" hat Luhmann die Sache nahezu wörtlich wiederholt und sogar noch ein bisschen spitzer formuliert. In bestimmten Berufen, unter Professoren, Leuchtturmwärtern, Müllarbeitern etwa, finde man, heißt es da in zunächst milder Tonlage, *Männer* häufiger, in anderen – so gleicht sich eben alles wieder aus – *Frauen*, etwa „bei Schreibarbeiten und in der Krankenpflege". Und nun, mit Blick auf Letztere:

> „Sie greifen weniger häufig zur Pfeife als Männer und sind, weil sie dieses Symbol zwangloser Verhandlungsbereitschaft nicht handhaben können, sondern allenfalls spitze Zigaretten rauchen, nach traditioneller britischer Auffassung für den civil service ungeeignet." (Luhmann, 1988, zit. n. dem Wiederabdruck 2003, S. 36)

Folgt der identische Literaturverweis auf die Untersuchung der Royal Commission. Der einzige Unterschied zu 1964 besteht darin, dass Luhmann das, was er damals noch unverblümter als eigene Sicht der Dinge präsentiert hatte, nun als „traditionelle britische Auffassung" bemäntelt.

Noch in dem Text von 1988 zeigt sich Luhmann überall genervt, diesmal von der Frauenbewegung, der er im Brustton betonter männlicher Gelassenheit Empörungsgenuss attestiert, Aufschreiqualität, Aufgeregtheitsbedarf und unheilssensationelle Exaltierung. Auch in diesem Ton höre ich Aufwallungen eines männlichen Unbehagens, das aufkommt, wenn gewohnte Positionen, und wäre es nur vermeintlich, bedroht sind.

In Luhmanns Argumentation verbirgt sich, wie ich angedeutet habe, ein Zirkel von vollendeter Rundung: Weil (nur) Männer im Staatsdienst sind, stören dort Frauen; aber weil Frauen dort stören, können sie auch nicht in den Staatsdienst kommen. *Quod erat demonstrandum.* „In unseren Kreisen", dieses Wort enthält die Wahrheit solcher Zirkularität, und es leuchtet ein, dass Frauen diese Kreise nur stören können. Luhmanns Pfeifen-Theorie, als wissenschaftlicher Erklärungsversuch doch wohl eher eine Stilblüte, hat zum performativen Effekt, die Verhältnisse festzuschreiben: Die Frauen sind draußen, *deshalb* kommen sie nicht rein.[6]

Betrachten wir, um ein weiteres Beispiel für diese Zirkularität zu gewinnen, eine Berufsgruppe und eine Organisation, in denen man Frauen häufiger findet: das Lehrpersonal in Grundschulen. Darüber hat sich ein anderer Systemtheoretiker geäußert, der Erziehungswissenschaftler Dieter Lenzen, Präsident der Freien Universität Berlin und Herausgeber desjenigen Buches von Luhmann (2002), das *Die Erziehung der Gesellschaft* zum Thema hat. Lenzen, Bruder im Geiste Kants und Luhmanns, konstatiert:

> „Das weibliche Selbstkonzept des Lehrers (*sic*) ist viel stärker auf Soziales und Pädagogisches ausgerichtet als auf professionelle Wissensvermittlung." (Lenzen, 2003, S. 484)[7]

Das hat „angesichts der Tatsache, dass das Lehrpersonal in Grundschulen zu zirka 95 Prozent weiblich ist (...) nachhaltige Folgen für professionelle Wissensvermittlung im Primarbereich" (ebd., S. 484). Weil die Funktion des Grundschullehramts von jungen Frauen „nicht selten" als Ergänzung zu ihren Verpflichtungen in der Familie übernommen werde,

> „können die Professionalitätserwartungen ihnen gegenüber allerdings auch kaum größer sein als gegenüber Teilzeitkräften, die in Supermärkten als Lager- oder Kassierpersonal arbeiten" (Lenzen, 2003, S. 484).

Dass so mancher weiblicher Lehrer und sogar manch eine männliche Erziehungswissenschaftlerin Kompetenzen in Sachen „Soziales" und „Pädagogisches" zu den Professionalitätserwartungen an Grundschullehrerinnen und -lehrer zählen würden, statt

---

6   „*Dies ist keine Pfeife*", sagt Michel Foucault (1983, S. 32) mit Blick auf Magrittes Gemälde, „war das Einschneiden des Diskurses in die Form der Dinge."
7   Ich danke Barbara Rendtorff für den Hinweis auf Lenzens Text.

sie, wie Lenzen, in Gegensatz zu deren Professionalität zu bringen, sei hier nur *en passant* vermerkt. Mir kommt es auf den verborgenen Zirkel an, den auch Lenzen mit seinem Lehrerinnen-*bashing* festschreibt. Die zirkulären Verhältnisse, die Luhmann und Lenzen *reproduzieren*, statt sie zu *reflektieren*, sind nur zwei Beispiele für die tausend Schleifen, in denen sich Frauendiskriminierung ereignet, wiederholt, selbstbefestigt und selbstverstärkt. Sie sind mein Thema. Wenn ich sie im Folgenden als perfekte Zirkel präsentiere, so bedarf das einer wichtigen Modifikation: *Identische* Reproduktion ist eine Unmöglichkeit. Immer ist, unmerklich oder deutlich wahrnehmbar, jene verschiebende/aufschiebende/verändernde Kraft am Werk, die Derrida *différance* genannt hat. Das aber schützt nicht vor der Verfestigung von Strukturen.

5   Tausend Schleifen

Luhmanns ziemlich geschlossenen Kreis aus Pfeife schmauchenden Männern und störenden Frauen können wir wie in Abbildung 1 schreiben.

Abbildung 1: Tausend Schleifen 1 (Luhmann)

Lenzens Zirkel aus Familienpflichten und Professionalitätsmängeln sieht so aus: Erstere führen zu Letzteren, Letztere führen dazu, dass Frauen sich lieber den Familienpflichten widmen (sollten) (Abbildung 2).

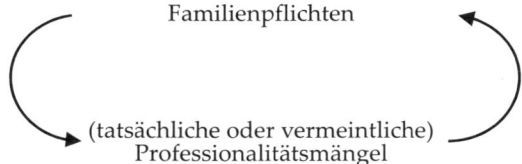

Abbildung 2: Tausend Schleifen 2 (Lenzen)

Noch einmal: Es geht mir hier nicht um den Wahrheitswert der Behauptungen Luhmanns oder Lenzens, sondern um deren Qualität der Performativität. Luhmann und Lenzen nehmen *und setzen* „etwas als etwas": Frauen als Störfaktoren oder Dilettanten.

Wenn ich nun, ohne Anspruch auf Systematik oder gar Vollständigkeit, eine ganze Reihe weiterer solcher Schleifen präsentiere, die meisten davon uns allen wohlbekannt, dann geht es mir um zweierlei: erstens um das Wörtchen „tausend", darum, dass sich in unserer Gesellschaft in tausenden und abertausenden kleinen, oft unscheinbaren Zirkeln dreht, was ich hier zweitens als pfadabhängige, irgendwann selbsttragende, selbstbefestigende, manchmal selbstverstärkende und daher enorm hartnäckige, reformresistente zirkuläre Bewegung beschreibe. Um es in Begriffen der Zeit auszudrücken: Was sich in Jahrhunderten und Jahrtausenden in so unzähligen Schleifen eingespielt und eingeschliffen hat, das ist nicht in Jahren und auch nicht in Jahrzehnten aus der Welt zu schaffen.[8] Nicht zuletzt handelt es sich darum, kritische Massen zu schaffen, kritische Schwellen zu überschreiten: Vorher kommen die Frauen langsam, jenseits solcher Schwellen aber vielleicht gewaltig.

Bleiben wir noch bei denjenigen Frauen, die „es" tatsächlich oder angeblich nicht *können*. Wenn sie „es" eben deshalb nicht *tun*, werden sie es auch nicht lernen (oder es verlernen, falls sie es einst gekonnt haben). Das ist in Abbildung 3 am Beispiel jener Ehefrau dargestellt, die seit Jahren nicht mehr im Betrieb ihres Mannes mitarbeitete, bis es schließlich hieß: Sie kann's nicht (mehr) – weswegen sie auch dann nicht mehr dafür in Frage kam, als sie es wieder wollte.

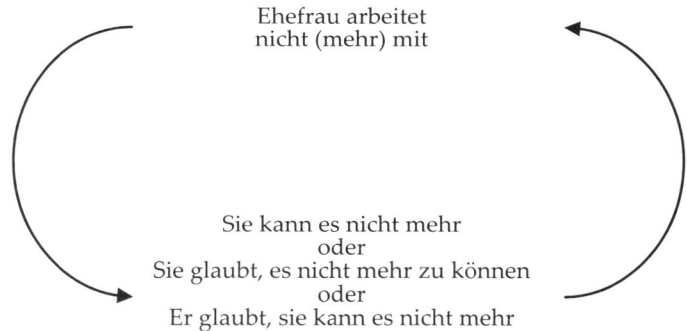

Abbildung 3: Tausend Schleifen 3 (Ehefrau im Familienbetrieb)

In Abbildung 4 sind weitere Schleifen versammelt. Weil Frauen, siehe oben, nicht mitarbeiten, gibt es keine oder zu wenig Kindergartenplätze und kindergerechte Arbeitsplätze – aber genau das hindert Frauen mitzuarbeiten (Tausend Schleifen 4). Eine schlechte Ausbildung beschert den Frauen schlechtere Berufschancen, aber weil Frauen schlechte Berufschancen haben, wird in ihre Ausbildung viel weniger investiert (Tausend Schleifen 5). Entgeltdiskriminierung führt zu geschlechtstypischer Arbeitsteilung im Haushalt *und umgekehrt* (Tausend Schleifen 6). Frauen bekommen die niederen

---

8   Dass die Idee eines Wandels, der sofort Platz greifen soll, Frustration und Lähmung provozieren muss, wird in der Literatur unter dem Stichwort „sudden closure" diskutiert (vgl. McCloskey, 1990, S. 91f.). Unter dem Anspruch der Plötzlichkeit ist vieles unmöglich, nämlich blockiert (*locked in*), was in Gang kommen kann, wenn man ihm nur die Zeit dazu lässt. Das impliziert kein Plädoyer für Fatalismus.

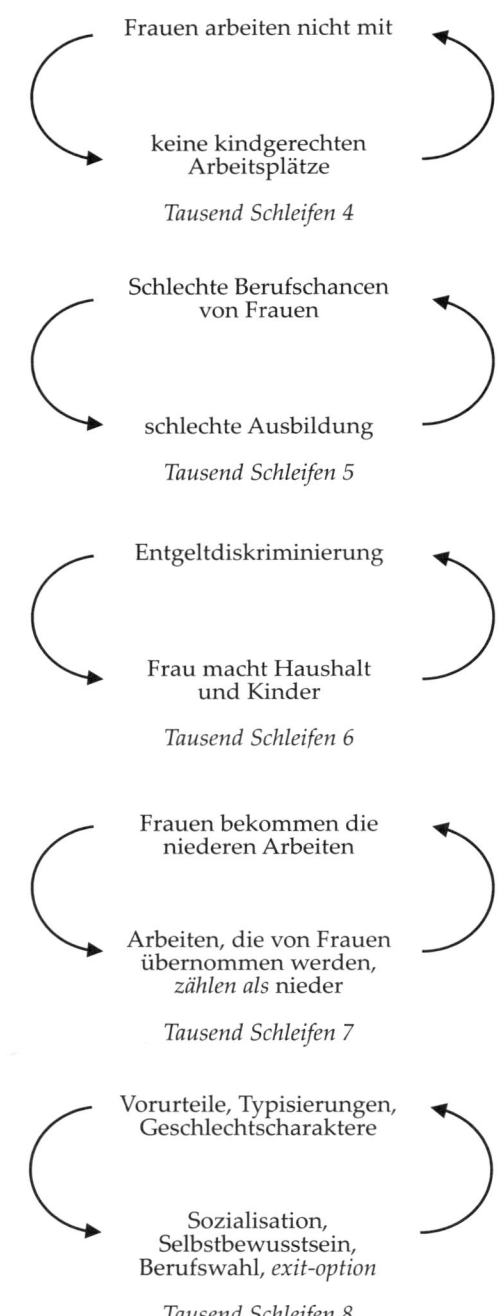

Frauen arbeiten nicht mit

keine kindgerechten
Arbeitsplätze

Tausend Schleifen 4

Schlechte Berufschancen
von Frauen

schlechte Ausbildung

Tausend Schleifen 5

Entgeltdiskriminierung

Frau macht Haushalt
und Kinder

Tausend Schleifen 6

Frauen bekommen die
niederen Arbeiten

Arbeiten, die von Frauen
übernommen werden,
zählen als nieder

Tausend Schleifen 7

Vorurteile, Typisierungen,
Geschlechtscharaktere

Sozialisation,
Selbstbewusstsein,
Berufswahl, *exit-option*

Tausend Schleifen 8

Abbildung 4: Tausend Schleifen 4-12

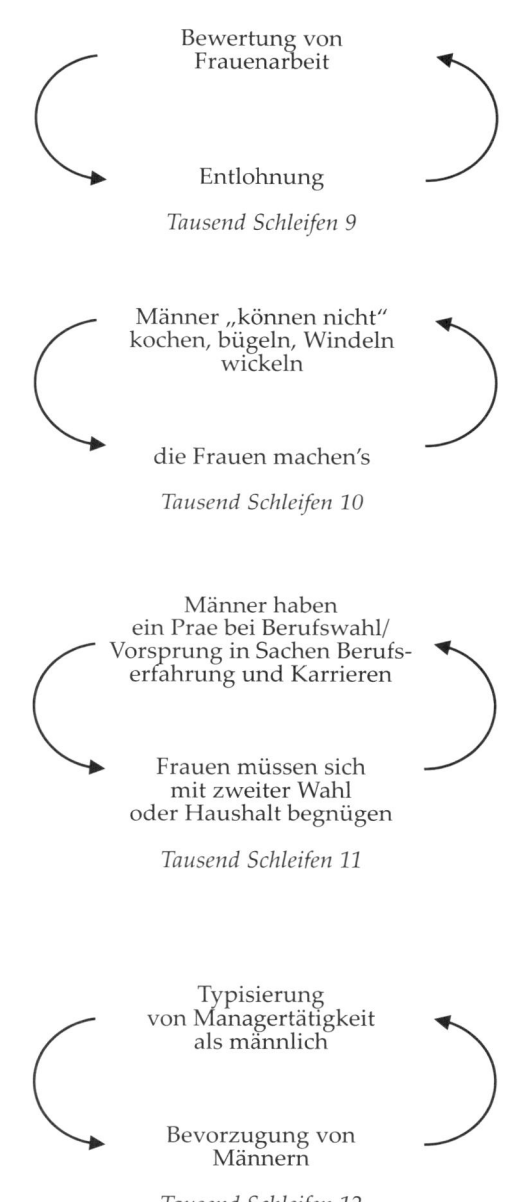

Bewertung von
Frauenarbeit

Entlohnung

Tausend Schleifen 9

Männer „können nicht"
kochen, bügeln, Windeln
wickeln

die Frauen machen's

Tausend Schleifen 10

Männer haben
ein Prae bei Berufswahl/
Vorsprung in Sachen Berufserfahrung und Karrieren

Frauen müssen sich
mit zweiter Wahl
oder Haushalt begnügen

Tausend Schleifen 11

Typisierung
von Managertätigkeit
als männlich

Bevorzugung von
Männern

Tausend Schleifen 12

Fortsetzung Abbildung 4: Tausend Schleifen 4-12

Arbeiten zugewiesen, aber Arbeiten, die von Frauen übernommen werden, *zählen*, und zwar eben deshalb, als nieder (Tausend Schleifen 7), ein besonders perfider Mechanismus, weil er bedeutet: Karriereerfolge von Frauen haben eine selbstnegatorische Tendenz – der Erfolg zerrinnt, *weil* er erzielt wurde. Vorurteile, Typisierungen und die Konstruktion von Geschlechtscharakteren *sensu* Karin Hausen (1976) beeinflussen negativ die Sozialisation, das Selbstbewusstsein, die Berufswahl und die Ein- und Ausstiegsoptionen von Frauen, was wiederum die Geschlechtsstereotypen rekursiv befestigt (Tausend Schleifen 8). Frauenarbeit wird niedrig bewertet, das führt zu niedriger Entlohnung, die wiederum zu niedriger Bewertung (Tausend Schleifen 9). Zum Glück für die Männer funktioniert das alles auch andersherum: Männer können nicht bügeln (oder behaupten es erfolgreich), daher machen es die Frauen, weswegen die Männer es, trivial genug, nicht lernen (Tausend Schleifen 10). Männer haben ein Prae bei der Berufswahl und/oder einen Vorsprung in Sachen Berufserfahrung und Karriere (zum Beispiel weil sie in Paarbeziehungen die Älteren zu sein pflegen), daher müssen sich Frauen im Zweifelsfall mit der zweiten Wahl oder mit dem Haushalt begnügen, aber dann bauen die Männer ihren Vorsprung eben deshalb aus (Tausend Schleifen 11). Managertätigkeiten werden als männlich typisiert, daher werden dafür Männer bevorzugt, und das wiederum verfestigt jene Typisierungen (Tausend Schleifen 12).

Schon jetzt sei festgehalten: Wie alles angefangen hat – was *der* Grund, der Ursprung der Frauendiskriminierung war –, das wird im Lichte solcher zirkulärer Denkfiguren, wie ich sie im Sinn habe (Figuren wie Rekursivität, Pfadabhängigkeit, Selbstorganisation und Supplementarität), womöglich unentscheidbar, aber auch erstaunlich unwichtig. Die Verfestigung basiert in dieser Sicht nicht auf der Festigkeit eines Grundes oder Fundaments, sondern ist immer wieder – und immer wieder neu – reproduziertes Resultat eines Prozesses.

Fast alle der bisher gegebenen Beispiele entstammen der Welt der Organisationen. So konnte man schon sehen, dass Organisationen ganz überwiegend jene Zirkel einzuschleifen und zu befestigen tendieren. Das sei nun, in den Abschnitten 6 und 7, noch an zwei Beispielen verdeutlicht, die mit Anleihen aus der modernen ökonomischen Theorie operieren.

6   *Rat Race Economics*

Für das erste dieser Beispiele rekurriere ich auf die von George Akerlof (1976) berühmt gemachten *rat race economics*. Rattenrennen haben es an sich, dass am Start die Ratten warten und am Ziel *ein* Stück Käse winkt. Nur *eine* Ratte kann den Käse ergattern, und das bedeutet, ökonomisch gesprochen: Aus Sicht jeder einzelnen Ratte ist es rational, sich möglichst stark anzustrengen, um das Rennen zu gewinnen und das Stück Käse zu erwischen, aber für die Verlierer war diese Anstrengung umsonst. Das nennen die Ökonomen: Verschwendung. Der Witz bei Rattenrennen ist, dass die Steigerung des Inputs – der Laufleistung – *nicht*, wie es die orthodoxe Ökonomik als Normalfall annimmt, zu einer Vermehrung des Outputs führt *und* dass gilt: „The winner takes it all." Individuelle Rationalität führt unter solchen Umständen zu, mit Blick auf die ganze Gruppe der Rennteilnehmer, unvernünftiger Verausgabung von Input. So hatte die Orthodoxie nicht gewettet, aber Wettbewerb in der wirklichen Welt nimmt oft genug die Form solcher Rattenrennen an. Ein Standardbeispiel ist das Rennen von Junior-Anwälten in großen amerikanischen Anwaltskanzleien um die eine Position eines Partners – mit Arbeitszeiten von 60, 80 und mehr Stunden pro Woche, sehr nützlich für die Firma, die in dieser raffinierten Anordnung von der extensiven Arbeitsleistung profitiert, aber ausbeuterisch gegenüber all denen, die es nicht zum Partner bringen.

Nun muss man sich nur noch klar machen, dass der Wettbewerb um Arbeitsplätze für die Arbeitssuchenden nicht ausnahmsweise, sondern sehr oft den Charakter eines solchen Rattenrennens annimmt. Die Rennteilnehmer müssen viel in ihre Qualifikation und, wenn sie einen Job ergattert haben, viel an Leistungsbereitschaft investieren, aber ob sie den Käse – den Job, die Beschäftigungssicherheit, die Beförderung – bekommen, können sie nicht wissen. (Und am Ende machen sie meist die Erfahrung: Wenn *alle* auf den Zehenspitzen stehen, kann niemand besser sehen.) Am Beispiel der Anwälte kann man aber sehen, dass die erhöhte Leistungsbereitschaft *Signalfunktion* hat.

Es gilt zu signalisieren, und zwar *glaubwürdig* zu signalisieren: „Ich werde ein belastbarer, leistungsstarker Partner (respektive Stelleninhaber) sein." Und was ist mit Anwältinnen, Rennteilnehmerinnen, Partnerinnen? Nun, der Punkt ist gerade, dass Frauen, solange sie sich weit mehr als Männer auch noch um Haushalt und Kinder kümmern müssen, schwere Handicaps in den Rattenrennen um Stellen, Positionen und Karrieren haben, weil sie die dort geforderte übermäßige Leistungsbereitschaft nicht aufbringen können – weder die Zeit noch die Kraft, jedenfalls nicht die Glaubwürdigkeit entsprechender Versicherungen. Das ist dargestellt in Abbildung 5. Wir kennen alle die einschlägigen Zweifel: „Die hat doch zwei Kinder." Oder, Zwickmühle: „Die hat *noch keine* Kinder – die ist doch bald in Schwangerschaftsurlaub."

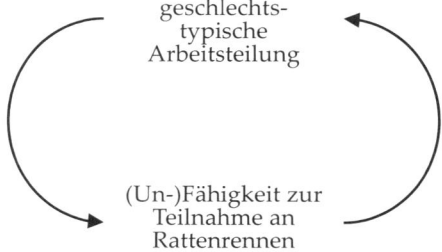

Abbildung 5: Tausend Schleifen 13 (Rattenrennen)

Frauen tun sich daher auch schwer mit glaubwürdiger Signalproduktion. Auch in Signalrennen, die heutzutage immer wichtiger werden, haben sie schlechte Karten.

Von besonderen ökonomischen Problemen des *signalling* für Frauen handelt der Beitrag von Dorothea Alewell und Anne Canis in diesem Band – und auch mein zweites Beispiel.

7 Glass Ceiling

Die Problematik verschärft sich, folgt man einer Analyse von Egon Franck und Carola Jungwirth, Institutionenökonom und -ökonomin der Universität Zürich. Ihr Ausgangspunkt (von dem wir wieder sehen werden, wie er eine selbsttragende und -befestigende Bewegung auslöst) lautet: Es gibt Vorurteile gegen Frauen, betreffend ihre Leistungsfähigkeit. Das hat drei Effekte (Abbildung 6). Der *erste* ist, dass Frauen auf dem Arbeitsmarkt einen höheren Signalisierungsaufwand treiben müssen als Männer, um Jobs zu bekommen. Dazu werden *ceteris paribus* weniger Frauen bereit sein, und das wiederum bestärkt die Vorurteile ("Die wollen ja nicht richtig"). Der *zweite* Effekt besteht in der so genannten statistischen Diskriminierung. Diese Art der

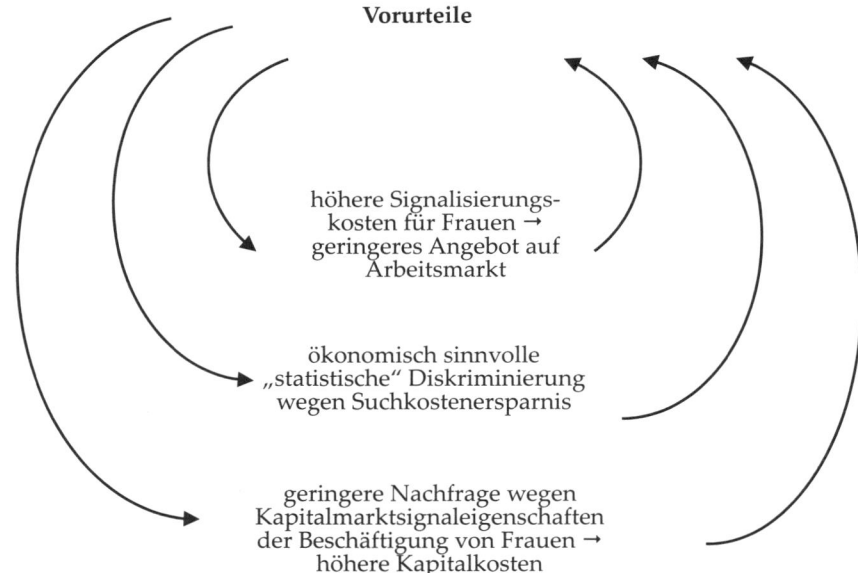

Vorurteile

höhere Signalisierungs-
kosten für Frauen →
geringeres Angebot auf
Arbeitsmarkt

ökonomisch sinnvolle
„statistische" Diskriminierung
wegen Suchkostenersparnis

geringere Nachfrage wegen
Kapitalmarktsignaleigenschaften
der Beschäftigung von Frauen →
höhere Kapitalkosten

Abbildung 6: Tausend Schleifen 14 - 16 (Franck & Jungwirth und *glass ceiling*)

Diskriminierung resultiert aus der bloßen *Möglichkeit*, dass Frauen weniger leistungsbereit sein *könnten*, wie es jenes Vorurteil als wahrscheinlich nahe legt. Selbst für denjenigen Unternehmer, der weiß, dass im Einzelfall die Frau die Leistungsfähigere sein kann, ist es dann rational, Frauen in seiner Einstellungspolitik zu diskriminieren, weil er nämlich, um diese Frau herauszufinden respektive auszuwählen, höhere Suchkosten aufwenden müsste als im Falle der nicht-vorurteilsbelasteten Männer. Er nimmt in Kauf, dass ihm gute Frauen durch die Lappen gehen, weil der daraus resultierende Nachteil durch eingesparte Suchkosten (über-)kompensiert wird.

Für den *dritten* von Franck und Jungwirth angeführten Effekt muss man sich vor Augen führen, dass die Lage sich für den orthodoxen Ökonomen eigentlich so darstellen müsste: Wenn Frauen im Durchschnitt den Männern ebenbürtig, aber infolge der erwähnten Vorurteile auf dem Arbeitsmarkt billiger zu haben sind, dann müssten doch findige Unternehmer diesen Vorteil nutzen, um bevorzugt Frauen einzustellen, und die *invisible hand* müsste die Diskriminierung beseitigen. Warum geschieht das nicht, jedenfalls nicht im oberen Management? Wie kommt es zum viel zitierten *glass-ceiling*-Phänomen?

Franck und Jungwirth bieten zur Erklärung eine raffinierte, man könnte auch sagen: sophistische kapitalmarkttheoretische Argumentation an. Sie verläuft über diese Schritte: Der Kapitalmarkt beobachtet Unternehmen und legt zu ihrer Bewertung bestimmte Kriterien zugrunde, wie sie etwa in den Ratings einschlägiger Agenturen ihren Niederschlag finden. Ein relevantes Kriterium ist die Besetzung des Top-Managements. Wenn es, das ist ja immer noch der Ausgangspunkt, Vorurteile gegen Frauen gibt, dann sind Frauen im Top-Management ein schlechtes Zeichen – ein negatives Signal – für den Kapitalmarkt. Das führt zu einer schlechteren Einstufung des Unternehmens, woraus wiederum höhere Kapitalkosten resultieren. Wieder kommen wir zu dem Ergebnis, dass es für Unternehmen ökonomisch sinnvoll ist, auf den erwähnten Wettbewerbsvorteil durch gute, aber kostengünstigere Frauen zu verzichten, weil und insofern das in höhere Kapitalkosten triebe, die jenen Vorteil (mehr als) kompensieren würden.[9] Ergebnis: Frauen im Top-Management sind rar, und das nährt einmal mehr das Vorurteil, dass sie dort ja auch überfordert wären. Die Ökonomie und ökonomisch orientierte Organisationen (re-)produzieren jene Vorurteile, auf die sie treffen.

---

[9]   Ich verhehle nicht, dass diese komplizierte Erklärung ein bisschen „von hinten durch die Brust ins Auge" kommt. Die Erklärung läuft über asymmetrische Information speziell bei der Einstellung von Top-Managern. Bei denen könne man die Leistungsfähigkeit nicht feststellen, während ein Geiger oder eine Geigerin sie durch Vorspielen unter Beweis stellen könne. Das Beispiel indes, es stammt von Franck und Jungwirth selbst, lehrt, dass Vorurteile zur Erklärung genügen mögen, ganz ohne Kapitalmarkt, der ja im Falle von Orchestern nicht ins Spiel zu kommen pflegt, Orchestern, die aber bis vor kurzem Frauen äußerst zurückhaltend begegnet sind. Kapitalmarkt und Effizienzkalküle auf Wirtschaftlichkeit oder Rentabilität bedachter Organisationen aber, darauf kommt es mir an, verfestigen jene Vorurteile, die auf diese Weise zu ökonomischen Strukturen gerinnen.

Glass ceiling ist dann als Metapher eine zwiespältige Angelegenheit, gut geeignet, die Unsichtbarkeit struktureller, hier: auf Vorurteilen und ökonomischen und organisatorischen Zusammenhängen beruhender Restriktionen in ein Bild zu bringen. Sie suggeriert aber auch eine Objektivität, Materialität und Substantialität, die den prozessualen, den Konstruktions- und Strukturationscharakter des Phänomens unter Gebühr zum Ausdruck bringt. Die Metapher überdeckt, dass die gläserne Decke eine interpretatorische, kommunikative und praktische Hervorbringung handelnder Akteure ist, Sache prinzipiell kontingenter Praxis.

8   Organisationstheorie und Geschlecht

Im Handstreich allerdings sind, trivial genug, Strukturen nicht aus der Welt zu schaffen. All die aufgezählten Schleifen haben ja, wie gesehen, vielmehr die hässliche Eigenschaft der Selbstbefestigung und gar Selbstverstärkung, und der ganze Schleifensalat erinnert durchaus an die vielköpfige Hydra: Der Köpfe, die da nachwachsen, wenn man einen abgeschlagen hat, sind viele. Noch einmal: Es sind jahrtausendealte Pfade, Zirkel und Lock Ins, mit denen Frau es zu tun hat. Jahrtausende liegen zwischen der biblischen *ecclesia* und dem *civil service,* von dem die Royal Commission 1929 berichtet, und noch ein halbes Jahrhundert zwischen ihrem Bericht und dem Gebrauch, den Niklas Luhmann davon mit Blick auf Organisationen gemacht hat. Das alles braucht Zeit, aber daraus ließe sich auch folgern: Dann erst recht ist keine Zeit zu vertrödeln.

Organisationen geben sich Strukturen nach Maßgabe (wie auch immer vermeintlicher) Zweckmäßigkeiten, und das impliziert eine starke Neigung, geschlechtstypische Diskriminierungen je nach Zweckmäßigkeit zu produzieren oder jedenfalls aufzugreifen, zu reproduzieren, zu befestigen und zu verstärken.

Müssen Organisationen so sein? Muss „gendered organizations" diese Bedeutung haben? Ja, solange die etablierten Deutungsmuster, Normen und die politischen und ökonomischen Handlungsbedingungen so sind, wie sie sind – ja, aber in (unbestimmten und unbestimmbaren) Freiheitsgraden. Nein, wenn man an andere – geänderte – strukturelle/kulturelle Handlungsbedingungen denkt, solche, unter denen Diskriminierung für Organisationen zu empfindlichen Dysfunktionalitäten führt. So dicht diese Formulierung an einer Tautologie vorbeischrammt: Ganz leer ist sie nicht. Zu solchen Handlungsbedingungen beizutragen, ist für Organisationen indes meist dysfunktional oder jedenfalls nicht weiter vorteilhaft.

Dass der organisierte (*sic*) Forschungsbetrieb die Frauen- und Geschlechterforschung eher stiefväterlich behandelt, ist nach alledem zwar nicht schön, bestätigt aber, dass auch der Wissenschaftsbetrieb von „tausend Schleifen" des *gendering* durchzogen ist. *Vulgo:* Mit *gender studies* ist im Mainstream ein Blumentopf so leicht nicht zu gewinnen. Einschlägige Kritiken (wie die von Wilz, 2001) werden da auch im Falle der Organisationsforschung immer wieder fündig, und meine Analyse liefert dafür eine Erklärung, aber keine Rechtfertigung. Und warum enthält dann der Band „Theorien der Organisation" (Ortmann, Sydow & Türk, 1997) „auf über 600 Seiten nur einen einzigen Hinweis auf ‚Geschlechtertrennung'" (Wilz, 2001, S. 98)? Da fällt meine Stellungnahme differenzierter aus: Weil *allgemeine* Organisationstheorie *einerseits* aus zunächst gutem Grund von Organisationen als Handlungs- oder Kommunikations- oder Entscheidungssystemen handelt, von sozialen Systemen also, die aus Handlungen oder Kommunikationen oder Entscheidungen bestehen, nicht aus Personen, weder männlichen noch weiblichen. Weil, mit anderen Worten, geschlechtstypische Differenzen für Organisationen zwar ausbeutbar, aber nicht konstitutiv sind.[10] Weil, noch anders gesagt, das beschriebene *gendering* in und von Organisationen, so wichtig es zur Zeit[11] empirisch ist, kein (notwendiges) Struktur(-ations)-Merkmal aller Organisationen ist, sofern damit Diskriminierung impliziert ist. Es ist insofern ein Problem, das sich unterhalb der Ebene allgemeiner Organisationstheorie stellt.

Andererseits kann man fragen, ob die Art organisationaler Rationalitätszurichtungen und -zumutungen nicht *per se* an männlichen Geschlechtsstereotypen orientiert ist. Die Organisationsförmigkeit des Umgangs mit unseren gesellschaftlichen Angelegenheiten ist ja nur für die Moderne typisch – und sicher nicht neutral im Hinblick auf die Art dieses Umgangs. Sie ist, das haben wir ja gesehen, erst recht nicht neutral im Hinblick auf den Umgang mit den Geschlechtern. Und selbst in den scheinbar ganz und gar formalen, scheinbar ganz allgemeingültigen Bestimmungen moderner Organisationen – Zweckrationalität, Funktionalität – sind kultur- und *gender*-spezifische Wertorientierungen, eben *pro* Zweckrationalität und Funktionalität, erkennbar. Daraus folgt für eine *allgemeine* Organisationstheorie, dass sie ihre Begriffe – ihre Rationalitäts-, ihre Handlungs-, Kommunikations-, Entscheidungs- und ihre Struktur- und Systembegriffe – so wählen muss, dass sie dieser Gender-Spezifität innewerden kann, statt sie bloß zu reproduzieren. Es folgt, mit anderen Worten, dass diese Begriffe so allgemein angelegt sein müssen, dass je etablierte Praxen des Organisierens überhaupt als (kultur- und *gender*-spezifische) Besonderheiten wahrgenommen werden können. Es folgt *nicht*, dass wir solcher allgemeiner Begriffe entraten könnten – auch nicht allgemeiner Handlungsbegriffe, die über Gender-Spezifika hinweg verallgemeinern. Erst im Lichte solch allgemeiner Begriffe können wir ja jene Besonderheiten als Besonderheiten ausmachen. Und umgekehrt: Die Allgemeinbegriffe müssen, in einer weiteren Schleife rekursiver und supplementärer Konstitution, jederzeit gastfreundlich gegenüber den

---

10 Wenn man, wie Klaus Türk (1995), glaubt, dass Organisationen *als solche* auf Ausbeutung und Diskriminierung angewiesen sind, wird man das vielleicht anders sehen.

11 In ihrem instruktiven Review neuerer Beiträge zum Verhältnis von Organisationen und Geschlecht referiert Wilz selbst Hinweise auf „kontextuelle Kontingenzen", die einer Studie von Heintz et al. (1997) zufolge „deutlich machen, dass Organisationen zwar untrennbar mit Geschlecht verbunden sind, die Bedeutung von Geschlecht jedoch abnimmt, kontextuell variiert und nicht (mehr) als durchgängig strukturierendes gesellschaftliches Phänomen angesehen werden kann" (Wilz, 2001, S. 101; s. ferner Wilz, 2002).

Heimsuchungen des Besonderen sein (Därmann, 2003). Sie müssen nachgiebig sein, wenn ihre vermeintliche Allgemeinheit sich im Lichte des Besonderen als historische, kulturelle und nun: geschlechtliche Besonderheit zu erkennen gibt. Nicht alles Handeln etwa ist Problemlösen. Diese Gleichsetzung, und ein entsprechender Handlungs- und der zugehörige Akteursbegriff, weisen Züge maskuliner Selbst- und Fremdzuschreibungen auf. Solche Entdeckungen und die resultierende Différance, der jeder allgemeine Begriff – hier: des Handelns – unterliegt, unterminieren immer wieder den Allgemeinheitsanspruch, auf den wir gleichwohl nicht verzichten können; den wir nur – nur? – immer wieder modifizieren müssen; den wir für jene Différance offen halten müssen, die sich im Durchlaufen der Schleifen von der Bestimmung des Allgemeinen zur Bestimmung des Besonderen *und zurück* ereignet, in unabschließbarer Bewegung. Tausend Schleifen – und keine ist vollständig geschlossen. Dann kann es geschehen, dass, was wir eben noch Organisation *sans phrase* genannt haben, uns erst als historisch-kulturelle, dann näherhin als maskuline – maskulin konnotierte – Sonderform von Organisationen kenntlich wird. Wenn das der Sinn der Kritik an der Ausblendung der Geschlechtertrennung ist, scheint sie mir unabweisbar auch auf der Ebene allgemeiner Organisationstheorie.

Geschlechts- oder *gender*-spezifische Besonderheiten, Differenzen, Unterscheidungen, das bezeichnet natürlich den Dreh- und Angelpunkt aller *gender studies*. Es ist ein in jedem Sinne des Wortes heikler Punkt.

9 *Sex* und *gender*

Um das zu erläutern, muss ich etwas ausholen und auf die Sprechakttheorie zurückkommen. Austins und Searles Unterscheidung konstativer Sprechakte, die etwas Wahres oder Falsches *über* die Welt *aussagen*, und performativer Sprechakte, die nicht wahr oder falsch sind, sondern erfolgreich oder erfolglos, weil sie nämlich *in* der Welt etwas *tun* und bewirken, kann man sich an Sätzen klar machen wie: „Hiermit ist die Sitzung eröffnet", „Sie sind gekündigt", „Hiermit sprechen wir Ihre Beförderung zum Leiter der Abteilung X aus." Auch Drohungen, Versprechungen, Anweisungen, Vertragszusagen sind Performative. Sie sind nicht wahr oder falsch, sondern wirksam oder unwirksam, je nachdem, ob die Sprecher oder eben Sprecherinnen für diese Sprechakte die erforderliche Autorität haben und Akzeptanz finden. Der britische Wissens- und Wissenschaftssoziologe Barry Barnes (1983) hat im Gefolge dieser Unterscheidung vorgeschlagen, solche Begriffe, die natürliche Gegenstände oder Eigenschaften erfassen, von solchen Begriffen zu unterscheiden, die sich auf Gegenstände oder Eigenschaften beziehen, die erst durch performative Sprechakte hervorgebracht werden. Erstere Begriffe nennt er *n-type terms* (*n* wie *nature*), letztere *s-type terms* (*s* wie *speech act*). Baum, Blatt oder Hund wären demnach Begriffe vom N-Typ. Ihre Gegenstände können wir, grob gesprochen, durch Mustererkennung identifizieren, anhand ihrer natürlichen Eigenschaften. Begriffe wie Totem, Tabu, Feind, Außenseiterin oder auch Geld sind Begriffe vom S-Typ. Ob jemand Freundin oder Feindin ist, kann man nicht an ihren natürlichen Eigenschaften ablesen. Gold, Muscheln oder bedruckte Papierscheine sind nicht von Natur aus Geld, sondern weil wir sie durch performative Sprechakte und ent-sprechendes Handeln dazu erklärt und gemacht haben. Searles „X zählt als Y im Kontext K" buchstabiert dies alles für Institutionen aus.[12] X_1 zählt als US-Bürger, X_2 als Siemens-Mitarbeiterin, X_3 als Bundespräsident in den Kontexten K_{1-3}. Und nun also: Frau zählt als zuständig fürs Innen, für den Haushalt (Kant!), als passiv, als abhängig, als gefühlsbetont im Kontext K. Dann haben wir Karin Hausens weiblichen Geschlechtscharakter.

„X zählt als weiblich im Kontext K." Aussagen dieses Typs sind bekanntlich von der Gender-Forschung immer radikaler in Zweifel gezogen worden, unter Rekurs auf den (mangelnden) Wahrheitsgehalt darin, aber auch auf die machtpolitischen Interessen, die sich an die zugehörigen und womöglich gar intendierten performativen Effekte heften. Eine (Zwischen-)Station dieser Dekonstruktion war die Position: Unterscheiden wir doch *sex* von *gender*, das natürliche (biologische) vom sozialen (kulturellen) Geschlecht, in Barnes' Terminologie: Nehmen wir doch *sex* als *n-type term*, *gender* als *s-type term*. Leider liegen die Dinge so einfach nicht, und daran lässt sich studieren, dass Barnes' Unterscheidung selbst eine Einfachheit suggeriert, mit der wir nicht rechnen können. Denn wenn wir „natürlich" oder „biologisch" sagen, sind wir ja immer schon in der Sprache, also in der Kultur. Auch das Natürliche ist uns immer nur *via* (auslegende) Wahrnehmung, also *via* Interpretation gegeben, und diese Interpretation

---

12 Für Näheres s. Ortmann (2004, S. 26ff., 29ff., 46ff.). Es liegt auf der Hand und ist eben von Austin (z.B. 2002, S. 48f., 54f., 133ff., 173ff.) sogleich gesehen worden, dass der Erfolg performativer Sprechakte von Autoritäts- und Machtverhältnissen abhängt. Eben dies qualifiziert seine Sprechakttheorie so sehr für soziologische Anschlüsse. Helga Kotthoff (1994; 2003) kritisiert an Judith Butlers „Gedanken der performativen Konstruktion von Geschlecht" leider ausgerechnet deren Rekurs auf diese Theorie: „Sie (Butler, G.O.) setzt (...) seltsamerweise bei dem Performanz-Begriff von John Austin an, dem es überhaupt nicht um (...) Theatralität des Alltags ging" (Kotthoff, 2003, S. 151). Kotthoff bringt Austin in einen Gegensatz zu Goffman, dessen Theorie wechselseitiger Inszenierung sie den Vorzug gibt. Das finde ich meinerseits aus drei Gründen seltsam: erstens, weil Goffman selbst seinen Ansatz erklärtermaßen unter Rekurs auf Austin entwickelt hat (Goffman, 1980, S. 15f.), zweitens, weil Performativität gerade für Austin (z.B. 2002, S. 39, 41, 46) in vielen Fällen auf ein Moment der Zeremonialität oder geradezu ritueller Inszenierung angewiesen ist, drittens aber vor allem, weil Austins Performativität weit über jene Inszenierung, Theatralität und Darstellung hinausgeht, von denen Goffman so fasziniert war – von Diskurspraktiken *sensu* Foucault zu schweigen. Das ist wichtig auch für die Geschlechterproblematik, die nicht auf Darstellungsweisen, auf Performanz „im Sinne der soziologischen Dramaturgie des Alltags" (Kotthoff, 2003, S. 129), zurückzubringen ist. Wenn Performanz stärker im Sinne eines Enactment aufgefasst wird, zeigt sich auch sogleich der oben erläuterte Bezug zur Institutionalisierung von Geschlechterverhältnissen, auf den Kotthoff zu Recht wert legt. Diesen Zusammenhang zwischen Sprechakt- und Institutionentheorie scheint Kotthoff überhaupt nicht zu sehen, die vielmehr eine Überlegenheit des „Terminus Institutionalisierung" gegenüber dem „der Sprechakttheorie entlehnten Begriff der Performanz bei Butler" postuliert (Kotthoff, 1994, S. 163).

strukturiert, was wir *als* natürliches Geschlecht *nehmen*. Das Als in diesem Etwas-als-etwas-Nehmen kann man das hermeneutische Als nennen. Es ist unhintergehbar und strukturiert je schon, was uns *als* natürliches Geschlecht *gilt*. Die performativen Effekte dieses Geltens- und Nehmens-als aber reichen bis tief in den Körper und die leibliche Erfahrung. *Gender* strukturiert *sex*. Andererseits ist, soweit ich sehe, kaum zu bestreiten, dass Sprache schlechthin und sodann kulturelle (Wahrnehmungs-)Muster sich irgendwie auf Realität beziehen und dort einen Anhalt finden, mit Dilthey (1974) können wir sagen: an einer Widerstandserfahrung sich (vorläufig) bewähren oder auch scheitern können.[13] *Gender* bezieht sich irgendwie auf *sex*, auf das „natürliche" Geschlecht, das also, um es extrem vorsichtig zu formulieren, nicht bewandtnislos ist für das soziale, das kulturelle Geschlecht. *Sex* strukturiert *gender* (und fügt sich nicht ohne Rest und nicht beliebig interpretativen Konstruktionen). Und mein Punkt ist nun: Beides, Objekte und Wahrnehmungsweisen (Tausend Schleifen 17), performative Sprechakte und ihre Gegenstände (Tausend Schleifen 18), schließlich: *sex* und *gender* (Tausend Schleifen 19) sind nur „im Paket" zu haben (Abbildung 7).

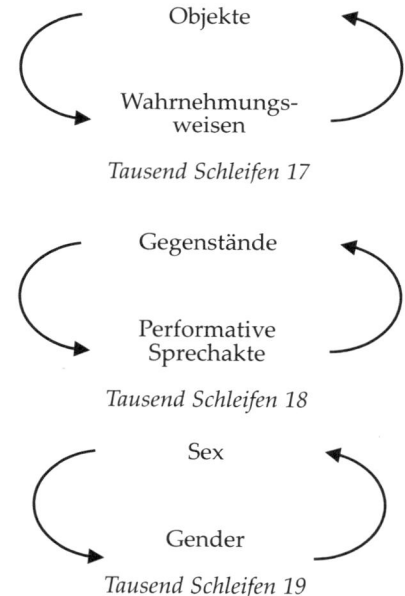

Objekte

Wahrnehmungs-
weisen

Tausend Schleifen 17

Gegenstände

Performative
Sprechakte

Tausend Schleifen 18

Sex

Gender

Tausend Schleifen 19

Abbildung 7: Tausend Schleifen 17-19

---

[13] Vgl. für die allgemeine Problematik auch Waldenfels (1994, S. 330, Fußnote 4) über Husserls Affektionskonzept; meine Haltung habe ich näher erläutert in Ortmann (2004, S. 29ff., 51ff., 197ff.).

Wir können immer nur beide Seiten dieser zirkulären, rekursiven, supplementären Konstitutionsverhältnisse nehmen und uns nicht die eine oder aber die andere Hälfte dieser Schleifen herauspicken. In der von Saussure beeinflussten Sprachphilosophie wird die Selbstreferentialität von Sprache über Gebühr strapaziert und manchmal von jedweder Referenz auf („natürliche") Realität abgesehen. Auch die radikaleren Varianten des Konstruktivismus sind nach meinem Eindruck unterwegs, die Verbindungslinien zwischen *sex* und *gender* allzu leichthändig zu kappen oder doch zu vernachlässigen. Barnes hat einer absoluten Selbstbezüglichkeit der Sprache – wie ich meine, zu Recht – diese Absage erteilt:

> „According, one cannot refer to things, the intrinsic features of things, the features impressed upon things, speech, one's own speech, one's own self as a speaker, and so forth. Even to say that these references cannot properly be made is to speak of nothing. Criticism is impossible, for what does one criticize? If nothing can bematched to anything else, then the sinew of all realities are cut asunder, including the reality of the cutting." (Barnes, 1983, S. 540f.)

Gesa Lindemann (1994) hat zu bedenken gegeben, dass radikalere Konstruktivismen in Sachen *sex* und *gender* einer aktivistischen Voreingenommenheit unterliegen – als wäre deren Bestimmung eine Angelegenheit lediglich aktiver Konstruktion und Zuschreibung. Darin gerate die Frage aus dem Blick: Woher kommt diese Konstruktion? Lindemann bringt an dieser Stelle die von Plessner inspirierte Figur einer passiven leiblichen Erfahrung ins Spiel, vermittels derer *sex gender* strukturiere. Wer die Sex-Gender-Debatte auf die Frage „(gegebene) Unterschiede oder (gemachte) Unterscheidungen" zuspitzt (zum Beispiel Krell 2004, S. 25ff.), sollte dann aber Behutsamkeit walten lassen, um das Kind namens Realität nicht mit dem Bade der Objektivismuskritik auszuschütten. Unterschiede und Unterscheidungen sind keine alternativen Optionen, sondern ihrerseits in tausend Schleifen miteinander verknüpft (Abbildung 8).[14]

Abbildung 8: Tausend Schleifen 20

Bei Judith Butler (1991, S. 23) gibt es Passagen, in denen sie, insoweit mit Augenmaß, eine Diskontinuität zwischen beiden postuliert. An anderen Stellen aber (ebd., S. 22f.)

---

14 Die in Abb. 7 und 8 versammelten Schleifen 17-20 skizzieren zunächst unhintergehbare Bedingungen der Wahrnehmung, der Gegenstandskonstitution und der Unterscheidung. Erst wenn sie zu dogmatischen Zirkeln erstarren, ähneln diese Schleifen den zuvor behandelten. Dann halten wir Objekte, Gegenstände, Unterschiede und das biologische Geschlecht für schier naturgegeben und sehen am Ende nur das, was wir glauben.

spricht sie von Unabhängigkeit, und da geht sie meines Erachtens zu weit, scheint sie die Verbindung zu einer Widerstandserfahrung *sensu* Dilthey oder passiven leiblichen Erfahrung im Sinne Husserls, Plessners und Lindemanns zu kappen.[15]

Eine *allgemeine* Organisationstheorie, die diesen Namen verdient, muss so gebaut sein, dass sie den Anteil von Organisationen am *gendering* wahrzunehmen und zu bestimmen erlaubt – ihren Anteil an der durch organisatorische Ressourcen enorm verstärkten Performanz organisierter Sprechakte und konkludenter organisierter Praxis. Das schließt organisierte Anstrengungen ein, sich über jene Widerstands- und leiblichen Erfahrungen, etwa *via* Biotechnik und Biopolitik, hinwegzusetzen. Wenn die Organisationstheorie um einen Begriff der Praxis herum gebaut ist, muss sie nicht nur Sprechakte *sensu* Austin und Diskurspraktiken im Sinne Foucaults in Rechnung stellen, sondern, und da kann sie von der Gender-Forschung manches lernen, auch die körperliche Dimension sozialer Praktiken. Organisation ist immer auch Organisation körperlicher Praktiken und zugehöriger leiblicher Erfahrung.

10   Unterschied, Differenz, Alterität

Nachdem die Unterscheidungen zwischen Mann und Frau, weiblichen und männlichen Eigenschaften, natürlichem und sozialem Geschlecht diesen Verwicklungen unterworfen worden sind, ist es an der Zeit, etwas zu den ex- oder impliziten Prämissen in Sachen (Un-)Gleichheit der Geschlechter zu sagen, die in der Gender-Forschung am Werk sind.

Barbara Holland-Cunz (2003, S. 122ff.) sortiert die vielfältigen Ansätze nach drei Gesichtspunkten:

- Wird natürliche Gleichheit oder natürliche Ungleichheit unterstellt?

- Wird gesellschaftliche Gleichheit oder Ungleichheit postuliert?

---

15 Vgl. aber Butlers scharfsinnige Überlegungen (1991, S. 24) zur diskursiven Bestimmung dessen, was *als* vordiskursiv *gilt*, nämlich des „natürlichen Geschlechts". Die Schwäche Butlers, wenn es denn eine ist, hat jedenfalls, anders als Kotthoff (1994, S. 163) suggeriert, nichts mit einer angeblichen Verleugnung des Körpers im Denken „der" Dekonstruktion zu tun. Derrida hat sich ausführlich mit den Leibkonzeptionen der Phänomenologie auseinander gesetzt und sie, auf seine Weise, unterschrieben; vgl. zum Beispiel Derrida (1997, bes. S. 54ff.). Für eine abgewogene Diskussion vgl. Waldenfels (1998, S. 186ff.; 2000, S. 329ff., 361ff., bes. 344). „Der übergangene Leib" bei de Beauvoir, Irigaray und Butler ist Thema von Regula Giuliani (1997). In *Körper von Gewicht* (1995) veranschlagt aber auch Butler das Gewicht des Körpers höher. Als detaillierte Darstellung der „Sexy Bodies" in der Gender-Forschung (und beim Tango!) sehr lesenswert: die Studie von Paula-Irene Villa (2000).

■ Wenn Ungleichheit postuliert wird: Meint das Überlegenheit der Frau oder des Mannes?

In ihren Erläuterungen zeigt sie eine starke, angesichts der politischen Dimension der Frage nachvollziehbare, aber vielleicht doch frag-würdige Neigung, Ungleichheit mit Unter- und Überlegenheit in eins zu setzen. Das scheint mir den Gedanken einer Diversität jenseits von Hierarchien allzu früh preiszugeben. Es gibt da aber vielleicht eine noch tiefer liegende Schwierigkeit, und auf die möchte ich abschließend zu sprechen kommen.

Wer Ungleichheit mit Unter- respektive Überlegenheit eines der beiden[16] Geschlechter gleichsetzt, postuliert *nolens volens* eine beiden gemeinsame, für beide *gleicher*maßen gültige Dimension oder Eigenschaft, *in der* das eine Geschlecht dem anderen über-/unterlegen ist: Körpergröße, Muskel- oder Geisteskraft, Emotionalität oder was auch immer. Nun muss nicht bestreiten, dass es derlei gebe, wer darauf insistieren will, dass zwischen den Geschlechtern außerdem eine Verschiedenheit herrscht, die sich auf einen solchen gemeinsamen Nenner nicht bringen lässt. Ja, es scheint mir der Verdacht nicht ohne weiteres von der Hand zu weisen, dass, wer hier nur Unter- und Überlegenheit anvisiert, mit dem Trost dieser tiefer liegenden Gleichheit die noch tiefer liegende Beunruhigung zu beschwichtigen trachtet, die von der Ahnung einer irreduziblen Andersheit der Geschlechter ausgeht.

Ich postuliere demgegenüber eine Differenz zwischen Unterschied und Differenz, zwischen ausmachbaren, identifizierbaren, bestimm- und benennbaren Unterschieden auf der einen Seite und einer nicht auf den Punkt zu bringenden, nicht definierbaren Andersheit und dann Fremdheit auf der anderen Seite. Selbst die Bestimmung von Unterschieden in jenem Sinne dient der Verdrängung oder Tilgung solcher Andersheit und Fremdheit, der Andersheit des Anderen, und nun, in unserem Zusammenhang: der Andersheit und Fremdheit des anderen Geschlechts. Das ist keine Verschiedenheit wie in „Du bist blond und ich bin schwarzhaarig" oder „Frauen sind im Durchschnitt x Zentimeter kleiner als Männer", sondern eine Alterität wie in: „Du bist auf eine Weise anders, von der ich nichts weiß und wissen kann, die mir unzugänglich ist und bleiben wird, und übrigens umso mehr, als ich mir selbst ein Abgrund bin." Die Andersheit und Fremdheit des *anderen* Geschlechts ist Andersheit und Fremdheit nun aber nur *vom je eigenen Ort aus*, nicht von der Warte einer (externen) Beobachtung zweiter Ordnung, die vielmehr nur Unterschiede ausmachen kann (Waldenfels, 1998). Nur von diesem Ort der Erfahrung der Unzugänglichkeit des je anderen Geschlechts aus kann dessen Andersheit als Fremdheit, Beunruhigung und Bedrohung erlebt werden. Diese – hier: geschlechtstypische – Fremdheitserfahrung kann von den externen Beobachtungsposten allgemeiner Theorie *à la* Luhmann nicht *gemacht*, sondern allenfalls unzulänglich *beschrieben* werden. Man denke etwa an diese Vermutung Freuds:

---

16 Ich übergehe, weil Holland-Cunz sie nicht aufwirft, die Frage nach der binären Geschlechterordnung, nach Zweigeschlechtlichkeit und nach weiteren denkbaren Geschlechtern; dazu zum Beispiel Lindemann (1994).

„Wo der Primitive ein Tabu hingesetzt hat, da fürchtet er eine Gefahr, und es ist nicht abzuweisen, daß sich in all diesen Vermeidungsvorschriften eine prinzipielle Scheu vor dem Weibe äußert. Vielleicht ist diese Scheu darin begründet, daß das Weib anders ist als der Mann, ewig unverständlich und geheimnisvoll, fremdartig und darum feindselig erscheint." (1918, GW XII, S. 168)

Auch wenn das einen viktorianischen Zeitgeist atmet – in Freuds Text geht es um *Das Tabu der Virginität* – und einseitig aus männlicher Sicht formuliert ist, enthält es vielleicht gerade deshalb eine Wahrheit über das Verhältnis der Geschlechter, die wir lieber verdrängen.[17] Nehmen wir das einmal als einigermaßen triftig an, dann gibt es viele Strategien auch der Theoretikerinnen und Theoretiker, sich dieser Bedrohung zu entledigen oder sie wenigstens zu beschwichtigen. Eine ist Aufklärung à la Franck und Jungwirth: Wir haben es im Grunde mit Vorurteilen zu tun, die allerdings ökonomisch fest verriegelt („locked in") sind. Über Vorurteile kann man aufklären. Sie sind ja falsch, man kann ihnen die Wahrheit entgegensetzen, und die Wahrheit wird siegen. (Ob sie wirklich siegen wird, ist allerdings vielleicht mehr eine Frage ökonomischer Lock Ins als eine Frage besserer Einsicht.) Eine andere Strategie ist Flucht in die Gleichheit. Sie kann verschiedene Formen annehmen. Holland-Cunz' Variante ist ein Beispiel: Unter der Vielfalt der Blumen der Ungleichheit macht sie Stengel, Blüten und Blätter der Gleichheit aus, deren besondere Gestalten erst den Unterschied machen. Eine andere Variante wird von Andrea Leupold (2003) gewählt. Sie postuliert für das Geschlechterverhältnis: Partnerschaft, *companionship*, eine schöne Idee, die sich aber bei näherem Hinsehen als gedankliche Flucht in eine Welt ohne Geschlechter erweisen könnte. Wir kennen keine Geschlechter mehr, wir kennen nur noch Partner. Im oben angeführten Luhmann-Aufsatz ist, ironisch, versteht sich, von einer Frau ohne Eigenschaften die Rede (Luhmann, 2003, S. 58). Gesa Lindemann (1994) sagt: Da wir ja auf das natürliche Geschlecht ohne Interpretation, ohne kulturell bestimmte Wahrnehmung gar nicht zugreifen können, klammern wir doch die Frage nach dem biologischen Geschlecht ganz aus – mittels einer phänomenologischen Epoché, die die Frage nach der Wirklichkeit der Geschlechter bewusst umgeht. Sehr raffiniert, sehr klug, aber das letzte Wort vielleicht auch nicht, weil es einer Frage ausweicht, der alle diese Manöver ausweichen: Gibt es da nicht eine bedrohliche Fremdheit des/der anderen, des anderen Geschlechts, der wir uns im wirklichen Leben doch immer stellen müssen?

Der Witz und das Erfolgsgeheimnis von Bestseller-Titeln wie *Warum Männer nicht zuhören und Frauen schlecht einparken* (Pease & Pease, 2003) stimmen damit gut zusammen. Solche Bücher – und alle einschlägigen Witze, deren Zahl Legion ist – lösen ein befreiendes Gelächter aus, weil sie eine Aversion wider die Nötigungen von Gleich-

---

17 Iris Därmann, die hier überall präsent ist, die von Büchern einen anderen Gebrauch macht als Kant vorsah (zum Beispiel den, mir in Sachen Dilthey, Austin, Derrida, Waldenfels und, ja, auch Kant auf die Sprünge zu helfen,) und der ich auch den Hinweis auf den Freud-Text verdanke, gibt zu bedenken, dass darin „Feindseligkeit (und also auch Liebe) eine Folge und nicht der veranlassende Grund für die Fremdartigkeit der Frau ist" (Därmann, 2003, S. 253).

heitsideologien mit verhaltenen Aggressionen wider das je andere Geschlecht zu verbinden erlauben *und* zu alledem, auch zu all den so unendlich zwiespältigen Gefühls-
legierungen aus Attraktion und Repulsion, aus Angst und Begehren, aus Scham für
das eigene Unverständnis, für das Gefühl der Andersheit und Fremdheit, für das all-
fällige Misslingen der Verständigung und überhaupt für unsere vielen respektiven
Unvermögen den Trost parat halten: du darfst. Auch das leistet der Verdrängung und
Beschwichtigung angesichts solcher Beunruhigung Vorschub. Dieses Trostes aber sind
wir offenbar alle bedürftig, und er ist ein performativer Effekt dieser Bücher, deren
evolutionsbiologischer Wahrheitsgehalt daher ganz sekundär ist. (Angst der Männer
vor den Frauen? Immerhin, sagt in unnachahmlichem Stil Niklas Luhmann [2003,
S. 27]: „immerhin: Judith!")

Organisationen können all die erwähnten Strategien der Gleichheit/Ungleichheit aufgreifen, sofern diese sich mit Macht Geltung verschaffen, und haben dann allerdings
die Tendenz, sie im Sinne der Organisationsimperative in hübsch sortierte und funkti-
onierende In- und Exklusionen münden zu lassen. Organisationen können vielleicht,
das wäre wohl Klaus Türks Sicht der Dinge, immer nur Parasiten unserer Angst vor
Fremdheit sein, weil sie es an sich haben, dieses Andere mit dem Mittel der In- und
Exklusion uns oder sich vom Halse zu schaffen. Ginge es anders? Das wäre die Frage
nach den Bedingungen der Möglichkeit anderer Organisationen, deren Funktionieren
nicht durch Diversität *ohne* Unter- und Überordnung der Geschlechter bedroht wäre.
Diese Möglichkeit zu verneinen, ist nicht Realismus, nicht kritischer Geist, sondern
Hage-Stolz, und zwar dieser:

> „Wer soll dann den oberen Befehl im Hause haben? denn nur Einer kann es
> doch sein, der alle Geschäfte in einen, mit dieses seinen Zwecken übereinstim-
> menden, Zusammenhang bringt. – Ich würde in der Sprache der Galanterie
> (doch nicht ohne Wahrheit) sagen: die Frau soll *herrschen* und der Mann *regie-
> ren*: denn die Neigung herrscht und der Verstand regiert."[18]

Postscriptum: Die Reinheit der Gattungen und die Vielfalt der Stimmen

Kategorien wie ‚gleich', ‚ungleich', ‚Unterschied', ‚Über-/Unterlegenheit', ‚Gesell-
schaft/Natur', ‚konstitutive/performative Sprechakte' etablieren Gattungsbegriffe –
man denke an die Kette Geschlecht (wie in „Menschengeschlecht"), *genus*, Genre,
Generation, Genealogie, *gender*.

---

[18]   Kant (1977, ApH, S. 657; Hervorh. i. Orig. gesperrt).

Kategorial ist eine Gattung auf ihre Unterscheidbarkeit und Reinheit angewiesen – das nennt Derrida (1986) das Gesetz der Gattung. Derrida fügt dem allerdings ein Gesetz dieses Gesetzes hinzu: das Prinzip der Unreinheit, der Kontamination, eine Ökonomie des Parasitären.

Jede Gattung ist von Anfang an kontaminiert durch ihr eigenes Anderes, durch die Unmöglichkeit einer schieren, stabilen, undurchlässigen, trennscharfen Grenze:

- Demokratie durch Gewalt,

- konstative Sprechakte durch Performativität (Derrida, 1986, S. 250; ferner 2001),

- Natur durch Kultur,

- der Rekurs auf *sex* dadurch, dass er immer schon im Medium der (kulturellen!) Unterscheidung von Natur und Kultur statthaben muss und dass es davon performativ-unberührte Natur nicht geben kann (Tiere können auf ihre Natur nicht als Natur rekurrieren),

- Männer durch Weiblichkeit und *vice versa*,

- allgemein: die Regel durch die Ausnahme, Ordnung durch Chaos,

- und übrigens: Gleiches durch Differenz, daher womöglich Neid und Gewalt.

Organisationen, wie wir sie bisher kennen und nur denken können (oder jedenfalls zu denken starke Neigung haben), sind der immer notwendige und immer vergebliche Versuch, solcher Kontamination zu wehren, was ihnen nur zeitweise gelingt, und nur dadurch, dass sie von dieser Kontamination opportunistisch Gebrauch machen. Dass Organisationen jederzeit durch ihr eigenes Anderes kontaminiert sind – durch das, was nicht dazugehört,[19] durch Organisations- oder Firmenfremdes, durch Exkludiertes, durch Externes, durch Chaos –, leuchtet vielleicht am ehesten ein, wenn sie im Lichte der Metapher der *Falte* besehen werden.[20] Organisationen erscheinen dann als Faltungen inmitten des Nichtorganisierten, Faltungen, die zwar das Organisierte vom Nichtorganisierten sondern, aber nicht so wie eine Mauer, sondern eben wie eine Fal-

---

19 Zu solcher „Teilhabe ohne Zugehörigkeit" s. Derrida (1986, S. 252ff.). Ein konkretes Beispiel für Organisationen wäre die Teilnahmeentscheidung. Gehört die Entscheidung eines Bewerbers, in eine Organisation einzutreten, zur Organisation als Handlungs- oder Entscheidungssystem? Offenbar nicht, denn der Bewerber ist ja erst nach dieser Entscheidung Mitglied der Organisation. Gleichwohl hat seine Entscheidung teil am Organisationsgeschehen, nämlich schon als Bestandteil seines Arbeitskontraktes. Im Lichte einer solchen Teilhabe ohne Zugehörigkeit und der Falten-Metapher (s.u.) erscheint weit weniger befremdlich, dass mit Barnard und Simon zwei der wichtigsten Organisationstheoretiker des 20. Jahrhunderts die Aktionäre, Kreditgeber, Kunden und Lieferanten einer Organisation zu ihren Teilnehmern gezählt haben.

20 Zu dieser Figur s. Deleuze (1992, S. 37ff., 131ff., 137f.; 1997; 2000); Deleuze & Guattari (1997); Derrida (1986, S. 252, 255); für deren organisationstheoretische Nutzung Weiskopf (2002; 2003); Ortmann (2003, S. 23f., 59f.).

te, deren Innen von ihrem Außen nicht vollkommen abgeschlossen ist. Das Gleiche gilt, *mutatis mutandis*, für alle Unterscheidungen, Differenzierungen, Klassifizierungen, Typisierungen oder Normierungen, die derart entstandene Organisationen des Weiteren in ihrem Inneren vornehmen – zum Beispiel für die Diskriminierung zwischen Männern und Frauen.

Frauen, sofern sie *als Gattung* – wie immer das Gesetz ihrer Reinheit auch jeweils bestimmt wird – diskriminiert werden, sind immer schon einer hässlichen Paradoxie ausgesetzt: sich *qua* Frauen zur Wehr setzen, *qua* Frauen durchsetzen zu müssen *und* sich von dieser Subsumtion unter die Gattung und ihr Reinheitsgesetz und von den resultierenden Oppositionen, Dualismen, Hierarchien freizumachen.[21]

Mulier taceat? Dagegen müssen sie mit einer Stimme sprechen (und das wird mit/in/ durch Organisationen ganz gut gehen), aber es wäre auch nötig, einstimmig für Vielstimmigkeit, gegen Einstimmigkeit zu sprechen (und das wird mit/in/durch Organisationen schwierig). Ob es gelingen kann? Ob eine Politik der Anti-Diskriminierung und das Konzept politischer Gleichheit die Differenzen der Geschlechter und die Vielfalt der Stimmen innerhalb und jenseits der Geschlechtergrenzen wahren können? Das ist eine Frage der Praxis, nicht zuletzt eine politische Frage. Wenn die Frauen mit einer Stimme in den Wald sprechen, und wenn es *die* Frauen sind, für die sie sprechen, schallt es heraus: „Quotenfrauen!" Der Erfolg dieser performativen Äußerung – X zählt als Quotenfrau im Kontext K (mit K = Männerdomäne) – ist, siehe oben, eine Machtfrage, nicht eine Frage des argumentativen Gehalts, der meist gegen Null tendiert. Der Ausgang ist offen – offen ist auch, ob das Prinzip der Einstimmigkeit/Reinheit/Identität zum trojanischen Pferd der Frauen im Reiche einstimmiger Herr-schaft werden kann oder ob der umgekehrte Fall eintritt, wie bisher noch meist: dass die Nötigung zur Einstimmigkeit eine Anverwandlung an solche Herrschaft zeitigt, und wäre es in der Form der Komplementarität.

Immerhin: Das trojanische Pferd ist jedenfalls ein Tierchen, dessen Pläsierchen in der Überschreitung von Grenzen – von Stadtmauern – besteht, im Spiel mit dem Innen und Außen, der In- und der Exklusion. Es ist eine Schachtel in der Schachtel, Holzpferd in der Stadt. Es ist daher eine Metapher für Rekursivität, für rekursive Verschachtelung und supplementäre Infektion – auch dafür, dass es vollkommen geschlossene Grenzen nicht gibt und dass inmitten einer Gattung oder Ordnung immer schon ihr eigenes Anderes lauert oder lockt. Organisationen sind solche Schachteln, geschlossene Gesellschaften eben, aber nicht hermetisch geschlossene. Faltungen. Tausend Schleifen.

---

21 Ein Plädoyer für eine Gleichstellungspolitik, die dem Rechnung trägt, findet sich zum Beispiel bei Knapp (2004).

Literatur

Acker, J. & van Houten, D. R. (1974): Differential Recruitment and Control: The Sex Structuring of Organizations, in: Administrative Science Quarterly, 19. Jg., S. 152-163.

Ackermann, R. (2001): Pfadabhängigkeit, Institutionen und Regelreform, Tübingen.

Akerlof, G. A. (1976): The Economics of Caste and Rat Race and other Woeful Tales, in: Quarterly Journal of Economics, 90. Jg., S. 599-617.

Althans, B. (2000): Der Klatsch, die Frauen und das Sprechen bei der Arbeit, Frankfurt a.M.

Austin, J. L. (2002): Zur Theorie der Sprechakte (How to do things with Words, zuerst 1962), 2. Aufl., Stuttgart.

Barnes, B. (1983): Social Life as Bootstrapped Induction, in: Sociology, 17. Jg., S. 524-545.

Butler, J. (1991): Das Unbehagen der Geschlechter, Frankfurt a.M.

Butler, J. (1995): Körper von Gewicht. Die diskursiven Grenzen des Geschlechts, Frankfurt a.M.

Därmann, I. (2003): Die vertagte Indianisierung Europas. Zum Verhältnis von Ethnologie, Psychoanalyse und Philosophie seit 1900, Habilitationsschrift, Universität Lüneburg (erscheint unter dem Titel: „Fremde Monde der Vernunft. Die ethnologische Provokation der Philosophie", München, 2005).

Deleuze, G. (1992): Differenz und Wiederholung, München.

Deleuze, G. (1997): Foucault, Frankfurt a.M.

Deleuze, G. (2000): Die Falte. Leibniz und der Barock, Frankfurt a.M.

Deleuze, G. & Guattari, F. (1997): Tausend Plateaus. Kapitalismus und Schizophrenie 2, Berlin.

Derrida, J. (1986): Das Gesetz der Gattung, in: Ders.: Gestade, Wien, S. 245-283.

Derrida, J. (1997): Aufzeichnungen eines Blinden. Das Selbstporträt und andere Ruinen, München.

Derrida, J. (2001): Limited Inc., Wien.

Dilthey, W. (1974): Beiträge zur Lösung der Frage vom Ursprung unseres Glaubens in die Realität der Außenwelt und seinem Recht, in: Gesammelte Schriften, Bd. V: Die geistige Welt. Einleitung in die Philosophie des Lebens. Erste Hälfte, Abhandlungen zur Grundlegung der Geisteswissenschaften, Stuttgart, S. 90-138.

Foucault, M. (1983): Dies ist keine Pfeife, Frankfurt a.M. u.a.

Franck, E. & Jungwirth, C. (1998): Vorurteile als Karrierebremse? Ein Versuch zur Erklärung des Glass Ceiling-Phänomens, in: Zeitschrift für betriebswirtschaftliche Forschung, 50. Jg., S. 1083-1097.

Freud, S. (1918): Das Tabu der Virginität, in: ders.: Gesammelte Werke, hg. von A. Freud et al., 1940-1952, Bd. XII, London/Frankfurt a.M., S. 161-180.

Giuliani, R. (1997): Der übergangene Leib: Simone de Beauvoir, Luce Irigaray und Judith Butler, in: Phänomenologische Forschungen, Neue Folge 2, S. 104-125.

Goffman, E. (1980): Rahmen-Analyse. Ein Versuch über die Organisation von Alltagserfahrungen, Frankfurt a.M.

Hausen, K. (1976): Die Polarisierung der „Geschlechtscharaktere". Eine Spiegelung der Dissoziation von Erwerbs- und Familienleben, in: Conze, W. (Hg.): Sozialgeschichte der Familie in der Neuzeit Europas. Neue Forschungen, Stuttgart, S. 363-393.

Heintz, B., Nadai, E., Fischer, R. & Ummel, H. (1997): Ungleich unter Gleichen: Studien zur geschlechtsspezifischen Segregation des Arbeitsmarktes, Frankfurt a.M.

Hippel, T. von (1972): Über die Ehe (zuerst 1774), hg. von W. M. Faust, Stuttgart.

Holland-Cunz, B. (2003): Die alte neue Frauenfrage, Frankfurt a.M.

Kant, I. (1977): Anthropologie in pragmatischer Hinsicht, in: Ders.: Schriften zur Anthropologie, Geschichtsphilosophie, Politik und Pädagogik 2, Werkausgabe, hg. von W. Weischedel, Bd. XII, Frankfurt a.M., S. 395-690.

Knapp, G.-A. (2004): Gleichheit, Differenz, Dekonstruktion: Vom Nutzen theoretischer Ansätze der Frauen- und Geschlechterforschung für die Praxis, in: Krell, G. (Hg.): Chancengleichheit durch Personalpolitik. Gleichstellung von Frauen und Männern in Unternehmen und Verwaltungen. Rechtliche Regelungen – Problemanalysen – Lösungen, 4. Aufl., Wiesbaden, S. 151-159.

Kotthoff, H. (1994): Geschlecht als Interaktionsritual?, in: Goffman, E. (Hg.): Interaktion und Geschlecht, Frankfurt a.M./New York, S. 159-194.

Kotthoff, H. (2003): Was heißt eigentlich *doing gender*? Differenzierungen im Feld von Interaktion und Geschlecht, in: Dimensionen von Gender Studies, Bd. I. Freiburger FrauenStudien. Zeitschrift für Interdisziplinäre Frauenforschung, 12. Jg., S. 125-156.

Krell, G. (2004): Einleitung: Chancengleichheit durch Personalpolitik – Ecksteine, Gleichstellungscontrolling und Geschlechterverständnis als Rahmen, in: Dies. (Hg.): Chancengleichheit durch Personalpolitik. Gleichstellung von Frauen und Männern in Unternehmen und Verwaltungen. Rechtliche Regelungen – Problemanalysen – Lösungen, 4. Aufl., Wiesbaden, S. 15-32.

Lenzen, D. (2003): Diagnose Lehrer. Plädoyer für die Professionalisierung eines Berufsstandes, in: universitas, Mai 2003, S. 475-486.

Leupold, A. (2003): Liebe und Partnerschaft: Formen der Codierung von Ehen, in: Pasero, U. & Weinbach, C. (Hg.): Frauen, Männer, Gender Trouble. Systemtheoretische Essays, Frankfurt a.M., S. 217-274.

Lindemann, G. (1994): Das soziale Geschlecht unter der Haut, in: Zeitschrift für Kulturwissenschaften, 7. Jg., S. 1-12.

Lindemann-Stark, A. (1994): „Die Rechte beyder Geschlechter sind einander gleich", in: Kohnen, J. (Hg.): Königsberg. Beiträge zu einem besonderen Kapitel der deutschen Geistesgeschichte des 18. Jahrhunderts, Frankfurt a.M., S. 289-308.

Luhmann, N. (1995): Funktionen und Folgen formaler Organisation, 4. Aufl. (zuerst 1964), Berlin.

Luhmann, N. (2002): Das Erziehungssystem der Gesellschaft, Frankfurt a.M.

Luhmann, N. (2003): Frauen, Männer und George Spencer Brown, in: Pasero, U. & Weinbach, C. (Hg.): Frauen, Männer, Gender Trouble. Systemtheoretische Essays, Frankfurt a.M., S. 15-26.

McCloskey, D. N. (1990): If you're so smart. The narrative of economic expertise, Chicago.

Ortmann, G. (2003): Regel und Ausnahme. Paradoxien sozialer Ordnung, Frankfurt a.M.

Ortmann, G. (2004): Als Ob. Fiktionen und Organisationen, Wiesbaden.

Ortmann, G., Sydow, J. & Türk, K. (Hg.) (1997): Theorien der Organisation. Die Rückkehr der Gesellschaft, Opladen.

Pasero, U. & Weinbach, C. (Hg.) (2003): Frauen, Männer, Gender Trouble. Systemtheoretische Essays, Frankfurt a.M.

Pease, A. & Pease, B. (2003): Warum Männer nicht zuhören und Frauen schlecht einparken: ganz natürliche Erklärungen für eigentlich unerklärliche Schwächen, München.

Searle, J. R. (1983): Sprechakte. Ein sprachphilosophischer Essay, Frankfurt a.M.

Searle, J. R. (1997): Die Konstruktion der gesellschaftlichen Wirklichkeit. Zur Ontologie sozialer Tatsachen, Reinbek.

Sutter, M., Bosman, R., Kocher, M. & Winden, F. van (2003): The importance of gender pairing for economic decision making. A power-to-take experiment, unveröff. Man., Universität Innsbruck.

Türk, K. (1995): „Die Organisation der Welt". Herrschaft durch Organisation in der modernen Gesellschaft, Opladen.

Villa, P.-I. (2000): Sexy Bodies. Eine soziologische Reise durch den Geschlechtskörper, Opladen.

Waldenfels, B. (1994): Antwortregister, Frankfurt a.M.

Waldenfels, B. (1997): Topographie des Fremden. Studien zur Phänomenologie des Fremden 1, Frankfurt a.M.

Waldenfels, B. (1998): Grenzen der Normalisierung. Studien zur Phänomenologie des Fremden 2, Frankfurt a.M.

Waldenfels, B. (2000): Das leibliche Selbst. Vorlesungen zur Phänomenologie des Leibes, Frankfurt a.M.

Weiskopf, R. (2002): Deconstructing the „Iron Cage" – towards an Aesthetic of Folding, in: Consumption, Markets and Culture, 5. Jg., Heft 1, S. 79-97.

Weiskopf, R. (2003): Management, Organisation, Poststrukturalismus, in: ders. (Hg.): Menschenregierungskünste. Anwendungen poststrukturalistischer Analyse auf Management und Organisation, Wiesbaden, S. 9-33.

Wilz, S. M. (2001): „Gendered Organizations": Neuere Beiträge zum Verhältnis von Organisationen und Geschlecht, in: Berliner Journal für Soziologie, 11. Jg., S. 97-107.

Wilz, S. M. (2002): Organisation und Geschlecht. Strukturelle Bindungen und kontingente Kopplungen, Opladen.

Nicoline Scheidegger und Margit Osterloh

Organisation und Geschlecht — Eine Netzwerkperspektive
Welche Netzwerkstruktur fördert die Karrieremobilität?

1   Einleitung 141

2   Die Netzwerkperspektive 142
   2.1   Zentralität in Netzwerken 142
   2.2   Netzwerkdichte und die Stärke schwacher Beziehungen 143
   2.3   Strukturelle Löcher 144

3   Geschlechtsunterschiede in Netzwerken 145
   3.1   Fördern strukturelle Löcher den Aufstieg im Unternehmen? 145
   3.2   Dichte Netzwerke als Garant sozialer Identität 146
   3.3   Multiplexität vs. Aufteilung der Netzwerke 146

4   Zusammenfassung und Ausblick 149

Literatur 153

1 Einleitung

Die Situation von Frauen und Männern hat heute in vielen Bereichen der Arbeitswelt eine Angleichung der Chancen erfahren (Wirth, 2001). Frauen verfügen inzwischen über die gleichen schulischen Qualifikationen wie Männer und haben ihre berufliche Orientierung gesteigert (so schon Lauterbach, 1994). In Unternehmungen sind verschiedene Maßnahmen zur Realisierung der Chancengleichheit der Geschlechter ergriffen worden (Krell, 2004; Osterloh & Wübker, 2004). Trotz dieser Bemühungen herrscht auf dem Arbeitsmarkt nach wie vor eine horizontale und vertikale Segregation. Einerseits sind Frauen in typischen Frauenberufen zu finden, andererseits arbeiten sie auf den unteren Ebenen organisationaler Hierarchien (Wirth, 2001). Eine Vielzahl von Studien hat die Untervertretung von Frauen in Organisationen zu erklären versucht (für einen Überblick: Morrison & von Glinow, 1990). Bisher ist jedoch bei der Erklärung von Geschlechterunterschieden in Organisationen die Rolle der Interaktionsnetzwerke zu wenig berücksichtigt worden. Zwar haben Studien zu Gender & Organization oft vom Ausschluss von Frauen aus bestehenden Netzwerken berichtet (Nieva & Gutek, 1981; Harlan & Weiss, 1982; Rizzo & Mendez, 1990). Aber dieser Ausschluss wird meist in anekdotischer Form, ohne empirisch präzise Untersuchung geschildert. In der vorliegenden Arbeit soll diese Lücke verkleinert werden. Hierzu werden empirische Arbeiten daraufhin untersucht, inwieweit der geringere Anteil von Frauen in Führungspositionen und ihre relative Machtlosigkeit in Organisationen mit der mangelnden Integration von Frauen in informelle berufliche Netzwerke zusammenhängt.

Bereits früh sind die Konsequenzen eines limitierten Zuganges von Frauen zu informalen Interaktionsnetzwerken erkannt worden (Kanter, 1977). Erst neuere Forschungsarbeiten vermochten aber, solche Konsequenzen auch empirisch einwandfrei zu dokumentieren (Morrison & von Glinow, 1990; O'Leary & Ickovics, 1992; Gilbert & Ones, 1998). Es ist erkannt worden, dass Netzwerkbeziehungen eine zentrale Rolle im Prozess der Karriereentwicklung spielen. Sie kanalisieren den Ressourcenfluss, sie regulieren den Zugang zu Stellen, verschaffen Mentoring und Unterstützung, sie steigern Einfluss und Reputation und erhöhen die Wahrscheinlichkeit wie auch das Tempo einer Beförderung (z.B. Granovetter, 1973; Brass, 1984; Burt, 1992; Podolny & Baron, 1997). Der anhaltende Trend zu flexibleren Organisationsformen verstärkt die Bedeutung von Netzwerken zusätzlich.

Zur Untersuchung von Netzwerken bieten sich unterschiedliche Konzepte an. Die Netzwerkforschung unterscheidet zwischen Netzwerken bestehend aus *strong ties* und Netzwerken bestehend aus *weak ties*. Bevor wir uns dieser grundlegenden Unterscheidung zuwenden, werden zunächst einige Annahmen der Netzwerkperspektive geklärt und das Konzept der Zentralität in Netzwerken angesprochen. Danach werden Arbeiten vorgestellt, die Geschlechtsunterschiede in Netzwerken untersuchen. Aufbauend auf der Theorie struktureller Löcher, wird sodann gefragt, ob für einen Aufstieg in

Organisationen strukturelle Löcher von Vorteil sind und ob dies für alle Gruppen in gleichem Maße zutrifft. Danach werden Netzwerke in Bezug auf ihren Inhalt spezifiziert und dichte Netzwerke zur Vermittlung organisationaler Identität beschrieben, was vor allem für Frauen relevant zu sein scheint. Schließlich kommen wir auf die Ausgangsfrage zurück, inwiefern unterschiedliche Netzwerkstrukturen Karrieremöglichkeiten erklären können.

2 Die Netzwerkperspektive

Die Netzwerkperspektive[1] betrachtet Beziehungen zwischen Einheiten (AkteurInnen, Unternehmen etc.) sowie Muster und Implikationen dieser Beziehungen. Die Analyse bezieht sich auf Relationen zwischen Individuen, nicht auf Eigenschaften von einzelnen Individuen. Die Eigenschaften des Netzwerkes sind die unabhängigen Variablen, welche bestimmte Effekte als abhängige Variable erklären. Die Relationen zwischen den AkteurInnen sind Kanäle für den Transfer von Ressourcen, und zwar sowohl immaterieller Art (z.B. Ideen, Informationen, Ratschläge) wie materieller Art (z.B. Geld).

Ein „soziales Netzwerk" lässt sich als ein Geflecht sozialer Beziehungen von Einheiten definieren, als ein „specific set of linkage among a defined set of persons, with the additional property that the characteristics of these linkages as a whole are used to interpret the social behaviour of the persons involved" (Mitchell, 1969, S. 2). Solche Netzwerke können grafisch dargestellt werden. Dabei werden die AkteurInnen als Knoten („*nodes*") gekennzeichnet. Jede Art von Beziehungen zwischen den AkteurInnen wird durch eine Linie („Kante", „*tie*") dargestellt. Entlang der Beziehungen zwischen den Knoten fließen Ressourcen. Für die Analyse sozialer Strukturen relevante Eigenschaften von Netzwerken sind die Anzahl von Beziehungen, die ein/e AkteurIn auf sich vereint, die Zentralität im Netzwerk sowie Redundanz, Beziehungsstärke und Netzwerkdichte.

2.1 Zentralität in Netzwerken

Die drei am häufigsten verwendeten Zentralitätsmaße sind Degree-, Closeness- und Betweenness-Zentralität (Freeman, 1977; 1979):

---

1 Die Netzwerkanalyse ist das methodische Instrument der Netzwerkperspektive. Zur Entwicklung der Netzwerkanalyse siehe Scott (2000, S. 7f.); Wasserman & Faust (1994, S. 10ff.).

■ AkteurInnen mit einer hohen *Degree-Zentralität* unterhalten Kontakte mit einer großen Anzahl anderer NetzwerkakteurInnen. Zentrale AkteurInnen besitzen demzufolge eine strukturelle Position, die als Quelle einer Großzahl von Ressourcenflüssen fungiert. Periphere AkteurInnen unterhalten dagegen wenige Beziehungen und sind am Rande des Netzwerkes positioniert.

■ Im Konzept der *Closeness-Zentralität* wird die Pfadlänge berücksichtigt – und damit auch die indirekten Kontakte der AkteurInnen. Als zentral werden hier solche AkteurInnen gesehen, die bloß eine kleine Anzahl Schritte benötigen, um viele andere AkteurInnen zu erreichen, die also auf kurzen Wegen mit anderen verbunden sind (McCarty, 2002). Je näher ein(e) AkteurIn zu allen übrigen steht, desto effektiver und unabhängiger von anderen kann sie/er diese erreichen.

■ Zentrale AkteurInnen im Sinne der *Betweenness-Zentralität* halten eine Position inne, die viele andere AkteurInnen im Netzwerk miteinander verbindet. Sie sind die Schnittstelle auf den kürzesten Pfaden anderer AkteurInnen. Auch bei diesem Konzept werden indirekte Verbindungen mitberücksichtigt und die Kontrollmöglichkeit aller Verbindungswege fokussiert. Hier steht die Störkapazität von AkteurInnen als beteiligter Dritter im Beziehungsgeflecht zu anderen im Vordergrund (McCarty, 2002).

Mittels dieser drei Zentralitätsmaße können die wichtigsten AkeurInnen in Netzwerken identifiziert werden.

2.2 Netzwerkdichte und die Stärke schwacher Beziehungen

Ein wichtiges Charakteristikum von Netzwerken ist die Netzwerkdichte. Die Dichte ist eine Maßzahl, die die Kohäsion des Gesamtnetzes misst. Sie stellt eine Relation der im Graphen vorhandenen Beziehungen mit der Anzahl möglicher Beziehungen dar.

Frühe Erklärungsversuche befassten sich mit den Auswirkungen der Kohäsion, d.h. mit besonders eng geknüpften (dichten, multiplexen[2]) Netzwerken, auf Handlungschancen (Coleman, 1988). In einer solch dichten Netzwerkstruktur kennt jeder jeden über eine Vielzahl von Beziehungen. Die AkteurInnen können sich leichter erreichen und interagieren intensiv miteinander.

---

2 In multiplexen Beziehungen überschneiden sich zwei oder mehrere inhaltlich differente Beziehungen (z.B. Arbeitsbeziehung und Freundschaftsbeziehung), siehe unten, Abschnitt 3.3 „Multiplexität vs. Aufteilung der Netzwerke".

Die Stärke einer Beziehung entsteht aus der Kombination von Kontakthäufigkeit, Kontaktdauer, emotionaler Nähe und Reziprozität[3] (Granovetter, 1973, S. 1361). Die Beziehungsstärke hat Auswirkungen auf die Dichte von Netzwerken. Je stärker nämlich eine Beziehung zwischen zwei Personen ist, desto stärker überschneiden sich auch ihre sozialen Netzwerke. Deshalb sind starke Beziehungen oft redundante Beziehungen. Vor diesem Hintergrund hat Granovetter (1973) das Argument von der „Stärke schwacher Beziehungen" in die Diskussion eingeführt und damit die Bedeutung schwacher Sozialbeziehungen für die Integration in das Gesamtnetz hervorgehoben. Danach ist ein kohäsiver Teilbereich in einem Netz mit einem paradoxen Effekt verknüpft: Aufgrund der hohen Dichte und Multiplexität interagieren Mitglieder in einer solchen „Clique" untereinander sehr intensiv, kapseln sich aber gleichzeitig von der Außenwelt dieser Gruppe ab und sind daher schlecht in das Gesamtnetz eingebunden. Dieses zerfällt in miteinander unverbundene kohäsive Inseln. In seiner wegweisenden Untersuchung über die Stellensuche hat Granovetter (1995) die Beziehungsstärke mit der Höhe des Gehalts und dem Typ der gefundenen Arbeitsstelle in Verbindung gebracht. Stellen, die über *weak ties* gefunden wurden, waren besser bezahlt als solche, die über *strong ties* gefunden wurden.

2.3 Strukturelle Löcher

Für Burt (1992, S. 25ff.) sind es im Unterschied zu Granovetter nicht in erster Linie die schwachen Beziehungen, die Vorteile bieten, sondern die „strukturellen Löcher". Solche strukturellen Löcher entstehen durch nicht-redundante Beziehungen im Netzwerk eines Akteurs, welche Brücken zu ansonsten unverbundenen Bereichen eines Gesamtnetzes herstellen. Als „structural hole" werden Lücken im Netz bezeichnet: „Nonredundant contacts are connected by a structural hole. A structural hole is a relationship of nonredundancy between two contacts" (Burt, 1992, S. 9). AkteurInnen mit vielen strukturellen Löchern bringen unterschiedliche soziale Welten zusammen und können so die Rolle des „lachenden Dritten" einnehmen (ebd., S. 34ff.). AkteurInnen sollten deshalb unter strategischen Gesichtspunkten ihre Netzwerke so aufbauen, dass die Zahl der nicht-redundanten Kontakte möglichst hoch ist und dadurch ganz unterschiedliche Bereiche des Gesamtnetzwerks erreicht werden.

---

3   Die Beziehungsstärke stellt keine präzise konzeptuelle Definition dar. Vielmehr handelt es sich um verschiedene Indikatoren, die mit dem Konzept „Beziehungsstärke" zusammenhängen.

3 Geschlechtsunterschiede in Netzwerken

3.1 Fördern strukturelle Löcher den Aufstieg im Unternehmen?

Die Theorie der strukturellen Löcher ist zwar anhand von Überlegungen zur Koordination von Firmen über den Markt entwickelt worden, in einem Kontext also, in dem keine formalen Autoritätsbeziehungen existieren. Burt (1992) wendet seinen Gedankengang aber auch auf die Karrieremobilität innerhalb von Organisationen an, wobei er insbesondere das obere Management betrachtet. Mehr beiläufig ist er dabei auf Geschlechtsunterschiede bezüglich der instrumentellen Verwertbarkeit struktureller Löcher gestoßen.

Burt (1992) untersucht in einem amerikanischen Technologiekonzern unternehmensinterne Karrieremuster. Er zeigt, dass die Vorteile, die ein/e AkteurIn aus strukturellen Löchern ziehen kann, nach hierarchischen Positionen differenziert werden müssen. Die größten Vorteile aus strukturellen Löchern ziehen Manager auf der oberen Hierarchiestufe und in sozialen Frontstellungen, also in Arbeitssituationen mit hoher Unsicherheit, hoher Neuheit und geringer Kalkulierbarkeit. Für diese Personengruppe konnte die Theorie struktureller Löcher bestätigt werden. Dagegen waren für Männer des mittleren und unteren Managements sowie für Frauen auf *allen* Managementebenen hierarchische Netzwerke wichtiger. Hierarchische Netzwerke ranken sich um ein oder zwei höherrangige Personen im Unternehmen und weisen vor allem *strong ties* auf. Als Erklärung führt Burt (1992, S. 157) an, dass die Positionen dieser Gruppen nicht gefestigt sind, vielmehr benötigen sie für den Aufstieg im Unternehmen interne Legitimation. Dazu brauchen sie strategische Partner oder Partnerinnen, mit deren Protektion sie rechnen können.

Für hochrangige männliche Manager beschleunigen flache unternehmensweite Netzwerke mit vielen strukturellen Löchern eine Karriere. Dagegen verschlechtern Netzwerke, welche auf die eigene Abteilung beschränkt sind, ihre Beförderungschancen. Hingegen ist für Frauen wie auch für Jung-Manager die Situation umgekehrt. Eine Beförderung ist wahrscheinlicher, wenn sie zum ersten ein hierarchisches Netzwerk um einen strategischen Partner aufbauen, der nicht ihr direkter Vorgesetzter ist, und wenn sie zum zweiten ihre sozialen Beziehungen aufgabenorientiert auf die eigene Abteilung konzentrieren.

Damit zeigt sich u.a., dass für Frauen und Männer unterschiedliche Netzwerke karriereförderlich sind. Netzwerke, die Männern bei der Karriere helfen, sind für Frauen hinderlich.

3.2 Dichte Netzwerke als Garant sozialer Identität

Während Burt (1992) vorwiegend Informationsressourcen betrachtet, haben spätere Untersuchungen unterschiedliche Arten von Ressourcenflüssen differenziert. So haben Podolny und Baron (1997) die Vermittlung organisationaler Identität und normativer Rollenerwartungen in ihre Untersuchung einer großen High-Tech-Firma in Kalifornien im Jahre 1994 miteinbezogen. Ihr Ergebnis: Zwischen einer Netzwerkstruktur zur Maximierung der Informationsvorteile und einer solchen, die soziale Identität und Zugehörigkeit vermittelt, besteht ein Trade-off.

Podolny & Baron (1997) untersuchten fünf Netzwerke von Mitarbeitenden in Führungspositionen: i) das Netzwerk für arbeitsbezogenen Ratschläge, ii) das für strategische Informationsbeschaffung,[4] iii) das für soziale Unterstützung, iv) das für Mentoring und v) das Buy-in-Netzwerk (damit sind Beziehungen zu strategisch wichtigen Personen für die Initiierung von Initiativen in der eigenen Abteilung gemeint). Die Untersuchung zeigt, dass sowohl die Größe des Informationsnetzwerkes als auch die Anzahl struktureller Löcher in diesem Netzwerk eine schnelle Beförderung begünstigen. Durch die Differenzierung der Beziehungsinhalte wurde klar, dass Burts Vorhersagen nur für einen spezifischen Beziehungsinhalt gelten und für andere Ressourcen nachteilig sein können. Für „ties", welche soziale Identität vermitteln (wie z.B. das Buy-in-Netzwerk und das Mentoring-Netzwerk), sind strukturelle Löcher von Nachteil. Das vermag auch zu erklären, weshalb Frauen ihre Karrierechancen durch hierarchische Netzwerke rund um strategische Partner und durch dichte Netzwerke in der eigenen Arbeitsgruppe erhöhten. „[That] speaks to their more defensive positions in the firm" (Burt, 1992, S. 157). Es kann aber auch argumentiert werden, dass für Frauen im mittleren Management eine klare organisationale Identität und die Internalisierung kohärenter normativer Erwartungen in Bezug auf ihre organisationale Rolle besonders wichtig sind.

Eine Erforschung der Bedingungen, unter denen strukturelle Löcher bzw. dichte Netzwerke besonders vorteilhaft sind, steht noch aus. Es kann vermutet werden, dass Kulturunterschiede etwa zwischen individualistischen vs. kollektivistischen Kulturen oder der organisationale Kontext eine Rolle spielen. So ist nach Podolny und Baron (1997, S. 690) der Vorteil struktureller Löcher in traditionellen bürokratischen Organisationen groß im Unterschied zu flachen Organisationen mit einer starken Organisationskultur, wo eine starke organisatorische Identität wichtiger ist.

Mit der Spezifizierung des Beziehungsinhaltes, wie sie Podolny und Baron (1997) aufzeigen, rückt die Multiplexität von Netzwerkbeziehungen ins Zentrum des Interesses.

---

4 Hiermit sind Personen gemeint, welche Informationen über Strategien und anstehende Entscheidungen in der Organisation liefern.

146

3.3 Multiplexität vs. Aufteilung der Netzwerke

In multiplexen Beziehungen ist ein/e AkteurIn für eine andere Person die Quelle inhaltlich vielschichtiger Ressourcen, z.B. integriert ein/e AkteurIn dieselbe Person sowohl ins Freundschafts- als auch ins Ratschlägenetzwerk. Ein Netzwerk, bei dem die Beziehung auf nur einer Ressource basiert, wird dagegen als uniplex bezeichnet. Vor diesem Hintergrund können u.a. folgende Fragen gestellt werden: zum einen die, ob AkteurInnen unterschiedlich multiplexe Netzwerke haben, zum anderen die nach Ursachen für multiplexe bzw. uniplexe Netzwerke.

Während Männer eher fähig zu sein scheinen, aus strukturellen Löchern Karrierevorteile zu ziehen, benötigen Frauen für einen Aufstieg kohäsive, redundante Netzwerke. In starken Beziehungen überlagern sich allerdings oft mehrere Beziehungsinhalte und existiert damit Multiplexität. Gerade in Bezug auf Geschlechtsunterschiede kommt einer inhaltlichen Spezifizierung von Netzwerkbeziehungen erhebliche Bedeutung zu. Empirisch kann nämlich gezeigt werden, dass die Netzwerke von Männern und Frauen einen unterschiedlichen Grad von Multiplexität aufweisen.

Die Untersuchung von Brass (1985) hat hierzu Bedeutung erlangt. Er untersuchte die Interaktionsnetzwerke in einem Presseunternehmen und unterschied drei Arten von Netzwerken: i) das Netzwerk zum Austausch von Arbeitsergebnissen, ii) das Kommunikationsnetzwerk[5] und iii) das Freundschaftsnetzwerk. Das von ihm untersuchte Unternehmen beschäftigte Frauen und Männer zu gleichen Teilen. Beiden gelang der Aufbau informaler Netzwerke ähnlich gut, was die Anzahl der Beziehungen anbelangt (Degree-Zentralität). Bei einem Vergleich der Netzwerke stellte er aber fest, dass Männer wie Frauen dazu tendierten, mit ihresgleichen zu interagieren, weshalb innerhalb des Unternehmens zwei segregierte Netzwerke vorzufinden waren.[6] Frauen waren in männlichen Netzwerken weniger zentral positioniert als ihre männlichen Kollegen. Ebenso gilt umgekehrt, dass Männer in weiblichen Netzwerken erheblich weniger zentrale Positionen einnehmen. Die „dominante Koalition",[7] eine Gruppe zentraler Personen innerhalb der Organisation, formierte sich ausschließlich aus Männern. Einzig in geschlechtsintegrierten Arbeitsgruppen und in Task Forces mit einer ausbalan-

---

5 … verstanden als Beziehungen zu Personen, mit denen Mitarbeitende regelmäßig über arbeitsbezogene Probleme kommunizieren. Das Kommunikationsnetzwerk kann als instrumentelles Netzwerk bezeichnet werden.

6 Dies wird darauf zurückgeführt, dass Netzwerkbildung oft aufgrund von sozialer Ähnlichkeit (Homophilie) stattfindet. Homophilie bezeichnet den Grad, zu welchem Paare von Individuen, die miteinander interagieren, in ihren Hintergrundcharakteristika ähnlich sind. Eines der überragenden Attribute sozialer Nähe ist auch heute noch das Geschlecht (McGuire, 2000).

7 Brass (1985, S. 332) ermittelt als dominante Koalition innerhalb der Organisation diejenigen 4 aus 10 Personen, die sowohl im Kommunikations- wie im Freundschaftsnetzwerk am häufigsten genannt werden.

cierten Vertretung von Männern und Frauen erreichten Frauen ähnliche Closeness-Zentralitätsmaße.

Für Beförderungen innerhalb von drei Jahren nach dem Zeitpunkt der Befragung waren nach Brass (1985, S. 338f.) drei Faktoren relevant: *erstens* die Closeness-Zentralität in der Abteilung; die Abteilung scheint diejenige Einheit im Unternehmen zu sein, in der aufstiegsorientierte AkteurInnen Einfluss gewinnen müssen. *Zweitens* bestand eine signifikante Beziehung zwischen der Zentralität im Netzwerk der Männer und einer Beförderung. Da Frauen in männlichen Netzwerken eine weniger zentrale Position einnehmen, wurden sie auch seltener befördert. Der *dritte* relevante Faktor war die Zentralität im Kommunikationsnetzwerk, d.h. die Anzahl und die Stärke instrumenteller Beziehungen.

Eine solche Aufteilung der Netzwerke findet auch Ibarra (1992) bei der Untersuchung einer amerikanischen Werbeagentur. Sie erfasst die instrumentellen Netzwerke für i) Kommunikation, ii) Ratschläge, iii) soziale Unterstützung, iv) Einfluss und v) das expressive Netzwerk der Freundschaftsbeziehungen. Die Netzwerke von Männern wiesen einen höheren Prozentsatz von *„same-sex-ties"* auf als solche von Frauen, d.h. Männer unterhielten Kontakte vor allem mit anderen Männern. Im Vergleich zu Männern unterhielten Frauen mehr *„cross-sex-ties"*. Am stärksten zeigten sich diese Unterschiede in den instrumentellen Netzwerken des Einflussgewinns und der Ratschläge, bei denen Frauen sogar mehr *„cross-sex-ties"* haben als *„same-sex-ties"*. Männer haben in allen fünf Netzwerken mehr *„same-sex-ties"* und multiplexere Beziehungen. Frauen erreichen im Ratschlägenetzwerk die niedrigste Zentralität. Im Unterstützungs- und Kommunikationsnetzwerk haben sie bedeutend niedrigere Zentralitätsmaße als Männer.

Diese Ergebnisse konnten von Rothstein, Burke und Bristor (2001) repliziert werden. Auch ihre Untersuchung zeigt unterschiedliche Netzwerke von Männern und Frauen. Männer und Frauen gehören in ihrer Organisation jeweils anderen Netzwerken an. Männliche Manager haben einen höheren Prozentsatz *„same-sex-ties"* in ihren Netzwerken als Frauen und erhalten von diesen mehr Unterstützung als Frauen von ihren *„same-sex-ties"*.

Die Aufteilung der Netzwerke kann für Frauen versteckte Kosten mit sich bringen und unintendierte Konsequenzen haben. Ihre sozialen Kontakte weisen einen geringeren Grad an Multiplexität auf als diejenigen ihrer männlichen Kollegen, bei denen z.B. eine Ratschlagsbeziehung mit einer Freundschaftsbeziehung überlappt. Die Multiplexität ist jedoch ein Indikator für starke Beziehungen, die stabil und reziprok sind und deshalb den Aufstieg im Unternehmen maßgeblich fördern können.

Die Wahl von gleichgeschlechtlichen Netzwerkbeziehungen durch Männer kann für Frauen als Restriktion im Zugang zu Netzwerken gesehen werden (vgl. dazu auch die Beiträge von Meuser und Rastetter, in diesem Band). Es kann aber auch argumentiert werden, dass beide Geschlechter bloß eine rationale Wahl bezüglich hierarchisch höher gestellter instrumenteller Kontakte treffen. Eine Vorliebe für gleichgeschlechtliche Netzwerkbeziehungen zeigt sich aber selbst dann noch, wenn nach Humankapital und formaler Position kontrolliert wird. Frauen können hierarchische Positionen und Humankapital demnach weniger gut in Netzwerkzentralität konvertieren als Männer (Ibarra, 1992).

4 Zusammenfassung und Ausblick

Netzwerkbeziehungen sind heutzutage in aller Munde. Dabei wird angenommen, dass Netzwerke an sich erfolgversprechend sind. Ratgeber postulieren positive Auswirkungen von Netzwerken auf Karrieren und empfehlen den Aufbau von Netzwerkkontakten. Bei Empfehlungen solch allgemeiner Form ist jedoch Vorsicht geboten. Um den Effekt von Netzwerken bzw. deren Eigenschaften auf die Karriereentwicklung beurteilen zu können, bedarf es einer genauen Betrachtung der Charakteristika unterschiedlicher Netzwerke. Erst dann kann eruiert werden, welche Netzwerkeigenschaften positive und welche negative Einflüsse auf Karrieren haben. In diesem Zusammenhang wichtige Netzwerkeigenschaften sind die Stärke der Beziehungen, das Vorhandensein struktureller Löcher und die Multiplexität der Netzwerkbeziehungen.

Strukturelle Löcher: Strukturelle Löcher im Beziehungsgeflecht entstehen durch nichtüberlappende Netzwerke. Ein/e AkteurIn mit vielen strukturellen Löchern stellt eine Schnittstelle auf den kürzesten Pfaden anderer AkteurInnen dar. Mit dem Vorhandensein struktureller Löcher gehen Kontrollvorteile einher bzw. die Störkapazität im Beziehungsgeflecht wird erhöht. Strukturelle Löcher sind einer der stärksten Prädiktoren schneller Karrieren. Dies gilt jedoch nicht für Personen mit einer schwachen Legitimation. Davon betroffen sind Frauen aller Hierarchiestufen und Jung-Manager. Diese sind gezwungen, im Aufbau ihres Netzwerkes eine andere Strategie zu wählen. Sie benötigen ein redundantes hierarchisches Netzwerk bestehend aus *„strong ties"*.

Stärke der Beziehung: Die Netzwerkperspektive macht auf die Vorteile schwacher Beziehungen aufmerksam. Schwache Beziehungen eliminieren Abschottungstendenzen, verbinden Mitglieder verschiedener Gruppen und erhöhen die Vielfalt der Informationen. Starke Beziehungen führen zu dichten Netzwerken und vermindern die Informationsvielfalt. Dafür liefern sie organisationale Identität, Vertrauen und erhöhen die Chancen der Protektion.

Multiplexität: In multiplexen Beziehungen überlappen sich inhaltlich unterschiedliche Austauschbeziehungen. Durch die Multiplexität werden Beziehungen oft zu *„strong ties"*. Genau solche wären für Frauen vorteilhaft. Empirische Untersuchungen können jedoch zeigen, dass Männer und Frauen in vielen Unternehmen in separaten Netzwerken interagieren und jeweils schlecht in das Netzwerk des anderen Geschlechts integriert sind. Das ist auf homophile Tendenzen zurückzuführen, wonach AkteurInnen überwiegend mit ihnen ähnlichen Personen interagieren. Das Geschlecht gehört zu einer wichtigen Identifikationsbasis für die Wahrnehmung von Ähnlichkeit (McPherson, Smith-Lovin & Cook, 2001). Solange in Organisationen nur wenige Frauen in zentralen statushöheren Positionen vertreten sind, sind Frauen auf Netzwerkkontakte mit höherrangigen Männern angewiesen, um Zugang zu den benötigten Ressourcen zu erhalten. Sie teilen deshalb ihre Netzwerke auf und differenzieren ihre Kontakte. Instrumentelle Ressourcen erhalten sie über Netzwerkkontakte zu Männern, in deren Netzwerke sie aber weniger zentral eingebunden sind. Expressive Ressourcen erhalten sie durch Netzwerkkontakte zu Frauen. Aus diesen ziehen sie aber geringere Unterstützungsleistungen, da Frauen im Vergleich zu den Männern einen niedrigeren Status und weniger organisationale Entscheidungsmacht haben. Eine Aufteilung der Netzwerke führt demnach zu versteckten Kosten. Netzwerke von Frauen bestehen vermehrt aus schwachen, uniplexen Beziehungen. In Verbindung mit der Erkenntnis, dass Frauen für eine Karriere *„strong ties"* benötigen, ist das eine Erklärung für die Untervertretung von Frauen in Führungspositionen.

Eine Netzwerkperspektive auf Karrierechancen untersucht die Charakteristiken von Netzwerken, die für einen raschen Aufstieg notwendig sind. Diese Erkenntnisse haben sowohl praktische wie theoretische Implikationen. Wir möchten zuerst den praktischen Nutzen diskutieren und der Frage nachgehen, welche Empfehlungen abgegeben werden können, wie Netzwerke gebildet werden sollen. In einem zweiten Schritt wollen wir die Auswirkungen der vorliegenden Ergebnisse auf die Theoriebildung aufzeigen.

Was den *praktischen Nutzen* betrifft, so können Erkenntnisse über die Wirkungsweisen von Netzwerken instrumentell genutzt werden. So können MitarbeiterInnen versuchen, ihre Netzwerke bewusst nach Charakteristiken aufzubauen, welche für einen schnellen Aufstieg von Vorteil sind. So wurde z.B. gezeigt, dass Personen mit fehlender Legitimation, d.h. Frauen ungeachtet ihrer hierarchischen Position und Jung-Manager, in Organisationen vermehrt dichte Netzwerke, bestehend aus *„strong ties"* zu höherrangigen Personen jenseits der direkten Weisungsbeziehung, brauchen. Solche Netzwerke verschaffen Protektion und vermitteln organisationale Identität. Diese Erkenntnis trifft sich mit Erkenntnissen der Mentoring-Literatur, welche nachweist, dass Frauen von MentorInnen für ihre Karriere profitieren (vgl. z.B. Kram, 1988). Sie gehen aber über die der Mentoring-Literatur hinaus, indem sie darauf aufmerksam machen, dass die Einbettung in ein Gesamtgeflecht von Netzwerkbeziehungen berücksichtigt werden muss und Unterstützung durch unterschiedliche Personen erfolgen kann, während die Mentoring-Literatur sich traditionell auf den Aufbau einer singulären Unterstützungsbeziehung beschränkt.

Einem instrumentellen Aufbau von Netzwerkbeziehungen, die bewusst nach karrierefördernden Kriterien gestaltet werden, sind jedoch in verschiedener Hinsicht Grenzen gesetzt. *Erstens* haben wir weiter oben dargelegt, dass homophile Tendenzen in Kombination mit der Verteilung von Männern und Frauen auf die Organisationshierarchie für Frauen eine Aufteilung der Netzwerke nach sich zieht. Ihre Versuche, *„strong ties"* zu bilden, könnten an der Bereitschaft der Männer scheitern, sie in ihre Interaktionen zu integrieren. *Zweitens* kann ein Beziehungsnetz nicht nur unter Effizienzkriterien gestaltet werden. Eine bewusste Aufkündigung von Beziehungen, die nicht mehr nützlich erscheinen, kann AkteurInnen negative Reputation verschaffen: „Judging friends on the basis of efficiency is an interpersonal flatulence from which friends will flee" (Burt, 1992, S. 24f.). Reziprozität ist ein grundlegender Mechanismus sozialer Beziehungen (Mauss, 1999). Eine Verletzung dieses Prinzips hat Folgen. Bei der Instrumentalisierung persönlicher Kontakte werden diese bloß Mittel zum Zweck. Persönliche Beziehungen, die nicht aus innerem Antrieb bzw. um ihrer selbst willen, sondern bloß zur Erreichung anderer Ziele gesucht werden, können mit einem Verdrängungseffekt[8] einhergehen. Damit ist hier gemeint: Sie können Beziehungen, die intrinsisch motiviert entstanden sind, zerstören und deshalb einem Engagement anderer aus freien Stücken entgegenstehen.

Für die Theoriebildung kann die netzwerkanalytische Betrachtung von Karrieren in Organisationen in zwei Bereichen fruchtbar gemacht werden. Zum einen können informale Prozesse in Organisationen präzise erfasst, beschrieben und dargestellt werden. Das eröffnet Möglichkeiten, das Zusammenspiel zwischen informaler und formaler Struktur genauer zu analysieren. Zum anderen ermöglicht die Netzwerkanalyse eine Verknüpfung mit der aktuellen Diskussion über Veränderungen in Karrierewegen im Zusammenhang mit neuen Organisationsformen. Insbesondere kann hier diskutiert werden, ob Frauen unter diesen Bedingungen auf bessere Karrierechancen hoffen können. Diese Einsichten tragen wiederum zur Veranschaulichung des Konzeptes der *„Gendered Organization"* (Acker, 1990) bei.

In Organisationen mit flachen Strukturen ist die Zusammenarbeit der MitarbeiterInnen ein kritischer Faktor. Das Teilen von Wissen ist kritisch sowohl für innovative Lösungen wie auch für die Leistungsstärke der Organisation und ihrer MitarbeiterInnen (vgl. z.B. Osterloh & Frey, 2000). Deshalb wird oft viel Zeit und Mühe in die Reorganisation von Strukturen und Prozessen investiert. Damit wird versucht, das Teilen von Wissen zwischen funktionalen, hierarchischen und divisionalen Bereichen zu fördern. Oft sind solche Versuche enttäuschend (vgl. z.B. Krackhardt & Hanson, 1993). Das kann unter anderem daran liegen, dass Manager und Managerinnen wenig darüber wissen, wie ihre Angestellten tatsächlich interagieren. Formale Organisationsstrukturen verdecken die zugrunde liegenden sozialen Netzwerke, welche die Leistungsfähigkeit von Organisationen bestimmen. Die Netzwerkanalyse bietet ein Instrument, um solche Netzwerke aufzudecken und über mögliche notwendige Veränderungen nachzudenken.

---

8   Zum Verdrängungseffekt intrinsischer Motivation durch instrumentelle Anreize siehe Osterloh, Frost & Frey (2002).

Die informale Organisation überlappt sich partiell mit der formalen. Soziale Netzwerke haben aber nicht in allen Organisationen denselben Stellenwert. Zu welchem Grad z.B. die informale mit der formalen Organisation übereinstimmt, hängt davon ab, ob die Organisation eher mechanistisch oder organisch ist (Tichy, Tushman, & Fombrun, 1979). Die mechanistische bürokratische Organisation legt die Kanäle der Einflussnahme und des Informationsflusses stärker fest. Auch Personalentscheide sind stärker formalisiert und zentralisiert (Tomaskovic-Devey & Skaggs, 1999). Zusätzlich befassen sich bürokratische Organisationen meist mit Problemen mit einem niedrigen Grad an Aufgabenunsicherheit (Osterloh, 1983; Osterloh & Frey, 2000). Je höher die Unsicherheit ist, desto mehr Informationsanstrengungen und Koordinationsbemühungen müssen unternommen werden. In *bürokratischen* Organisationen lässt die niedrige Aufgabenunsicherheit weniger Spielraum in der Wahl arbeitsbezogener Kontakte. Demgegenüber sind *organische* Organisationen bei hoher Aufgabenunsicherheit effektiver. Sie sind mit komplexen, variablen Aufgaben befasst, welche nicht programmiert werden können. Zur Unterstützung der Aufgabenerfüllung ist die Bildung von Arbeitsbeziehungen unabdingbar, die nicht formal vorgeschrieben sind (Burns & Stalker, 1994). Die Wissensbestände der AkteurInnen sind fragmentiert. Zur Problemlösung werden zwischen den EntscheidungsträgerInnen mehr Informationen ausgetauscht. Deshalb werden informale Interaktionsnetzwerke in einer *mechanistischen* Organisation den vorgeschriebenen formalen Strukturen eher folgen, während sie in *organischen* Organisationen erheblich davon abweichen können.

Ob neue Organisationsformen bessere Chancen für Frauen bieten, vermehrt in Führungspositionen aufzusteigen, ist in den letzten Jahren kontrovers diskutiert worden (Goldmann, 1993; Regenhard, 1997; Acker, 1998; Baron et al., 2002). Die Arbeit im Management eröffnet vielfältige diskretionäre Verhaltensspielräume. Diese ermöglichen wiederum die Persistenz eingeschliffener Verhaltensweisen und Ausschlussprozesse, die entlang von Merkmalen wie der Geschlechterzugehörigkeit etabliert werden. Aus einer Netzwerkperspektive kann deshalb vermutet werden, dass neue Organisationsformen mit ihrer schwächer ausgeprägten Formalisierung und ihren erhöhten Wahlmöglichkeiten von Interaktionsbeziehungen die Geschlechterungleichheit verstärken werden.

Die Organisationsforschung hat die Gender-Perspektive im Vergleich zu anderen Wissenschaftsdisziplinen erst spät in ihren theoretischen Diskurs aufgenommen (vgl. zusammenfassend Martin & Collinson, 2002; Innreiter-Moser, in diesem Band). Die Pionierin Kanter (1977) beschreibt in *„Men and Women of the Corporation"* zwar bereits früh die Schattenstruktur einer Organisation und bringt diese mit Geschlechterfragen in Verbindung. Die Netzwerkperspektive ermöglicht, durch eine präzise Analyse des Ressourcentausches zu verdeutlichen, wie Gender auch in informale Strukturen der Arbeitsorganisation eingelassen ist. Die informale Seite organisationalen Lebens ist derjenige Ort, wo unausgesprochene Interaktionsregeln Geschlechterungleichheiten schaffen.

Insgesamt bietet die Netzwerkperspektive zum einen ein Instrument, mit dessen Hilfe Zusammenhänge zwischen informaler und formaler Struktur diskutiert werden können. Zum anderen betont sie die Einbettung sozialer Beziehungen in einen strukturellen Kontext, welcher die Erreichbarkeit und Leichtigkeit der Etablierung unterschiedlicher Arten sozialer Beziehungen lenkt. Damit leistet sie einen Beitrag zur Erklärung der fehlenden Integration von Frauen in Organisationen.

Literatur

Acker, J. (1990): Hierarchies, Jobs, Bodies: A Theory of Gendered Organizations, in: Gender & Society, 4. Jg., S. 139-158.

Acker, J. (1998): The Future of „Gender and Organizations": Connections and Boundaries, in: Gender, Work, and Organization, 5. Jg., S. 195-206.

Baron, J. N., Hannan, M. T., Hsu, G. & Kocak O. (2002): Gender and the Organization-Building Process in Young, High-Tech Firms, in: Guillén, M. F., Collins, R., England, P. & Meyer, M. (Hg.): Economic Sociology at the Millennium, New York, S. 245-273.

Brass, D. J. (1984): Being in the right place: A structural analysis of individual influence in an organization, in: Administrative Science Quarterly, 29. Jg., Heft 4, S. 518-539.

Brass, D. J. (1985): Men's and women's networks: A study of interaction patterns and influence in an organization, in: Academy of Management Journal, 28. Jg., S. 327-343.

Burns, T. R. & Stalker, M. G. (1994): The management of innovation, 3. Aufl., Oxford.

Burt, R. S. (1992): Structural holes: The social structure of competition, Cambridge, MA.

Coleman, J. S. (1988): Social Capital in the Creation of Human Capital, in: American Journal of Sociology, Supplement, 49. Jg., S. 95-120.

Freeman, L. C. (1977): A set of measures of centrality based on betweenness, in: Sociometry, 40. Jg., S. 35-40.

Freeman, L. C. (1979): Centrality in Social Networks: Conceptual Clarification, in: Social Networks, 1. Jg., S. 215-239.

Gilbert, J. A. & Ones, D. S. (1998): Role of informal integration in career advancement: Investigations in plural and multicultural organizations and implications for diversity valuation, in: Sex Roles, 39. Jg., Heft 9-10, S. 685-704.

Goldmann, M. (1993): Organisationsentwicklung als Geschlechterpolitik. Neue Organisations- und Managementkonzepte im Dienstleistungsbereich, in: Aulenbacher, B. & Goldmann, M. (Hg.): Transformationen im Geschlechterverhältnis: Beiträge zur industriellen und gesellschaftlichen Entwicklung, Frankfurt a.M./New York, S. 115-137.

Granovetter, M. (1973): The strength of weak ties, in: American Journal of Sociology, Supplement, 78. Jg., S. 1360-1380.

Granovetter, M. (1995): Getting a Job: A Study of Contacts and Careers, Chicago.

Harlan, A. & Weiss, C. L. (1982): Sex differences in factors affecting managerial career advancement, in: Wallace, P. A. (Hg.): Women in the workplace, Boston, S. 59-100.

Ibarra, H. (1992): Homophily and differential returns: Sex differences in network structure and access in an advertising firm, in: Administrative Science Quarterly, 37. Jg., S. 422-447.

Kanter, R. M. (1977): Men and Women of the Corporation, New York.

Kanter, R. M. (1995): World Class: Thriving Locally in the Global Economy, New York.

Krackhardt, D. & Hanson, J. R. (1993): Informal Networks: The Company behind the Chart, in: Harvard Business Review, July/August, S. 105-111.

Kram, K. E (1988): Mentoring at Work. Developmental Relationships in Organizational Life, New York.

Krell, G. (Hg.) (2004): Chancengleichheit durch Personalpolitik. Gleichstellung von Frauen und Männern in Unternehmen und Verwaltungen. Rechtliche Regelungen – Problemanalysen – Lösungen, 4. Aufl., Wiesbaden.

Lauterbach, W. (1994): Berufsverläufe von Frauen. Erwerbstätigkeit, Unterbrechung und Wiedereintritt, Frankfurt a.M.

Martin, P. Y. & Collinson, D. (2002): „Over the Pond and Across the Water": Developing the Field of „Gendered Organizations", in: Gender, Work and Organization, 9. Jg., Heft 3, S. 244-265.

Mauss, M. (1999): Die Gabe, Frankfurt a.M.

McCarty, C. (2002): Structure in Personal Networks, in: Journal of Social Structure, 3. Jg., Heft 1.

McGuire, G. M. (2000): Gender, Race, Ethnicity, and Networks. The Factors Affecting the Status of Employees' Network Members, in: Work and Occupations, 27. Jg., S. 500-523.

McPherson M. J., Smith-Lovin, L. & Cook, J. M. (2001): Birds of a Feather: Homophily in Social Networks, in: Annual Review of Sociology, 27. Jg., S. 415-444.

Mitchell, J. C. (1969): The concept and use of social networks, in: Ders. (Hg.): Social networks in Urban Situations, Manchester, S. 1-32.

Morrison, A. M. & von Glinow, M. A. Y. (1990): Women and minorities in management, in: American Psychologist, 45. Jg., S. 200-208.

Nieva, V. F. & Gutek, B. A. (1981): Women and work: A psychological perspective, New York.

O'Leary, V. E. & Ickovics, J. R. (1992): Cracking the glass ceiling: Overcoming isolation and alienation, in: Sekeran, U. & Leong, F. (Hg.): Womanpower: Managing in times of demographic turbulence, Beverly Hills, S. 7-30.

Osterloh, M. (1983): Handlungsspielräume und Informationsverarbeitung, Bern.

Osterloh, M. & Frey, B. S. (2000): Motivation, Knowledge Transfer, and Organizational Forms, in: Organization Science, 11. Jg., Heft 5, S. 538-550.

Osterloh, M., Frost, J. & Frey, B. S. (2002): The Dynamics of Motivation in New Organizational Forms, in: International Journal of the Ecnonomics of Business, 9. Jg., Heft 1, S. 61-77.

Osterloh, M. & Wübker, S. (2004): Prospektive Gleichstellung durch Business Process Reengineering, in: Krell, G. (Hg.): Chancengleichheit durch Personalpolitik. Gleichstellung von Frauen und Männern in Unternehmen und Verwaltungen. Rechtliche Regelungen – Problemanalysen – Lösungen, 4. Aufl., Wiesbaden, S. 263-276.

Podolny, J. M. & Baron, J. N. (1997): Resources and relationships: Social networks and mobility in the workplace, in: American Sociological Review, 62. Jg., Heft 5, S. 673-693.

Regenhard, U. (1997): Dezentralisierung als Schritt zum Abbau der Geschlechterhierarchie? Anmerkungen zur Enthierarchisierung der Geschlechterdifferenz bei betrieblicher Restrukturierung, in: WSI Mitteilungen, 1. Jg., S. 38-50.

Rizzo, A.-M. & Mendez, C. (1990): The integration of women in management. A guide for human resources and management development specialists, New York u.a.

Rothstein, M., Burke, R. J. & Bristor, J. M. (2001): Structural characteristics and support benefits in the interpersonal networks of women and men in management, in: The International Journal of Organizational Analysis, 9. Jg., Heft 1, S. 4-45.

Scott, J. (2000): Social Network Analysis. A handbook, 2. Aufl., London u.a.

Tichy, N. M., Tushman, M. L. & Fombrun, C. (1979): Social Network Analysis for Organizations, in: Academy of Management Review, 4. Jg., S. 507-519.

Tomaskovic-Devey, D. & Skaggs, S. (1999): Degendered Jobs? Organizational Processes and Gender Segregated Employment, in: Research in Social Stratification and Mobility, 17. Jg., S. 139-172.

Wasserman, S. & Faust, K. (1994): Social network analysis methods and applications, Cambridge.

Wirth, L. (2001): Breaking through the glass ceiling. Women in Management, Genf.

Dorothea Alewell und Anne Canis

Personalökonomik und Geschlecht - einige Überlegungen anhand von Beispielen

1 Einführung 159

2 Einige deskriptive Daten zu den geschlechtsspezifischen Verhältnissen auf
dem deutschen Arbeitsmarkt 160

3 Personalökonomik – Kurze Darstellung des Ansatzes 163

4 Geschlechtsspezifische Fragestellungen und Aussagen in
personalökonomischen Analysen – drei Beispiele 165

   4.1 Beispiel 1: Die Erklärung geschlechtsspezifisch unterschiedlicher
Bildungsinvestitionen in der Humankapitaltheorie 166

   4.2 Beispiel 2: Die Erklärung geschlechtsspezifisch unterschiedlicher
Ausbildungssignale im Signalling-Ansatz 169

   4.3 Beispiel 3: Arbeitsmarktregulierungen und ihre Auswirkung auf die
Arbeitsmarktposition von Frauen: Das Beispiel des Mutterschutzes 176

5 Zusammenfassung 181

Literatur 182

1 Einführung[1]

Nähert man sich unserem Thema zunächst anhand einer Durchsicht der deutschsprachigen personalökonomischen Literatur, zeigt sich, dass dort geschlechtsspezifische Fragestellungen keinen prominenten Stellenwert besitzen. Die Zahl der Veröffentlichungen dazu bleibt durchaus überschaubar.[2] Gleiches gilt für die Zahl der Lehrstühle und AutorInnen, die auf diesem Feld aktiv sind. Trotzdem streben wir nicht an, einen umfassenden Überblick zu geben, denn die Personalökonomik ist ein Forschungsbereich, der zwar durch einige Gemeinsamkeiten der zugehörigen Arbeiten gekennzeichnet und abgegrenzt werden kann (vgl. Abschnitt 2 und Alewell, 1996), innerhalb dieses Bereiches werden jedoch recht unterschiedliche Theorien und Hypothesensysteme verwendet. Deshalb gibt es nicht die *zentralen* geschlechtsspezifischen Aussagen *der* Personalökonomik, sondern einzelne Analysen mit unterschiedlichen Teilfragestellungen, Antworten und Erklärungsmustern, die auf der Basis unterschiedlicher personalökonomischer Theorien erarbeitet werden.

Daher werden wir wie folgt vorgehen: Ein kurzer Überblick über einige deskriptive geschlechtsspezifische Daten für den deutschen Arbeitsmarkt soll den Blick dafür schärfen, welche Phänomene überhaupt personalökonomisch zu erklären sind, und zugleich Interesse an der theoretischen Auseinandersetzung mit Geschlechterfragen wecken (Abschnitt 2). Dann stellen wir kurz die Personalökonomik als Forschungsansatz dar (Abschnitt 3). Darauf aufbauend, zeigen wir in Abschnitt 4 an drei Beispielen personalökonomischer Analysen, wie geschlechtsspezifische Fragestellungen personalökonomisch analysiert werden können. Dabei wird in jedem Beispiel auf eine andere Theorie Bezug genommen, um einen Eindruck von dem breiten Spektrum unterschiedlicher Aussagensysteme zu vermitteln und das Interesse für personalökonomisches Arbeiten zu wecken. Wir schließen mit einer kurzen Zusammenfassung (Abschnitt 5).

---

[1] Der Aufforderung, für eine Ringvorlesung vor überwiegend studentischem Publikum einen Vortrag zum Thema „Personalökonomik und Geschlecht" zu halten, sind wir gerne nachgekommen. In diesem Beitrag wollen wir unsere an ein heterogenes studentisches Publikum gerichteten Überlegungen auch schriftlich wiedergeben.

[2] Vgl. hierzu z.B. Fabel & Nischik (2002).

2 Einige deskriptive Daten zu den geschlechtsspezifischen Verhältnissen auf dem deutschen Arbeitsmarkt[3]

Für 2002 berichtet das Statistische Bundesamt[4] folgende Daten zur Erwerbsbeteiligung und -tätigkeit: Von den 40.607 Tausend Erwerbspersonen in Deutschland waren 36.536 Tausend (knapp 90%) erwerbstätig und 4.071 Tausend (gut 10%) arbeitslos. Unter den Erwerbspersonen waren 17.982 Tausend (knapp 50%) weiblichen Geschlechts. Von diesen waren 16.200 Tausend (gut 90%) erwerbstätig und 1.782 (knapp 10%) arbeitslos. Hier zeigen sich also keine wesentlichen Geschlechtsunterschiede. Betrachtet man jedoch die Erwerbsquote der zwischen 15- und 65-Jährigen, treten deutliche Unterschiede zu Tage: Sie betrug 2002 für Männer 80,1%, für Frauen 65,3%.

Gliedert man die Erwerbstätigen nach ihrer Stellung im Beruf auf, ergeben sich ebenfalls geschlechtsspezifische Besonderheiten (vgl. Tabelle 1):

Tabelle 1:   *Erwerbstätige im Jahr 2002 nach Stellung im Beruf*
            (Angaben in Tausend Personen)

	insgesamt	davon Frauen absolut	davon Frauen (in %)
Selbstständige	3.634	1.026	28,23
Mithelfende Familienangehörige	414	321	77,53
BeamtInnen	2.224	750	33,72
Angestellte	18.668	10.489	56,18
ArbeiterInnen	11.567	3.615	31,25

Quelle: Statistisches Bundesamt, 2004.

---

3 Zusammenfassende Übersichten mit unterschiedlichen deskriptiven Daten liegen an verschiedenen Stellen vor. Für Deutschland vergleiche z.B. den Bericht zur Berufs- und Einkommenssituation von Frauen und Männern (2001) sowie den Deutschland-Teil der vergleichenden Studie von EIRO (Schulte, 2002). Für Europa vgl. z.B. EU (2000); die „EIRO Comparative Study on Gender Pay Equity" sowie EIROonline: Gender Perspectives – annual update 2000. Für einen weltweiten Vergleich zwischen OECD-Ländern vgl. OECD (2002).
4 Statistisches Bundesamt (2004), Internetdarstellung.

Der Anteil der Frauen an den mithelfenden Familienangehörigen und an den Angestellten ist (deutlich) höher als ihr Anteil an den Erwerbstätigen, ihr Anteil an den Selbstständigen und an den ArbeiterInnen deutlich niedriger.

Klare geschlechtsspezifische Unterschiede in den Erwerbsmustern werden auch deutlich, wenn man die Erwerbstätigen nach den normalerweise gearbeiteten Wochenstunden getrennt betrachtet (vgl. Tabelle 2):

Tabelle 2:   *Erwerbstätige im Jahr 2002 nach normalerweise gearbeiteten Wochenstunden (Angaben in Tausend Personen)*

	insgesamt	davon Frauen absolut	davon Frauen in %
< 15 Stunden	2.644	2.098	79,35
15-20 Stunden	2.820	2.429	86,13
21-35 Stunden	4.787	2.982	62,29
36-40 Stunden	21.261	7.622	35,85
> 40 Stunden	5.024	1.068	21,26

Quelle: Statistisches Bundesamt, 2004.

Der Anteil der Frauen unter den Teilzeitbeschäftigten bis 35 Wochenstunden ist deutlich höher als ihr Anteil an allen Erwerbstätigen von ca. 50 %, ihr Anteil an den Vollbeschäftigten mit 36 Stunden und mehr ist deutlich geringer.

Solche Unterschiede zeigen sich auch in den über den Lebensverlauf hinweg kumulierten Erwerbszeiten von Frauen und Männern: Frauen verbringen in ihrer erwerbsfähigen Lebensphase durchschnittliche 26,1 Jahre (im Westen) bzw. 36,3 Jahre (im Osten) mit sozialversicherungsbeitragspflichtiger Erwerbsarbeit. Die entsprechenden Zahlen für Männer lauten 37,8 Jahre (im Westen) bzw. 40,3 Jahre (im Osten). Frauen erreichen demnach nur 69% (im Westen) bzw. gut 90% (im Osten) der entsprechenden Erwerbstätigkeitszeiten von Männern (vgl. Bericht zur Berufs- und Einkommenssituation von Frauen und Männern, 2001, S. 93ff.). Schaut man nicht auf die Erwerbszeiten, sondern auf die Betriebszugehörigkeitsdauern, so ergeben sich auch hier deutliche Unterschiede: Bergemann und Mertens (2002) ermitteln z.B. aus Daten des Sozioökonomischen Panels im Vergleich der Jahre 1990 und 1995 Medianwerte von 9,7 bzw. 9,5 Jahren für Männer und 6,2 bzw. 6,6 Jahren für Frauen. Gerlach und Stephan (2003) ermitteln für Männer einen Medianwert von 9 Jahren (für 1990 und 1995), für Frauen dagegen Medianwerte von 6 (1990) und 7 Jahren (1995). Die Mittelwerte der bisherigen Betriebszugehörigkeitsdauer dagegen liegen im Jahr 1995 bei 12,08 Jahren für Männer und 9,71 Jahren für Frauen.

Für die durchschnittlichen Bruttoverdienste in Deutschland im Jahr 2002 gibt das Statistische Bundesamt folgende Werte an (vgl. Tabelle 3):

Tabelle 3:   *Durchschnittliche Bruttoverdienste in Deutschland im Jahr 2002 (in €)*

	Männer absolut	Frauen absolut	Frauen in % des Verdienstes der Männer
Bruttostundenverdienste der ArbeiterInnen	15,05	11,37	75,55
Bruttowochenverdienste der ArbeiterInnen	572,00	423,00	73,95
Bruttomonatsverdienste der Angestellten	3.946,00	2.789,00	70,68

Quelle: Statistisches Bundesamt, 2004.

Frauen verdienen also im Durchschnitt deutlich weniger als Männer. Die Ursachen dafür zu analysieren, ist aus zwei Gründen komplex: Zum einen gibt es zahlreiche Einflussfaktoren (z.B. unterschiedliche Ausbildungsniveaus, Verteilungen auf Branchen, Stellung im Beruf, Arbeitszeiten, rechtliche Regelungen für oder faktische Inanspruchnahme rechtlicher Möglichkeiten [z.B. der Elternzeit] durch Frauen und Männer sowie möglicherweise auch Diskriminierungseffekte am Arbeitsmarkt). Zum anderen ist nicht per se klar, welches exogene und welches endogene Variablen sind: Haben Frauen im Durchschnitt eine andere Stellung im Beruf als Männer und andere Arbeitszeiten, weil dies ihren Präferenzen entspricht (exogene Größe) oder aufgrund der geringeren Löhne und Aufstiegschancen (endogene Größe)?

Personalökonomische Ansätze mit geschlechtsspezifischem Inhalt zielen u.a. darauf, solche Unterschiede in den stilisierten empirischen Fakten zu erklären. Allerdings analysieren einzelne theoretische Ansätze häufig nur bestimmte Einflussfaktoren, und auch die Behandlung der jeweiligen Größen als endogene oder exogene variiert. Solche Unterschiede in den Vorgehensweisen wollen wir im Folgenden nach einer einführenden Darstellung zur Personalökonomik als Forschungsansatz exemplarisch an drei Beispielen demonstrieren. Damit möchten wir gerade bei den Personen, die noch keine umfangreichen Vorkenntnisse aufweisen, das Interesse an personalökonomischen Analysen wecken und halten die Darstellungen daher möglichst einfach und leicht verständlich.

3 Personalökonomik – Kurze Darstellung des Ansatzes

Fragt man, welche Merkmale eine ökonomisch orientierte Personalwirtschaftslehre aufweist, lassen sich mindestens zwei differierende Auffassungen dazu unterscheiden, welche Charakteristika eine ökonomische Analyse[5] und damit auch die Personal*wirtschafts*lehre kennzeichnen sollen:

Eine erste, durchaus gängige Sichtweise spricht von einer ökonomischen Analyse, wenn sich diese auf den Gegenstandsbereich „Wirtschaft bezieht. Diese Sichtweise setzt sich aber einer Reihe von Kritikpunkten aus. Unter anderem besteht das Problem, geeignete Abgrenzungskriterien dafür zu finden, ob es sich bei dem zu analysierenden Gegenstandsbereich um einen „ökonomischen" oder „nicht-ökonomischen" handelt.[6] Eine klare Abgrenzung ökonomischer Analysen gegenüber anderen lässt sich über diese Sichtweise deshalb kaum ausmachen.

Nach einer zweiten Sichtweise zeichnet sich eine ökonomische Analyse durch deren charakteristische Vorgehensweise bei der Analyse von Problemstellungen aus ganz verschiedenen Gegenstandsbereichen aus. Hier spricht man von einer ökonomischen Analyse, wenn sie sich des methodologischen Individualismus und des ökonomischen Verhaltensmodells bedient. Dieser Argumentation folgend, kann man von „Personalökonomik" sprechen, wenn die genannten Grundannahmen als Basis der Analyse von Problemstellungen aus dem Bereich Personal und Arbeit[7] verwendet werden.

Dem methodologischen Individualismus folgend, sind Individuen bzw. deren Handlungen und Entscheidungen die Grundelemente der sozialen Welt. Alles beobachtbare Verhalten (und dessen Ergebnisse) wird unter Rückgriff auf das Verhalten einzelner Individuen erklärt, weil auch kollektives Verhalten (z.B. von Gruppen) sich immer aus dem Verhalten einzelner Individuen zusammensetzt (vgl. Kirchgässner, 1991, S. 23). Dabei geht man jedoch nicht von einem einzelnen Menschen und dessen individuellen Besonderheiten aus, sondern konstruiert für die Analyse ein „repräsentatives Durchschnittsindividuum", über dessen Merkmale oder Verhalten man bestimmte Annahmen trifft.

Die Annahme des methodologischen Individualismus ist im so genannten „ökonomischen Verhaltensmodell"[8] verankert. Hierin wird angenommen, dass sich Individuen in einer Situation der Knappheit befinden, so dass nicht alle Bedürfnisse gleichzeitig befriedigt werden können. Ein Entscheidungsträger muss sich vielmehr zwischen verschiedenen Alternativen entscheiden, die unterschiedliche Beiträge zur Nutzenent-

---

5 Vgl. Mag (1988, S. 761f.); siehe auch Becker (1976).
6 Siehe zu einer ausführlichen Diskussion u.a. Alewell (1996, S. 673f.).
7 Vgl. hierzu ebenfalls die Überlegungen in Alewell (1996).
8 Ausführlicher dazu vgl. Becker (1976, S. 5f.).

stehung leisten können. Die Entscheidungssituation wird im Wesentlichen von den Präferenzen des Individuums und der Handlungssituation, bestehend aus den Restriktionen und den Handlungsalternativen mit ihren Ergebnissen, charakterisiert. Restriktionen schränken den Handlungsspielraum des Individuums ein – und damit auch den Raum realisierbarer Alternativen. Bei seiner Entscheidung muss das Individuum verschiedene Alternativen und deren Konsequenzen gegeneinander abwägen. Maßstab der Abwägung sind die Präferenzen des Individuums, die als stabil und grundsätzlich unabhängig von den aktuellen Handlungsmöglichkeiten konzipiert bzw. als feststehende Interessen oder Motive, die sich auf allgemeine Grundbedürfnisse von Menschen beziehen, betrachtet werden. Diesen Präferenzen entsprechend nimmt das Individuum eine Bewertung der ihm zur Verfügung stehenden Alternativen vor und entscheidet sich dann für die, von der oder denen es sich den höchsten Netto-Nutzen verspricht (vgl. Kirchgässner, 1991, S. 13ff.). Die formale Zielsetzung, unter der die Handlungen und Entscheidungen des Individuums ablaufen, ist daher die Maximierung des eigenen Nutzens. Damit werden Entscheidungen sowohl als eigenständig als auch als rational konzipiert: eigenständig, weil das Individuum entsprechend seiner eigenen individuellen Interessen handelt,[9] rational, weil davon ausgegangen wird, dass es grundsätzlich in der Lage ist, seinen eigenen Handlungs- und Entscheidungsspielraum zu erkennen, im Hinblick auf die eigenen Präferenzen zu bewerten und ausgehend davon entsprechend nutzenmaximierend zu handeln. Dabei muss das Individuum evtl. unter unvollständiger Information Entscheidungen treffen; und die Informationsbeschaffung kann kostenträchtig sein.[10] Daher ist die Abbildung der Entscheidungssituation stets eine subjektive; sie kann zwischen verschiedenen Entscheidungsträgern variieren.[11] Als Kernpunkt lässt sich festhalten: Verändertes Verhalten wird im ökonomischen Verhaltensmodell aus der Veränderung der Situation oder des Handlungsraumes erklärt, nicht aber aus der Veränderung der Präferenzen.[12]

Als weiteres zentrales Element des ökonomischen Verhaltensmodells nennt Becker (1976, S. 5f.) die Analyse von Gleichgewichtszuständen auf Märkten. Diese setzt die Existenz von Märkten voraus, auf denen sich die Koordination der individuellen Handlungen und Entscheidungen vollzieht. Markt wird in diesem Zusammenhang begrifflich weit gefasst: als Ort des Tausches bzw. von Tauschvorgängen. Tauschvorgänge können auch als soziale Interaktion bezeichnet werden, an denen in der Regel

---

[9] Die Präferenzen anderer werden nur berücksichtigt, wenn sie den eigenen Handlungs- und Entscheidungsraum einschränken und damit eine restriktive Wirkung entfalten oder wenn sie Argumente in der Nutzenfunktion des jeweils betrachteten Individuums darstellen.

[10] Die Kosten der Informationsbeschaffung können bei der Definition der Ergebnisse von Handlungsalternativen berücksichtigt werden.

[11] Dies betrifft insbesondere auch die Abbildung verschiedener potenziell eintretender Umweltzustände und ihrer Eintrittswahrscheinlichkeiten sowie der Zuordnung von Ergebnissen zu diesen Umweltzuständen.

[12] Vgl. dazu Alewell (1996, S. 671) und Kirchgässner (1991, S. 27).

mehr als ein Individuum beteiligt ist. Sie finden nicht nur auf (formalisierten) Märkten statt, sondern z.B. auch in Unternehmen, der Familie, der Politik etc.

Zusammenfassend ist festzuhalten: Menschliches Handeln und Entscheiden wird im ökonomischen Verhaltensmodell als rationale Auswahl unter verschiedenen Alternativen bzw. als Nutzenmaximierung unter Nebenbedingungen verstanden. Entscheidungen treffen Individuen häufig unter unvollständiger Information. Kollektive Phänomene werden als Ergebnis individuellen Entscheidens und Handelns verstanden. Soziale Interaktionen, die mehr als ein Individuum betreffen, werden im Rahmen des ökonomischen Verhaltensmodells als Tausch(-vorgänge) konzipiert.

Das hier dargestellte ökonomische Verhaltensmodell bietet als Analysebasis eine Hilfestellung dafür, Problemstellungen, Phänomene und Fakten des jeweiligen betrachteten Gegenstandsbereiches zu systematisieren. Es impliziert die Auseinandersetzung mit vielfältigen Fragestellungen: nach den Akteuren, deren Präferenzen, den Ressourcen, die ihnen zur Verfügung stehen, möglichen Restriktionen, Handlungsalternativen, erwarteten Ergebnissen der einzelnen Handlungsalternativen etc. Eine am ökonomischen Verhaltensmodell orientierte Analyse arbeitet darüber hinaus häufig mit bestimmten – aus diesem abgeleiteten – Interpretationsmustern:[13] z.B. Kosten-Nutzen-Konzepten, dem Investitionsbegriff, Erwartungen über zukünftige Ergebnisse und Ereignisse und auch Anreizmechanismen, da Individuen überlegen können, wie die Tauschbedingungen ausgestaltet sein müssen, damit andere bestimmte Handlungen vornehmen.

Aufbauend auf diesen Überlegungen enthält der folgende Abschnitt einige Beispiele für personalökonomische Analysen mit geschlechtsspezifischen Aussagen.

4 Geschlechtsspezifische Fragestellungen und Aussagen in personalökonomischen Analysen – drei Beispiele

Unsere drei Beispiele sind auf unterschiedlichen Ebenen angesiedelt und zielen auf unterschiedliche Fragen:

- Im ersten Beispiel zu humankapitaltheoretischen Analysen beschäftigen wir uns mit der Frage, wie eine geschlechtsspezifisch unterschiedliche Verteilung von produktivitätsrelevanten Merkmalen wie z.B. Schul- und Ausbildungsabschlüssen

---

[13] Vgl. Backes-Gellner (1993, S. 519) und Alewell (1996, S. 670).

sowie Weiterbildungsteilnahmen durch einen investitionstheoretischen Ansatz erklärt werden kann.

■ Im zweiten Beispiel zu Signalling auf dem Arbeitsmarkt zeigen wir, wie geschlechtsspezifisch unterschiedliche Arbeitgebererwartungen hinsichtlich der Produktivität auch bei Wettbewerb auf dem Arbeitsmarkt und gleichen Fähigkeitsverteilungen zwischen Männern und Frauen zu Gleichgewichten führen können, in denen Frauen andere Bildungsentscheidungen treffen als Männer und in deren Folge auch anderen Lohnstrukturen gegenüberstehen.

■ Im dritten Beispiel zeigen wir am Beispiel des Mutterschutzes, wie geschlechtsspezifische Regulierungen des Arbeitsmarktes die Arbeitsmarktposition von Frauen beeinflussen können.

4.1 Beispiel 1: Die Erklärung geschlechtsspezifisch unterschiedlicher Bildungsinvestitionen in der Humankapitaltheorie

Zentrale Idee der Humankapitaltheorie[14] ist, dass Qualifikationen – ähnlich wie Sach- und Kapitalressourcen – als Investitionsgüter angesehen werden können. Daher werden sie auch als Human*kapital* bezeichnet. Investitionsgüter zeichnen sich dadurch aus, dass sie eine bestimmte zeitliche Struktur der mit ihnen verbundenen Ein- und Auszahlungsströme aufweisen. Zu Beginn wird vom Investor eine – möglicherweise über mehrere Perioden andauernde – Auszahlung getätigt, um höhere Einzahlungen in den zukünftigen Perioden zu realisieren. Folgt man humankapitaltheoretischen Überlegungen, gilt dies auch für Humankapitalinvestitionen: Menschen bilden sich aus oder weiter, indem sie zunächst für einige Perioden Auszahlungen oder Nutzenentgänge in Form von Bildungskosten tragen. Dies tun sie in der Erwartung, mit dem erworbenen Humankapital und anderen Bildungsgütern später Nutzenzugänge, z.B. in Form von Einkommen, Arbeitsplatzsicherheit, Aufstiegschancen und interessanten Arbeitsaufgaben, zu realisieren. Ebenso wie bei anderen Investitionen zielt dieses Verhalten also auf die Erzielung von Renditen.

Akzeptiert man diese Grundhypothese eines rationalen Investitionsverhaltens auch im Bereich von Qualifikationen, lässt sich folgern, dass die Antwort auf die Frage, ob und wie viel ein Entscheidungsträger in die Qualifikation investiert, von erwarteten Kosten und Erträgen bzw. von der Bildungsrendite dieser Investition abhängen wird.

Die individuell *erwarteten Kosten* einer Humankapitalinvestition hängen z.B. ab von:

■ der Höhe der direkten Bildungskosten (z.B. Teilnahme- oder Studiengebühren),

---

14   Vgl. hierzu insbesondere Becker (1975).

- den Opportunitätskosten der eingesetzten Bildungszeit (z.B. entgangenes Einkommen, Verlust an Freizeit),

- weitere Teilnahmekosten (z.B. Reise- oder Kinderbetreuungskosten).

Die *erwarteten Erträge* einer Humankapitalinvestition hängen z.B. ab von:

- der erwarteten Höhe der Löhne, die mit bestimmten Qualifikationen erzielbar sind,

- der erwarteten Dauer der Nutzung der erworbenen Qualifikation,

- der Wahrscheinlichkeit des Einsatzes auf einem Arbeitsplatz, auf dem die erworbenen Qualifikationen produktiv und damit ertragswirksam werden können,

- der Entwertung der Qualifikationen (z.B. durch Nichtgebrauch oder Veralterung),

- der Wahrscheinlichkeit, mit der sich der Investor die Erträge aneignen kann.

Eine wichtige Fragestellung ist auch, wer die Investorenrolle übernimmt. Neben dem Staat bzw. öffentlichen Institutionen kommen dafür auch ArbeitgeberInnen und ArbeitnehmerInnen in Frage. Für beide Gruppen können die Kosten- und Ertragsdeterminanten jeweils unterschiedliche Ausprägungen haben, je nachdem, wer z.B. die Zeitkosten der Bildungsteilnahme (Einsatz bezahlter Arbeitszeit vs. unbezahlter Freizeit) trägt und wer sich die Erträge aneignen kann. Letzteres stellt auf wettbewerblich strukturierten Arbeitsmärkten mit Fluktuation und Lohnkonkurrenz kein triviales Problem dar.[15]

Aus dem Blickwinkel jedes Investors, seien es ArbeitgeberInnen oder ArbeitnehmerInnen, führen systematische Variationen der Einflussfaktoren auf Kosten und Erträge c.p. zu unterschiedlichem Investitionsverhalten. Hier liegt der zentrale Ansatzpunkt für geschlechtsspezifische Analysen. Folgende Zusammenhänge können z.B. relevant sein:[16]

- Der mit bestimmten Humankapitalausstattungen erzielbare Lohn ist eine zentrale Ertragsdeterminante, die Einfluss auf den Investitionsumfang eines Individuums haben kann. Gibt es z.B. Lohndifferenzen zu Lasten von Frauen auch bei gleichen Humankapitalausstattungen, so würde dies c.p. negativ auf deren Bereitschaft, in Humankapital zu investieren, wirken. Lohndiskriminierung kann also dazu führen, dass die Humankapitalinvestitionen von Frauen und Männern aufgrund unterschiedlicher Bildungsrenditen unterschiedlich ausfallen. Andererseits kann die phasenweise Zahlung niedrigerer Löhne dem/der ArbeitgeberIn ermöglichen, sich die Erträge arbeitgeberseitig finanzierter Bildungsinvestitionen anzueignen – und damit höhere arbeitgeberseitige Bildungsinvestitionen bewirken.

---

15 Vgl. hierzu ausführlich Alewell (1997) und die dort diskutierten und zitierten Arbeiten.
16 Vgl. zu einer ausführlichen empirischen Analyse einiger dieser Faktoren mit Daten aus dem SOEP für Vollzeitbeschäftigte aus Westdeutschland Lauer (2000).

■ Kürzere erwartete Nutzungsdauern von Qualifikationen senken c.p. die erwarteten Erträge. Wenn Frauen z.B. durchschnittlich niedrigere Betriebszugehörigkeitsdauern aufweisen als Männer (vgl. Abschnitt 1), könnte das eine Ursache für niedrigere arbeitgeberseitige Bildungsinvestitionen für Frauen sein. Wenn Frauen durchschnittlich niedrigere Dauern der Erwerbstätigkeit insgesamt aufweisen, könnte das eine Ursache von niedrigeren individuellen Bildungsinvestitionen sein.

■ Erwartete abschreibungsbedingte Wertverluste von Qualifikationen durch Erwerbspausen senken c.p. die erwarteten Erträge. Wenn Frauen häufigere und/oder längere Erwerbsunterbrechungen aufgrund von Familienpausen aufweisen als Männer, könnte das eine Ursache sowohl für niedrigere arbeitgeberseitige als auch niedrigere individuelle Bildungsinvestitionen für Frauen sein.

■ Eine geringere Wahrscheinlichkeit, auf einem qualifikationsadäquaten Arbeitsplatz eingesetzt zu werden, senkt die erwarteten Erträge. Schlechtere Karrierechancen für Frauen und ein höheres Risiko, arbeitslos zu werden/zu bleiben oder in die Stille Reserve abgedrängt zu werden, können damit c.p. die erwarteten Erträge der Bildungsinvestitionen von Frauen senken.

■ Eine Verlagerung von Bildungsinvestitionen in die Freizeit von ArbeitnehmerInnen senkt aus Sicht der Arbeitgeber die Opportunitätskosten der Bildung. Damit könnten arbeitgeberseitige Investitionen in Bildung c.p. steigen, wenn die Bildungsmaßnahmen statt in der Arbeitszeit in der Freizeit stattfinden. Dies führt aber aus Sicht der ArbeitnehmerIn zu einer Erhöhung der Bildungskosten, weil ein Nutzenentgang durch die verlorene Freizeit/Familienzeit entsteht und möglicherweise höhere Kinderbetreuungskosten anfallen. Auch hier lassen sich leicht geschlechtsspezifisch unterschiedliche Effekte als Hypothese formulieren.

Analysiert man also geschlechtsspezifische Fragestellungen auf Basis der Humankapitaltheorie, fragt man auf theoretischer Ebene zunächst immer, ob und ggf. warum bestimmte investitionsrelevante Merkmale von bzw. für Männer und Frauen unterschiedlich ausgeprägt sind und zu unterschiedlichen Humankapitalinvestitionen führen. Grob zusammengefasst, könnten insbesondere gesellschaftlich bedingte geschlechtsspezifische Rollenzuweisungen und eine damit zusammenhängende familiäre Arbeitsteilung mit Auswirkungen auf die Erwerbsbeteiligung, Betriebszugehörigkeitsdauern und Arbeitszeiten sowie bestehende Lohndiskriminierung dazu führen, dass sich Humankapitalinvestitionen von Männern und Frauen unterscheiden und in der Folge wiederum geschlechtsspezifische Aufgabenzuweisungen und Lohndifferenzen begründen.[17]

---

[17] Solche Differenzen können wiederum Reaktionen der Arbeitgeber nach sich ziehen. Berufssoziologische Studien zufolge werden z.B. frauendominierte Arbeitsplätze so strukturiert werden, dass das Humankapital der Frauen jederzeit leicht ersetzbar ist. Dies hat wiederum Folgen für die Arbeitsplatzanforderungen und die betriebliche Qualifizierung (vgl. dazu z.B. den Bericht zur Berufs- und Einkommenssituation von Frauen und Männern, 2001, S. 146f.).

4.2 Beispiel 2: Die Erklärung geschlechtsspezifisch unterschiedlicher Ausbildungssignale im Signalling-Ansatz

Dem Humankapitalansatz zufolge steigern Bildungsinvestitionen direkt die Produktivität der ArbeitnehmerInnen. Spence (1973) stellt eine andere Funktion von Bildungsinvestitionen in den Mittelpunkt seiner Betrachtung: Bildungsinvestitionen können unter bestimmten Bedingungen als Signal über die durchschnittliche Leistungsfähigkeit der Bewerber dienen und damit dazu beitragen, Informationsasymmetrien zwischen ArbeitgeberIn und ArbeitnehmerInnen zu überwinden. Um die Signalwirkungen von Bildungsinvestitionen herauszuarbeiten, nimmt Spence (1973, S. 356f.) – im krassen Gegensatz zur Humankapitaltheorie – vereinfachend an, Bildungsinvestitionen hätten *keine* Wirkung auf die Produktivität der ArbeitnehmerInnen. Die Produktivität wird vielmehr als feststehende Eigenschaft betrachtet, die aber vom Arbeitgeber zum Zeitpunkt der Einstellung nicht direkt beobachtet, sondern nur aus Signalen der Bewerber erschlossen werden kann.[18]

Spence (1973) betrachtet einen typischen Arbeitgeber *(Durchschnittsindividuum)*, der unter Bedingungen vollkommener Konkurrenz am Arbeitsmarkt agiert. Dieser hat in der Vergangenheit bereits Erfahrungen mit verschiedenen Arbeitskräftegruppen gesammelt, die sich nach bestimmten *Signalen* (beeinflussbaren Merkmalen, z.B. Ausbildungsabschlüssen) und möglicherweise auch bestimmten *Indikatoren* (unbeeinflussbaren Merkmalen, z.B. Geschlecht und Hautfarbe) unterscheiden. Insbesondere setzt er eine weitere wichtige Prämisse: Die Produktivität der Bewerber und die Kosten des Signalerwerbs korrelieren negativ miteinander.[19] Diese Prämisse ist entscheidend dafür, dass Bildungsabschlüsse die Funktion eines Signals haben können.

Der/die ArbeitgeberIn bildet sich in Abhängigkeit von den Signalen bedingte Erwartungen über die Produktivität der Bewerber, wenn sie eingestellt würden. Solche Erwartungen können zusätzlich nach Indikatorausprägungen differenziert ausfallen, also etwa für Frauen und Männer oder Menschen mit schwarzer oder weißer Hautfarbe oder mit einem unterschiedlichen Lebensalter getrennt formuliert werden.

Aufgrund der angenommenen vollkommenen Konkurrenz auf dem Arbeitsmarkt bietet der/die ArbeitgeberIn neu einzustellenden Arbeitskräften immer den erwarteten Grenzproduktivitätslohn an. In dieses Lohnangebot gehen seine bedingten Produktivi-

---

18 Vgl. dazu auch Milgrom und Roberts (1992, S. 155).
19 So wird angenommen, dass ein hoch produktiver Bewerber deutlich geringere Kosten aufwenden muss, um einen bestimmten Bildungsabschluss zu erreichen, als einer mit geringerer Produktivität, weil er möglicherweise schneller studieren, geringeren Zeitaufwand und geringere Opportunitätskosten für den Erwerb des Bildungsabschlusses aufwenden und auch weniger psychische Belastungen im Studium haben wird als ein Bewerber, dessen Fähigkeiten gerade ausreichen, um den Abschluss zu erwerben.

tätserwartungen ein und beeinflussen so direkt die Lohnangebote für die einzelnen Gruppen Die Lohnangebote werden von den Bewerbern wahrgenommen, und diese richten ihre Bildungsentscheidungen daran aus – unter Berücksichtigung der von ihnen zu tragenden Bildungskosten. Dann bewerben sie sich mit den in den Bildungsinvestitionen erworbenen Signalen sowie ihren persönlichen Indikatoren. Es erfolgen Einstellungen mit den in den Lohnangeboten festgelegten Löhnen. Im nächsten Schritt überprüft der/die ArbeitgeberIn, ob seine bedingten Erwartungen durch die Einstellungen bestätigt wurden. Wenn nicht, muss er seine Lohnstruktur anpassen; wenn ja, bleibt diese unverändert. Diesen Kreislauf bezeichnet Spence (1973, S. 359) als Informationsfeedbackschleife. Die Arbeitgebererwartungen über den Zusammenhang zwischen Bewerbermerkmalen (Signalen und ggf. auch Indikatoren) und späterer Produktivität stehen am Anfang des Kreislaufes als exogene Größe fest. Sie werden durch das Modell nicht erklärt, sondern einfach als Ausgangspunkt genommen.

An einem einfachen Beispiel, in welchem zwei Gruppen von Bewerbern unterschieden werden, sollen zunächst das Modell und dessen Implikationen näher erläutert werden:

Tabelle 4:   Annahmen über die Bewerbergruppen im Beispiel

Bewerbergruppe	I	II
Grenzprodukt der Arbeitsleistungen/Produktivität	1	2
Anteil dieser Gruppe an der gesamten Bewerberpopulation	q	1 - q
Signalkosten, um Signalausprägung y zu erreichen	y	y/2

Die Bewerbergruppe I hat eine niedrigere Produktivität von 1 und Signalkosten von y Einheiten, um eine Signalausprägung von y zu erreichen. Die Bewerbergruppe II hat eine höhere Produktivität von 2 und niedrigere Signalkosten von y/2 Einheiten, um eine Signalausprägung von y zu erreichen. Um jetzt das konkrete Angebot einer Lohnstruktur durch den/die ArbeitgeberIn zu ermitteln, müssen Aussagen über dessen bedingte Erwartungen gemacht werden. Wir unterstellen im Beispiel folgende Erwartungen:

Wenn $y < y^*$ $\Rightarrow$ Produktivität 1 mit der Wahrscheinlichkeit 1.

Wenn $y \geq y^*$ $\Rightarrow$ Produktivität 2 mit der Wahrscheinlichkeit 1.

Diese Erwartungshaltung der ArbeitgeberIn ist sehr einfach strukturiert, da sie einerseits nur von dem Signal y abhängt und andererseits mit sicheren Produktivitätserwartungen in den beiden Bereichen von y auskommt. ArbeitgeberInnen mit dieser Erwartung werden auch eine einfache Lohnstruktur anbieten, bei der alle Bewerber mit einer Signalausprägung y < y* den Grenzproduktivitätslohn w = 1 angeboten bekommen, alle Bewerber mit y ≥ y* einen Grenzproduktivitätslohn von w = 2.

In einem nächsten Schritt können die Signalling-Entscheidungen der Bewerber analysiert werden, die sich mit dieser Lohnstruktur konfrontiert sehen. Angenommen wird, dass die Bewerber ihren Nettolohn maximieren werden, also die Differenz aus dem erhaltenen Lohn abzüglich der aufgewendeten Signalkosten. Zunächst wird unmittelbar deutlich, dass in unserem Beispiel aufgrund des linearen Verlaufs und der positiven Steigung der Kostenfunktionen jeweils nur die beiden Punkte y = 0 und y = y* als mögliche Signalausprägungen in Frage kommen. Bei den anderen Punkten hat man jeweils den gleichen Lohn, aber höhere Signalkosten, sodass sich ein niedrigerer Nettolohn ergibt.

Abbildung 1: Signalentscheidung der niedrig produktiven Bewerber(innen)

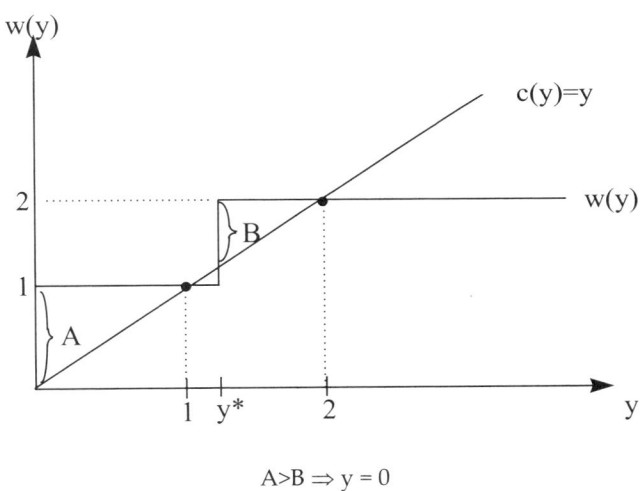

$$A > B \Rightarrow y = 0$$

Graphisch kann daher ein Vergleich der beiden Strecken A und B vorgenommen werden, die jeweils über dem Nullpunkt bzw. über y* den Abstand zwischen Lohn und Signalkosten wiedergeben. Es ist zu erkennen, dass bei vielen Ausprägungen des Punktes y* die rationale Wahl der Bewerber so ausfällt, dass alle wenig produktiven Bewerber (Gruppe 1) die Signalausprägung y = 0 wählen und alle hochproduktiven (Gruppe 2) die Signalausprägung y*.

In diesem Fall werden die Erwartungen des Arbeitgebers genau bestätigt. Ergebnis ist ein Gleichgewicht auf dem Arbeitsmarkt, bei dem es für keinen Akteur einen Anreiz gibt, sein Verhalten zu ändern, ohne dass die andere Partei ihr Verhalten ändert. Das heißt nun aber nichts anderes, als dass die richtige Wahl der Lohnstruktur in Verbindung mit den Signalkosten der Bewerber gerade dazu führt, dass die Bewerber ihren eigenen Wissensvorsprung über ihre Produktivität und ihre Signalkosten dazu verwenden, sich in einem Prozess der Selbstselektion bestimmten Gruppen zuzuordnen. Die Aufgabe, bestimmte Informationen über Bewerber im Rahmen von Screening-Prozessen[20] in der Personalauswahl zu sammeln und auf deren Basis eine Zuordnung der Bewerber zu Gruppen oder Klassen vorzunehmen, kann also durch das Selbstselektionsschema übernommen werden.

Abbildung 2: Signalentscheidung der hoch produktiven Bewerber(innen)

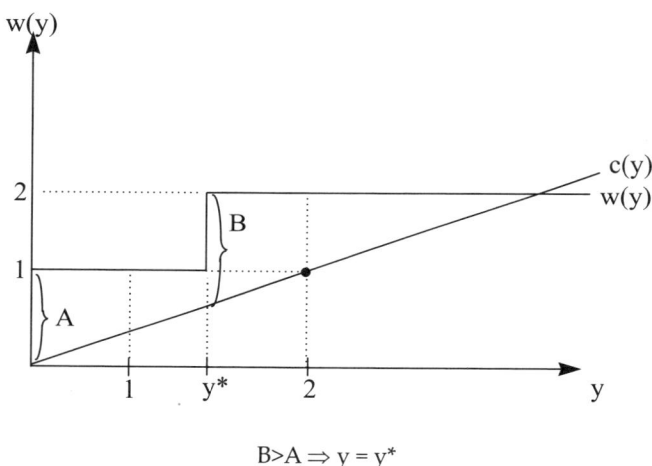

$$B > A \Rightarrow y = y^*$$

Für welche Werte von y^* funktioniert diese Selbstselektion der Bewerber so „perfekt" wie beispielhaft dargestellt? Bei genauer Betrachtung ist zu erkennen, dass die Entscheidung der beiden Bewerbergruppen für alle y^*-Werte zwischen 1 und 2 immer so ausfällt wie im obigen Beispiel. Trotzdem sind nicht alle dieser Gleichgewichtspunkte aus der Sicht der Bewerber gleich zu beurteilen. Je höher nämlich der Wert für y^* liegt, desto mehr Bildungskosten müssen sie tragen, ohne dass diesen eine vernünftige Funktion gegenübersteht – die Selektion der Bewerber findet ja auch bei y^*-Werten nahe dem Wert 1 statt. Daher gibt es ein wohlfahrtsökonomisch begründetes Interesse

---

[20] Zu Screening in der Personalauswahl siehe u.a. Spremann (1990) und Alewell (1994).

daran, zu möglichst dicht an y*= 1 liegenden Werten zu kommen, damit nicht unnötig hohe Bildungskosten in der Gesellschaft ‚verpuffen'.[21]

Für unsere Frage, ob bzw. wie in personalökonomischen Arbeiten Geschlecht berücksichtigt wird, ist eine Erweiterung der Überlegungen um die Indikatoren vorzunehmen (vgl. dazu Spence, 1973, S. 368ff.). Startpunkt der Analyse sind auch hier die exogenen, nunmehr aber geschlechtsspezifisch differierenden Erwartungen des Arbeitgebers. Wir nehmen in unserem Beispiel an, dass sich diese *Erwartungen* nur dadurch unterscheiden, dass der Arbeitgeber y^*_M (den kritischen Wert der Männer) kleiner ansetzt als y^*_F (den kritischen Wert der Frauen), d.h.:

Gruppe der Frauen:
Wenn $y_F < y^*_F \Rightarrow$ Produktivität 1 mit der Wahrscheinlichkeit 1.
Wenn $y_F \geq y^*_F \Rightarrow$ Produktivität 2 mit der Wahrscheinlichkeit 1.
Für den kritischen Wert gelte: $y^*_F > 2$.

Gruppe der Männer:
Wenn $y_M < y^*_M \Rightarrow$ Produktivität 1 mit der Wahrscheinlichkeit 1.
Wenn $y_M \geq y^*_M \Rightarrow$ Produktivität 2 mit der Wahrscheinlichkeit 1.
Für den kritischen Wert gelte: $y^*_M < 2$.

Aus seinen bedingten Erwartungen leitet der/die ArbeitgeberIn nun eine Lohnstruktur als Funktion des Indikators Geschlecht ab. Aus den angegebenen Arbeitgebererwartungen resultiert folgendes *Lohnangebot*:

Männer:
Signalausprägung $y_M < y^*_M \Rightarrow$ erwartete Produktivität 1 $\Rightarrow$ Lohnangebot w = 1.
Signalausprägung $y_M \geq y^*_M \Rightarrow$ erwartete Produktivität von 2 $\Rightarrow$ Lohnangebot w = 2.

Frauen:
Signalausprägung $y_F < y^*_F \Rightarrow$ erwartete Produktivität von 1 $\Rightarrow$ Lohnangebot w = 1.
Signalausprägung $y_F \geq y^*_F \Rightarrow$ erwartete Produktivität von 2 $\Rightarrow$ Lohnangebot w = 2,
wobei gilt: $y^*_M < 2 < y^*_F$.

Um geschlechtsspezifische Auswirkungen auf das Gleichgewicht zu verdeutlichen, betrachten wir jetzt nur die beiden Gruppen der leistungsfähigeren Männer und Frauen, also alle Personen mit einer Produktivität von 2 und Signalkosten von c(y) = y/2. Graphisch lässt sich die Entscheidung der Bewerber wieder anschaulich darstellen (vgl. Abbildung 3 und 4):

---

21 Welche Gruppen wie von Signalling-Prozessen profitieren, soll hier nicht untersucht werden, vgl. dazu die ausführlichen Überlegungen von Spence (1973).

Abbildung 3: Signalentscheidung der hochproduktiven Männer

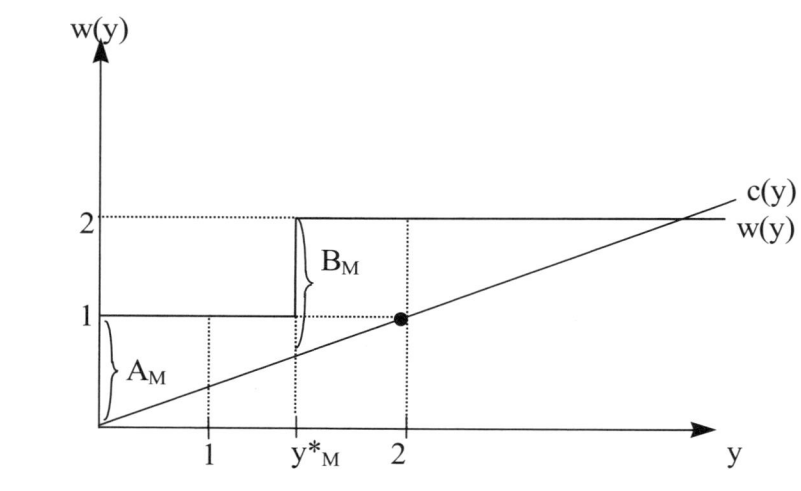

Abbildung 4: Signalentscheidung der hochproduktiven Frauen

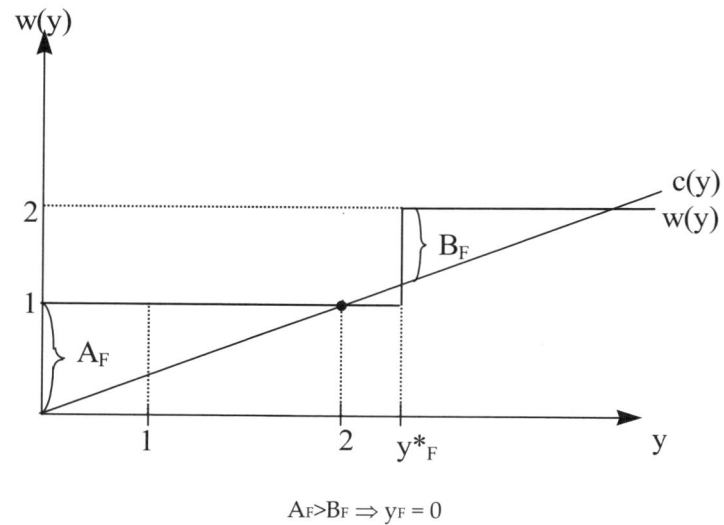

Aufgrund des linearen Verlaufs und der positiven Steigung der Kostenfunktion kommen wiederum jeweils nur die beiden Punkte y = 0 und y = y^*_M bzw. y = y^*_F als mögliche Signalausprägungen in Frage. Die produktiven Männer werden die Signalausprägung y^*_M wählen, da die Strecke B länger ist als die Strecke A. Ist dies der Fall, werden die bedingten Erwartungen des Arbeitgebers bestätigt und manifestieren sich in der in der nächsten Runde angebotenen Lohnstruktur für männliche Bewerber. Die produktiven Frauen werden dagegen die Signalausprägung y = 0 wählen. Die frauenspezifischen Arbeitgebererwartungen führen also dazu, dass auch die hochproduktiven Frauen nur den niedrigen Bildungsabschluss y = 0 erwerben (im Unterschied zu hochproduktiven Männern, die y = y^*_M setzen), weil der höhere Wert für y^*_F bei ihnen zu höheren Bildungskosten und damit niedrigeren Nettolöhnen führt als bei y_F = 0.

Der/die ArbeitgeberIn wird bei der Überprüfung seiner Erwartungen anhand der tatsächlich realisierten Produktivitäten für die Gesamtgruppe der Frauen dann eine durchschnittliche Produktivität von 1q + (1-q) 2 = 2 - q erfahren und den Lohn entsprechend an diese Durchschnittsproduktivität anpassen. Das einheitliche Lohnangebot für *alle* Frauen würde keine Differenzierung zwischen den hoch und den niedrig produktiven Frauen, die aber alle nur y = 0 als Signal erwerben, mehr ermöglichen. Es entsteht ein sog. „Pooling-Gleichgewicht", das bewirkt, dass zwischen Frauen mit unterschiedlicher Produktivität aufgrund des Nichterwerbs von Signalen durch die höher produktiven Frauen nicht genauso differenziert wird wie zwischen den Männern. Vielmehr verbessern die wenig produktiven Frauen gegenüber einer Situation mit Signalling wie bei den Männern ihren Lohn von w = 1 auf w = 2-q; die hoch produktiven Frauen aber verschlechtern sich von w = 2 auf w = 2-q. Im Ergebnis werden die wenig produktiven Frauen „subventioniert" durch die hoch produktiven Frauen.

Männer und Frauen befinden sich nach Abschluss aller Anpassungsprozesse also in unterschiedlichen Gleichgewichten, die selbst durch den unterstellten vollkommenen Wettbewerb nicht angeglichen werden bzw. trotz der gleichen Produktivität von Männern und Frauen mit der Zahlung von Grenzproduktivitätslöhnen zu unterschiedlichen Situationen auf dem Arbeitsmarkt führen können, solange die Arbeitgebererwartungen nicht angeglichen werden. Die dieses diskriminierende Gleichgewicht auslösenden Arbeitgebererwartungen werden durch den Mechanismus der Informationsfeedbackschleife jedoch nicht zwingend[22] korrigiert. Spence (1973, S. 373) beschreibt die entstehende Situation als „Gleichgewichtsfalle". Damit liefert das Modell eine Begründung dafür, wie geschlechtsspezifisch differierende Arbeitgebererwartungen auch bei Wettbewerb, gleichen Fähigkeitsausstattungen und Produktivitäten der nach Indikatoren unterschiedenen Bewerbergruppen sowie rationalem Verhalten aller

---

[22] Hier ist zu diskutieren, ob der Arbeitgeber nach der Einstellung ggf. für die Frauen die Produktivitäten auch unabhängig von den zu beobachtenden Signalen erhebt und die Löhne dann individuell anpasst. In einem solchen Fall würden sich die hochproduktiven Frauen sogar verbessern, weil sie den Lohn von w = 2 ohne das Eingehen von Signalkosten erhalten. Spence (1973) geht jedoch davon aus, dass einmal vereinbarte Löhne bestehen bleiben und die Anpassung der Erwartungen immer nur für die nächsten Einstellungen erfolgt.

Beteiligten unterschiedliche Signal- bzw. Ausbildungsentscheidungen von Frauen und Männern hervorrufen können.

4.3 Beispiel 3: Arbeitsmarktregulierungen und ihre Auswirkung auf die Arbeitsmarktposition von Frauen: Das Beispiel des Mutterschutzes[23]

Wie in fast jedem Land der Welt existieren auch in Deutschland Regelungen zum Mutterschutz, die den Anspruch von Frauen auf eine zeitlich begrenzte Freistellung von ihrer Arbeit rund um den Zeitpunkt der Geburt eines Kindes und ihr Recht auf Rückkehr an diesen oder einen vergleichbaren Arbeitplatz nach Ablauf der Freistellungsfrist regeln. Wenn diese Regelungen den ArbeitgeberInnen Kosten verursachen, die nur in den Arbeitsverhältnissen von Frauen, nicht aber in denen von Männern anfallen können, können sie die Arbeitsmarktposition von Frauen negativ beeinflussen: Entweder diese Kosten führen c.p. dazu, dass von den ArbeitgeberInnen statt Frauen lieber Männer eingestellt werden, oder der/die ArbeitgeberIn überwälzt die Kosten auf die Löhne von Frauen und zahlt diesen einen geringeren Lohn als ansonsten vergleichbaren Männern. Gesetzliche Regelungen könnten demnach eine Ursache von geschlechtsspezifischen Unterschieden in relevanten Arbeitsmarktdaten sein. Dies wollen wir im Folgenden erläutern:

Durch die Freistellung entstehen möglicherweise *erstens* abschreibungsbedingte Kosten eines Humankapitalverlustes für die Dauer der Schutzfrist. Bei einer typischen Freistellungsdauer von 14 Wochen nach dem deutschen Mutterschutzrecht[24] dürften dadurch bedingte Humankapitalverluste von ihrer Höhe her jedoch eher vernachlässigbar sein und erst für längere Freistellungen aufgrund von Elternzeitregelungen relevant werden. Zudem haben wir uns mit humankapitaltheoretischen Argumenten bereits im ersten Beispiel beschäftigt. Daher wollen wir dies hier nicht weiter verfolgen und uns stattdessen auf einen *zweiten*[25] wichtigen Kostenbereich konzentrieren: die

---

23 Vgl. zu den Überlegungen dieses Abschnittes die ausführlicheren Ausführungen und den internationalen Vergleich von Regelungen in Alewell und Pull (2001; 2002; 2004) sowie die Überlegungen in Alewell (2000), die auch die Wirkungen der direkten finanziellen Belastungen des Arbeitgebers mit einbeziehen.

24 Laut Mutterschutzgesetz beginnt die Freistellung 6 Wochen vor dem voraussichtlichen Geburtstermin und endet bei normalen Geburten (keine Mehrlinge, keine Frühgeburt) 8 Wochen nach der Geburt. Vor der Geburt hat die Frau ein Wahlrecht, ob sie die Freistellung in Anspruch nehmen will, nach der Geburt besteht ein Beschäftigungsverbot für den Arbeitgeber.

25 Ein *dritter* wichtiger Kostenbereich sind die Zuschüsse des Arbeitgebers zum Mutterschaftsgeld, die auch Gegenstand juristischer Auseinandersetzung waren und vom Bundesverfassungsgericht im November 2003 für verfassungswidrig erklärt wurden. Der Tenor des Ur-

Reorganisationskosten des Arbeitgebers, die durch die Mutterschutzfristen ausgelöst werden.

Wird eine Frau von ihrer Arbeit freigestellt, hat jedoch den Anspruch, nach der Freistellungszeit auf ihren alten oder einen vergleichbaren Arbeitsplatz zurückzukehren, ergibt sich für den/die ArbeitgeberIn das organisatorische Problem, wer deren Aufgaben in der Zwischenzeit erledigt. Zur Lösung hat der/die ArbeitgeberIn im Wesentlichen zwei Alternativen, die in Abhängigkeit von der Länge der Mutterschutzfrist und verschiedenen anderen Determinanten unterschiedlich teuer sind: Er/Sie kann die Arbeit umverteilen auf die KollegInnen der freigestellten Frau (*"Umverteilungslösung"* oder er/sie kann eine Vertretungskraft für die Dauer der Freistellungszeit einstellen (*"Vertretungslösung"*).[26] Welche Reorganisationskostenverläufe ergeben sich nun für die beiden Arbeitgeberalternativen?

Die *Umverteilungslösung* eignet sich potenziell bei relativ kurzen Freistellungszeiten. Für kurze Fristen werden häufig, wie auch während Urlaubszeiten oder Geschäftsreisen, die KollegInnen der Freigestellten deren Aufgaben mit übernehmen können. Je länger jedoch die Freistellungszeit, desto problematischer wird die Umverteilungslösung: Unter der Prämisse angemessener Arbeitsintensitäten vor der Reorganisation kann eine länger andauernde zusätzliche Arbeitsbelastung der KollegInnen zur Erhöhung der Unzufriedenheit, Fehleranfälligkeit, Fluktuation und Fehlzeiten führen. Die Umverteilungskosten (insgesamt und auch pro Zeiteinheit) werden mit zunehmender Dauer der Mutterschutzfrist überproportional ansteigen. Ob die KollegInnen der freigestellten Frau überhaupt in der Lage sind, deren Aufgaben zu übernehmen, hängt u.a. auch von der vorher bestehenden Aufgabenverteilung in der Arbeitsgruppe ab: Homogene Aufgaben ermöglichen eher eine Umverteilung. Je heterogener die Aufgaben, desto stärker ausgeprägt sind die Einarbeitungsnotwendigkeiten und desto schwieriger bzw. kostenträchtiger wird daher diese Lösung.[27] Während also die Umverteilungskosten mit der Dauer der Mutterschutzfrist ansteigen, ist ihre absolute Höhe durch den Grad der Heterogenität der Aufgaben in der jeweiligen Arbeitsgruppe bedingt und kann deshalb von Unternehmen zu Unternehmen, von Abteilung zu Abteilung und von Arbeitsgruppe zu Arbeitsgruppe schwanken. Daher kann eine Umverteilungslösung gerade für kleine Unternehmen sehr kostenträchtig sein, weil

---

teils, nicht den Arbeitgebern, sondern der Gesellschaft insgesamt die Finanzierung der Mutterschutzkosten aufzubürden, erscheint auch aus ökonomischer Sicht vernünftig, vgl. hierzu die Überlegungen in Alewell (2000).

26 Die Möglichkeit, die Arbeit bis zur Rückkehr der Frau ‚liegen zu lassen‘, wird hingegen nur in Ausnahmefällen bestehen und soll daher nicht weiter betrachtet werden.

27 Dass Arbeitgeber damit vorausschauend auf erwartete Reorganisationsprobleme reagieren, wäre auch eine Erklärung für das in Fußnote 17 angesprochene Phänomen, dass frauendominierte Arbeitsplätze tendenziell so strukturiert werden, dass eine Austauschbarkeit der Stelleninhaberinnen jederzeit möglich ist.

hier die Heterogenität in den Aufgabenstrukturen in der Regel größer sein wird als in großen Unternehmen.[28]

Anders verläuft die Funktion der *Vertretungskosten*, insbesondere wenn es um die Vertretung von hochqualifizierten Arbeitnehmerinnen geht: Je höher die Qualifikationsanforderungen, desto schwieriger wird es sein, für einen kurzen Vertretungszeitraum eine Ersatzkraft zu finden. Such- und Einstellungskosten stellen im Hinblick auf die gesamte Mutterschutzzeit fixe Kostenbestandteile dar. Zeitarbeitskräfte sind in aller Regel für hochqualifizierte Tätigkeiten jedenfalls bisher eher nicht verfügbar.[29] Auf die Vertretungszeit umgerechnet, ergibt sich, dass mit längerer Freistellungszeit und Beschäftigungsdauer der Ersatzkraft die Such- und Einstellungskosten pro Zeiteinheit der Mutterschutzfrist fallen. Zudem muss die Vertretung zunächst eingearbeitet werden und wird daher einerseits Arbeitszeit von KollegInnen in Anspruch nehmen, andererseits auch erst nach einer gewissen Zeit die volle Produktivität erreichen. Die im Zeitablauf abnehmende Differenz zur Produktivität der freigestellten Arbeitnehmerin ebenso wie die im Zeitablauf abnehmende monetär bewertete Arbeitszeit der KollegInnen, die an der Einarbeitung beteiligt sind, können als Opportunitätskosten den fixen Einstellungs- und Rekrutierungskosten zugeschlagen werden. Insgesamt ergibt sich damit ein unterproportional steigender[30] Verlauf der gesamten Vertretungskosten bzw. ein fallender Verlauf der Vertretungskosten pro Zeiteinheit. Die absolute Höhe der Vertretungskosten hängt stark vom Ausmaß des benötigten spezifischen Humankapitals am jeweiligen Arbeitsplatz ab. Je höher die Spezifität der benötigten Qualifikationen, desto höher die Rekrutierungs- und Einarbeitungskosten und damit die Kosten der Vertretungslösung.

Für die *Wahl zwischen der Umverteilungs- und der Vertretungslösung* kann der/die ArbeitgeberIn bei gegebenen Mutterschutzdauern die jeweils entstehenden Reorganisationskosten pro Zeiteinheit vergleichen und die kostengünstigere Alternative auswählen. In Abbildung 5 sind die gesamten Reorganisationskosten des Mutterschaftsurlaubs pro

---

28 Zudem hängt die absolute Höhe der Umverteilungskosten auch von den Regelungen zur Bezahlung von Überstunden ab. Sind Überstunden mit dem regulären Gehalt pauschal abgegolten, wie es in Bereichen von höher qualifizierten Angestellten üblich ist, so sind die Umverteilungskosten niedriger, als wenn lineare oder sogar überproportional hohe Überstundenzuschläge gezahlt werden.

29 Vgl. zu einem Überblick für den deutschen Zeitarbeitsmarkt z.B. Föhr (2000). Allerdings kann das ab 2004 greifende Gleichbehandlungsgebot möglicherweise einen Trend hin zu Zeitarbeit auch im höher qualifizierten Bereich unterstützen, vgl. hierzu Alewell, Friedrich und Martin (2004).

30 Bei längeren Mutterschutzdauern nach Abschluss der Einarbeitung möglicherweise auch horizontaler Verlauf der Vertretungskostenfunktion. Steigt die Produktivität der Vertretungskraft im Laufe der Zeit über die der freigestellten Arbeitnehmerin, z.B. weil eine nur befristet eingestellte Ersatzkraft über sehr hohe Leistungen eine unbefristete Anstellung erreichen möchte, so können die gesamten Vertretungskosten bei längeren Mutterschutzfristen sogar sinken.

Zeiteinheit der Mutterschutzfrist dargestellt durch $C = \min(C_U, C_V)$ mit C_U = Kosten der Umverteilung pro Zeiteinheit und C_V = Kosten der Vertretung pro Zeiteinheit.

So betrachtet, könnte sich gerade eine mittlere Dauer des Mutterschutzes als besonders kostenintensiv für ArbeitgeberInnen erweisen, weil hier die Umverteilungs- und die Vertretungslösung vergleichsweise hohe Reorganisationskosten aufweisen und quasi die Wahl zwischen zwei wenig passenden Strategien besteht. Bei sehr kurzen und sehr langen Abwesenheitszeiten führt dagegen jeweils eine der Alternativen zu deutlich niedrigeren Reorganisationskosten pro Zeiteinheit und ist daher vorzuziehen.[31]

Abbildung 5: *Kosten von Umverteilungs- und Vertretungslösung in Abhängigkeit von der Dauer des Mutterschutzes*

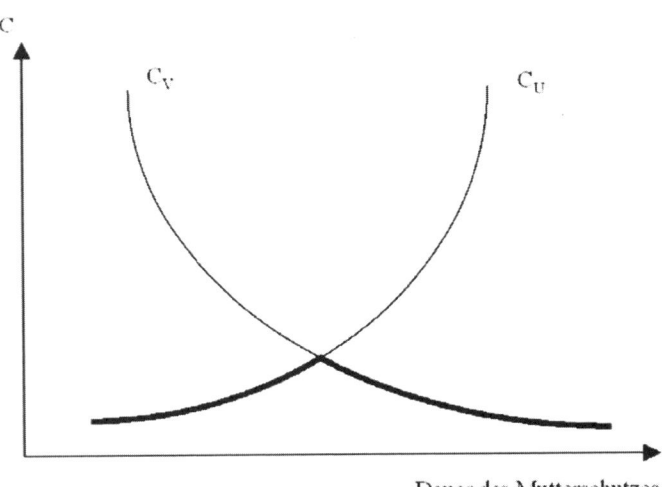

Quelle: leicht verändert nach Alewell & Pull (2002).

Neben der *Dauer* der mutterschutzbedingten Freistellung spielt die *Vorhersehbarkeit* der gesamten geburtsbedingten Abwesenheitsdauer eine wichtige Rolle für die Höhe der

---

31 Es ist zu beachten, dass die Argumentation hier über eine *gegebene Dauer* der Mutterschutzfrist geführt wird. Daher können die Reorganisationskosten pro Zeiteinheit verglichen werden. Zur Beantwortung der Frage, welche Länge der Mutterschutzdauer Arbeitgeber präferieren, müssten dagegen die Gesamtkosten der verschiedenen Mutterschutzdauern verglichen werden.

Reorganisationskosten, weil unerwartete Entscheidungen der Mütter evtl. die Reorganisationsentscheidungen ex post suboptimal werden lassen: So kann etwa die unerwartete Entscheidung einer Mutter, im Anschluss an den Mutterschaftsurlaub Elternzeit in Anspruch zu nehmen, eine Verlängerung einer kurzfristig angelegten Umverteilungslösung in den Bereich steil ansteigender Kosten hinein erforderlich machen. Ähnlich mag die überraschende Rückkehr einer Mutter an den Arbeitsplatz die Einstellung einer Vertretungskraft *ex post* ineffizient machen, indem Trainings- und Rekrutierungskosten „versenkt" werden.[32]

Wie deutlich wird, ist die Wirkung der gesetzlichen Regelungen auf die Arbeitsmarktposition von Frauen nicht einfach abzuschätzen. Zwar ist zu erwarten, dass ArbeitgeberInnen die Kosten auf die Arbeitsverhältnisse von Frauen überwälzen und damit entweder Effekte dieser Regelungen bei den Frauenlöhnen oder bei den geschlechtsspezifischen Einstellungsentscheidungen auftreten. Obwohl man klare Zusammenhangsaussagen zwischen der Ausgestaltung der gesetzlichen Regelungen und der Höhe der Reorganisationskosten ableiten kann, hängt die Höhe der im Einzelfall anfallenden Reorganisationskosten des Arbeitgebers daneben auch von bestimmten betrieblichen Gegebenheiten wie etwa der Aufgabenstruktur in Arbeitsgruppen ab. Zudem ist zu berücksichtigen, dass die Gesamtwirkungen rechtlicher Regelungen auf die Arbeitsmarktposition von Frauen sehr komplex sind und mit partiellen Analysen – wie der hier nur für den Bereich der Reorganisationskosten vorgenommenen – nicht vollständig abgeschätzt werden können: So gibt es möglicherweise Zusammenhänge zwischen der Länge der Schutzfrist und der Wahrscheinlichkeit, dass die Frau nach dem Ende der Schutzfrist an den Arbeitsplatz zurückkehrt. Nach einer längeren Schutzfrist kann es für die Frau eher möglich werden, Kinderbetreuung und Erwerbsarbeit miteinander zu kombinieren, sodass die Wahrscheinlichkeit eines kompletten Humankapitalverlustes nach dem Mutterschutz für den/die ArbeitgeberIn sinken könnte. Umgekehrt könnten kürzere Schutzfristen die Wahrscheinlichkeit eines längerfristigen Ausstiegs aus dem Erwerbsleben erhöhen. Die Rückkehrwahrscheinlichkeit dürfte darüber hinaus jedoch von zahlreichen weiteren Faktoren abhängen, z.B. von der Verfügbarkeit, der Qualität und den Kosten von Kinderbetreuung. Steigt aufgrund der gesetzlichen Regelungen zum Mutterschutz die Wahrscheinlichkeit, dass Frauen auch nach der Geburt eines Kindes an den Arbeitsplatz zurückkehren und nicht längerfristig aus dem Arbeitsleben ausscheiden, so tragen diese Regelungen zugleich dazu bei, spezifisches Humankapital zu erhalten oder gute Arbeitnehmer-Arbeitgeber-Matches zu sichern. Damit können sie neben den partiell negativen Wirkungen auch partiell positive Effekte auf die Arbeitsmarktposition von Frauen entfalten. Welcher dieser partiellen Effekte überwiegt und ob damit die Gesamtwirkung von

---

[32] Zu einem Vergleich der Regelungen für die sechs Länder USA, Großbritannien, Deutschland, Japan, Niederlande, Dänemark insbesondere der Faktoren, die die Vorhersehbarkeit der gesamten Abwesenheitsdauer beeinflussen, vgl. Alewell und Pull (2001; 2002; 2004).

Mutterschutzregelungen auf die Arbeitsmarktposition von Frauen negativ oder positiv ist, kann nur mittels empirischer Studien beantwortet werden.[33]

5   Zusammenfassung

Wie bereits an den ausgewählten Beispielen deutlich wird, setzen theoretische personalökonomische Analysen geschlechtsspezifischer Fragestellungen an sehr unterschiedlichen Aspekten und Zusammenhängen an. Neben der Gemeinsamkeit der Verwendung des ökonomischen Verhaltensmodells als Basis der Analyse gibt es auch wesentliche Unterschiede in den Analysen – z.B. hinsichtlich der Prämissen, der unterstellten Verhaltenskalküle und der Einbeziehung rechtlicher Gegebenheiten, aus denen dann auch Unterschiede in den Ergebnissen der Analysen und der Ebene, auf denen diese Ergebnisse angesiedelt sind, resultieren. Auch die Zuweisung von Variablen in den Bereich exogener und endogener Größen unterscheidet sich deutlich. Partielle Erklärungsbeiträge zu den geschlechtsspezifischen Mustern auf dem Arbeitsmarkt, die sich in den in Abschnitt 2 angegebenen empirischen Daten ausdrücken, lassen sich mit den in den selektiven Beispielen vorgestellten Ansätzen jeweils ableiten, z.B. zu unterschiedlichem Umfang an Humankapitalinvestitionen mit der Humankapitaltheorie, zu unterschiedlichem Ausbildungsverhalten mit den Signalling-Überlegungen und zur Wirkung von Arbeitsmarktregulierungen auf die Arbeitsmarktposition von Frauen mit dem Reorganisationskostenansatz. In der Realität werden viele dieser Faktoren auch zusammenwirken und sich möglicherweise sogar gegenseitig verstärken: Zum Beispiel können etwa geschlechtsspezifische Rollenmuster hinsichtlich der Kinderbetreuung einerseits zu individuell unterschiedlichen Humankapitalinvestitionen von Männern und Frauen führen, diese können wiederum, neben dem Einfluss bestimmter Arbeitsmarktregulierungen wie etwa dem Mutterschutz, bestimmte Arbeitgebererwartungen hervorrufen oder doch stabilisieren und damit geschlechtsspezifische Lohnstrukturen bedingen, die wiederum unterschiedliches Bildungsverhalten und unterschiedliche Erwerbsbiographien von Männern und Frauen bewirken können.

---

[33] Vgl. hierzu die in Alewell und Pull (2001; 2002; 2004) zitierten empirischen Arbeiten.

Literatur

Alewell, D. (1994): Informationsasymmetrien in Arbeitsverhältnissen, in: Zeitschrift für Betriebswirtschaft, 64. Jg., Heft 1, S. 57-79.

Alewell, D. (1996): Zum Verhältnis von Arbeitsökonomik und Verhaltenswissenschaften, in: Die Betriebswirtschaft, 56. Jg., Heft 5, S. 667-683.

Alewell, D. (1997): Die Finanzierung betrieblicher Weiterbildung. Ökonomische und juristische Aspekte, Wiesbaden.

Alewell, D. (2000): Ökonomische Analyse der Regelungen des Mutterschutzes in Deutschland, in: Zeitschrift für Personalforschung, 16. Jg., Heft 4, S. 312-333.

Alewell, D., Friedrich, C. & Martin, S. (2004): Gleichbehandlungsgrundsatz: Ende der Zeitarbeit? Ausgewählte betriebliche Wirkungen der Zeitarbeit aus ökonomischer Perspektive, in: Struck, O. & Köhler, C. (Hg.): Beschäftigungsstabilität im Wandel? Empirische Befunde und theoretische Erklärungen für West- und Ostdeutschland, München, S. 227-246.

Alewell, D. & Pull, K. (2001): An International Comparison and Assessment of Maternity Leave Legislation, in: Comparative Labor Law and Policy Journal, 22. Jg., S. 297-326.

Alewell, D. & Pull, K. (2002): The International Regulation of Maternity Leave: Leave Duration, Predictability, and Employer-Co-Financed Maternity Pay, in: International Business and Economics Research Journal, 1. Jg., Heft 2, S. 45-60.

Alewell, D. & Pull, K. (2004): Mutterschutzbedingte Reorganisationskosten des Arbeitgebers – eine' international vergleichende Analyse gesetzlicher Schutzbestimmungen, in: Zeitschrift für Personalforschung, 18. Jg., Heft 4, S. 374-395.

Backes-Gellner, U. (1993): Personalwirtschaftslehre – eine ökonomische Disziplin?!, in: Zeitschrift für Personalforschung, 7. Jg., Heft 4, S. 513-530.

Becker, G. S. (1975): Human Capital. A Theoretical and Empirical Analysis with Special Reference to Education, 3. Aufl., New York.

Becker, G. S. (1976): The Economic Approach to Human Behavior, Chigago.

Bergemann, A. & Mertens, A. (2002): Job Stability, Layoffs and Quits – An Empirical Analysis for West Germany, Mimeo.

Bericht zur Berufs- und Einkommenssituation von Frauen und Männern (2001); im Auftrag des Bundesministeriums für Familie, Senioren, Frauen und Jugend erstellt von der Bietergemeinschaft WSI in der HBS, INIFES, Forschungsgruppe Tondorf, Düsseldorf, Stadtbergen, Berlin, Juli 2001.

EU (2000): Highlighting pay differentials between women and men; Eurostat-Studie EU2000.se.

Fabel, O. & Nischik, R. M. (Hg.) (2002): Femina Oeconomica: Frauen in der Ökonomie, München.

Föhr, S. (2000): Flexibilisierung des Personaleinsatzes durch Arbeitnehmerüberlassung – eine personalökonomische Analyse; in: Alewell, D. (Hg.): Zwischen Arbeitslosigkeit und Überstunden – Personalwirtschaftliche Überlegungen zur Verteilung von Arbeitsvolumina, Frankfurt a.M., S. 49-84.

Frick, B. & Winkelmann, K. (1999): Pay Inequalities in Germany: A Review of the Literature; Pay Inequality and Economic Performance, Discussion Paper, HPSE-CT-1999-00040.

Gerlach, K. & Stephan, G. (2003): Betriebszugehörigkeitsdauer, Betriebseffekte und industrielle Beziehungen, in: Struck, O. & Köhler, C. (Hg.): Beschäftigungsstabilität im Wandel? Empirische Befunde und theoretische Erklärungen für West- und Ostdeutschland, München, S. 157-180.

Hax, H. (1991): Theorie der Unternehmung – Information, Anreize und Vertragsgestaltung, in: Ordelheide, D., Rudolph, B. & Büsselmann, E. (Hg.): Betriebswirtschaftslehre und ökonomische Theorie, Stuttgart, S. 51-74.

Kirchgässner, G. (1991): Homo Oeconomicus – Das ökonomische Modell individuellen Verhaltens und seine Anwendung in den Wirtschafts- und Sozialwissenschaften, Tübingen.

Lauer, C. (2000): Gender Wage Gap in West Germany: How Far Do Gender Differences in Human Capital Matter?; ZEW Discussion Paper, Mannheim.

Mag, W. (1988): Was ist ökonomisches Denken?, in: Die Betriebswirtschaft, 48. Jg., S. 761-776.

Milgrom, P. & Roberts, J. (1992): Economics, Organization and Management, Englewood Cliffs.

OECD (2002): Women at work: who are they and how are they faring?; in: OECD Employment Outlook 2002, Chapter 2.

Schulte, T. (2002): EIRO comparative study on gender pay equality: The case of Germany; http://www.eiro.eurofound.ie.

Simmel, G. (1900): Philosophie des Geldes, München/Leipzig.

Spence, M. (1973): Job Market Signaling, in: Quarterly Journal of Economics, 87. Jg., S. 335-374.

Spremann, K. (1990): Asymmetrische Information, in: Zeitschrift für Betriebswirtschaft, 60. Jg., Heft 5/6, S. 561-586.

Statistisches Bundesamt (2004): Datenreport 2002, www.destatis.d/allg/d/veroe/d_ datend.htm.

Andrea Jochmann-Döll

Gleiches Entgelt für gleichwertige Arbeit

(K)ein Thema für die Betriebswirtschaftslehre?!

1   Zum Thema der Entgeltdiskriminierung in der BWL 187

2   Die Forderungen der rechtlich fixierten Entgeltgleichheitsprinzipien 189

3   Entgeltdifferenzen und berufliche Segregation 190

4   Die Feststellung der Wertigkeit von Arbeitsplätzen 194
    4.1   Die Verfahren der Arbeitsbewertung im Überblick 194
    4.2   Diskriminierungspotentiale von Arbeitsbewertungsverfahren 195
    4.3   Diskriminierungsfreie(-re) Arbeitsbewertung und ihre Ergebnisse 197

5   Fazit: Zukünftige Arbeitsfelder 200

Literatur 200

1 Zum Thema der Entgeltdiskriminierung in der BWL

Die Forderung einer geschlechtergerechten Entlohnung wurde bereits in den frühen Jahren der Betriebswirtschaftslehre von einem ihrer Vertreter aufgestellt: In seinem 1914 erschienenen Buch ‚Betrieb-Wissenschaft' mahnte Rudolf Dietrich[1] gleiche Löhne für gleiche oder ähnliche Arbeit von Frauen bei gleicher Arbeitszeit an, denn: „Es besteht kein vernünftiger Grund dafür, die Löhne der Frauen, weil sie Frauen sind, niedriger zu bemessen" (Dietrich, 1914, S. 453, zitiert nach Krell, 2004, S. 20). Neben dieser ausgesprochen progressiven Forderung wurden Frauen in der frühen Betriebswirtschaftslehre eher unter den Aspekten der Sittlichkeit und einer an die ‚weiblichen Besonderheiten und Erfordernisse' angepassten Arbeitsgestaltung erwähnt (vgl. ebd., S. 22).

Knapp 80 Jahre später, im Jahre 1991, wurde von Krell und Osterloh eine Bestandsaufnahme zum Stellenwert von Frauenthemen an den damals 43 deutschsprachigen Lehrstühlen für die betriebswirtschaftliche Teildisziplin ‚Personal' durchgeführt (Krell & Osterloh, 1992). Unter den von den 38 antwortenden Lehrstühlen am häufigsten genannten Themen rangiert ‚Entgeltdiskriminierung/-gerechtigkeit' mit 14 Nennungen auf Platz 4 (ebd., S. 15). Allerdings weisen Krell und Osterloh darauf hin, dass beinahe die Hälfte dieser Nennungen auf eine Autorin[2] zurückzuführen ist, was zu einer eher vorsichtigen Einschätzung der Verbreitung und Bedeutung dieses Themas innerhalb der Personallehre zum damaligen Zeitpunkt führen sollte. Im Jahr 2002 wurde die Bestandsaufnahme von Krell und Karberg (in erweiterter Form) wiederholt (Krell & Karberg, 2002a[3]). Zum Thema ‚Entgelt' konnten zwar nunmehr 21 Nennungen dokumentiert werden, jedoch belegte das Thema, gemeinsam mit ‚Personalentwicklung', nur noch Platz 5 der Liste der am häufigsten genannten Themen.

Der inhaltliche Schwerpunkt der personalpolitischen Arbeiten zum Thema Entgelt unter einer Geschlechterperspektive lag in beiden Untersuchungen bei der Analyse der potentiell diskriminierenden Wirkungen der Arbeitsbewertung bzw. der anforderungsabhängigen Grundentgeltdifferenzierung als einer wesentlichen Ursache für die Entgeltdifferenzen zwischen Frauen und Männern (Krell & Osterloh, 1992, S. 19; Krell

---

[1] Zu einem historischen Überblick über die Entwicklung der Betriebswirtschaftslehre und ihrer Teildisziplin ‚Personalwesen' unter einem geschlechterbezogenen Blickwinkel vgl. Krell, 2004, S. 17ff., zur wissenschaftlichen Einordnung Dietrichs vgl. ebd., S. 20, Fußnote 8.

[2] Es handelt sich um meine eigenen Veröffentlichungen: Jochmann-Döll, 1989; 1990; 1991; Jochmann-Döll & Wächter, 1989, sowie Diplomarbeit und Dissertation. Zählt man Krells eigene Veröffentlichungen (Krell, 1990a; 1990b) dazu, dann ist mehr als die Hälfte der Nennungen auf zwei Personen zurückzuführen.

[3] Hier wird die Auswertung der Befragung der PersonalprofessorInnen veröffentlicht. Zur Gesamtauswertung der Befragung aller UniversitätsprofessorInnen für Betriebswirtschaftslehre vgl. Krell & Karberg, 2002b.

& Karberg, 2002, S. 291). Die Vielzahl der zu diesem Thema bislang erschienenen Arbeiten (vgl. Krell 2004, S. 60ff.) findet jedoch nur sehr zögerlich Eingang in das Standardrepertoire personalwirtschaftlicher Lehrbücher. Eine Durchsicht von 7 nach dem Jahr 2000 in Deutschland erschienenen Personallehrbüchern (Berthel & Becker, 2003; Bröckermann, 2003; Drumm, 2000; Jung, 2003; Martin, 2001; Scherm & Süß, 2003; Scholz, 2000) ergab, dass keines der Lehrbücher in den entsprechenden Kapiteln geschlechterbezogene Entgeltdiskriminierung oder mögliche diskriminierende Wirkungen der Arbeitsbewertung behandelt.[4] Dies ist aus zwei Gründen sowohl erstaunlich als auch bedauerlich: Erstens wird „das ‚Geburtsjahr' einer intensiven und systematischen Beschäftigung mit dem Diskriminierungspotential der Verfahren der Arbeitsbewertung im Rahmen der BWL" auf das Jahr 1990 datiert (Krell, 2004, S. 42). Zweitens werden im angelsächsischen Sprachraum Fragen der Entgeltdiskriminierung und Arbeitsbewertung bereits seit längerem auch in Lehrbüchern diskutiert (so z.B. Crane, 1982, S. 544ff.; Dessler, 1994, S. 28ff. und 429ff.; Tyson & York, 1996, S. 160 und 260 ff.). Ebenfalls wird dort seit den 1980er Jahren das Thema ‚mittelbare Diskriminierung durch Arbeitsbewertung' in der spezielleren Fachliteratur unter den Überschriften ‚Comparable Worth' (USA) und ‚Equal pay for jobs of equal value' (UK) diskutiert (vgl. für viele Remick, 1984; Treiman & Hartmann, 1981; Equal Opportunities Commission, 1982).

Auch in Deutschland finden sich in spezielleren Lehrbüchern und Nachschlagewerken zum Thema Entgelt mittlerweile Hinweise (Lang, Meine & Ohl, 2001, S. 191ff.), vereinzelt auch ausführliche Abschnitte (Schettgen, 1996, S. 145-151) zum Thema ‚Gleiches Entgelt für gleichwertige Arbeit'. Und in der neuen, 3. Auflage des Handwörterbuchs des Personalwesens werden unter dem Stichwort ‚Arbeitsbewertung' auch deren Diskriminierungspotentiale erwähnt, und es wird auf die Bedeutung lohnpolitischer Verhandlungen für „Entscheidungen über die Aufnahme, Verwendung und Gewichtung von diskriminierungsfreien Entgeltkriterien" (Ridder, 2004, Sp. 203) verwiesen.

Der vorliegende Text will einen weiteren Beitrag zur Verankerung des Themas in der BWL leisten. Hierzu werden zunächst die Forderungen der rechtlich fixierten Entgeltgleichheitsprinzipien erläutert (Abschnitt 2), bevor dann in Abschnitt 3 die Bedeutung des Prinzips des gleichen Entgelts für gleichwertige Arbeit für das Zustandekommen geschlechterbezogener Entgeltdifferenzen anhand statistischer Daten belegt wird. Die Verfahren der Arbeitsbewertung werden in Abschnitt 4 zunächst allgemein beschrieben; zwei weitere Unterabschnitte stellen sowohl ihr Diskriminierungspotential als auch Möglichkeiten einer diskriminierungsfrei(er)en Arbeitsbewertung dar. In Abschnitt 5 wird ein Fazit gezogen.

---

[4]   Zu einer systematischen und umfassenden Analyse deutschsprachiger Personallehrbücher unter dem Geschlechteraspekt vgl. Gerhard, Osterloh & Schmidt, 1992.

2   Die Forderungen der rechtlich fixierten Entgeltgleichheitsprinzipien

Das älteste Prinzip zur Durchsetzung von Entgeltgerechtigkeit zwischen Frauen und Männern ist das des gleichen Entgelts für gleiche Arbeit. Frauen und Männer, die an identischen Arbeitsplätzen arbeiten, sollen auch das gleiche Entgelt erhalten. Dies war noch in der ersten Hälfte des 20. Jahrhunderts keine Selbstverständlichkeit. Entweder wurden für Frauen geringere Entgelte vereinbart, also ‚Geschlechtsabzüge' vorgenommen, oder aber Männer erhielten ‚Geschlechtszulagen', damit sie an gleichen Arbeitsplätzen eine höhere Verdienstchance hatten als ihre Kolleginnen.[5] Noch bis in die 1950er Jahre hinein wurden in Tarifverträgen der damaligen BRD Frauenlohngruppen und Lohnabschlagsklauseln für Frauen vereinbart, durch die sie für gleiche Arbeit ein um bis zu 30% geringeres Entgelt erhielten als ihre männlichen Kollegen. Erst im Jahre 1955 erklärte das Bundesarbeitsgericht diese Regelungen für unzulässig, und sie wurden sukzessive abgeschafft (vgl. hierzu Jochmann-Döll, 1990, S. 178ff.; Jochmann-Döll & Krell, 1993, S. 135ff.).

Das Prinzip des gleichen Entgelts für gleiche Arbeit kann mittlerweile als verwirklicht angesehen werden. Busfahrer und Busfahrerinnen, Kfz-Mechaniker und Kfz-Mechanikerinnen, Sekretäre und Sekretärinnen, Krankenpfleger und Krankenpflegerinnen – sie alle erhalten dasselbe Grundentgelt, wenn sie nach demselben Tarifvertrag vergütet werden. Ist dies nicht der Fall, kann rechtlich erfolgversprechend dagegen angegangen werden.[6] Dass trotz der weitgehenden Verwirklichung dieses Prinzips die Entgeltdifferenzen nicht entscheidend verringert wurden (vgl. Abschnitt 3), muss also andere Ursachen haben.

Eine wesentliche Ursache liegt darin, dass Frauen und Männer nur zu einem geringen Teil gleiche Arbeit verrichten. Der größte Teil des Arbeitsmarktes ist mehrfach geschlechtsspezifisch segregiert, d.h. dass Frauen und Männer an Arbeitsplätzen, in Berufen oder in Branchen arbeiten, in denen sie mehrheitlich auf Angehörige ihres eigenen Geschlechtes treffen (vgl. Abschnitt 3). Das Prinzip des gleichen Entgelts für gleiche Arbeit bzw. das Verbot der unmittelbaren Entgeltdiskriminierung hat deshalb nur geringe empirische Relevanz und nur einen geringen potentiellen Einfluss auf die Entgeltdifferenz. Viel wichtiger für eine Realisierung der Entgeltgleichheit ist das

---

5   Von einer solchen Praxis in einer Weberei berichtet Max Weber zu Anfang des 20. Jahrhunderts: In der beschriebenen Fabrik webten überwiegend Frauen, aber auch einige Männer Taschentücher und schmales Leinen. Die Akkordleistung und damit die Verdienstchancen der Frauen waren deutlich besser als die der Männer, obwohl der garantierte Minimallohn für die Männer höher lag. Da nun den Männern nicht zugemutet werden konnte, weniger zu verdienen als ihre Kolleginnen, erhielten sie einen ‚Geschlechtszuschlag' in Höhe von 1/5 ihres Akkordverdienstes (Weber, 1908-09, S. 165, zitiert nach Jochmann-Döll & Krell, 1993, S. 135f.).

6   Zu den rechtlichen Grundlagen zur Durchsetzung der Entgeltgleichheit vgl. ausführlich Schiek, 2004; sowie Tondorf & Ranftl, 2003, S. 8ff.

Prinzip des gleichen Entgelts für gleichwertige Arbeit bzw. das Verbot der mittelbaren Entgeltdiskriminierung. Um dies zu verdeutlichen, liefert der nun folgende Abschnitt einige Daten zu Entgeltdifferenzen zwischen Männern und Frauen und ihrem Zusammenhang zur beruflichen Segregation.

3 Entgeltdifferenzen und berufliche Segregation

Aktuelle Zahlen aus Deutschland zeigen, dass sich die Entgeltdifferenzen in den letzten Jahrzehnten nicht entscheidend verringert haben. Der Bericht zur Berufs- und Einkommenssituation von Frauen und Männern, der im Jahr 2001 von der Bundesregierung veröffentlicht wurde, weist für Westdeutschland eine Verringerung der Entgeltdifferenz um 2,8 Prozentpunkte zwischen 1977 und 1997 aus. Vollzeitbeschäftigte Frauen erhielten 1997 immer noch nur 74,8% des Verdienstes vollzeitbeschäftigter Männer. In Ostdeutschland sahen die Werte erheblich günstiger aus: Frauen erzielten hier 93,9% des Einkommens von Männern und nehmen damit auch auf europäischer Ebene eine Spitzenposition ein. Der Durchschnittswert für Deutschland liegt bei 75,8% (Bericht zur Berufs- und Einkommenssituation von Frauen und Männern, 2001, S. 46f.).

Die jüngsten Daten liefert die letzte Gehalts- und Lohnstrukturerhebung des Jahres 2001 für alle vollzeitbeschäftigten ArbeitnehmerInnen im Produzierenden Gewerbe, Handel, Kredit- und Versicherungsgewerbe (Statistisches Bundesamt, 2003). Tabelle 1 enthält ausgewählte Daten im Überblick.[7]

Für Deutschland insgesamt wird eine Einkommensrelation von 78,4% ausgewiesen, wobei die Relation in Ostdeutschland bei 87,2%, in Westdeutschland bei 78,2% liegt. In der Differenzierung nach Angestellten und ArbeiterInnen ergibt sich sowohl für Ost- als auch für Westdeutschland eine leicht ausgeglichenere Situation für die Arbeiterinnen. Dies dürfte u.a. daran liegen, dass im Angestelltenbereich die (hohen) Einkommen von Führungskräften enthalten sind, an denen Frauen nur einen geringen Anteil stellen.

---

[7] Die Daten sind allerdings nicht unmittelbar mit denen des Berichtes der Bundesregierung vergleichbar, da sich die Datenbasen voneinander unterscheiden.

Tabelle 1: *Entgelte von Frauen und Männern in der Gehalts- und Lohnstrukturerhebung von 2001: Bruttomonatsverdienste in € und Frauenentgelte in % der Männerentgelte (Entgeltrelation)*

		Männer	**Frauen**	**Entgeltrelation**
alle	**Deutschland**	2.984	2.340	78,4
	Ostdeutschland	2.121	1.849	87,2
	Westdeutschland	3.090	2.417	78,2
Angestellte	**Deutschland**	3.830	2.554	66,7
	Ostdeutschland	2.953	2.073	70,2
	Westdeutschland	3.900	2.623	67,3
ArbeiterInnen	**Deutschland**	2.424	1.809	74,6
	Ostdeutschland	1.818	1.418	78,0
	Westdeutschland	2.517	1.883	74,8

Quelle: Statistisches Bundesamt, 2003.

Um die Ursachen für diese Entgeltdifferenzen zu analysieren, werden in Abhängigkeit von der jeweils zugrunde liegenden Arbeitsmarkttheorie[8] unterschiedliche Variablen herangezogen. Im Bericht der Bundesregierung werden verschiedene strukturelle Merkmale in ihrer Wirkung auf die Entgeltdifferenzen untersucht: Berufs- und Tätigkeitsposition, Berufs- und Tätigkeitsjahre, Dauer der Unternehmenszugehörigkeit, Unternehmensgröße, Ausbildungsniveau und Alter. Für alle Variablen gilt, dass selbst bei gleichen Ausprägungen dieser Strukturmerkmale Frauen weniger verdienen als Männer (Bericht zur Berufs- und Einkommenssituation von Frauen und Männern, 2001, S. 35ff.). Selbst wenn also diese Strukturvariablen diskriminierungsfrei zwischen Frauen und Männern verteilt wären, bliebe ein unerklärter bzw. nur durch Diskriminierung zu erklärender Rest der Entgeltdifferenz übrig.

Eine wesentliche Ursache für die Entgeltdifferenzen wird im Bericht der Bundesregierung in der Konzentration von Frauen und Männern „auf unterschiedliche Wirt-

---

8   So wird z.B. in humankapitaltheoretischen Ansätzen die unterschiedliche Ausstattung der ArbeitnehmerInnen mit produktivitätsrelevanten Merkmalen zur Erklärung herangezogen, wie z.B. Qualifikation oder Alter (vgl. dazu auch Alewell & Canis, in diesem Band). Segmentationstheorien hingegen sehen die Ursachen eher in einer systematischen Zuordnung bestimmter Beschäftigtengruppen zu bestimmten Arbeitsmarktsegmenten, u.a. entlang konstruierter Geschlechtergrenzen, wobei Frauen stets den jeweils ungünstigeren Segmenten angehören (vgl. hierzu Jochmann-Döll, 1990, S. 15ff.; Kleber, 1992; sowie Heintz et al., 1997, insbes. S. 16ff.).

schaftsbereiche mit abweichenden Verdienstmöglichkeiten (gesehen). Die Verdienste in typischen Frauenbranchen sind vergleichsweise niedrig, in Männerbranchen sind sie dagegen vergleichsweise hoch" (ebd., S. 35). Auch auf europäischer Ebene werden ähnliche Beobachtungen gemacht. In einer Zusammenstellung und vergleichenden Auswertung mehrerer Studien zu Verdienstunterschieden von Frauen und Männern in Europa werden die folgenden Faktoren als entscheidend für das geschlechtsspezifische Entgeltgefälle ausgemacht: „Verdienstunterschiede zwischen Männern und Frauen mit Familienpflichten, Geschlechtertrennung nach Sektoren und Berufsgruppen, mit einer höheren Konzentration von Frauen in Sektoren und Berufen mit relativ niedriger Bezahlung, und insbesondere die im Vergleich zu Männern niedrigere Vergütung für Frauen in frauendominierten Sektoren und Berufsgruppen, die nicht durch Produktivitätsunterschiede zwischen Sektoren und Berufen erklärt werden kann" (Kommission der Europäischen Gemeinschaften, 2003, S. 18).

Das Phänomen der sinkenden Vergütung bei steigendem Frauenanteil sei am Beispiel einiger Berufe und ihrer Durchschnittseinkommen verdeutlicht. In Tabelle 2 sind jeweils die drei Berufe mit den höchsten und den niedrigsten Einkommen für Frauen und Männer mit ihrem jeweiligen Frauenanteil aufgelistet. Als Beispiel für einen besonders stark von Frauen dominierten Beruf wurde ergänzend der Beruf der Sekretärin/des Sekretärs hinzugenommen.

Anhand der Daten aus Tabelle 2 lassen sich folgende Beobachtungen machen:

■ Die Berufe mit den geringsten Einkommen sind sowohl für Frauen als auch für Männer die Berufe des Kassierers/der Kassiererin, des Verkäufers/der Verkäuferin und des Telefonisten/der Telefonistin. Der Frauenanteil dieser Berufe liegt zwischen 79% und 91%.

■ Die Berufe mit den höchsten Einkommen unterscheiden sich für Männer und Frauen, nur der Beruf des Geschäftsführers/der Geschäftsführerin oder des Filialleiters/der Filialleiterin gehört für Männer wie für Frauen zur Spitzengruppe. Der Frauenanteil der bei Männern am besten bezahlten Berufe liegt zwischen 19% und 40%. Der Frauenanteil der bei Frauen am besten bezahlten Berufe liegt zwischen 4% und 40%.

■ Die höchsten Einkommen erzielen Frauen als Unternehmensberaterinnen oder Organisatorinnen. Ihr Einkommen liegt hier jedoch immer noch knapp 900 € unter dem von männlichen Unternehmensberatern oder Organisatoren. Im Vergleich zum bestbezahlten Beruf von Männern verdienen Frauen in ihrem ‚Top-Beruf' mehr als 1.700 € weniger.

■ Mit Ausnahme der Telefonistinnen verdienen Frauen in allen Berufen weniger als ihre männlichen Berufskollegen.

Tabelle 2:   Berufliche Segregation und Entgeltdifferenzen

Berufsgruppe	Verdienste Männer 2001		Verdienste Frauen 2001		Frauenanteil 1997 in %
	in Euro	Rangplatz	in Euro	Rangplatz	
Geschäftsführerlnnen, FilialleiterInnen	5.765	1	3.939	3	20
ChemikerInnen, ChemieingenieurInnen	5.079	2	3.849	-	19
Leitende Verwaltungs-fachleute	5.027	3	3.616	-	40
Unternehmens-beraterInnen, OrganisatorInnen	4.931	-	4.050	1	25
ElektroingenieurInnen	4.672	-	4.005	2	4
SekretärInnen	3.517	-	2.916	-	97
KassiererInnen	2.604	drittletzter	1.956	vorletzter	91
VerkäuferInnen	2.602	vorletzter	1.764	letzter	79
TelefonistInnen	1.972	letzter	2.134	drittletzter	84

Quellen: Statistisches Bundesamt, 2003 (Verdienste Männer und Frauen 2001); Parmentier, Schade & Schreyer, 1998 (Frauenanteil 1997).

Mit anderen Worten: Diese Zahlen belegen, dass Frauen in Sektoren und Berufen arbeiten, die gering vergütet werden, und zwar nicht deshalb, weil diese Sektoren und Berufe weniger produktiv seien oder Frauen freiwillig niedrig bezahlte Arbeitsplätze wählen würden, sondern einzig und allein deshalb, weil in diesen Sektoren und Berufen mehrheitlich Frauen arbeiten und weil diese frauendominierten Bereiche geringer bewertet und vergütet werden als männerdominierte Bereiche. Im nächsten Abschnitt wird deshalb die Frage zu beantworten sein, inwiefern und wie die hier wirksam werdenden Mechanismen und Verfahren der Bewertung von Arbeit diskriminierend sind.

4 Die Feststellung der Wertigkeit von Arbeitsplätzen

4.1 Die Verfahren der Arbeitsbewertung im Überblick

Die am weitesten verbreiteten Verfahren zur Differenzierung der Grundentgelte orientieren sich an den Anforderungen, die der Arbeitsplatz an seine/n InhaberIn stellt. Dieses Prinzip der anforderungsabhängigen Entgeltdifferenzierung lässt sich mit Hilfe folgender Schritte darstellen:

1. Beschreibung der Arbeitsplätze, der Tätigkeiten oder der Stellen,

2. Auswahl und Definition der Anforderungsarten, die vergütet werden sollen,

3. Analyse der Anforderungen, die an die ArbeitsplatzinhaberInnen gestellt werden,

4. Bewertung der Anforderungen,

5. Zuordnung des Bewertungsergebnisses zu Entgeltgruppen,

6. Eingruppierung der Beschäftigten in eine Entgeltgruppe entsprechend des Arbeitsplatzes, an dem er oder sie arbeitet.

Die Arbeitsbewertungsverfahren unterscheiden sich danach, ob sie die Arbeitsplätze als Ganzes betrachten und bewerten (summarische Verfahren) oder einzelne Merkmale zunächst unabhängig voneinander bewerten und später zu einem Gesamtarbeitswert aufaddieren (analytische Verfahren). Weiterhin verwenden die Arbeitsbewertungsverfahren entweder das Prinzip der Reihung, bei dem alle Arbeitsplätze in eine Rangreihe gebracht werden, oder das Prinzip der Stufung, bei dem die Arbeitsplätze vorab definierten (Anforderungs-)Stufen bzw. Entgeltgruppen zugeordnet werden. Tabelle 3 gibt einen Überblick über die verschiedenen Verfahren und ihre Prinzipien.

Tabelle 3: *Arbeitsbewertungsverfahren*

	Reihung	Stufung
■ **summarische Verfahren**	Rangfolgeverfahren	Lohngruppenverfahren
■ **analytische Verfahren**	Rangreihenverfahren	Stufenwertzahlverfahren

Hinsichtlich der Anforderungsarten basieren die analytischen Verfahren auf dem Merkmalskatalog des sog. Genfer Schemas, das in den 1950er Jahren entwickelt, von der REFA-Methodenlehre (REFA, 1991) weiterentwickelt und für einzelne Arbeitsbewertungsverfahren angepasst wurde (siehe hierzu Abbildung 1). Auch bei den summarischen Verfahren lassen sich einige der Anforderungsmerkmale des Genfer Schemas wiedererkennen.

Abbildung 1:   Anforderungsmerkmale nach dem Genfer Schema und nach REFA

- Kenntnisse
- Geschicklichkeit
- Verantwortung
- geistige Belastung
- muskelmäßige Belastung
- Umgebungseinflüsse/Arbeitsbedingungen

Wie der folgende Abschnitt zeigen wird, liegen wesentliche Diskriminierungspotentiale der Arbeitsbewertung in der Auswahl, Definition und Gewichtung der Anforderungsarten, aber auch in anderen Aspekten der Gestaltung des Prozesses der Bewertung von Arbeit und der Grundentgeltdifferenzierung.

4.2   Diskriminierungspotentiale von Arbeitsbewertungsverfahren

Bei der konkreten Ausgestaltung eines Arbeitsbewertungsverfahrens entsprechend der Prinzipien der anforderungsabhängigen Entgeltdifferenzierung ist eine Reihe von Entscheidungen zu treffen, für die seitens der Arbeitswissenschaft keine objektiven Kriterien oder Begründungen vorgegeben sind, sondern die auf der Basis subjektiver Wertvorstellungen und (tarif- oder betriebs-)politischer Verhandlungsprozesse getroffen werden, wie z.B. die Auswahl, Definition und Gewichtung der Anforderungsarten (vgl. z.B. Ridder, 2004, Sp. 201f.). Die so entstandenen Verfahren können zwar geschlechtsneutral formuliert sein, aber dennoch mittelbar diskriminieren, wenn sie nämlich im Ergebnis Arbeitsplätze, an denen überwiegend Frauen arbeiten, ohne sachlichen Grund geringer bewerten (vgl. Krell & Winter, 2004, S. 315ff.). Um festzustellen, ob ein Arbeitsbewertungsverfahren diskriminierungsfrei ist, muss deshalb geprüft werden, ob die vielfältigen Diskriminierungsgefahren erfolgreich vermieden wurden oder nicht.[9] Bei der Auswahl, Definition und Gewichtung der Anforderungs-

---

9   Hierzu sind bereits Prüffragen und Checklisten erarbeitet worden, die eine solche Prüfung erleichtern sollen (siehe z.B. ver.di, 2003, S. 68ff.; Tondorf & Ranftl, 2003, S. 31ff.). Außerdem

arten kann Diskriminierung durch folgende Gestaltungsmerkmale erfolgen (vgl. Krell & Winter, 2004, S. 316ff.; Tondorf, 2002, S. 29; Carl & Krehnke, 2004, S. 33ff.; DGB, 2003, S. 17ff.; Jochmann-Döll, 1990, S. 52ff.):

1. Es werden Anforderungsarten nicht bewertet, die überwiegend an von Frauen dominierten Arbeitsplätzen auftreten (z.B. psychische Belastungen, Kommunikationsfähigkeit oder Einfühlungsvermögen).

2. Für die Bewertung von frauen- und männerdominierten Tätigkeiten werden unterschiedliche Kriterien herangezogen, und zwar so, dass die Kriterien, die bei den frauendominierten Tätigkeiten vorkommen, bei deren Bewertung nicht berücksichtigt werden (z.B. Berücksichtigung körperlicher Belastung bei Arbeitern im Lager oder auf dem Bau, nicht aber bei Verkäuferinnen, Kassiererinnen oder Krankenpflegerinnen).

3. Gleiche Anforderungen an männerdominierten Arbeitsplätzen werden unter verschiedenen Bezeichnungen erfasst und damit doppelt oder mehrfach bewertet (z.B. Ausbildung und Denkvermögen).

4. Es werden Anforderungsmerkmale verwendet, die von Frauen und Männern aus gesellschaftlichen oder physischen Gründen unterschiedlich leicht erfüllt werden können (z.B. zeitlich unbegrenzte Verfügbarkeit oder Flexibilität, uneingeschränkte räumliche Mobilität oder erforderliche Körperkraft). Dies wirkt dann diskriminierend, wenn der Kriterienkatalog insgesamt nicht ‚ausgeglichen' ist, also Benachteiligungen durch ein Kriterium nicht durch andere, günstigere Kriterien aufgewogen werden.

5. Kriterien werden einseitig oder eingeschränkt definiert, so dass Anforderungen an frauendominierten Arbeitsplätzen nicht berücksichtigt werden (z.B. Verantwortung nur als Handlungsspielraum oder nur als Verantwortung für Maschinen, nicht auch für Menschen oder die Arbeit anderer).

6. Vage Formulierungen eröffnen Bewertungsspielräume, durch die tradierte Vorstellungen über die Anforderungshaltigkeit und den Wert bestimmter Tätigkeiten von Frauen in die Bewertung Eingang finden können (z.B. langjährige Berufserfahrung, erhöhte Belastungen).

7. Kriterien werden in der Weise aneinander gebunden, dass die eine Anforderung nur dann bewertet wird, wenn eine andere Anforderung bereits einen bestimmten Wert aufweist (z.B. Bewertung von Verantwortung erst bei Arbeitsplätzen, die einen hohen Ausbildungsgrad erfordern).

---

wurden durch eine Reihe von Entscheidungen des Europäischen Gerichtshofes rechtliche Standards für diskriminierungsfreie Arbeitsbewertungssysteme entwickelt (vgl. hierzu Krell & Winter, 2004, S. 313f., sowie die dort angegebene Literatur).

8. Kriterien werden an männerdominierten Arbeitsplätzen besonders hoch gewichtet (z.B. muskelmäßige Belastung), an frauendominierten Arbeitsplätzen werden sie geringer gewichtet oder gar nicht berücksichtigt (vgl. Punkt 2.).

9. Anspruchsvolle Tätigkeiten werden erst dann berücksichtigt, wenn sie einen bestimmten Zeitanteil der Arbeit erreichen (z.B. ab 50%).

10. Unterschiedliche Arbeitsbewertungssysteme derselben Tarifparteien wenden unterschiedliche Bewertungslogiken auf unterschiedliche Beschäftigtengruppen an (z.B. separate Tarifverträge für ArbeiterInnen und Angestellte).

Neben diesen Diskriminierungsgefahren bei der Auswahl, Definition und Gewichtung der Anforderungsarten ist noch eine Reihe weiterer Aspekte zu berücksichtigen, die für eine diskriminierungsfreie Arbeitsbewertung erforderlich sind (vgl. hierzu auch Tondorf, 2002, S. 34ff.; sowie Krell & Winter, 2004, S. 325ff.):

- So muss eine ausführliche und vollständige Arbeitsbeschreibung erfolgen, um sicherzustellen, dass alle Tätigkeitsanteile beschrieben und bei der Bewertung berücksichtigt werden.

- Wenn die Arbeitsplätze nach Richtbeispielen eingruppiert werden, müssen unter diesen auch Arbeitsplätze, an denen überwiegend Frauen arbeiten, in angemessenem Anteil und in angemessener Bandbreite vertreten sein.

- Die Personen, die das Verfahren entwickeln und anwenden, müssen für die Mechanismen der Unterbewertung von frauendominierten Arbeitsplätzen sensibilisiert und geschult sein.

- Die Ausschüsse und Kommissionen zur Entwicklung und Anwendung des Systems müssen geschlechterparitätisch besetzt sein.

- Auch die anschließenden entgeltpolitischen Entscheidungen zur Umsetzung der Arbeitsbewertungsergebnisse in Entgelte müssen diskriminierungsfrei erfolgen. Dies bezieht sich auf die Zahl der Entgeltgruppen, die Relationen zwischen den Gruppen, die Zahl der Stufen, ihre Spannweite sowie den Anstieg der Entgeltlinie.

4.3 Diskriminierungsfreie(-re) Arbeitsbewertung und ihre Ergebnisse

In Kenntnis der geschilderten Diskriminierungsgefahren wurden u.a. in der Schweiz und in Großbritannien Arbeitsbewertungsverfahren entwickelt, die mittelbare Diskriminierung umgehen und eine geschlechtergerechtere Arbeitsbewertung ermöglichen sollen. Das Schweizer Verfahren heißt ABAKABA und wurde von den Arbeitswissenschaftlern Katz und Baitsch erarbeitet (Katz & Baitsch, 1996). Das britische Verfahren wurde von einer gemeinsamen Arbeitsgruppe der Tarifparteien, dem National Joint Council (NJC), entwickelt und wird oft auch so genannt – NJC (vgl. Hastings, 2002; 2003). Als Beispiel wird in Tabelle 4 die Struktur des ABAKABA-Verfahrens dargestellt.

Tabelle 4:   *ABAKABA (Analytische Bewertung von Arbeitstätigkeiten nach Christian Katz und Christof Baitsch): Bereiche, Merkmale und Gewichtung*

	Bereiche und Merkmale	Gewichtung
I	**INTELLEKTUELLER BEREICH**	**20-50%**
I 1	Fachliche Anforderungen	
I 2	Planen und Organisieren	
I 3	Monotone Arbeit bzw. eingeschränkte Handlungsspielräume	
I 4	Unfreiwillige, nicht vermeidbare Störungen und Arbeitsunterbrechungen	
PS	**PSYCHO-SOZIALER BEREICH**	**20-40%**
PS 1	Mündliche Kommunikation	
PS 2	Zusammenarbeit / Kooperationsfähigkeit	
PS 3	Einfühlungs- und Überzeugungsvermögen	
PS 4	Belastende psycho-soziale Bedingungen	
P	**PHYSISCHER BEREICH**	**5-25%**
P 1	Anforderungen an die Muskelkraft	
P 2	Anforderungen an die Bewegungspräzision	
P 3	Belastende arbeitszeitliche Bedingungen	
P 4	Belastende physische Bedingungen	
V	**VERANTWORTUNG**	**20-30%**
V 1	Verantwortung für die Arbeitsergebnisse anderer Personen	
V 2	Risiko für Fehler mit Auswirkungen auf menschliches Leben	
V 3	Risiko für Fehler mit nicht absehbaren finanziellen Auswirkungen	
V 4	Risiko für Fehler mit Auswirkungen auf die Umwelt	
	SUMME ALLE BEREICHE	**100%**

Beiden Verfahren, ABAKABA und NJC, ist gemeinsam, dass sie psycho-soziale, kommunikative oder emotionale Anforderungen berücksichtigen, die an frauendominierten Arbeitsplätzen, insbesondere im Dienstleistungssektor, besonders häufig anzutreffen sind (vgl. dazu auch Krell, 2001). Außerdem definieren sie den Anforderungsbereich ‚Verantwortung' breiter, als dies in traditionellen Bewertungsinstrumenten üblich ist. Verantwortung für andere Menschen und ihre Gesundheit, ihre Arbeitsergebnisse oder auch Verantwortung für die Umwelt werden gleichgewichtig berücksichtigt.

Mit Hilfe jener diskriminierungsfrei(-er) gestalteten Verfahren wurden in einer Reihe von sog. Vergleichsprojekten in verschiedenen europäischen Ländern Arbeitsplätze von Frauen und Männern bewertet, sodass die bisherige Bewertung und auch Eingruppierung überprüft werden konnte. Beispielhaft werden hier folgende Projekte genannt:

- **Deutschland:**
  - Diskriminierungsfreie Bewertung von Dienstleistungsarbeit bei der Stadt Hannover, 2000 (Krell, Carl & Krehnke, 2001);
  - Diskriminierungsfreiere Arbeitsbewertung an deutschen Hochschulen 2000–2001 (Stefaniak, 2002; Stefaniak et al., 2002, insbes. S. 25ff.);
  - MEDEA: **M**etall- und **E**lektroindustrielle **D**iskriminierungsfreie EU-rechtskonforme **A**rbeitsbewertung, 2000 (DGB, 2003, S. 55f.).

- **Großbritannien:** Neubewertung der Arbeitsplätze in den örtlichen Verwaltungen und im Gesundheitswesen, seit ca. 1996 (Hastings, 2002; 2003).

- **Österreich:** D.A.B.O.: **D**iskriminierungsfreie **A**rbeits**B**ewertung und Arbeits**O**rganisation, 2001 bis 2002 (Buchinger & Gschwandtner, 2002; Meggeneder & Ranftl, 2002).

- **Schweiz:** Neubewertung der Arbeitsplätze in der Freiburger Kantonsverwaltung mittels EVALFRI, einer Modifikation von ABAKABA, 1994–1999–2002 (Moussa, 2002).

In allen Projekten konnte gezeigt werden, dass und wie frauendominierte Tätigkeiten von den traditionellen Arbeitsbewertungssystemen auf diskriminierende Weise unterbewertet wurden. Durch die Verwendung eines diskriminierungsfreien Arbeitsbewertungssystems würden viele sog. Frauenarbeitsplätze höher bewertet und anschließend höher eingruppiert. Die Umsetzung dieser Ergebnisse im Sinne einer Anhebung der Vergütung für die betroffenen Frauen bzw. ihre Arbeitsplätze erwies sich jedoch in allen Projekten als langwierig und war zum Teil auch gar nicht Ziel des Projektes. Eine Umsetzung im Sinne einer Veränderung der in den Tarifverträgen festgelegten Arbeitsbewertungssysteme ist ebenfalls ein langwieriger Prozess. Und selbst ein diskriminierungsfreies, tarifvertraglich vereinbartes Instrument der Arbeitsbewertung bedarf der betrieblichen Umsetzung und Ausgestaltung. Die Wirkungsmechanismen und Auswirkungen der betrieblichen Arbeitsbewertungs- und Eingruppierungspraxis werden in der Untersuchung von Carl und Krehnke (2004) ausführlich behandelt. Sie ziehen aus ihren Analysen den Schluss, dass Entgeltdiskriminierung „nicht ausschließlich ein lohntechnisches, sondern vor allem ein strukturelles Problem ist, das soziale und ökonomische Wertvorstellungen widerspiegelt und eng mit Machtfragen verbunden ist" (ebd., S. 330).

5 Fazit: Zukünftige Arbeitsfelder

Die Verwirklichung des Prinzips des gleichen Entgelts für gleichwertige Arbeit ist für die Realisierung von Entgeltgleichheit und das Beseitigen der hartnäckigen diskriminierenden Entgeltdifferenzen von großer Wichtigkeit. Die Mechanismen der Reproduktion der gesellschaftlichen Unterbewertung von Frauenarbeit in den Verfahren der Arbeitsbewertung sind erforscht, Alternativen dazu sind entwickelt. Woran fehlt es also noch? Nach meiner Ansicht an (mindestens) zweierlei:

Erstens ist es an der Zeit, die vorhandenen Erkenntnisse auch im Mainstream der BWL und der Personallehre wahrzunehmen und in die Lehrbücher aufzunehmen, um sie über einen kleinen Kreis von ExpertInnen hinaus zu verbreiten. Dies wäre die Voraussetzung dafür, das in weiten Kreisen immer noch beinahe ungetrübte Vertrauen in die Geschlechtsneutralität der heute praktizierten Verfahren der Grundentgeltfindung zu erschüttern und das Bewusstsein für ihre mittelbar diskriminierenden Wirkungen zu schärfen.

Zweitens gilt es, in der Forschung das Augenmerk vermehrt auf die Prozesshaftigkeit der verschiedenen Phasen und Elemente der Grundentgeltfindung zu legen. Denn es gilt hier, ein noch tieferes Verständnis für die (stets interessengeleiteten) Entscheidungsprozesse zu erlangen, um auch auf der Prozessebene Rahmenbedingungen für eine faktische Verwirklichung des Entgeltgleichheitsgebotes benennen zu können.

Literatur

Bericht zur Berufs- und Einkommenssituation von Frauen und Männern (2001): im Auftrag des Bundesministeriums für Familie, Senioren, Frauen und Jugend, Düsseldorf u.a.

Berthel, J. & Becker, F. G. (2003): Personal-Management, Grundzüge für Konzeptionen betrieblicher Personalarbeit, 7. Aufl., Stuttgart.

Bröckermann, R. (2003): Personalwirtschaft, Lehr- und Übungsbuch für Human Resource Management, Stuttgart.

Buchinger, B. & Gschwandtner, U. (2002): Der Prozess ist der Schlüssel, in: Ranftl, E., Buchinger, B., Gschwandtner, U. & Meggeneder, O. (Hg.): Gleicher Lohn für gleichwertige Arbeit, Praktische Beispiele diskriminierungsfreier analytischer Arbeitsbewertung, München/Mering, S. 65-82.

Carl, A.-H. & Krehnke, A. (2004): Geschlechterdiskriminierung bei der betrieblichen Grundentgeltfindung, Positionen und Perspektiven von Management, Betriebsrat und Beschäftigten, Wiesbaden.

Crane, D. P. (1982): Personnel. The Management of Human Resources, 3. Aufl., Boston.

Dessler, G. (1994): Human Resource Management, 6. Aufl., Prentice Hall.

DGB (Hg.) (2003): Gleiches Entgelt für gleichwertige Arbeit, Berlin.

Dietrich, R. (1914): Betrieb-Wissenschaft, München/Leipzig.

Drumm, H. J. (2000): Personalwirtschaftslehre, 3. Aufl., Berlin u.a.

Equal Opportunities Commission (Hg.) (1982): Equal Pay for Work of Equal Value, Manchester.

Gerhard, B., Osterloh, M. & Schmidt, R. (1992): (Wie) kommen Frauen in deutschsprachigen Personallehrbüchern vor?, in: Krell, G. & Osterloh, M. (Hg.): Personalpolitik aus der Sicht von Frauen – Frauen aus der Sicht der Personalpolitik, München/Mering, S. 28-48.

Hastings, S. (2002): Ways of moving towards equal pay for work of equal value in the public sector in the UK, in: Ranftl, E., Buchinger, B., Gschwandtner, U. & Meggeneder, O. (Hg.): Gleicher Lohn für gleichwertige Arbeit, Praktische Beispiele diskriminierungsfreier analytischer Arbeitsbewertung, München/Mering, S. 41-50.

Hastings, S. (2003): Entwicklung weniger diskriminierender Arbeitsbewertung am Beispiel „National Joint Council", in: Dokumentation der Internationalen Konferenz „Equal Pay, Modelle und Initiativen zur Entgeltgleichheit", hg. vom Bundesministerium für Familie, Senioren, Frauen und Jugend, Berlin, S. 18-20.

Heintz, B., Nadai, E., Fischer, R. & Ummel, H. (1997): Ungleich unter gleichen. Studien zur geschlechtsspezifischen Segmentation des Arbeitsmarktes, Frankfurt a.M./New York.

Jochmann-Döll, A. (1989): Lohndiskriminierung und Arbeitsbewertung: Die Comparable Worth-Debatte, in: Emmerich, K., Hardes, H.-D., Sadowski, D. & Spitznagel, E. (Hg.): Einzel- und gesamtwirtschaftliche Aspekte des Lohnes, BeitrAB Nr. 128, Nürnberg, S. 21-38.

Jochmann-Döll, A. (1990): Gleicher Lohn für gleichwertige Arbeit, München/Mering.

201

Jochmann-Döll, A. (1991): Interne Lohngerechtigkeit durch gleichen Lohn für gleichwertige Arbeit, in: Schanz, G. (Hg.): Handbuch Anreizsysteme in Wirtschaft und Verwaltung, Stuttgart, S. 275-294.

Jochmann-Döll, A. & Krell, G. (1993): Die Methoden haben gewechselt, die „Geschlechtsabzüge" bleiben – Auf dem Weg zu einer Neubewertung von Arbeit?, in: Hausen, K. & Krell, G. (Hg.): Frauenerwerbsarbeit. Forschungen zu Geschichte und Gegenwart, München/Mering, S. 133-148.

Jochmann-Döll, A. & Wächter, H. (1989): Arbeitsbewertung und Lohndiskriminierung, Was kann man aus der Diskussion um ‚Comparable Worth' in den USA lernen?, in: Personal, 41. Jg., S. 182-187.

Jung, H. (2003): Personalwirtschaft, 5. Aufl., München.

Katz, C. & Baitsch, C. (1996): Lohngleichheit für die Praxis, Zwei Instrumente zur geschlechtsunabhängigen Arbeitsbewertung, Zürich.

Kleber, M. (1992): Arbeitsmarktsegmentation nach dem Geschlecht, in: Krell, G. & Osterloh, M. (Hg.): Personalpolitik aus der Sicht von Frauen – Frauen aus der Sicht der Personalpolitik, München/Mering, S. 85-106.

Kommission der Europäischen Gemeinschaften (2003): Geschlechtsspezifische Verdienstunterschiede auf den europäischen Arbeitsmärkten – Messung, Analysen und Implikationen für die Politik, SEK(2003)937, deutsche Übersetzung, Brüssel.

Krell, G. (1990a): „Gleiches Entgelt für gleichwertige Arbeit" – Probleme der Arbeitsbewertung: Kritische Betrachtung der Methoden und Alternativen, in: AFA Informationen, 40. Jg., Heft 1, S. 3-14.

Krell, G. (1990b): Entgeltdiskriminierung durch Arbeitsbewertung, Perspektiven angesichts der neueren Rechtsprechung, in: Zeitschrift für Personalforschung, 4. Jg., Heft 2, S. 197-208.

Krell, G. (2001): Zur Analyse und Bewertung von Dienstleistungsarbeit. Ein Diskussionsbeitrag, in: Industrielle Beziehungen, 8. Jg., Heft 1, S. 9-36.

Krell, G. (2004): Arbeit und Geschlecht in der Betriebswirtschaftslehre, Expertise im Auftrag des vom BMBF geförderten Projekts GendA – Netzwerk feministische Arbeitsforschung, download unter www.gendanetz.de/files/document47.pdf.

Krell, G., Carl, A.-H. & Krehnke, A. (2001): Diskriminierungsfreie Bewertung von (Dienstleistungs-)Arbeit. Ein Projekt im Auftrag der Gewerkschaft ÖTV, hg. von ver.di, Stuttgart.

Krell, G. & Karberg, U. (2002a): Geschlechterbezogene Themen in der Personallehre, in: Zeitschrift für Personalforschung, 16. Jg., Heft 3, S. 279-307.

Krell, G. & Karberg, U. (2002b): Geschlechterbezogene Themen in der Betriebswirtschaftslehre, Ergebnisse einer Befragung, Diskussionsbeiträge des Instituts für Management Nr. 17-02, Freie Universität Berlin.

Krell, G. & Osterloh, M. (1992): Welchen Stellenwert haben Frauenthemen an Personallehrstühlen im deutschsprachigen Raum? – Eine Bestandsaufnahme, in: Dies. (Hg.): Personalpolitik aus der Sicht von Frauen – Frauen aus der Sicht der Personalpolitik, München/Mering, S. 11-27.

Krell, G. & Winter, R. (2004): Anforderungsabhängige Entgeltdifferenzierung: Orientierungshilfen auf dem Weg zu einer diskriminierungsfreieren Arbeitsbewertung, in: Dies. (Hg.): Chancengleichheit durch Personalpolitik, Gleichstellung von Frauen und Männern in Unternehmen und Verwaltung, 4. Aufl., Wiesbaden, S. 309-332.

Lang, K., Meine, H. & Ohl, K. (Hg.) (2001): Handbuch Arbeit – Entgelt – Leistung, Frankfurt a.M.

Martin, A. (2001): Personal – Theorie, Politik, Gestaltung, Stuttgart u.a.

Meggeneder, O. & Ranftl, E. (2002): Lohnstandards als Fair P(l)ay, in: Ranftl, E., Buchinger, B., Gschwandtner, U. & Meggeneder, O. (Hg.): Gleicher Lohn für gleichwertige Arbeit, Praktische Beispiele diskriminierungsfreier analytischer Arbeitsbewertung, München/Mering, S. 83-120.

Moussa, K. K. (2002): Langsam aber sicher, in: Ranftl, E., Buchinger, B., Gschwandtner, U. & Meggeneder, O. (Hg.): Gleicher Lohn für gleichwertige Arbeit, Praktische Beispiele diskriminierungsfreier analytischer Arbeitsbewertung, München/Mering, S. 51-64.

Parmentier, K., Schade, H.-J. & Schreyer, F. (1998): Berufe im Spiegel der Statistik, BeitrAB 60, Nürnberg.

REFA (1991): Methodenlehre der Betriebsorganisation, Anforderungsermittlung (Arbeitsbewertung), München.

Remick, H. (Hg.) (1984): Comparable Worth and Wage Discrimination, Philadelphia.

Ridder, H.-G. (2004): Arbeitsbewertung, in: Gaugler, E., Oechsler, W. & Weber, W. (Hg): Handwörterbuch des Personalwesens, 3. Aufl., Stuttgart, Sp. 197-206.

Scherm, E. & Süß, S. (2003): Personalmanagement, München.

Schettgen, P. (1996): Arbeit – Leistung – Lohn, Analyse- und Bewertungsmethoden aus sozioökonomischer Perspektive, Stuttgart.

Schiek, D. (2004): Was Personalverantwortliche über das Verbot der mittelbaren Geschlechtsdiskriminierung wissen sollten, in: Krell, G. (Hg.): Chancengleichheit durch Personalpolitik, Gleichstellung von Frauen und Männern in Unternehmen und Verwaltung, 4. Aufl., Wiesbaden, S. 133-150.

Scholz, C. (2000): Personalmanagement, 4. Aufl., München.

Statistisches Bundesamt (2003): Gehalts- und Lohnstrukturerhebung 2001, Wiesbaden.

Stefaniak, A., Tondorf, K., Kühnlein, G., Webster, J. & Ranftl, E. (2002): „Alles, was Recht ist" – Entgeltgleichheit durch diskriminierungsfreiere Arbeitsbewertung in Deutschland, Großbritannien und Österreich. Ergebnisse eines Forschungsprojekts, München/Mering.

Stefaniak, A. (2002): Diskriminierungsfreie Arbeitsbewertung an deutschen Hochschulen, in: Ranftl, E., Buchinger, B., Gschwandtner, U. & Meggeneder, O. (Hg.): Gleicher Lohn für gleichwertige Arbeit, Praktische Beispiele diskriminierungsfreier analytischer Arbeitsbewertung, München/Mering, S. 135-154.

Tondorf, K. (2002): Gleiches Entgelt für gleichwertige Arbeit, in: Ranftl, E., Buchinger, B., Gschwandtner, U. & Meggeneder, O. (Hg.): Gleicher Lohn für gleichwertige Arbeit, Praktische Beispiele diskriminierungsfreier analytischer Arbeitsbewertung, München/Mering, S. 23-40.

Tondorf, K. & Ranftl, E. (2003): Leitfaden zur Anwendung des Grundsatzes der Entgeltgleichheit für Männer und Frauen bei gleichwertiger Arbeit – Equal Pay, hg. vom Bundesministerium für Familie, Senioren, Frauen und Jugend, Berlin.

Treiman, D. J. & Hartmann, H. I. (Hg.) (1981): Women, Work and Wages. Equal Pay for Jobs of Equal Value, New York.

Tyson, S. & York, A. (1996): Human Resource Management, 3. Aufl., Oxford.

Ver.di (Hg.) (2003): Schritt für Schritt zur Entgeltgleichheit, Berlin.

Weber, M. (1908–09): Zur Psychophysik der industriellen Arbeit, in: Ders. (1924): Gesammelte Aufsätze zur Soziologie und Sozialpolitik, Tübingen, S. 61-255.

Michel E. Domsch

Auslandseinsatz von weiblichen Fach- und Führungskräften
Präsentation eines Fallbeispiels

1   Einführung..207

2   Modell 209

3   Fallstudie...213
   3.1   Ziel...213
   3.2   Vorgehensweise 214
   3.3   Kohorten 215
      3.3.1   Weibliche Kohorte 215
      3.3.2   Männliche Kohorte 218
      3.3.3   Diskussion 219
   3.4   Wirtschaftlichkeitsaspekte..221
      3.4.1   Humankapital..222
      3.4.2   Fluktuation 223
      3.4.3   Erfolgsbilanz 223

4   Resümee 225

5   Zusammenfassung...226

Literatur...227

1 Einführung

Es besteht bereits eine umfangreiche Literatur zum Thema „Internationales Management" (z.B. Kutschker & Schmid, 2002; Macharzina & Oesterle, 2002), zu den verschiedensten Aspekten des „International Human Resource Management" (z.B. Harzing & van Ruysseveldt, 2004; Dowling, 2004) und generell zum Thema Auslandseinsatz von Fach- und Führungskräften (z.B. Hein, 1999; Pawlik, 2000; Kühlmann, 2004).

Auch speziell zum Bereich Auslandseinsatz von weiblichen Fach- und Führungskräften existiert im deutsch- und englischsprachigen Publikationsraum eine Vielfalt von wissenschaftlicher und praxisbezogener Literatur. Zum einen handelt es sich um viele konzeptionelle Beiträge, aber auch empirische Belege sind immer wieder zu finden. Darauf soll hier nur verwiesen werden (z.B. Adler, 1997; 2002; Davidson & Burke, 2004; Hartl, 2003; Domsch & Lieberum, 2004; Linehan, 2000; Mathur-Helm, 2002; Mayrhover & Scullion, 2002).

Im Ergebnis zeigt sich zum Thema Auslandseinsatz von weiblichen Fach- und Führungskräften immer wieder folgender Befund:

- Zwar ist die Anzahl weiblicher Expatriates seit 1980 stetig, aber langsam angestiegen. Die Zahl der männlichen Expatriates ist jedoch nach wie vor wesentlich höher. So wird in Nordamerika von einem Prozentsatz von 2-14% an weiblichen „global assignees", in Australien von ca. 7% und in Europa von 9-15% ausgegangen (Harris, 2004).

- Dies gilt, obwohl überwiegend anerkannt ist, dass sowohl das Qualifikationspotential, Leistungen als auch die Motivation für Auslandsentsendungen im Nachwuchsbereich bei Männern wie bei Frauen fast gleich hoch bzw. bei Frauen sogar höher sind (z.B. Caligiuri & Tung, 1999; Varma, Stroh & Schmitt, 2001; Culpan & Wright, 2002).

- Aber gesellschaftliche Einstellungen, Vorurteile, Unternehmenskulturen, Stereotypenbildung und vieles mehr zeigen „multiple barriers" auf, die den Befund begründen (z.B. Stroh, Varma & Valy-Durbin, 2000; Linehan, Scullion & Walsch, 2001; Harris, 2002; 2004).

- Zudem nimmt die Thematik „dual career couples" an Bedeutung zu. Dabei handelt es sich ohne Zweifel um eine besondere Herausforderung bei Auslandsentsendungen (z.B. Wolf-Wendel, Twombly & Rice, 2003; Ostermann, 2002; Clement & Clement, 2001).

Es ist nicht Ziel dieses Beitrages, diese Literaturfülle durch gleiche oder ähnliche Ergebnisse auszudehnen. Grundsätzlich ist man sich sowieso in Praxis wie in wissenschaftsorientierten Fachkreisen schon seit langem darüber einig:

- Es findet natürlich nach wie vor eine bewusste oder unbewusste Benachteiligung von Frauen bei deren Personalentwicklung – auch beim Thema Auslandseinsatz – statt.

- Oft hat man sich in der Vergangenheit zunächst feministisch, dann emanzipatorisch, schließlich unter dem Thema Frauenförderung/Chancengleichheit für Frauen (zu) lange auf fundamentalistische Diskussionen konzentriert. Die zumeist männlichen Macht-Promotoren für Change Management in der Unternehmenspraxis interessieren sich für dieses Thema aber eher weniger, weichen ihnen oft sogar bewusst aus oder delegieren diese „Probleme" auf die „Beauftragten". Diese Ära der Old E-Quality führte auch eher zu Diskussionen unter Frauen in Netzwerken, bei Veranstaltungen oder Teamsitzungen, die sich entsprechenden Themen schon oft „wissend" gestellt haben. Sie sind sich dieser ganzen Problematik, aber ohne allzu große Veränderungsmacht, sowieso bewusst.

- Die Motivation, sich konkret in der Praxis um Chancengleichheit für Frauen – auch beim Auslandseinsatz – erfolgreich einzusetzen, setzt ein Anreizsystem für alle Beteiligten voraus. Die Ansätze der New E-Quality unterstützen diese Forderung mit dem Versuch, die Diskussion zu operationalisieren, weitestmöglich mit quantitativen Größen und Benchmarks zu argumentieren sowie dabei auch ökonomische Aussagen zu treffen. Damit wird eine größere Aufmerksamkeit bei den (meist männlichen) Macht-Promotoren im Führungsbereich erreicht. Gleichzeitig sind Leistungen und/oder Versäumnisse im Bereich Chancengleichheit ökonomisch evaluiert schlecht übersehbar. Zielvorgaben können in Balanced Scorecards eingebracht werden, leistungsbezogene Bezüge können von der Zielerreichung abhängig gemacht werden (Domsch, 2002).

Im vorliegenden Beitrag wird im Wesentlichen anhand eines Fallbeispiels aufgezeigt, wie im Sinne der New E-Quality das Thema Chancengleichheit für Frauen im Auslandseinsatz operationalisiert und ökonomisch aufbereitet entsprechend behandelt werden kann. Unternehmen, insbesondere deren verantwortliche männliche wie weibliche Führungskräfte für dieses Thema stärker zu sensibilisieren, ist Ziel dieses Beitrages.

2   Modell

Ansätze modellgestützter quantitativer Personalbestandsplanung gibt es in großer Fülle (siehe z.B. Drumm, 2005, 289ff.). In der Regel zielen sie auf die Deckung des bestehenden oder zukünftigen Personalbedarfs ab und berücksichtigen Veränderungen und deren Auswirkungen.

Als eine Modellgruppe kann in diesem Zusammenhang die der diskreten Markoff-Modelle gezählt werden (Fehr, 1973; Wächter, 1974; Verhoeven, 1982). Die Anwendung dieses Modelltyps setzt allerdings „Markoff-Eigenschaften" voraus:

- Die Organisationsstruktur eines Systems bleibt unverändert.

- Der Personalbestand in einem Zeitraum/Zeitpunkt t ist abhängig vom Personalbestand der Vorperiode (t-1).

- Das System verhält sich insoweit stabil, als bei der Betrachtung vieler unterschiedlicher Positionen das Wechselverhalten innerhalb des Systems konstant bleibt.

- Insofern können aus der Betrachtung der Vergangenheit Übergangswahrscheinlichkeiten für die Zukunft angegeben werden. Sie geben an, mit welchen Übergangsraten MitarbeiterInnen von welcher Position im Zeitpunkt t (t+1) auf welche Positionen ab Zeitpunkt t+1 (t+2) wechseln werden. Allgemein handelt es sich um Übergangswahrscheinlichkeiten von Positionswechseln der unter Beobachtung stehenden Kohorten.

Nun trifft man tatsächlich Arbeitswelten an, in denen die Organisationsstrukturen über längeren Zeitraum relativ unverändert und die Personalbewegungen geregelt und relativ stabil bleiben (Polizei, Militär u.ä.). In Unternehmen trifft dies jedoch so gut wie gar nicht zu. Damit ist der tatsächliche Einsatz von Markoff-Modellen nur sehr selten möglich. Im unter 3. vorzustellenden Fallbeispiel schien dies zum Teil der Fall, insbesondere bei der Personalentwicklung im Rahmen der ersten Beförderungsmöglichkeit (mit oder ohne Auslandseinsatz). Bei späteren Personalentwicklungen war das jedoch sehr schwer, übrigens bei Männern gar nicht, bei Frauen jedoch ansatzweise beobachtbar. Hier ergeben sich also interessante Forschungsfragen, die hier aber nicht näher untersucht werden, wie: Entwickeln sich Frauen in Unternehmen nach einem bestimmten, voraussehbaren Muster (stereotype weibliche Personalentwicklung)? Und/oder „werden sie entwickelt"? Werden Frauen von Anbeginn in dieses Muster gedrängt?

In diesem Beitrag wird die Denkweise, nicht das strenge Vorgehen der Markoff-Modelle adaptiert. Dabei ist hier nicht der Planungsaspekt, sondern der Evaluierungs-/Controllingaspekt relevant: Wie haben sich Kohorten in der Vergangenheit im Unternehmen bewegt und welche speziellen ökonomischen Auswirkungen zeigen sich dabei? Bei diesen Personal-Bewegungen kann es sich um Wechsel auf rangähnliche Positionen, aber auch um Beförderungen, im Sonderfall auch um Zuweisung auf niedrigere Positionen handeln. Aber auch der Verbleib auf einer Position und Unternehmenswechsel bzw. Fluktuation sind zu beachten.

Daraus ergibt sich folgendes Erklärungsmodell:

(1) Eine Kohorte K mit der Gesamtanzahl G der einbezogenen Personen setzt sich zusammen aus den Kohorten K^F (Frauen) und K^M (Männer).

$$K^G = K^F + K^M$$

(2) Starten sie zum gleichen Zeitpunkt t im Unternehmen, dann ergibt sich:

$$K_t^G = K_t^F + K_t^M$$

(3) Kommt Fluktuation (E Exit) vor, dann hat der Personalbestand am Ende der Periode T folgenden Umfang:

$$K_T^G = K_T^F + K_T^M + E_T^F + E_T^M$$

(4) Die Kohorte der Frauen K_t^F setzt sich am Anfang der Periode t grundsätzlich aus Inhaberinnen unterschiedlicher Positionen i zusammen:

$$K_t^F = P_{t,1}^F + P_{t,2}^F + \ldots + P_{t,i}^F + \ldots + P_{t,n}^F$$

Die jeweiligen P-Werte geben die Anzahlen der Personen (hier: Frauen F) an, die zum Zeitpunkt t in den verschiedenen Positionen i gestartet sind.

(5) Am Ende der Periode (T) ergibt sich aufgrund der Personalbewegungen im Inland bzw. Ausland oder ins Ausland und zurück in dieser Periode für die Kohorte der Frauen:

$$K_T^F = P_{T,1}^F + P_{T,2}^F + \ldots + P_{T,i}^F + \ldots + P_{T,n}^F + E_T^F$$

Die Größe E_T^F gibt an, wie viele Frauen insgesamt in dieser Periode das Unternehmen verlassen haben.

(6) Entsprechendes gilt für die Kohorte der Männer:

$$K_T^M = P_{T,1}^M + P_{T,2}^M + \ldots + P_{T,i}^M + \ldots + P_{T,n}^M + E_T^M$$

(7) Offensichtlich kann man die Bewegungen nachträglich dadurch festhalten, indem man den jeweiligen Prozentsatz α ermittelt, der angibt, wie viele Personen aus einer Position i beim nächsten Entwicklungsschritt in welche Positionen wechselten. Dazu gehören auch folgende Fälle: Einige Personen wechselten nicht und einige verließen das Unternehmen (Exit).

Betrachtet man alle Abgänge E_T am Ende der Periode T im Detail und berücksichtigt dabei, dass diese Personen in unterschiedlichen Positionen beschäftigt waren, ergibt sich als Gesamtanzahl der Fluktuationsfälle dieser Periode:

$$E_T = \sum_{i=1}^{n} \left(E_{T,i}^F + E_{T,i}^M \right)$$

Bei Berücksichtigung aller Abgänge während der Gesamtzeit (T=1 bis W) der Kohortenanalyse ergibt sich insgesamt:

$$E = \sum_{T=1}^{W} \left[\sum_{i=1}^{n} \left(E_{T,i}^F + E_{T,i}^M \right) \right]$$

(8) Es lässt sich ohne Ausweis der Fluktuation allgemein eine Transfer-Matrix für die „Übergänge aufgrund der Personalentwicklung" erstellen. Für die Kohorte der Frauen gilt dann beispielsweise:

$P_{t+1,i=2}^F$ Anzahl P der Frauen F, die mit Beginn der Periode t+1 in Position i=2 arbeiten

Entweder sie arbeiteten schon in der Vergangenheit auf dieser Position oder sie wurden von anderen Positionen dorthin versetzt/befördert. T (T+1) weist den Zeitpunkt am Ende der Periode t (t+1) aus. $\alpha_{T/t+1;1,2}$ gibt demnach den Prozentsatz der Personen P an, die zu Beginn der Periode t+1 von Position 1 (dort waren sie in der Periode 1 eingesetzt) zur Position 2 wechseln.

Demnach gilt:

$$P_{t+1,i=2}^F = \alpha_{T/t+1;1,2} \cdot P_{T,1}^F + \alpha_{T/t+1;2,2} \cdot P_{T,2}^F + \ldots + \alpha_{T/t+1;n,2} \cdot P_{T,n}^F$$

oder:

$$P_{t+1,i=2}^{F} = \sum_{i=1}^{n} \alpha_{T/t+1;i,2} \cdot P_{T,i}^{F}$$

(9) Für die gesamte Kohorte der Frauen im Zeitpunkt t+1 gilt dann allgemein:

$$K_{t+1}^{F} = \sum_{i=1}^{n} \alpha_{T/t+1;i,1} \cdot P_{T,i}^{F} + \sum_{i=1}^{n} \alpha_{T/t+1;i,2} \cdot P_{T,i}^{F} + \ldots + \sum_{i=1}^{n} \alpha_{T/t+1;i,n} \cdot P_{T,i}^{F}$$

(10) Am Ende der Periode t+1, also T+1, gilt unter Berücksichtigung der Fluktuation:

$$K_{T+1}^{F} = \sum_{i=1}^{n} P_{T+1,i}^{F} + E_{T+1}^{F}$$

(11) Gibt man das Humankapital HK einer Person der Kohorte mit einer bestimmten Qualifikation und einer bestimmten beruflichen Erfahrung, die auf einer Position i in T+1 eingesetzt ist, mit h_i an, dann gilt für das gesamte verfügbare Humankapital der Kohorte der Frauen im Zeitpunkt T+1:

$$HK_{T+1}^{F} = \sum_{i=1}^{n} h_{T+1,i}^{F} \cdot P_{T+1,i}^{F}$$

Das Humankapital derjenigen Personen, die das Unternehmen verlassen, wird hier nicht mehr berücksichtigt, es ist für das Unternehmen „verloren".

(12) Entsprechendes gilt für die Kohorte der Männer. Das Humankapital der Männer und der Frauen am Ende von T+1 ist dann:

$$HK_{T+1}^{F} = \sum_{i=1}^{n} \left(h_{T+1,i}^{F} \cdot P_{T+1,i}^{F} + h_{T+1,i}^{M} \cdot P_{T+1,i}^{M} \right)$$

(13) Übrigens ist der Verlust an Humankapital durch Abgänge von Mitgliedern der Kohorten (Frauen und Männer) auf die gesamte Betrachtungsperiode (E Exit):

$$HK^{E} = \sum_{T=1}^{W} \left[\sum_{i=1}^{n} \left(h_{T,i}^{F} \cdot E_{T,i}^{F} + h_{T,i}^{M} \cdot E_{T,i}^{M} \right) \right]$$

Es könnte eine Zielsetzung sein, durch eine geeignete Gender & Diversity-Politik dieses Humankapital unter Berücksichtigung diverser Nebenbedingungen zu maximieren. Eine weitere Modelldiskussion wird an dieser Stelle jedoch nicht vorgenommen.

Der Einsatz der Markoff-Modelle wäre nur dann zu rechtfertigen, wenn festgestellt wurde, dass die α-Werte über die Zeit relativ stabil gewesen sind und daraus Übergangswahrscheinlichkeiten für die Zukunft zu Planungszwecken (Personalbedarf und -einsatz) abgeleitet werden könnten. Allerdings wurde ja bereits darauf hingewiesen, dass hier nicht die Personalbedarfs- und Einsatzplanung, sondern der Evaluierungs-/Controllingaspekt im Rahmen des Auslandseinsatzes von (weiblichen) Fach- und Führungskräften im Mittelpunkt steht.

Die angestellten Überlegungen sollen im Folgenden anhand eines Fallbeispiels verdeutlicht werden.

3 Fallstudie

3.1 Ziel

Ziel einer Untersuchung in einem großen internationalen Chemie- und Pharmakonzern (hier CPK) war es:

- die bisherige Praxis der Personalentwicklung und -förderung für High Potentials mit Universitätsabschlüssen aus dem Bereich Wirtschaftswissenschaften aufzunehmen,

- kritisch zu analysieren,

- dabei besonders nach weiblichen und männlichen Fach- und Führungskräfte zu differenzieren.

Aus dieser Studie wird hier, dem Schwerpunkt dieses Beitrags entsprechend, der Auslandseinsatz als besonderer Aspekt herausgestellt.

3.2 Vorgehensweise

Für die Fallstudie wurde folgende Vorgehensweise gewählt:

- Nach einer „stichprobenähnlichen" Auswahl wurden zwei Kohorten zusammengestellt: je 100 Frauen und Männer, die als JungakademikerInnen mit Universitätsabschluss Dipl.-Kfm./Dipl.-Volkswirt Ende der 1980er Jahre als Trainee bei CPK begonnen hatten.

- Alle wurden bei ihrer Einstellung wegen ihres hohen Entwicklungspotentials ausgewählt. Da sich im Rahmen des Hochschulmarketings mehr als die 10-fache Anzahl beworben hatte, kann von einem sehr ähnlich hohen Anfangspotential ausgegangen werden.

- Diese beiden Kohorten wurden in ihrer beruflichen Entwicklung über ca. 12 Jahre verfolgt bzw. solange einbezogen, wie sie in diesem Zeitraum bei CPK beschäftigt waren.

Hierzu war eine umfangreiche Datenrecherche anhand der Personalakten notwendig, da die erforderlichen Informationen nicht gezielt und systematisch aufbereitet waren. Außerdem waren datenschutzrechtliche Fragen zu beachten. Um die komplexe Fragestellung zu operationalisieren, wurden die personenbezogenen Daten anonymisiert. Nur folgende Informationen wurden weiterverwendet:

- Sample – Nummer der Person,

- Geschlecht,

- Positionsbezeichnungen,

- Dauer der Beschäftigung in der jeweiligen Position.

Fast durchgängig konnte – zumindest bei diesen Kohorten – festgestellt werden, dass nach der 2-jährigen Traineezeit ca. alle 3 bis 4 Jahre eine neue Entwicklungsentscheidung sowohl für die Frauen wie für die Männer erfolgte.

Entweder die Person verblieb auf der Position. Oder sie wurde mit/ohne hierarchischem Aufstieg neu positioniert. Dies geschah im Rahmen eines Auslandseinsatzes oder nicht. Natürlich gab es auch MitarbeiterInnen, die in dem 12-jährigen Beobachtungszeitraum das Unternehmen verlassen hatten. Damit ist jede „Sample-Person" mit ihrem individuellen Karriereweg aufgenommen und einbezogen worden.

3.3   Kohorten

3.3.1   Weibliche Kohorte

Für die „weibliche Kohorte" ergab sich für die ersten drei Karriereschritte bzw. -zeiträume der in Abbildung 1 dargestellte „Personalfluss":

- Gemäß Modellbeispiel wurden 100 Frauen im Rahmen von „Recruitment & Selection"-Maßnahmen von CPK ausgewählt. Mit ihnen wurde die Traineeausbildung gestartet (1st Appointment).

- Nach der 2-jährigen Traineeausbildung schieden 4 Personen (Exit=4) aus. Es verblieben also 96 weibliche Nachwuchskräfte.

- Im Rahmen der 3-jährigen Anschlussverwendung (2nd Appointment) wurden davon 89 als Sachbearbeiterinnen im Inland, 7 als Sachbearbeiterinnen im Ausland eingesetzt. Davon verließen allerdings 4 (Exit=4) der inländischen und 1 (Exit=1) der ausländischen Sachbearbeiterinnen das Unternehmen.

- Bei der nächsten Entwicklungsentscheidung (3rd Appointment) für wiederum ca. 3 Jahre wurden von den 85 bisher inländischen Sachbearbeiterinnen 70 weiterhin als Sachbearbeiterinnen Inland im Unternehmen eingesetzt, 18 davon (Exit=18) verließen allerdings den Konzern. Neun von ihnen wurden zur „Gruppenleiterin Inland" befördert, davon gingen letztlich 2 (Exit=2) Frauen weg. 4 gingen als Sachbearbeiterinnen in ausländische Tochtergesellschaften, davon verließ eine Frau das Unternehmen (Exit=1). Schließlich wurden 2 der inländischen Sachbearbeiterinnen im Rahmen der 3rd Appointments als Gruppenleiterinnen ins Ausland versetzt, sie verließen das Unternehmen nicht.

- Von den 6 weiblichen Sachbearbeiterinnen, die im Rahmen des 2nd Appointments im Ausland waren und im Konzern blieben, wechselten 3 als Sachbearbeiterinnen ins Inland, davon kündigten 2 (Exit=2). Weitere 2 wurden Gruppenleiterinnen im Inland und blieben. Eine Sachbearbeiterin blieb in ihrer Funktion im Ausland.

Am Ende des „3rd Appointments" ergibt sich folgende Personalsituation:

- Von den anfänglich 100 weiblichen Trainees sind noch 68 High Potentials (HP) im Unternehmen im In- oder Ausland tätig.

- Bisher haben also 32 (4+5+23) das Unternehmen verlassen.

- 52 haben die Position „SBI Sachbearbeiterin Inland" ohne Auslandserfahrung inne, eine ist mit Auslandserfahrung im Inland als Sachbearbeiterin (SBIA) tätig, 7 arbeiten als Gruppenleiterinnen im Inland (ohne bisherige Auslandserfahrung: GBI). 2 Gruppenleiterinnen, die im Inland tätig sind, haben Auslandserfahrung (GBIA), 4 sind im Ausland als Sachbearbeiterinnen (SBA) und 2 als Gruppenleiterinnen (GLA) tätig.

Abbildung 1:   Personalentwicklung Frauen

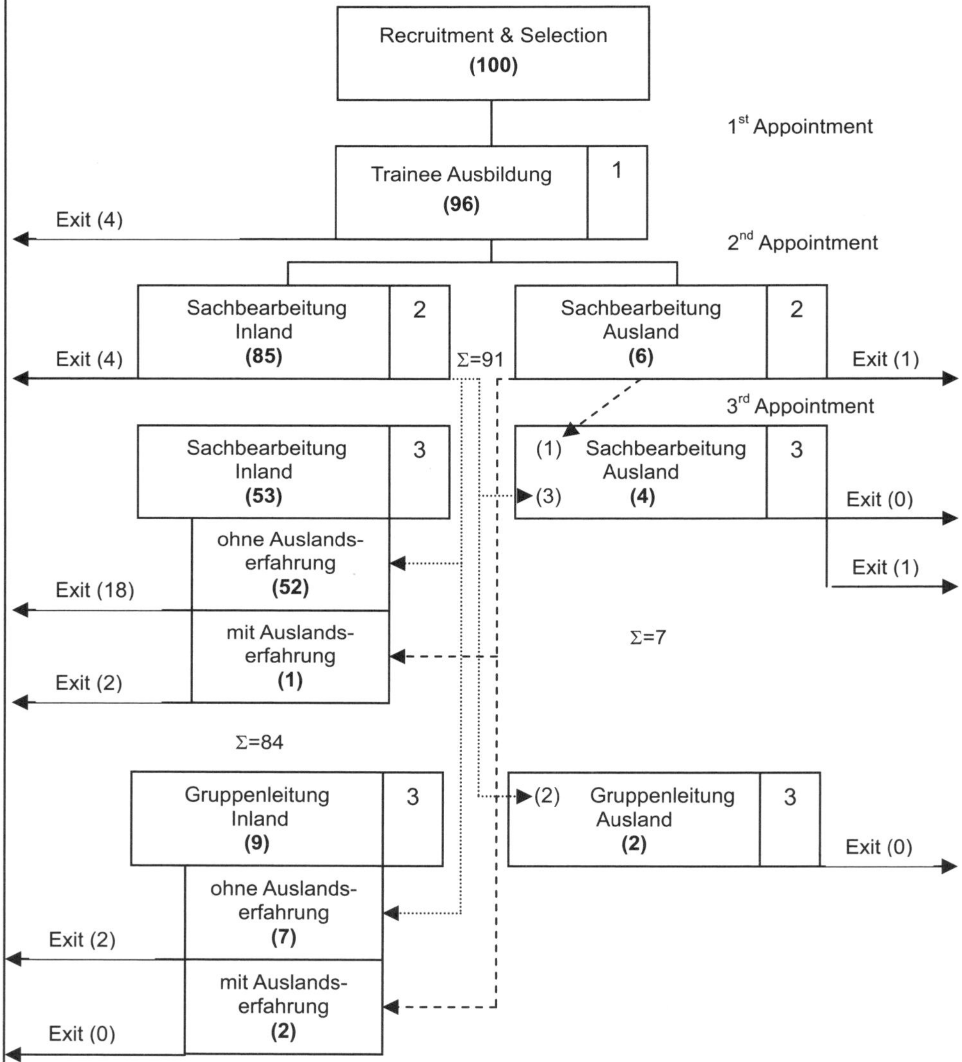

Schließlich wurden für ca. weitere 4 Jahre die „4th Appointments" einbezogen. Abbildung 2 enthält die Personalbewegungen und die Personalbestände am Ende dieser Periode:

Abbildung 2: *Transfer Frauen*

Frauen	SBI	SBI$_A$	GLI	GLI$_A$	SBA	GLA	ALI	ALI$_A$	ALA/ BLA/ GFA	Exit	Anzahl noch verfüg- barer HP
Jahrgang X Ende 3rd Appointment (nach 8 J.)	52	1	7	2	4	2				23	68
Transfer im 4th Appointment	34		2 / 5 / 1 / 8			2 / 1		1		2 / 8	
Jahrgang X Ende 4th Appointment (nach 12 J.)	34	0	16	1	3	2	1	1	0	10	58

SBI   Sachbearbeitung im Inland (ohne Auslandserfahrung)
SBI$_A$ Sachbearbeitung im Inland (mit Auslandserfahrung)
GLI   Gruppenleitung im Inland (ohne Auslandserfahrung)
GLI$_A$ Gruppenleitung im Inland (mit Auslandserfahrung)
SBA   Sachbearbeitung im Ausland
GLA   Gruppenleitung im Ausland
ALI   Abteilungsleitung im Inland (ohne Auslandserfahrung)
ALI$_A$ Abteilungsleitung im Inland (mit Auslandserfahrung)
ALA/BLA/GFA   Abteilungsleitung/Bereichsleitung/Geschäftsführung im Ausland

▨ Da weitere 10 Frauen das Unternehmen verlassen haben, war schließlich die Summe aller Abgänge 42. Im Unternehmen verblieben 58 Frauen.

▨ Die Personalsituation im Detail stellt sich außerdem so dar, dass eine Abteilungsleiterin im Inland ohne und eine mit Auslandserfahrung eingesetzt wurde. Eine Abteilungsleitung, Bereichsleitung oder Geschäftsführung im Ausland wurde keiner Frau übertragen.

▨ Von den 58 Frauen haben beim 4th Appointment 7 Auslandserfahrungen, 51 keine Auslandserfahrungen (SBI + GLI + ALI) gemacht.

3.3.2 Männliche Kohorte

Abbildung 3: Personalentwicklung Männer

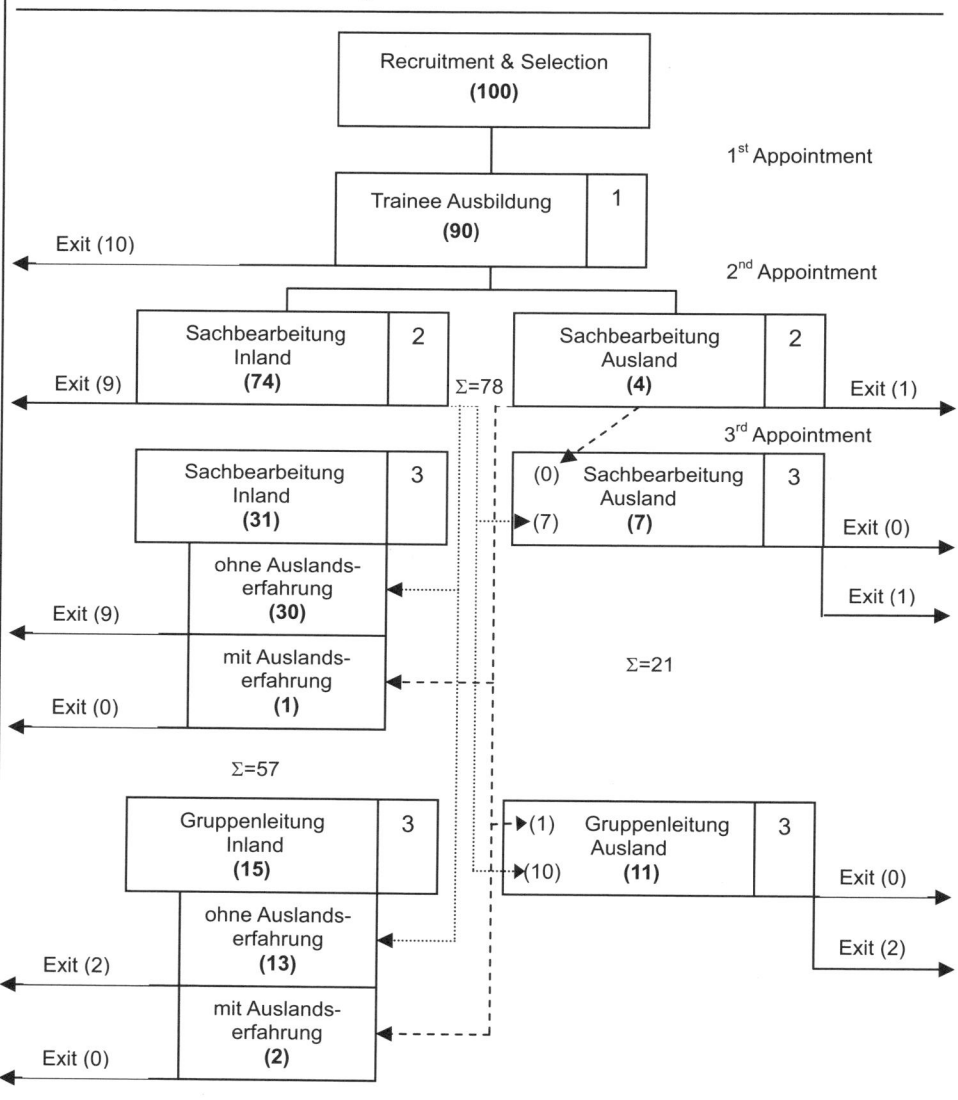

Analog wurden die ausgewählten 100 männlichen Nachwuchskräfte von Beginn ihrer Traineezeit an über einen Zeitraum von 12 Jahren in ihrer Entwicklung analysiert. Die

Abbildungen 3 und 4 enthalten eine entsprechende Darstellung. Insbesondere ist in der letzten Zeile der Abbildung 4 die Personalsituation am Ende der Beobachtungszeit dargestellt. Von den Männern haben 43 das Unternehmen verlassen, 57 sind in den unterschiedlichsten Funktionen – wie detailliert ausgewiesen – tätig. Davon sind im 4th Appointment 32 ohne Auslandserfahrungen geblieben, 25 waren im Ausland tätig.

Abbildung 4:   Transfer Männer

Männer	SBI	SBI$_A$	GLI	GLI$_A$	SBA	GLA	ALI	ALI$_A$	ALA/BLA/GFA	Exit	Anzahl noch verfügbarer HP
Jahrgang X Ende 3rd Appointment (nach 8 J.)	30	1	13	2	7	11				14	64
Transfer im 4th Appointment			4	1		2		3	1	1	
				4	1	2			1	1	
			4			2	6		1	1	
	6		12		5	3				4	
Jahrgang X Ende 4th Appointment (nach 12 J.)	6	0	20	4	6	9	6	4	2	7	57

SBI	Sachbearbeitung im Inland (ohne Auslandserfahrung)
SBI$_A$	Sachbearbeitung im Inland (mit Auslandserfahrung)
GLI	Gruppenleitung im Inland (ohne Auslandserfahrung)
GLI$_A$	Gruppenleitung im Inland (mit Auslandserfahrung)
SBA	Sachbearbeitung im Ausland
GLA	Gruppenleitung im Ausland
ALI	Abteilungsleitung im Inland (ohne Auslandserfahrung)
ALI$_A$	Abteilungsleitung im Inland (mit Auslandserfahrung)
ALA/BLA/GFA	Abteilungsleitung/Bereichsleitung/Geschäftsführung im Ausland

3.3.3   Diskussion

Abbildung 5 zeigt deutliche Unterschiede zwischen den Kohorten bzw. dem Bestand an weiblichen und männlichen Fach- und Führungskräften am Ende des Betrachtungszeitraums.

Abbildung 5: *Personalbestand und Humankapital*

Jahrgang X, 12	SBI	SBI$_A$	GLI	GLI$_A$	SBA	GLA	ALI	ALI$_A$	ALA/ BLA/ GFA	P$_I$ ohne AE	P$_A$ mit AE	Σ
Männer	6	0	20	4	6	9	6	4	2	32	25	57
Frauen	34	0	16	1	3	2	1	1	0	51	7	58
Gewichtung	1,0	1,5	1,5	2,5	1,5	3,0	3,0	4,0	6,0	-	0	-
HK Männer	6,0	0,0	30,0	10,0	9,0	27,0	18,0	16,0	12,0	54,0	74,0	128,0
HK Frauen	34,0	0,0	24,0	2,5	4,5	6,0	3,0	4,0	0,0	61,0	17,0	78,0

Jg. X, 12	Jahrgang X nach 12 Jahren
SBI	Sachbearbeitung im Inland (ohne Auslandserfahrung)
SBI$_A$	Sachbearbeitung im Inland (mit Auslandserfahrung)
GLI	Gruppenleitung im Inland (ohne Auslandserfahrung)
GLI$_A$	Gruppenleitung im Inland (mit Auslandserfahrung)
SBA	Sachbearbeitung im Ausland
GLA	Gruppenleitung im Ausland
ALI	Abteilungsleitung im Inland (ohne Auslandserfahrung)
ALI$_A$	Abteilungsleitung im Inland (mit Auslandserfahrung)
ALA/BLA/GFA	Abteilungsleitung/Bereichsleitung/Geschäftsführung im Ausland
AE	Auslandserfahrungen
P$_I$	Personalpotential im Inland (ohne Auslandserfahrung im 4th Appointment)
P$_A$	Personalpotential mit Auslandserfahrung (im 4th Appointment)
HK	Humankapital

Von den 40 Positionen „Sachbearbeitung Inland (SBI)" werden 15% von Männern, aber 85% von Frauen wahrgenommen. Bezieht man dies auf die Anfangssituation (100 je Kohorte) sind also nur 6% der Männer, aber 34% der Frauen ohne Promotion geblieben. Dies ist umso erstaunlicher, da das „Startpotential" beider Kohorten als sehr ähnlich angesehen worden war. Ob hier eine Benachteiligung der Frauen vorlag, kann nicht mehr im Detail nachverfolgt werden. Aber die Werte liegen so auffällig auseinander, dass eine entsprechende Vermutung nahe liegt. Sie wird außerdem durch eine Reihe von Interviews mit Mitgliedern der Kohorten untermauert. Hier wurde bestätigt, dass von Anbeginn, also von der Traineezeit ab, eine Benachteiligung bei Versetzungen und Beförderungen gespürt wurde. Dies wurde von Frauen offen ausgesprochen und von Männern aus den einbezogenen Gruppen als „nicht auszuschließen" bezeichnet. Mangelnde Mobilität oder mangelndes Interesse an einer Auslandstätigkeit spielten angeblich „keine Rolle". Auch waren in diesem Alter (Durchschnittsalter 26 Jahre) Fragen wie Vereinbarkeit von Beruf und Familie/Privatleben für beide Kohorten nur sehr selten relevant.

Verfolgt man die weiteren Berufswege der beiden Kohorten in der Betrachtungszeit, so wird bei allen „Appointments" sichtbar, dass mehr Männer als Frauen befördert wurden und auch mehr Männer als Frauen in Auslandsverwendungen kamen.

■ So waren schließlich bei den Männern 25 (44%) von den im Unternehmen noch verbliebenen 57 Männern oder 25% von der „Kohorte Männer" mit Auslandserfahrungen im 4th Appointment und 45 von 57 (79%) bzw. 45% der „Kohorte Männer" als Führungskraft tätig.

■ Bei den Frauen waren es aber nur 7 von 58 (12%) oder 7% der „Kohorte Frauen" mit Auslandserfahrung im 4th Appointment sowie 21 von 58 (36%) bzw. 21% der „Kohorte Frauen", die als Führungskraft tätig waren.

Bei weiteren Recherchen in den zuständigen Personalressorts sowie in zusätzlichen Gesprächen mit verschiedenen, überwiegend männlichen Führungskräften kam eigentlich ein eindeutiges, oberflächlich betrachtet aber ein diffuses Bild heraus: Von „Diskriminierung" mochte niemand sprechen, viele waren sich der unterschiedlichen Behandlung von weiblichen und männlichen Fach- und Führungskräften „nicht bewusst", ausschließen konnten sie es aber auch nicht. Zudem läge „es in der Natur der Sache, eher Männer zu berücksichtigen", da ja Personalentwicklung auch „eine hohe Investition" darstelle. Außerdem hätte jede Frau (wie ein Mann auch) natürlich die „gleichen Chancen", das müsse ja schon per Gesetz so sein. Speziell bei Auslandseinsätzen würde das „Problem der Vereinbarkeit von Beruf-Partnerschaft-Familie-Privatleben" natürlich im Mittelpunkt stehen. Abgesehen davon, seien Frauen („sind ja meistens ohne Mann") in Führungspositionen in vielen Ländern gar nicht gesellschaftlich anerkannt zu positionieren.

Natürlich handelt es sich dabei sicherlich (auch) bewusst oder unbewusst um „hidden discrimination" mit den schon oft auch in anderen Studien beobachteten Argumenten. Es ist hier jedoch nicht das Ziel, dem Wahrheitsgehalt dieser Aussagen nachzugehen, was einer ganz anderen Forschungsmethodik bedürfen würde. Dennoch erscheint es legitim, diese Aspekte hier nicht zu verschweigen.

3.4 Wirtschaftlichkeitsaspekte

Das Unternehmen wollte die Studie nach der präsentierten Analyse und Kommentierung mit der Bemerkung „nice to know" zunächst „archivieren". Nachdem jedoch von uns versprochen wurde, die „Überlegungen zu ökonomisieren", waren je zwei engagierte Frauen und Männer für weitere Betrachtungen motiviert. Es wurde ein kleines Projektteam gebildet. Aufgrund der komplexen Thematik und der vorliegenden Datengrundlage musste mit sehr groben Annahmen vorlieb genommen werden. Eine weitere detaillierte Kohorten-Analyse auf individueller Basis war über einen 12-jährigen Zeitraum im Nachhinein völlig unmöglich. Es war jedoch auch nicht das Ziel,

„exakte", „richtige" o.ä. Ergebnisse zu „berechnen". Vielmehr sollte mehr Sensibilisierung im Umgang mit dem Thema Chancengleichheit generell sowie mit der Entwicklung und dem Auslandseinsatz von weiblichen Fach- und Führungskräften speziell erreicht werden.

3.4.1 Humankapital

Es wurde in dem Projektteam davon ausgegangen, dass

- in Personalentwicklung „investiert" wird. Je höher die hierarchische Position ist, desto höher sind diese Investitionen (z.B. durch Führungskräfteschulung);

- die Führungskräfte durch die „Positionstätigkeit und -erfahrung" für das Unternehmen CPK umso „wertvoller" sind, je höher die Position angesiedelt ist;

- Auslandseinsätze in dem international tätigen Unternehmen als „besonderer Wert" angesehen werden.

Lange Diskussionen im Projektteam führten zu dem realistischen Ergebnis, dass eine exakte Bestimmung von Humankapitalwerten pro Individuum unmöglich ist. Aber ziemlich schnell konnte man sich auf „Relationen" einigen. Hierzu waren Antworten zu finden auf Fragen wie: Ist aus Sicht des Projektteams für das Unternehmen z.B. eine Person in der Tätigkeit Sachbearbeitung Inland ohne Auslandserfahrung (SBI) unter Humankapitalüberlegungen „wertvoller" als z.B. eine Person in der Tätigkeit „Gruppenleitung Inland mit Auslandserfahrung (GLI$_A$)" oder nicht?

Im Ergebnis wurden diese „Relationen" in „Gewichte" umbenannt.

In Abbildung 5 wurden die „Gewichte" bereits ausgewiesen, bei denen das Projektteam aber keine geschlechtsspezifischen Unterschiede machen wollte. Bei einer weiteren Diskussion sollte man jedoch darauf zurückkommen.

Durch eine Multiplikation der Personenanzahlen (Männer bzw. Frauen) in den unterschiedlichen ausgewiesenen Verwendungen mit den dazugehörigen Gewichten wurden Aussagen zum Humankapital (HC) vorgenommen.

Akzeptiert man die – zugegeben recht schlichte – Betrachtungsweise, dann ist das Ergebnis sehr offensichtlich:

Bis auf das Humankapital bezogen auf Personen in SBI ist das letztlich in den einzelnen Positionen verfügbare Humankapital der Männer auffällig höher als das der Frauen. Das resultiert natürlich aus den dargestellten Aufstiegsentwicklungen der beiden Kohorten. In Männer wurde „mehr investiert", sie wurden „mehr befördert" und hatten „mehr Auslandseinsätze". Sie sind damit insgesamt gesehen für das Unternehmen „wertvoller". Die männliche Kohorte besitzt am Ende des Betrachtungszeitraumes einen „Humankapitalwert von 128", die weibliche Kohorte lediglich einen

„Humankapitalwert von 78". Der Unterschied erklärt sich im Wesentlichen aus dem geringeren Einsatz in Führungsfunktionen und den geringeren Auslandserfahrungen (17 im Vergleich zu 74) der Frauen gegenüber den Männern aus den Kohorten.

Ist dann die Aussage zulässig: Es war richtig, die Beschäftigung von Männern und deren Entwicklung zu forcieren, denn der Humankapitalwert der männlichen Kohorte ist um 64% (128 statt 78) höher als der Humankapitalwert der weiblichen Kohorte? Zumindest steht die Aussage dagegen: Durch dieses Vorgehen wurde Humankapital „verschenkt", „des-investiert", denn die weibliche Kohorte hatte ein fast identisches Anfangs- und Entwicklungspotential.

3.4.2 Fluktuation

Nachdenklich sollte auch die Fluktuation in den jeweiligen Kohorten stimmen. Zwar ist die Anzahl mit 43 bei Männern und 42 bei Frauen fast gleich. Aber zum einen ist der Umfang in den einzelnen Entwicklungsstufen unterschiedlich. Zum anderen wurde berichtet, dass die Fluktuationsgründe unterschiedlich waren. Bei den Männern überwog der Grund, in einem anderen Unternehmen eine (noch) bessere Entwicklung vollziehen zu können. Bei den Frauen wurde sehr oft als Begründung die mangelnde Karrieremöglichkeit verbunden mit geringer Flexibilität und Vereinbarkeit von Beruf und Privatleben genannt. Dies führte auch zum zeitweiligen Abbruch des Berufslebens/Erwerbslebens.

Folgt man der Bewertung mithilfe der genannten „Relationen" bzw. Gewichte und den Modellüberlegungen im 2. Abschnitt, dann ging ein „Humankapitalwert" bei Männern in Höhe von 44,5 und bei Frauen in Höhe von 41,5 verloren! Während dies bei den Männern von dem Unternehmen weniger beeinflussbar war, hätte es bei den Frauen bei einer bewussteren chancengleichheitsorientierten Personalentwicklung und einer bewussteren Work-Life-Balance-orientierten Personalpolitik sicherlich reduziert werden können. Eine weitere Analyse erfolgte hier aber nicht.

3.4.3 Erfolgsbilanz

Wichtig ist bei Auslandsentsendungen allerdings auch, inwieweit Frauen und Männer überhaupt in die nähere Wahl einbezogen werden und wie erfolgreich dann deren Auslandseinsatz war. Für die Kohorten lagen hierzu keine Informationen vor. Jedoch wurde vom Verfasser im gleichen Unternehmen ein Expatriate-Projekt geleitet, das folgende Erkenntnisse auf der Basis verfügbarer Personalinformationen sowie statistischer Auswertungen bot (siehe Abbildung 6):

▪ Von den insgesamt erfassten Fach- und Führungskräften (NT) zum Zeitpunkt t waren 85% Männer und 15% Frauen.

- Potential für Auslandseinsätze wurde unternehmensseitig bei 28% der Männer und bei 19% der Frauen gesehen. Damit bestand die Gruppe „Auslandspotential" zu 89% aus Männern und entsprechend zu 11% aus Frauen.

- Aus der Männer-Gruppe wurden 62% und aus der Frauen-Gruppe 38% auf einen konkreten Auslandseinsatz angesprochen. Damit bestand die Gruppe der tatsächlich angefragten zu 93% aus Männern und 7% aus Frauen.

- In etwa gleicher prozentualer Aufteilung (92% bzw. 8%) wurden dann die Auslandseinsätze realisiert.

Auffällig ist hier, dass der Prozentsatz der einbezogenen Frauen sich von der Ausgangssituation (15%) bis zum Auslandseinsatz (7% bzw. 8%) fast halbierte: Von den relativ wenigen Frauen im Fach- und Führungskräftebereich wurden relativ noch weniger für Auslandseinsätze vorgesehen. Um es vorsichtig auszudrücken: Da karriereorientierte Frauen – gemäß den meisten Studien – mindestens gleich hoch qualifiziert und karriere- wie auslandsmotiviert sind, „muss auf dem Weg etwas passiert sein". Die Familiensituation mag ab und zu Einfluss haben, aber Männer sind sehr viel häufiger verheiratet und haben Kinder als Frauen in Führungspositionen. Eine quantitative Analyse kann auch nur die Zahlen ausweisen und zu weiteren Interpretationen und Diskussionen anregen. Ob hier Benachteiligungen für Frauen vorlagen, konnte zumindest so nicht nachgewiesen werden. Aber verschwiegen wurde dieses Thema im Unternehmen auch nicht. Zumindest war dies wiederholt Thema in Personalentwicklungsworkshops und Mitarbeitergesprächen. Auch in zwei Mitarbeiterbefragungen äußerten sich Mitarbeiterinnen entsprechend kritisch.

Abbildung 6: Erfolgsbilanz Auslandseinsatz

	N	Männer	Frauen
N_T (Insgesamt)	5641 ↓26%	4780 (85%) ↓28%	861 (15%) ↓19%
N_{PA} (Auslandspotential)	1491 ↓59%	1331 (89%) ↓62%	160 (11%) ↓38%
N_{GA} (AE angefragt)	883 ↓78%	822 (93%) ↓77%	61 (7%) ↓95%
N_{EA} (Einsatz realisiert)	689	631 (92%)	58 (8%)
davon erfolgreich	440 (64%)	394 (62%)	46 (79%)
davon nicht erfolgreich	249 (36%)	237 (38%)	12 (21%)

224

Abgeschlossen werden soll diese Fallstudie mit zugegeben wissenschaftlich sicher auch angreifbaren weiteren Gedanken:

- Aus verschiedenen anderen Studien und der betrieblichen Alltagspraxis wird berichtet, dass nicht alle Auslandsentsendungen erfolgreich verlaufen. Häufig werden die gesteckten betrieblichen Ziele und Erwartungen von den Expats nicht erfüllt, häufig ist die neue Familiensituation nicht tragbar und führt deshalb zum Abbruch.

- Es wird dabei oft von 30%–40% „bad cases" bzw. „flops" gesprochen (siehe die in Abschnitt 1 aufgeführte Literatur).

- Bei genaueren Analysen in zwei ähnlichen Fallstudien wurde herausgefunden, dass Frauen relativ weniger „bad cases" provozieren als Männer. Die Werte lagen in Studien bei zwei verschiedenen Unternehmen sehr ähnlich hoch. Würde man die Prozentzahlen auch auf die vorliegende Fallstudie übertragen, dann ergeben sich die in Abbildung 6 ebenfalls ausgewiesenen Zahlen. Könnte man diese Relationen auch auf die Kohorten-Untersuchung anwenden, dann fiele die Diskussion noch kritischer aus.

4   Resümee

Für die angestellten Überlegungen ergeben sich damit folgende Schlussfolgerungen:

- Die Frauen sind in der Startposition den Männern gleich (Kohorten mit gleichem Potential/gleiche Anzahl und entsprechende Stichprobe).

- Auf dem Weg ihrer Personal-/Karriereentwicklung werden von Frauen weniger Aufstiege realisiert, sodass der – auf die Gesamtzahl der Fach- und Führungskräfte bezogene – sowieso schon geringe Anteil von Frauen relativ noch mehr sinkt.

- Dies führt zu einem Verlust bzw. zu einer Vernichtung von (weiblichem) Humankapital.

- Bezogen auf die Auslandsentsendungen wird dieser Effekt noch zweifach verstärkt:

  - Zum einen sinkt der relative Anteil der Frauen noch einmal.
  - Zum anderen geschieht dies, obwohl Frauen im Auslandseinsatz – wie auch im vorliegenden Fallbeispiel angenommen – erfolgreicher sind.

Wirtschaftlich gesehen handelt es sich also um ein ziemliches Desaster. In der Praxis bleibt dies aber so gut wie ohne Folgen. Das verwundert umso mehr, als es doch seit langer Zeit in der Industrie sichtbar wirtschaftliche Schwierigkeiten gibt. Um Kritikern aus Wissenschaft und Praxis etwas Wind aus den Segeln zu nehmen, sei hier ausdrücklich angemerkt:

- Hier wurde nur ein schlichtes Fallbeispiel und das auch nur ausschnitthaft präsentiert.

- In anderen Fallbeispielen kann bei gleichem methodischen Vorgehen sicherlich genau das Gegenteil herauskommen, da jedes Unternehmen und sein Handeln über die Zeit verfolgt einzigartig ist. Berücksichtigt man jedoch die hohe Anzahl von Veröffentlichungen bzw. von empirischen Studien zum Thema „Chancengleichheit", dann ist ein entgegengesetztes Ergebnis kaum vorstellbar.

Bleibt die Frage: Was nützen diese Überlegungen? Die Antworten sind simpel: Zum einen erzeugt man im relevanten Management ganz generell durch quantitative und ökonomische Aussagen eine viel größere Aufmerksamkeit. Das hat das Thema Chancengleichheit im Rahmen der angesprochenen New E-Quality bitter nötig. Ebenso kann sich (eigentlich) – heute schon gar nicht mehr – wohl kein Manager mehr einer intensiven Befassung mit dem Thema entziehen. Das gilt erst recht, wenn daraus sonst wirtschaftliche Nachteile entstehen können.

Zumindest in dem Fallstudien-Unternehmen CPK haben diese Ergebnisse zu einem erheblichen Umdenken bei der Personalentwicklung sowie zu einer neuen Expatriation Policy geführt.

5 Zusammenfassung

In diesem Beitrag wird die Position der New E-Quality vertreten: Argumentationen für oder gegen Gender & Diversity benötigen eine Versachlichung mit Operationalisierung, Quantifizierung und Wirtschaftlichkeitsüberlegungen. Dies gilt natürlich auch im Bereich Auslandsentsendungen. Anhand eines ersten Modellansatzes und eines Fallbeispiels wurde demonstriert, wie sich zwei Kohorten (Männer und Frauen eines gleichen Einstellungsjahrgangs mit etwa gleichem Ausgangspotential) entwickeln. Im Vordergrund stand dabei nicht das Ziel, generell eventuelle Diskriminierungen aufzuzeigen (das hängt jeweils von den speziellen Gegebenheiten ab). Vielmehr sollte eine Methode vorgestellt werden, mit Hilfe derer die geforderte Versachlichung in der Praxis besser erreicht werden kann.

Literatur

Adler, N. J. (1997): Global Leadership: Women Leaders, in: Management International Review, 37. Jg., S. 171-196.

Adler, N. J. (2002): Global Managers: No Longer Men Alone, in: International Journal of Human Resource Management, 13. Jg., S. 743-760.

Caligiuri, P. M. & Tung, R. L. (1999): Comparing the Success of Male and Female Expatriates From a US-Based Multinational Company, in: International Journal of Human Resource Management, 10. Jg., S. 763-782.

Cevke, W. N. (2003): Multinational Companies and Global Human Resource Strategies, Westport.

Clement, U. & Clement, U. (2001): Doppelkarrieren, Familien- und Berufsorganisation von Dual Career Couples, in: Familiendynamik, 26. Jg., S. 253-274.

Culpan, O. & Wright, G. H. (2002): Women abroad: Getting the best results from women managers, in: International Journal of Human Resource Management, 13. Jg., S. 784-801.

Davidson, M. J. & Burke, R. J. (Hg.) (2004): Women in Management Worldwide, Hampshire.

Domsch, M. E. (2002): Karrierewege von Frauen in Führungspositionen in Deutschland, in: Japanisch-Deutsches Zentrum Berlin (Hg.): Frauen in Führungspositionen, München, S. 68-92.

Domsch, M. E. & Lieberum, U. B. (2004): Auslandseinsatz weiblicher Führungskräfte, in: Krell, G. (Hg.): Chancengleichheit durch Personalpolitik. Gleichstellung von Frauen und Männer in Unternehmen und Verwaltungen. Rechtliche Regelungen – Problemanalysen – Lösungen, 4. Aufl., Wiesbaden, S. 231-242.

Dowling, P. (2004): International Human Resource Management, 4. Aufl., London.

Drumm, H. J. (2005): Personalwirtschaft, 5. Aufl., Berlin u.a.

Fehr, H. (1973): Quantitative Methoden der Personalplanung, Diss., Hamburg.

Harris, H. (2002): Think International Manager, Think Male: Why Are Women not Selected for International Management Assignments?, in: Thunderbird International Review, 44. Jg., S. 175-203.

Harris, H. (2004): Women's Role in International Management, in: Harzing, A.-W. & Ruysseveldt, J. v. (Hg.): International Human Resource Management, 2. Aufl., London u.a., S. 357-386.

Hartl, K. (2003): Expatriate Women Managers. Gender, Culture and Career, München/Mering.

Harzing, A.-W. & Ruysseveldt, J. v. (Hg.) (2004): International Human Resource Management, 2. Aufl., London u.a.

Hein, S.(1999): Internationaler Einsatz von Führungskräften. Gestaltung – Konfiguration – Erfolg, Wiesbaden.

Kühlmann, T. M. (2004): Auslandseinsatz von Mitarbeitern, Göttingen.

Kutschker, M. & Schmidt, S. (2002): Internationales Management, 2. Aufl., München/Wien.

Linehan, M. (2000): Senior Female International Manager, Aldershot.

Linehan, M., Scullion, H. & Walsh, J. S. (2001): Barriers to Women's Participation in International Management, in: European Business Review, 13. Jg., S. 10-18.

Macharzina, K. & Oesterle, M.-J. (Hg.) (2002): Handbuch Internationales Management. Grundlagen – Instrumente – Perspektiven, 2. Aufl., Wiesbaden.

Mathur-Helm, B. (2002): Expatriate women managers: at the crossroads of success, challanges and career goals, in: Women in Management Review, 17. Jg., S. 18-28.

Mayrhofer, W. & Scullion, H. (2002): Female Expatriates in international business. Empirical evidence from the German clothing industry, in: International Journal of Human Resource Management, 13. Jg., S. 815-836.

Ostermann, A. (2002): Dual-Career Couples unter personalwirtschaftlich-systemtheoretischem Blickwinkel, Frankfurt a.M. u.a.

Pawlik, A. (2000): Personalmanagement und Auslandseinsatz, Wiesbaden.

Stroh, L. K., Varma, A. & Valy-Durbin, S. J. (2000): Why Are Women Left at Home: Are They Unwilling To Go On International Assignments, in: Journal of World Business, 35. Jg., S. 241-256.

Varma, A., Stroh, L. K. & Schmitt, L. B. (2001): Women and International Assignments: The Impact of Supervisor–Subordinate Relationships, in: Journal of World Business, 36. Jg., S. 380-388.

Verhoeven, C. J. (1982): Techniques in Corporate Manpower Planning. Methods and Applications, Boston u.a.

Wächter, H. (1974): Die Verwendung von Markov-Ketten in der Personalplanung, in: Zeitschrift für Betriebswirtschaft, 44. Jg., S. 243-254.

Wolf-Wendel, L., Twombly, S. B. & Rice, S. (2003): The Two-Body Problem. Dual Career-Couple Hiring Policies in Higher Education, Baltimore.

Günther Vedder

Menschen mit Familienpflichten als Zielgruppe des Diversity Management

1   Einleitung.. 231

2   Befunde der Familienforschung.. 232

3   Vereinbarkeit von Familie und Beruf als Aufgabe der Personalpolitik 237

4   Diversity Management als neuer Rahmen 239

5   Resümee und Ausblick.. 243

Literatur... 245

1   Einleitung

Die sich abzeichnende demografische Entwicklung in Deutschland und die daraus resultierende Schieflage der sozialen Sicherungssysteme rückt die Vereinbarkeit von Familienpflichten und Berufstätigkeit (erneut) in den Mittelpunkt des gesellschaftlichen Interesses. Deutschland rangiert mit seiner niedrigen Geburtenrate von statistisch 1,35 Kindern je Frau unter 190 Staaten weltweit auf Rang 185 (vgl. Bölsche et al., 2004, S. 40). Diese dramatische und von der Politik lange nicht ernst (genug) genommene Entwicklung wird sich in den kommenden Jahrzehnten auch für ArbeitgeberInnen negativ auswirken. Wenn 26% der in den 1960er Jahren geborenen Frauen lebenslang kinderlos bleiben (unter Akademikerinnen: 42%) und sich viele Eltern gegen ein zweites oder drittes Kind entscheiden, dann wird der Rekrutierungspool in Zukunft immer kleiner. Es droht ein regelrechter Mangel an Nachwuchskräften für qualifizierte Arbeitsplätze, die, wenn keine anderen Lösungen gefunden werden, von den Unternehmen in kinderreichere Länder mit guten Ausbildungsmöglichkeiten verlegt werden müssten.

Viele staatliche Maßnahmen gegen diese negative Entwicklung waren in den vergangenen Jahrzehnten sehr teuer und brachten nur mäßigen Erfolg. Die finanziellen Transferzahlungen für Eltern (Erziehungsgeld, Kindergeld ...) sind in Deutschland so hoch wie in kaum einem anderen Land der Welt. Ihre Wirkung verpufft jedoch weitgehend, wenn aufgrund der Unvereinbarkeit von Familie, Kinderbetreuung und Beruf (oder gar Karriere) in den meisten Familien spätestens nach der Geburt des zweiten Kindes ein Einkommen komplett wegfällt. Viele Kinder zu haben ist hierzulande längst zu einem Armutsrisiko geworden. Strukturelle Defizite im Bereich der Krabbelstuben und Ganztagsschulen lassen sich nur mittelfristig und mit einem weiteren hohen Finanzaufwand ausgleichen. Der interessierte Blick vieler FamilienpolitikerInnen richtet sich daher auf Unternehmen, die erkannt haben, dass der Standort Deutschland auf die Ressource *Kinder* angewiesen ist. Könnten nicht die Arbeitgeber aus wirtschaftlichem Interesse den Ausbau der Kinderbetreuung und die Flexibilisierung der Arbeitszeiten vorantreiben? Und könnten sie dabei nicht auch gleich noch die Probleme der Vereinbarkeit von Beruf und der Pflege von älteren Angehörigen mit lösen?

Einige Unternehmen haben diesen Spielball längst aufgegriffen und arbeiten an einer familienfreundlichen Unternehmenskultur. Sie bewerben sich um das *Total-E-Quality-Prädikat* oder durchlaufen den Bewertungsprozess des *Audits Beruf & Familie*. Seit einigen Jahren bietet auch das neue Organisationskonzept *Diversity Management* einen strategischen Rahmen, um Minderheiten in den Unternehmen zu unterstützen und zu fördern. Welche Möglichkeiten bietet dieser Ansatz für die Menschen mit Familienpflichten unter den Belegschaftsangehörigen? Was können die Angehörigen der Zielgruppe und die Arbeitgeber von *Managing Diversity* erwarten? Die Beantwortung dieser Fragen steht im Mittelpunkt des folgenden Beitrags.

2 Befunde der Familienforschung

Im Hinblick auf die Vereinbarkeit von Familie und Beruf stellt sich zunächst die Frage, wer in Deutschland überhaupt zu den Menschen mit Familienpflichten gehört. Mit welchen Problemen werden diese Personen konfrontiert und wie gestaltet sich ihr (Arbeits-)Alltag? Auf welche Hilfestellungen können sie zurückgreifen und wo sehen die Betroffenen noch Defizite bei der Unterstützung? Solche Fragestellungen lassen sich mit den aktuellen Befunden der – meist soziologisch, pädagogisch oder psychologisch orientierten – Familienforschung beantworten. Unter Menschen mit Familienpflichten sollen hier jene Personen zusammengefasst werden, die Kinder unter 18 Jahren in der Familie betreuen und/oder erwachsene Pflegebedürftige zu Hause versorgen. Abbildung 1 vermittelt einen ersten Eindruck davon, wie sich diese Personengruppe im Jahr 2000 in Deutschland zusammensetzte und welche Angehörigen jeweils betreut wurden.

Abbildung 1:   *Menschen mit Familienpflichten, ihre Betreuungsfälle*
              und Lebensbedingungen (in Deutschland)

Eltern und ihre minderjährigen Kinder im Jahr 2000:

- 15,2 Mio. Kinder waren unter 18 Jahren alt;
- davon 2,32 Mio. im Krabbelalter; 2,27 Mio. im Kindergartenalter; 3,32 Mio. im Grundschulalter;
- 82% dieser Kinder wuchsen bei verheirateten Eltern auf; 18% bei Alleinerziehenden;
- nur noch in 33% aller deutschen Haushalte lebten minderjährige Kinder;
- ca. 80% der aktiven Kinderbetreuung in den Familien wurden von Frauen übernommen.

Erwachsene Betreuungspersonen und ihre älteren Pflegebedürftigen im Jahr 2000:

- 1,44 Mio. ältere Pflegebedürftige wurden zu Hause versorgt;
- 80% der privaten Altenpflege übernahmen die Töchter, Partnerinnen und Schwiegertöchter;
- mehr als die Hälfte der Pflegekräfte war zwischen 40 und 64 Jahren alt;
- in 73% der Fälle lebten Pflegebedürftige und Pflegekräfte in einem gemeinsamen Haushalt.

Quelle: BMFSFJ, 2003.

Zählt man die in Haushalten versorgten älteren Pflegebedürftigen und Kinder bis 10 Jahren zusammen, so kommt man auf einen Kern von 9,35 Mio. besonders zuwendungsbedürftigen Familienangehörigen. Deren private Betreuung wurde zu 80% von Frauen übernommen. Diese Frauen wurden unterstützt durch Väter und Partner, professionelle Pflegedienste und Kinderbetreuungseinrichtungen.

Im Bundesdurchschnitt besuchten im Jahr 2000 in Deutschland 9,5% der unter 3-Jährigen eine Krabbelstube, 78,5% der Kinder im Alter von 3 bis 6 Jahren einen Kindergarten (29,4% auf Ganztagsplätzen) und 8,2% der Kinder im Grundschulalter einen Kinderhort (vgl. BMFSFJ, 2003, S. 252ff.). Die Versorgungsgrade mit solchen Betreuungsangeboten differierten zwischen Ost- und Westdeutschland allerdings stark. So wiesen Bayern und Baden-Württemberg nur 2% Krabbelstubenplätze aus, während Brandenburg 79% der Kleinkinder einen solchen Platz anbieten konnte (vgl. ebd., S. 119). ExpertInnen sprechen im Westen daher seit Jahren von einer „eklatanten Unterversorgung vor allem im Krippen- und Hortbereich" (Sell, 2002, S. 149). Hinzu kommt, dass weniger als 5% der deutschen Schulen als Ganztagsschulen konzipiert sind. Hier wird es trotz aktueller Anstrengungen noch Jahre dauern, bis internationale Vergleichswerte auch nur annähernd erreicht sein werden. Die für Westdeutschland typische *Halbtagskultur* in vielen Schulen und Kinderbetreuungseinrichtungen erfordert einen hohen ergänzenden Betreuungsaufwand in den Familien. Häufig kann unter diesen Rahmenbedingungen ein Elternteil (in der Regel die Mutter) über Jahre hinweg im Beruf maximal einer *Halbtagstätigkeit* nachgehen.

Die häusliche Pflege ist ebenfalls (gewollt oder ungewollt?) eine Domäne der Frauen. In 80% der Fälle übernehmen Töchter, Partnerinnen und Schwiegertöchter die Versorgung der (zu 65% weiblichen) Pflegebedürftigen. Von den 1,44 Mio. im Jahr 1999 zu Hause versorgten Erwachsenen wurden 1,03 Mio. allein durch Angehörige gepflegt und 0,41 Mio. griffen auch auf die Hilfe von ambulanten Pflegediensten zurück (vgl. BMFSFJ, 2003, S. 137f.). Die Pflegekräfte selbst waren in 53% der Fälle zwischen 40 und 64 Jahren alt, in 32% der Fälle 65 Jahre und älter. Das deutsche System der Altenpflege ist in starkem Maße auf die private Pflege in den Familien angewiesen. In den vorhandenen Pflegeheimen können nur ca. 30% der Pflegebedürftigen institutionell versorgt werden. Das in der Bevölkerung weit verbreitete Bild einer systematischen Abschiebung der Alten in anonyme Heime entspricht also nur sehr bedingt den Tatsachen.

Auf zwei weitere Wahrnehmungsverzerrungen bezüglich der Familien in Deutschland sei an dieser Stelle kurz eingegangen: (1) Obwohl sich die Zahlen der Alleinerziehenden in den letzten 30 Jahren verdoppelt haben, wachsen über 80% der Kinder nach wie vor bei verheirateten Eltern auf. Für die jeweiligen Väter und Mütter ist es unter Umständen nicht die erste Ehe, aber die Bereitschaft zur Wiederverheiratung nach einer Scheidung ist ausgesprochen hoch. Hinzu kommen die Kinder von Paaren, die langfristig bzw. dauerhaft unverheiratet zusammenleben. Alleinerziehende Elternteile stellen in Relation dazu und im Gegensatz zur öffentlichen Wahrnehmung eine (wachsende) Minderheit dar, deren besonderen Bedürfnissen Rechnung getragen werden muss. (2) Die geringe Beteiligung der Väter an der Kindererziehung wird häufig mit dem sehr niedrigen Anteil männlicher Erziehungsurlauber/Elternzeitnehmer (1,6% im

Jahr 2000) belegt. Dieser Wert sagt allerdings nur wenig über das tatsächliche Betreuungsengagement der Männer in den Familien aus. Wie Abbildung 1 verdeutlicht, werden ca. 20% der aktiven Kinderbetreuung und auch der privaten Altenpflege von ihnen übernommen. Die geringe männliche Beteiligung an der Elternzeit deutet zunächst einmal nur darauf hin, dass dieses spezielle Angebot von berufstätigen Vätern aus finanziellen, beruflichen oder ideologischen Gründen als sehr unattraktiv eingestuft wird. Umgekehrt wird das oft hohe Familienengagement von Hausmännern, Teilzeit arbeitenden Männern,[1] arbeitslosen oder studierenden Vätern mit dieser Kennzahl nicht erfasst.

Abbildung 2: Erwerbsquoten im Lebensverlauf (in Prozent)

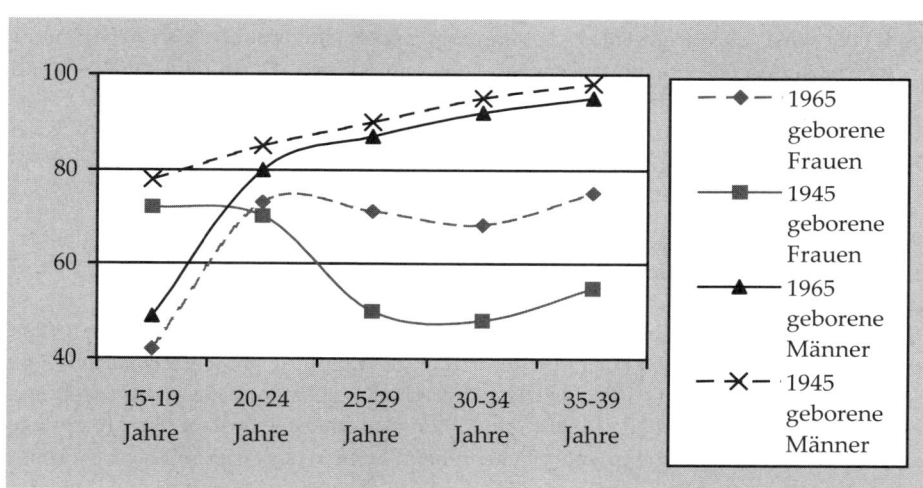

Quelle: BMFSFJ, 2003, S. 109.

Selbst wenn der tatsächliche Erziehungs- und Pflegeaufwand von Männern in den Familien höher liegt als allgemein wahrgenommen, so kann dies nicht darüber hinweg täuschen, dass die Mütter, Partnerinnen und Töchter ca. 80% der damit verbundenen Lasten tragen. Die mit solchen Aufgaben einhergehenden Freuden scheinen nicht attraktiv genug zu sein, um den Vätern und Söhnen einen (Teil-)Verzicht auf ihre Berufstätigkeit schmackhaft zu machen. Die daraus resultierende geschlechtstypische Arbeitsteilung hat sich in den letzten 50 Jahren zwar verändert, aber längst noch nicht

---

[1]   Zu Teilzeit arbeitenden Männern und Hausmännern wurde in der Betriebswirtschaftslehre bereits Ende der 1980er Jahre geforscht (vgl. Strümpel et al., 1988).

angeglichen. Abbildung 2 belegt, wie unterschiedlich sich die Erwerbsquoten von Männern und Frauen der Jahrgänge 1945 und 1965 entwickelt haben.

Es wird deutlich, dass die Männer und Frauen des Jahrgangs 1965 aufgrund der längeren Ausbildung deutlich später in den Beruf eingestiegen sind als die 1945 geborenen Personen. Lagen die geschlechtsspezifischen Erwerbsquoten im ersten Fall zwischen dem 20. und 24. Lebensjahr noch weniger als 10% auseinander, so entwickelten sie sich bis zur ersten Hälfte des 4. Lebensjahrzehnts sehr unterschiedlich. Während 92% der 1965 geborenen Männer in dieser Phase berufstätig waren, lag der entsprechende Wert bei den Frauen nur noch bei 68%. Zwischen dem 35. und 39. Lebensjahr haben sich die Erwerbsquoten auf 95% bei den Männern und 75% bei den Frauen leicht erhöht. Die Männer blieben damit leicht unter, die Frauen deutlich über den Vergleichswerten ihrer GeschlechtsgenossInnen des Jahrgangs 1945.

Abbildung 3:   Erwerbsbeteiligung der westdeutschen Frauen in Abhängigkeit vom Alter des jüngsten Kindes

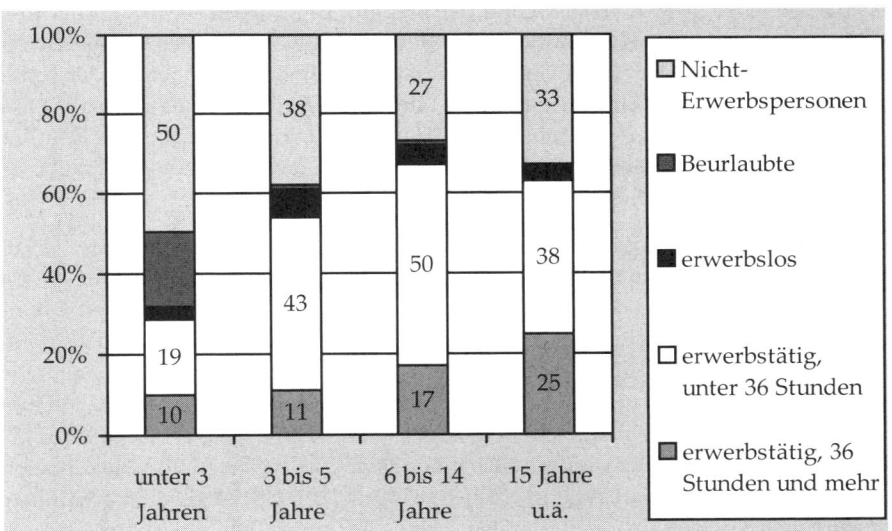

Quelle: BMFSFJ, 2003, S. 111.

Die Erwerbsquoten der Frauen zwischen dem 25. und 35. Lebensjahr sind vor allem aufgrund der Betreuung kleiner Kinder relativ niedrig. Abbildung 3 verdeutlicht, wie stark die Erwerbsbeteiligung der Mütter vom Alter des jüngsten Kindes abhängt.

10 Prozent der Mütter sind bis zum 3. Lebensjahr des jüngsten Kindes voll berufstätig, weitere 19% haben Teilzeitstellen bis zu 36 Wochenstunden inne. Nur in dieser Phase gibt es auch im größeren Umfang Beurlaubungen zur Wahrnehmung von Familienaufgaben. Während der Kindergartenzeit tragen 54% der Mütter mit zum Haushaltseinkommen bei; während der Schulzeit sogar bis zu 67% aller Mütter. Die Väter der Kinder sind in der Regel durchgehend berufstätig (meist auf Vollzeitstellen) und stellen die Grundfinanzierung der Familie sicher.

Wie kommt es zu dieser Form der Arbeitsteilung zwischen Männern und Frauen in den Familien? Wer leistet welchen Beitrag zu ihrer Erhaltung oder Veränderung? Ist sie so gewollt oder wird sie von den Beteiligten lediglich zähneknirschend hingenommen?

Diese Fragen können meist nur im Einzelfall adäquat beantwortet werden. Fakt ist, dass einige politische und strukturelle Weichenstellungen das insbesondere für Westdeutschland typische *„starke Ernährermodell plus Halbtagskultur"* (Stolz-Willig, 2002) fördern und stützen. Dazu gehören die Steuervergünstigungen des Ehegattensplittings, die Konzentration der familienpolitischen Maßnahmen auf monetäre Leistungen und die tendenzielle Vernachlässigung der Betreuungsinfrastruktur für Kinder unter 10 Jahren. Es wurde bereits deutlich, dass der Staat sowohl im Kleinkindbereich als auch auf dem Gebiet der Altenpflege gezielt auf einen hohen Eigenbeitrag der Familien setzt, der sich nicht einfach mit Beruf oder gar Karriere kombinieren lässt. Der Reformstau in den betroffenen politischen Handlungsfeldern erzeugt hier Konflikte, die dann unter dem Schlagwort *Vereinbarkeitsprobleme* den berufstätigen Frauen z.T. faktisch zugeschoben, z.T. auch nur zugeschrieben werden.

Allerdings hätten erwachsene Paare durchaus die Möglichkeit, aus der typischen traditionellen Form der innerfamiliären Arbeitsteilung auszubrechen. Warum sie dies eher selten tun, darüber können Längsschnittstudien der Familienforschung Auskunft geben. Das Bundesministerium für Familie, Senioren, Frauen und Jugend (BMFSFJ) hat in den 1990er Jahren die Familienplanung und Lebensgestaltung in jungen *westdeutschen* Ehen über mehrere Jahre hinweg analysieren lassen. Über 90% der Männer haben in diesen Untersuchungen bereits vor der Geburt des ersten Kindes den Wunsch geäußert, durchgehend in Vollzeit berufstätig zu bleiben – und dies haben sie in der Regel auch realisiert (vgl. BMFSFJ, 1996, S. 107ff.). Über 80% der verheirateten Frauen gaben vor der Geburt des ersten Kindes an, sie wollten als Mutter entweder gar nicht mehr in den Beruf zurück oder nur bei finanziellen Engpässen weiterhin erwerbstätig sein oder nach einem längeren Ausstieg in Teilzeit arbeiten (Drei-Phasen-Modell). Der tatsächliche Verlauf der Berufstätigkeit entsprach später in der Hälfte aller Fälle genau den Vorstellungen und Planungen. Die länger als geplant aussteigenden Mütter taten dies in der Regel freiwillig, den Kindern zuliebe, und nur bei 13% der Mütter scheiterte der (gewünschte) schnellere Wiedereinstieg an fehlenden Kinderbetreuungsmöglichkeiten (vgl. ebd., S. 122, 286). Zumindest diese verheirateten Paare realisierten also in der Regel auch das, was sie sich vorgestellt hatten oder jeweils aktuell wünschten. Ihre Zufriedenheit wurde auch aus dem Umstand gespeist, dass ihre spezifische Form der Arbeitsteilung der gesamten Familie ökonomische Vorteile brachte.

3 Vereinbarkeit von Familie und Beruf als Aufgabe der Personalpolitik

Die Möglichkeit der Vereinbarkeit von Familie und Beruf wird nicht nur durch die Formen der innerfamiliären Arbeitsteilung und die Öffnungszeiten von Betreuungseinrichtungen beeinflusst. Auch die ArbeitgeberInnen tragen mit ihren spezifischen Angeboten dazu bei, dass Menschen mit Familienpflichten in beiden Lebensbereichen aktiv sein können. Insbesondere die allein erziehenden Elternteile und allein pflegenden Angehörigen sind auf eine entsprechende Flexibilität am Arbeitsplatz angewiesen.

Verschiedene Maßnahmen zur Förderung der Vereinbarkeit von Familie und Beruf wurden in den vergangenen Jahrzehnten in Unternehmen erprobt und sind heute weitgehend etabliert. Folgende Aktionsbereiche haben sich für die Realisierung einer familienorientierten Personalpolitik in Unternehmen als zentral herausgestellt (vgl. DIHK, 2004, S. 8 ff.):

Arbeitszeitmanagement: ArbeitgeberInnen können ihren Beschäftigten mit Familienpflichten z.B. durch abgestufte Teilzeitangebote (auch für Führungskräfte), besondere Pausen- und Urlaubsregelungen, Gleitzeit- oder Jahresarbeitszeitvereinbarungen entgegenkommen. Auch die Gewährung von Sonderurlaub kann im Einzelfall dazu beitragen, dass plötzlich auftretende Notfälle aufgefangen werden können (vgl. z.B. Engel, 2004).

Arbeitsablaufmanagement: Unter diesen Begriff können alle Maßnahmen zur Flexibilisierung des Arbeitsortes und der Arbeitsorganisation zusammengefasst werden. Hierzu zählen z.B. die unterschiedlichsten Formen der Telearbeit, der Arbeitsteilung in Teams, des Wiedereinstiegs nach der Elternzeit oder auch der Einrichtung von Eltern-Kind-Arbeitszimmern.

Familienorientierte Organisationskultur: ArbeitgeberInnen können ihren Beschäftigten mit Familienpflichten z.B. durch die Akzeptanz von „Familienkarrieren", durch spezifische Beratungsangebote oder auch in Mitarbeiter- und Krankenrückkehrgesprächen verdeutlichen, dass ihre besonderen Bedürfnisse wahr- und ernst genommen werden. Zu diesem Komplex gehört auch die Sensibilisierung der direkten Vorgesetzten für mögliche Problemlagen der Vereinbarkeit von Familie und Beruf.

Familienservice: Darunter sollen hier alle monetären und strukturellen Maßnahmen erfasst werden, die bei der Kinder- und Seniorenbetreuung hilfreich sind. Das Spektrum reicht von den Belegplätzen in Kindergärten und Pflegeeinrichtungen über finanzielle Zuschüsse des Arbeitgebers bis hin zum Haushaltsservice oder der Möglichkeit, Familienangehörige in die Betriebskantine mitnehmen zu können.

Mit dem *Audit Beruf & Familie* (vgl. z.B. Becker, 2003) sowie dem *Total-E-Quality-Zertifikat* (vgl. z.B. Busch & Engelbrech, 2004) stehen den ArbeitgeberInnen zwei etablierte Instrumente zur Verfügung, mit denen eine systematische Bestandsaufnahme und Weiterentwicklung der Personalpolitik für Menschen mit Familienpflichten realisiert werden kann. Der inzwischen in vielen deutschen Großstädten vertretene kommerzielle *Familienservice* bietet den Unternehmen im Bereich der Sozial- und Serviceleistungen seine professionelle Hilfe an. Im kommunalpolitischen Bereich sollen in Zukunft die *Lokalen Bündnisse für Familie* einen spezifischen Beitrag zur Verbesserung der Betreuungsinfrastruktur leisten.

Nach Jahren der Erfahrungssammlung lässt sich vor diesem Hintergrund festhalten: Es gibt nur wenige Konstellationen der (Un-)Vereinbarkeit von Familienpflichten und Beruf, die bei entsprechender Aufgeschlossenheit aller Beteiligten und dem Engagement des Arbeitgebers *nicht* bewältigt werden könnten. Die monetären Aufwendungen der Unternehmen „rechnen sich" durch die Minimierung von Personalbeschaffungs-, Überbrückungs- und Wiedereingliederungskosten. Die finanzielle Gesamtbilanz vieler familienorientierter Unternehmen fällt positiv aus (vgl. z.B. DIHK, 2004, S. 32f.). Die Vereinbarkeit von Familie und Beruf ist allerdings auch ein dynamischer Handlungsbereich für Arbeitgeber, in dem immer wieder Anpassungen an veränderte Rahmenbedingungen und Bedürfnisse vorgenommen werden müssen.

Neben den unbestrittenen positiven Effekten einer familienorientierten Personalpolitik müssen aber auch einige negative Aspekte im Auge behalten werden. Die bewusste Bevorzugung von Menschen mit Familienaufgaben wirft Gerechtigkeitsfragen auf, provoziert Konflikte innerhalb von Belegschaften und stellt die Personalplanung vor schwierige Aufgaben. Warum, fragen sich z.B. viele kinderlose Beschäftigte, werden Eltern bei der Besetzung von Wochenend- und Feiertagsschichten oder bei der Festlegung von Urlaubszeiten systematisch bevorzugt? Warum soll eine Mutter zur Wahrnehmung von Elternsprechzeiten in der Schule frei bekommen, während der Single ohne Familienpflichten sich nicht mitten im Arbeitstag zum Yoga-Kurs abmelden kann? Andererseits fällt es den Unternehmen häufig schwer, die Elternteile nach der Rückkehr aus der Elternzeit auf adäquaten Arbeitsplätzen einzusetzen. Da die betroffenen Mütter und Väter sich relativ kurzfristig entscheiden können, ob sie wiederkommen oder ihre Auszeit verlängern möchten, wird die Personalplanung (sowohl in kleinen als auch in sehr großen Unternehmen) häufig vor Herausforderungen gestellt. Die Rücksichtnahme auf die Bedürfnisse von Beschäftigten mit Familienaufgaben kann auch die Handlungsspielräume im Unternehmen einengen, wenn z.B. Sitzungen nur dann stattfinden sollen, wenn auch die teilzeitbeschäftigten Eltern anwesend sind.

In allen genannten Fällen stellt sich die Frage nach der Begründung des Sonderstatus von Menschen mit Familienaufgaben in Unternehmen. Welchen spezifischen Beitrag leisten eigentlich die beschäftigten Eltern zum Unternehmenserfolg, der eine Bevorzugung rechtfertigen würde (vgl. Hammers, 2003, S. 77f.)? Für eine ganzheitliche Erfassung der strategischen Aspekte der Vereinbarkeitsthematik bietet sich seit einigen Jahren das ursprünglich aus Nordamerika stammende Konzept *Diversity Management* an. Es ermöglicht einen anderen, neuen Blickwinkel auf die unterschiedlichen Belegschaftsangehörigen mit all ihren Besonderheiten, Vorzügen und spezifischen Problemen.

4 Diversity Management als neuer Rahmen

Personelle Vielfalt oder Diversität war in Unternehmen schon immer vorhanden und wird in den kommenden Jahren eher noch zu- als abnehmen. Beschäftigte unterscheiden sich nach Aussehen, Qualifikation, Bedürfnissen und Erwartungen nun einmal deutlich. Andererseits weisen verschiedene Menschen stets auch einen großen Vorrat an gemeinsamen Zielen, Wertvorstellungen, Kompetenzen und Erfahrungen auf. An diesem Zusammenspiel zwischen Unterschieden und Gemeinsamkeiten innerhalb von Belegschaften setzt das Konzept *Diversity Management* an. Es zielt einerseits darauf ab, die positiven Effekte von personeller Vielfalt zu verstärken oder überhaupt nutzbar zu machen. Andererseits bemüht es sich darum, die aus Heterogenität resultierenden Vorurteile, Stereotype und Konflikte abzubauen bzw. zu entschärfen (vgl. z.B. Vedder, 2002, S. 10f.).

Der Leitgedanke von *Diversity Management* ist die grundsätzliche Wertschätzung der Vielfalt in Unternehmen. Ungleichheit oder Andersartigkeit wird als besondere Chance betrachtet – und nicht als Defizit, das es zu beseitigen gilt. In der Diversität von Humanressourcen, Kooperationen, Märkten usw. liegen die Wettbewerbsvorteile der Zukunft. Es gilt daher, die Personalbeschaffung auf Angehörige von Minderheitengruppen auszuweiten, die Bedürfnisse heterogener Kundengruppen rechtzeitig zu antizipieren, ein positives Anti-Diskriminierungsimage nach außen zu kommunizieren und die interne Zusammenarbeit durch eine gezielte Nutzung unterschiedlicher Kompetenzen zu verbessern. All diese Veränderungen müssen gemanagt werden und fallen daher in das Aufgabenspektrum von Führungskräften (vgl. Vedder, 2003, S. 19f.).

Menschen mit Familienpflichten sind innerhalb der Belegschaften eine heterogen zusammengesetzte Gruppe. Es gehören Männer[2] und Frauen zu dieser Gruppe (Dimension *Geschlecht*), jüngere und ältere Beschäftigte (Dimension *Alter*), Personen mit deutscher und anderer Staatsangehörigkeit (Dimension *Nationalität/Ethnie*; vgl. dazu auch Antweiler, 2003, S. 54), Christen und Anhänger anderer religiöser Gemeinschaften (Dimension *Religion*). Erweitert man den Familienbegriff auf homosexuelle Lebenspartnerschaften (Dimension *Sexuelle Orientierung*), dann gehören auch jene Beschäftigten zu dieser Personengruppe, die z.B. ihre kranken LebenspartnerInnen zu Hause pflegen. Die Menschen mit Familienaufgaben in einer Organisation unterscheiden sich auch hinsichtlich ihrer Betriebszugehörigkeit, ihrer Ausbildung, ihres Einkommens, möglicher Behinderungen und vor allen Dingen hinsichtlich ihrer Persönlichkeitsmerkmale.

Die spezifische Perspektive des *Diversity Management* ermöglicht einen geschärften Blick auf die Vielfalt innerhalb scheinbar homogener Gruppen. Wenn man die Beschäftigten mit familiären Verpflichtungen aus dieser Perspektive betrachtet, dann werden ganz unterschiedliche Bedürfnisse und Problemstellungen deutlich. Eine generalisierende Personalpolitik kann diesen Unterschieden kaum gerecht werden. Die Unternehmen sind deshalb aufgefordert, durch Differenzierung oder sogar Individualisierung ihrer personalpolitischen Angebote die Wünsche ihrer Beschäftigten aufzugreifen (vgl. dazu auch Morick, 2002, S. 37ff.). Sie können damit wichtige Voraussetzungen schaffen, um attraktive ArbeitgeberInnen für Menschen mit Familienpflichten zu sein. Wie ich im Folgenden zeigen werde, kann dies derzeit und in den kommenden Jahrzehnten verstärkt von besonderer Bedeutung für den wirtschaftlichen Erfolg von Unternehmen und anderen Organisationen sein.

Die sich abzeichnende demografische Entwicklung in Deutschland zeigt, dass der Arbeitsmarkt in Zukunft schrumpfen und zugleich vielfältiger werden wird. Abbildung 4 verdeutlicht die mittleren Prognosewerte aus verschiedenen Zukunftsszenarien.

Das Erwerbspersonenpotential wird in Deutschland in den kommenden 40 Jahren um fast 25% zurückgehen. Insbesondere der Pool an jungen, inländischen, nicht behinderten Männern, die eine Vollzeitbeschäftigung anstreben (häufig das Ideal einer Nachwuchskraft mit Potenzial), wird deutlich abnehmen. Falls die Arbeitsplätze nicht in vergleichbarem Umfang in andere Länder verlegt werden, stellt sich für viele Unternehmen die Frage, wer die entstehenden Lücken schließen könnte. Personelle Reserven sind noch in jenen Gruppen vorhanden, die in den meisten Branchen Minderheiten auf den Teilarbeitsmärkten darstellen. Die Erwerbsquoten der Frauen, älteren

---

2 In seiner Studie „Männer zwischen Familie und Beruf – ein Anwendungsfall für die Individualisierung der Personalpolitik" dokumentiert Klaus Peinelt-Jordan (1996) die Vereinbarkeitsprobleme von „aktiven Vätern" und untersucht, inwieweit eine Individualisierung der Personalpolitik einen Beitrag zu deren Lösung leisten kann.

Arbeitnehmer, Teilzeitbeschäftigten usw. ließen sich (mit Blick auf die Verhältnisse in anderen europäischen Ländern) noch deutlich steigern.

Abbildung 4:   Prognostizierte Arbeitsmarktentwicklung der Bundesrepublik Deutschland

	Jahr 2000	**Jahr 2040 (Prognose)**
Erwerbstätige	40,3 Millionen	30,7 Millionen
Anteil Frauen	43,8%	erhöht
Anteil 55 und Ältere	13,1%	stark erhöht
Anteil Teilzeitbeschäftigte	21,5%	stark erhöht
Anteil Ausländische AN	8,8%	verdoppelt
Anteil Schwerbehinderte	2,5%	erhöht

Zahlen aus: Institut der deutschen Wirtschaft (2002), Deutscher Bundestag (1998), Bundeszentrale für politische Bildung (2001).

Zwar werden die Menschen mit Familienpflichten in den Statistiken meist nicht gesondert aufgeführt, doch gehören auch sie ohne Zweifel zu den stillen Reserven auf dem deutschen Arbeitsmarkt. Ihre Aktivierung wird nur dann möglich sein, wenn sich die Rahmenbedingungen der Beschäftigung und/oder der Betreuung von Angehörigen entsprechend verändern. Die innerbetrieblichen Chancen dazu stehen im Rahmen des *Diversity Management* gar nicht schlecht. Jene Unternehmen, die das neue Managementkonzept aufgreifen möchten, beginnen in der Regel mit einer Bestandsaufnahme bereits angebotener Maßnahmen für besondere Beschäftigtengruppen. Neben den interkulturellen Angeboten und der Förderung von Chancengleichheit steht das Handlungsfeld *work-life-balance* meist ganz oben auf der Agenda. In diesem Rahmen werden in deutschen Großunternehmen häufig schon vielfältige Optionen zur Arbeitszeitgestaltung, Telearbeit, Gesundheitsförderung usw. angeboten, die bereits in Abschnitt 3 vorgestellt wurden.

Abbildung 5 vermittelt einen Eindruck davon, welche spezifischen Diversity-Maßnahmen noch über diese Angebote hinausgehen können (vgl. Dedeoglu et al., 2004, S. 66ff.):

Abbildung 5: Typische Diversity-Maßnahmen für Menschen mit Familienpflichten

- Integration von Diversity-Grundsätzen in das Leitbild der Organisation;
- Organisationsdemografie: Erhebung von präzisen Zahlen zu den Menschen mit Familienpflichten im Unternehmen (z.B. nach Alter der pflegenden und pflegebedürftigen Personen);
- Bildung und Vernetzung von Familien-Interessengruppen innerhalb der Organisation;
- Überprüfung von bestehenden Systemen und Verfahren (z.B. Personalbeurteilung, Anreizsysteme) auf diskriminierende Effekte gegenüber Menschen mit Familienpflichten;
- Durchführung von Awareness- und Skill-Building-Trainings für Führungskräfte, um Vorurteile gegenüber der Zielgruppe abzubauen und spezifische Hilfsmöglichkeiten bekannt zu machen (vgl. Gieselmann & Krell, 2004);
- Angebot besonderer Sozialleistungen für Familien, z.B. zum Erwerb von Wohneigentum;
- Unterstützung von Freiwilligenprogrammen, deren Arbeit Familien zugute kommt.

Diversity-Maßnahmen setzen also im Idealfall an ganz unterschiedlichen Stellen in der Organisation an und wirken nachhaltig über einen längeren Zeitraum hinweg. Mittelfristig stellt sich in den interessierten Unternehmen die Frage nach der Herausbildung professioneller Strukturen (Diversity-Abteilungen; Anti-Diskriminierungsbüros), da die ehrenamtliche Bearbeitung der Thematik in freiwilligen Arbeitsgruppen an Grenzen stößt. Spätestens dann müssen sich die Unternehmen sehr genau darüber klar werden, warum sie den erheblichen finanziellen Aufwand eigentlich betreiben. Verschiedene Begründungen bieten sich zur Legitimation an (vgl. Sepehri, 2002, S. 93ff.; Stuber, 2004, S. 35f.):

1. **Ethisch-moralische Gründe:** *Diversity Management* soll Chancengleichheit zwischen Menschen mit bzw. ohne Familienpflichten herstellen (vgl. Göbel, 2003, S. 123f.). Es fördert die Fairness und Toleranz gegenüber einer besonders belasteten Beschäftigtengruppe, die unter dem besonderen Schutz des Grundgesetzes steht. Ziel ist letztendlich die Herstellung einer korrektiven Gerechtigkeit zwischen Personen mit ungleichen Ausgangsbedingungen im Erwerbssystem. Dieser legitime ethisch-moralische Ansatz wird in der Diversity-Diskussion allzu häufig gegenüber den (scheinbar) handfesten, ökonomischen Begründungen abgewertet. Bei näherer Analyse erweist er sich allerdings als mindestens ebenso tragfähig wie die schwer erfassbaren Kosten-Nutzen-Überlegungen zum *Diversity Management* in Unternehmen (vgl. ebd., S. 130ff.).

2. **Kundenorientierte Gründe:** *Diversity Management* soll dazu beitragen, die Bedürfnisse spezifischer Kundengruppen zu antizipieren. Werden in einem Unternehmen Produkte und Dienstleistungen für Familien erstellt, dann ist es ohne Zweifel erfolgsrelevant, dass Menschen mit Familienpflichten auch in die Produktentwicklung, in die Marktforschung und in den Vertrieb involviert sind. Familienorientierte Käufer reagieren positiv auf Verkäufer, die ihre Probleme und Bedürfnisse aus

eigener Erfahrung präzise einschätzen können. In abgeschwächter Form gilt diese Aussage für viele Produkte und Dienstleistungen, die *nicht ausschließlich, aber auch* von Eltern oder pflegenden Angehörigen erworben werden.

3. **Kompetenzorientierte Gründe:** *Diversity Management* hat (allgemein) das Ziel, die durch Familienarbeit geförderten Sozialkompetenzen für den Arbeitgeber nutzbar zu machen. Wenn es zutrifft, dass Menschen mit Familienpflichten durch ihre Familienarbeit lernbereiter, teamfähiger, belastbarer, flexibler und kreativer werden als Beschäftigte ohne Familienaufgaben, dann sollten diese *soft skills* gezielt eingesetzt werden. Damit stellt sich die Frage, an welchen Stellen im Unternehmen solche Personen mit einer ausgeprägteren Fähigkeit zur Selbstreflexion, einer höheren Leistungsbereitschaft, einem größeren Organisationstalent oder auch einer besseren Konfliktfähigkeit benötigt werden. Eine intensivere Beschäftigung mit dieser anspruchsvollen Fragestellung wird, das haben im Rahmen meines laufenden Habilitationsprojekts geführte Interviews ergeben, von den meisten Diversity-Anwendern vermieden. Dennoch führt sie zum eigentlichen Kern des Diversity-Gedankens. Vielfalt ist schließlich kein Wert an sich und nur dort wertschöpfend, wo sie gezielt genutzt werden kann.

4. **Image-Gründe:** *Diversity Management* zielt in der Regel darauf ab, das Unternehmensimage einer *nicht-diskriminierenden Organisation* zu fördern. Damit wird ein Arbeitgeber vor allem für jene potenziellen BewerberInnen interessant, denen an der Chancengleichheit aller Beschäftigten besonders viel liegt. Da innerhalb der Minderheiten auf dem Arbeitsmarkt auch *high potentials* heranwachsen, ist diese Signalwirkung für die Unternehmen sehr wichtig. In dem hier besprochenen Fall geht es insbesondere um jene Arbeitskräfte, die Wert darauf legen, in allen Lebensbereichen präsent zu sein. Dieses Bedürfnis kann *Diversity Management* aktiv fördern und unterstützen.

5 Resümee und Ausblick

Was bringt das *Diversity Management* also für die Beschäftigten mit Familienaufgaben? Es eröffnet eine neue Perspektive auf die Vereinbarkeitsthematik, die auf der politischen und unternehmerischen Agenda derzeit sowieso weit oben rangiert. Während in Nordamerika bei der Einführung des neuen Managementkonzepts neben der zentralen Dimension *Gender* meist die Dimension *Ethnizität* eine besondere Rolle spielt, fällt in Deutschland der Dimension *Familie* eine wesentliche Bedeutung zu. Aus dem Mutterland von *Diversity Management* kommen allerdings auch einige interessante Ideen, die der Realisierung einer besseren *work-life-balance* für deutsche Beschäftigte neue Impulse geben könnten.

Einen weiteren Schub dürfte das *Diversity Management* durch die Umsetzung der EU-Richtlinien 2000/43/EG (Gleichbehandlung ohne Unterschied der Rasse/Ethnie) und 2000/78/EG (Gleichbehandlung in Beschäftigung und Beruf) erfahren, mit der die Bundesrepublik Deutschland derzeit in Verzug ist. Diese Mindeststandards zum Schutz vor Diskriminierung zielen auf die Chancengleichheit bei Einstellung, Arbeitsbedingungen, Karriere, Entgelt ... ab. Nach Einschätzung von deutschen JuristInnen dürften sie durch das Recht auf Verbandsklagen und die Beweislastumkehr in Diskriminierungsprozessen mehr juristische Auseinandersetzungen für die Arbeitgeber zur Folge haben. Unter Umständen werden die Gerichte (ähnlich wie in den USA) das Engagement im Bereich *Diversity Management* als Beleg dafür werten, dass die Unternehmen vorbeugend gegen Diskriminierungen aller Art vorgehen.

Allerdings wird das *Diversity Management* allein nicht alle Probleme der Beschäftigten mit Familienpflichten lösen können. Mit dem Weg über die Befunde der Familienforschung und die etablierte Diskussion zur (Un-)Vereinbarkeit von Familie und Beruf sollte dieser Artikel verdeutlichen, dass neben den ArbeitgeberInnen auch andere – und ganz unterschiedliche – Akteursgruppen an der Problementstehung und -lösung mitwirken.

Und es gilt stets zu bedenken: Eltern und pflegende Angehörige sind durchaus keine einfachen bzw. ,pflegeleichten' ArbeitnehmerInnen und KundInnen von Personalabteilungen. Sie stellen weitgehende Forderungen, und ihre Bevorzugung kann zu Konflikten innerhalb von Belegschaften führen. Warum sollten sich ArbeitgeberInnen darauf einlassen? Hätten sie es nicht mit Beschäftigten ohne Familienpflichten viel einfacher? Aber: Welche besonderen Kompetenzen und Erfahrungen würden in diesem Fall verloren gehen? Und wo werden genau diese benötigt? Solche Tabu-Fragen werden in den meisten Unternehmen vermutlich gar nicht gestellt. Es wäre allerdings ehrlicher, diese Fragen offen (aber auch sensibel) zu diskutieren. Die Einführung von *Diversity Management* könnte dazu eine geeignete Plattform bieten. Nach Überzeugung des Autors werden die Unternehmen mittelfristig kaum mehr eine Alternative zur Individualisierung ihrer Personalpolitik haben. Wenn auch noch die spezifischen Bedürfnisse der kinderlosen Singles mit Familienaufgaben (Pflege von PartnerInnen oder Eltern) wertgeschätzt würden, dann stünde die betriebliche Familienförderung auf einem massiveren Fundament.

Literatur

Antweiler, C. (2003): Kulturelle Vielfalt – ein ethnologischer Forschungsüberblick zu inter- und intrakultureller Diversität, in: Wächter, H., Vedder, G. & Führing, M. (Hg.): Personelle Vielfalt in Organisationen, München/Mering, S. 45-69.

Becker, S. (2003): Strategien einer familienbewussten Personalpolitik, in: Personal, 55. Jg., Heft 11, S. 22-25.

Bölsche, J., Bornhöft, P., Bruhns, A., von Buttler, H., Dürr, A., Hipp, D., Kloth, H. M., Neubacher, A., Pötzl, N. F., Schumann, H. & Voigt, C. (2004): Land ohne Lachen, in: Der Spiegel, Heft 2 vom 05. 01. 2004, S. 38-48.

Bundesministerium für Familie, Senioren, Frauen und Jugend (BMFSFJ) (Hg.) (1996): Optionen der Lebensgestaltung junger Ehen und Kinderwunsch, Schriftenreihe Band 128.1, Bonn.

Bundesministerium für Familie, Senioren, Frauen und Jugend (BMFSFJ) (Hg.) (2003): Die Familie im Spiegel der amtlichen Statistik, erweiterte Neuaufl., Berlin.

Bundeszentrale für politische Bildung (BPB) (Hg.) (2001): DeutschlandTrendBuch, Bonn.

Busch, C. & Engelbrech, G. (2004): Mit Chancengleichheit auf Erfolgskurs – TOTAL E-QUALITY; in: Krell, G. (Hg.): Chancengleichheit durch Personalpolitik, 4. Aufl., Wiesbaden, S. 1-12.

Dedeoglu, A., Dreiling, C., Fleischhauer, A., Moongamackal, S. & Wong, S. (2004): Diversity Online, in: Wächter, H. & Führing, M. (Hg.): Anwendungsfelder des Diversity Management, München/Mering, S. 1-108.

Deutscher Bundestag (Hg.) (1998): Demographischer Wandel, Bonn.

Deutscher Industrie- und Handelskammertag (DIHK) (Hg.) (2004): Familienorientierte Personalpolitik – Checkheft für kleine und mittlere Unternehmen, Berlin.

Engel, R. (2004): Praxisbeispiel Schering – Work/Life-Balance, in: Krell, G. (Hg.): Chancengleichheit durch Personalpolitik, 4. Aufl., Wiesbaden, S. 293-296.

Gieselmann, A. & Krell, G. (2004): Diversity-Trainings, in: Krell, G. (Hg.): Chancengleichheit durch Personalpolitik, 4. Aufl., Wiesbaden, S. 393-409.

Göbel, E. (2003): Diversity Management und Gerechtigkeit; in: Wächter, H., Vedder, G. & Führing, M. (Hg.): Personelle Vielfalt in Organisationen, München/Mering, S. 115-135.

Hammers, M. (2003): „Family-friendly" benefits prompt non-parent backlash, in: Workforce Management, 82. Jg., Heft 8, S. 77-79.

Institut der deutschen Wirtschaft (Hg.) (2002): Deutschland in Zahlen 2002, Köln.

Morick, H. (2002): Differentielle Personalwirtschaft, München.

Peinelt-Jordan, K. (1996): Männer zwischen Familie und Beruf: ein Anwendungsfall für die Individualisierung der Personalpolitik, München/Mering.

Sell, S. (2002): „Bedarfsorientierte" Modernisierung der Kinderbetreuungsinfrastruktur in Deutschland, in: WSI-Mitteilungen, 55. Jg., Heft 3, S. 147-152.

Sepehri, P. (2002): Diversity und Managing Diversity in internationalen Organisationen, München/Mering.

Stolz-Willig, B. (2002): Ernährermodell plus Halbtagskultur, http://www.bdwi.de/forum/fw3-02-14.htm (Abfrage vom 04. 11. 2003).

Strümpel, B., Prenzel, W., Scholz, J. & Hoff, A. (1988): Teilzeitarbeitende Männer und Hausmänner, Berlin.

Stuber, M. (2004): Diversity – Das Potenzial von Vielfalt nutzen – den Erfolg durch Offenheit steigern, München.

Vedder, G. (2002): Diversity Management, in: Poth, L. & Poth, G. (Hg.): Marketing – Loseblattsammlung, Kapitel 52, Neuwied, S. 1-62.

Vedder, G. (2003): Vielfältige Personalstrukturen und Diversity Management, in: Wächter, H., Vedder, G. & Führing, M. (Hg.): Personelle Vielfalt in Organisationen, München/Mering, S. 115-135.

Daniela Rastetter

Gleichstellung contra Vergemeinschaftung
Das Management als Männerbund

1   Einleitung 249

2   Gleichstellung und Geschlechterordnung 249

3   Der klassische Männerbund 252

4   Männliche Identitätsentwicklung 254

5   Rituale und Reglements 256

6   Interner Ausschluss 258

7   Ansatzpunkte 260

8   Schluss 262

Literatur 263

1   Einleitung

Das Thema Gleichstellung von Frauen und Männern hat in den letzten Jahren immer mehr Eingang in den betriebswirtschaftlichen „Mainstream" gefunden. Ein Ziel von Gleichstellungsbemühungen, die Erhöhung der Zahl von Frauen in Führungspositionen, scheint aber in der Praxis schwer erreichbar zu sein. In diesem Beitrag wird gezeigt, dass einer der Gründe für die Verhinderung von Gleichstellung in männerbündischen Strukturen zu finden ist, die den Eintritt und die Integration von Frauen ins Management blockieren. Diese Strukturen haben ihre tieferen Ursprünge in männlicher Identitätsentwicklung und sind gegenüber effizienzorientierten Argumenten relativ resistent. Ansatzpunkte für Gleichstellung im Management müssen deshalb gezielt Männer und Männerbünde miteinbeziehen.

Der Beitrag verbindet Ansätze und Argumentationen aus den Disziplinen Psychologie, Organisationssoziologie und Betriebswirtschaftslehre. Ausgehend von Erfolgen und Defiziten der Gleichstellungspolitik werden klassische und moderne Männerbünde vorgestellt, deren Funktionieren mit der männlichen Identitätsentwicklung in Zusammenhang steht, die in einem Kapitel beschrieben wird. Die Befunde zu Männerbünden werden dann auf Leitungsbereiche von Organisationen übertragen: Welche Bedeutung haben Männerbünde im Management und wie integrieren sie gleichgestellte Kolleginnen? Abschließend werden praktikable Maßnahmen vorgestellt, mit denen kontraproduktive Wirkungen von Männerbünden eingedämmt werden können.

2   Gleichstellung und Geschlechterordnung

Betriebliche Gleichstellungspolitik ist längst keine Angelegenheit einiger engagierter GleichstellungsakteurInnen mehr („Bottom-Up-Ansatz"), sondern hat ihren Weg in Unternehmensleitungen gefunden („Top-Down-Strategie"), wenn auch die Kluft zwischen initiativen Organisationen auf der einen Seite und relativ untätigen Unternehmen auf der anderen Seite noch groß ist. Was Personalverantwortliche und WissenschaftlerInnen in den letzten Jahren verstärkt betonen, ist die *ökonomische Effizienz* von Gleichstellungspolitik (siehe die Beiträge im Sammelband von Krell, 2004a, sowie Domsch & Ladwig, 2003). Einige Gründe dafür:

■   Die von den Frauen selbst und von Unternehmen getätigten Investitionen in das „weibliche Humankapital" (vgl. dazu auch den Beitrag von Alewell & Canis, in diesem Band) sollen sich lohnen; hochqualifizierte Frauen an die Familie oder andere Unternehmen zu verlieren, wäre ökonomisch unsinnig.

▪ Gemischte Teams, so besagt es der Diversity-Ansatz, arbeiten effizienter und kreativer zusammen als homogene Gruppen (Krell, 2004b, S. 45). Es ist deshalb zu vermuten, dass gemischtgeschlechtliche Arbeitsgruppen bessere Ergebnisse erzielen als rein männliche oder weibliche.

▪ Auch wenn Gender-Mainstreaming-Ansätze (für einen Überblick: Krell, Mückenberger & Tondorf, 2004) bislang mehr in das politische Umfeld als in die privatwirtschaftliche Praxis Eingang gefunden haben, so ist doch davon auszugehen, dass sich Unternehmen auf lange Sicht diesen Strömungen nicht verschließen können.

▪ In Umfragen äußern sich auch Männer positiv zur beruflichen Gleichstellung der Geschlechter (Höyng & Puchert, 1998).

▪ Unterstützung findet Gleichstellungspolitik nicht zuletzt in der gestiegenen Bedeutung der Personalpolitik allgemein, bei der das Human Resource Management (HRM) als Teil einer integrierten Unternehmensstrategie und Personal als zentrale Ressource des Unternehmens gelten. Im Zuge der Aufwertung der Personalpolitik wird auch Gleichstellungspolitik als Teil des HRM an Bedeutung gewinnen (Kühne, 1997).

Gleichstellungsansätzen fehlt es somit keineswegs an handfesten effizienzorientierten Argumenten. Gleichzeitig sprechen viele Befunde eine andere Sprache:

▪ Die Zahl der Frauen in Führungspositionen erhöht sich zwar, aber sehr langsam. Sie entspricht keineswegs dem Anteil qualifizierter Frauen an den Beschäftigten (Holst, 2002).

▪ Eine Reihe von Unternehmen, gerade mittlere und kleinere, aber auch Unternehmen aus männerdominierten Branchen, scheint Gleichstellungspolitik recht fern zu stehen, wie mehrere Untersuchungen ergaben (Accenture, 2002; Krell & Ortlieb, 2004). Wenn überhaupt, so weisen diese Unternehmen Maßnahmen zur Vereinbarkeit von Beruf und Familie vor, in erster Linie Arbeitszeitflexibilisierung, die nicht unbedingt aus Gleichstellungsmotiven eingeführt wurde.

▪ Männer zeichnen sich in der Praxis trotz verbaler Zustimmung zu Gleichstellungsansätzen häufig durch Untätigkeit aus (Höyng & Puchert, 1998, S. 71). Sie partizipieren dadurch an männlichen Privilegien, ohne aktiven Widerstand gegen Gleichstellung zu leisten.

▪ Die Evaluation von Gleichstellung steht noch am Anfang. Bisher werden vielversprechende Ansätze in ihren tatsächlichen Effekten kaum geprüft, ein Vorwurf, der auch anderen personalpolitischen Maßnahmen gemacht werden kann, in diesem Fall aber die fatale Folge hat, ungerechtfertigten Optimismus zu vermitteln. So neigen heutzutage viele zu der Haltung, dass unfaire Diskriminierung in Unternehmen kein Thema mehr sei, da bereits genug Aktivitäten ergriffen worden wären.

Was verhindert nun aber die Durchsetzung von Gleichstellung, wenn sie doch ökonomisch durchaus sinnvoll und für das Unternehmen profitabel wäre? Mit dieser Frage wird das Konzept einer Organisation als rationaler, zielgerichteter, effizienzorientierter Ordnungsstruktur relativiert, das innerhalb der Betriebswirtschaftslehre favorisiert wird. Organisationen folgen verschiedenen Logiken, von denen die ökonomische nur eine ist. Sie sind (auch) historisch-gesellschaftlich spezifische Formen von *Herrschaft* in der Moderne und damit kein neutraler, technischer Modus der effizienten Koordination von Ko-Operation (Türk, 1995, S. 41). „Ordnung" hat in dieser Sichtweise nicht nur sachlogische Funktionen, sondern beinhaltet hierarchische Unter- und Überordnungsverhältnisse, zu denen auch die herrschende *Geschlechterordnung* gehört (Krell, 2003). Geschlechterordnung bedeutet, dass Frauen und Männern bestimmte Plätze in der Organisation zugewiesen werden. Ein Ausdruck davon ist das männliche Managermodell, das besagt, dass Führungskräfte eher mit stereotyp männlichen als mit stereotyp weiblichen Eigenschaften assoziiert werden. Dieses „Think manager think male"-Phänomen (z.B. Spreemann, 2000) ist erstaunlich stabil, wenn man die starken Verschiebungen und Widersprüche betrachtet, die sich durch die Managementliteratur ziehen. Die Aufwertung so genannter soft skills oder emotionaler Kompetenzen im Management der 1990er Jahre schien ein „weibliches" Führungsmodell zu entwerfen, das Frauen gute Chancen in Leitungsfunktionen beschert. Daraus ist bis heute nichts geworden – das männliche Führungsmodell scheint weiter zu bestehen (Rastetter, 2002). In Untersuchungen des Manager-Jargons zeigt sich, dass Worte wie „Kampf", „Erobern", „Durchmarsch" oder „Attackieren" in der Rangliste der Verwendungshäufigkeit und Akzeptanz weit oben stehen (Haubl, 2003). Offenbar ist die traditionelle Geschlechterordnung in den Leitungsbereichen von Organisationen veränderungsresistent: Je höher die Ebene, desto homogen männlicher ist die Belegschaft. Im Top-Management sind in der Regel weit über 90% des Personals männlich.

Hier greift ein Prinzip der Organisation als Herrschaft, das mit *„Vergemeinschaftung"* umschrieben wird (Türk, 1995, S. 66ff.): Die zur Organisation gehörigen Mitglieder werden mit Privilegien versehen, die den Außenstehenden, den Nicht-Mitgliedern, nicht zukommen.[1] Mitgliedschaft ist ein zentrales Merkmal jeder Organisation, denn nur so kann sie sich gegenüber anderen Organisationen und gegenüber der Außenwelt, den Nicht-Organisationen, abgrenzen. Ohne Mitgliedschaft gäbe es kein Personal, auf das sich HRM beziehen kann, keine Gehaltsliste, keine Einstellungen und keine Entlassungen. Interne Gesamt- oder Subkulturen bilden eine spezifische Solidarität und Loyalität aus, die auf kollektive Interessenwahrung gegenüber Nicht-Mit-

---

[1] „Soziale Schließung" (Weber, 1922, S. 182) ist ein mit Vergemeinschaftung verwandtes Konzept.

gliedern abzielen. Dadurch werden die ausgeschlossenen gesellschaftlichen Gruppen marginalisiert, und zwar nicht nur durch Nicht-Teilhabe an den Vorteilen, die eine solidarische Gemeinschaft verspricht, sondern auch mangels alternativer Artikulationsmöglichkeiten ihrer Bedürfnisse und Interessen innerhalb einer Organisationsgesellschaft (Türk, 1995, S. 71). Der bündische Charakter von Organisationen wird dabei nicht nur durch die formale Grenzziehung nach außen, sondern auch durch Strategien der Organisationsspitze unterstützt, die sich durch Vergemeinschaftung eine gesteigerte Identifikation der Mitglieder mit dem Unternehmen verspricht, die im „Corpsgeist" oder der „Betriebsfamilie" ihren Niederschlag findet (Krell, 1994). Innerhalb der Organisation setzen sich Schließungsprozesse in Form von Rand- versus Kernbelegschaften, Linien- versus Stabsfunktionen oder Stamm- versus Zeitpersonal fort, um nur einige Beispiele zu nennen.

Es gibt verschiedene Kriterien der Mitgliedschaft. Diese zu erkunden ist Aufgabe der Forschung zu sozialer Ungleichheit und Schließung. Ein zentrales Kriterium personeller Ein- und Ausgrenzung ist das *Geschlecht*. Es drängt sich deshalb auf, eine Parallele zu jenen – älteren – Institutionen zu ziehen, die ganz offiziell rein männlich sind: die *Männerbünde*, die auf dem Prinzip der Vergemeinschaftung beruhen.

3 Der klassische Männerbund

Männerbünde sind freiwillige Zusammenschlüsse von Männern, die sich durch folgende *Merkmale* auszeichnen:

- schwieriger Zugang: Die Aufnahme ist an Bedingungen und besondere Initiationsgepflogenheiten gebunden, die Zugehörigkeit zum Männerbund ist ein Privileg;

- ein selbst verordnetes strenges Reglement;

- Prinzipien und Werte, die oft Brüderlichkeit und Gleichheit heißen und durch (meist) latente Homosexualität, Frauenfeindlichkeit, Kameradschaft, Bereitschaft zu Verschwörung, Außenseitertum und Opfer gekennzeichnet sind;

- Führer-Gefolgschafts-Prinzip und strenge Hierarchien trotz der Huldigung der Brüderlichkeit;

- Ausschluss von Frauen[2] (Blazek, 2000; Völger & von Welck, 1990).

---

2   Blazek (2000, S. 14f.) nennt zusätzlich: Aggression, räumliche und gesellschaftliche Absonderung, Dramatisierung der Männerrolle, elitäres Bewusstsein, Geheimwissen, Abgrenzung ge-

Der Männerbund versteht sich als speziell männlich-brüderliche Vereinigung, die maskuline Werte und Attribute pflegt und durch ihr bündisches Prinzip die Abgrenzung nach außen vollzieht (Sombart, 1996, S. 139). Geprägt wurde der Begriff 1902 von dem Ethnologen Heinrich Schurtz in seinem Werk „Altersklassen und Männerbünde – Eine Darstellung der Grundformen der Gesellschaft". Schurtz vertrat darin die These, dass der Frau ein Familientrieb und dem Mann ein Geselligkeitstrieb zu eigen seien, was dazu führe, dass die Frau für Ehe und Familie zuständig, „der Mann dagegen der Vertreter aller Arten des rein geselligen Zusammenschlusses und damit der höheren sozialen Verbände" sei (Schurtz, 1902, S. IV). Männerbünde sind nach Schurtz die Träger höherer sozialer Entwicklung und relativ autonom gegenüber gesellschaftlichen Autoritäten. Sie traten zu Schurtz' Zeit in den verschiedensten Formen auf – angefangen von formlosen Freundschaftsgruppen geringen Umfangs bis hin zu kleinen und großen Bünden innerhalb von Politik und Militär mit beträchtlichem Einfluss (König, 1990). Hans Blüher (1919) nahm in seinem Werk „Die Rolle der Erotik in der männlichen Gesellschaft" die Gedanken von Schurtz auf. Erst der Männerbund, so Blüher, an dessen Spitze ein charismatischer Führer zu stehen habe, befreie den Mann zu voller schöpferischer Tätigkeit, während die Familie destruktiv wirke (siehe dazu auch die neue historische Studie von Brunotte, 2004).

Frühe Männerbünde sind bereits in den Symposien des antiken Griechenland belegt, bei denen junge Männer durch Initiation in die patriarchalische Gesellschaft aufgenommen wurden, während Frauen – bis auf die Hetären, einer Mischung aus Prostituierter und Gesellschaftsdame – vom sozialen und politischen Austausch ausgeschlossen waren. In Platons „Gastmahl" manifestiert sich die Fruchtbarkeit der „männlichen Mutterschaft" im Gebären von Gedanken und Philosophien (Platon, 2001). In der Moderne bilden zahlreich existierende Logen, Clubs, Orden und Zirkel, in deren Statuten der Ausschluss von Frauen fast immer verankert ist, das Kernstück von Männerbünden. Laut eines im 19. Jahrhundert erlassenen „Grundgesetzes" der Freimaurer gilt für „Frauen, Krüppel und Sklaven" ein kategorisches Beitrittsverbot (Wendling, 2002, S. 32f.), obwohl sich die Freimaurer zu Toleranz und Menschenwürde bekennen.

Frauen ausschließend und gleichzeitig abwertend agierten auch die Kirche und das Militär, die Vorbilder für heutige Organisationen darstellen und bis heute trotz Öffnungstendenzen die gewaltigsten Männerbünde sind. Unser Interesse gilt hier jedoch den erwerbswirtschaftlichen Organisationen. Die These ist, dass durch Industrialisierung und die seit Mitte des 19. Jahrhunderts staatlich zugelassene Vereinigungsfreiheit Männerbünde nicht nur in privaten Gemeinschaften, in Militär, Kirche oder Politik (Kreisky, 1995) tätig werden konnten, sondern auch in kapitalistischen Organisationen. Der Männerbund passt sich dabei den verwertungslogischen Ordnungsschemata – Rationalität, Zweckgerichtetheit, Kooperation – an, ohne die alten Prinzipien aufgeben zu müssen, die gerade die Organisation als Vergemeinschaftung reproduzieren: *perso-*

---

gen Homosexualität bei gleichzeitiger Homoerotik, überwiegend konservatives Männerbild, irrationale Gruppenerlebnisse.

nelle Ausgrenzung verbunden mit Prüfungs- und Aufnahmeprozeduren, *Sicherung der Herrschaft* durch Geheimnispflege und Monopolisierung von Wissen und *Verstärken der Polarisierung zwischen Mitgliedern und Nicht-Mitgliedern.* Neben den mystisch (Kirche, Geheimgesellschaften) und an traditionell „männlichen" Tugenden orientierten (Militär, Sportmannschaften) Männerbünden traten somit zahlreiche *moderne Männerbünde* mit neuen Inhalten und Zielen in Erscheinung, deren kleinster gemeinsamer Nenner der reale oder erwünschte Frauenausschluss ist.

Was moderne Männerbünde der westlichen Industriegesellschaften jedoch von früheren unterscheidet, ist der Umstand, dass sie freiwillig oder gezwungenermaßen Frauen in ihre Reihen aufnehmen bzw. neue Legitimationen für deren Ausschluss finden müssen. Denn aufgrund gesellschaftlichen Wandels hin zu mehr Gleichheit zwischen Männern und Frauen und der Akzeptanz von Gleichstellungspolitik in Unternehmen und anderen Organisationen tun sich Männerbünde immer schwerer, ihre Prinzipien zu verteidigen.

4 Männliche Identitätsentwicklung

Obwohl mit der Funktion der Herrschaftssicherung Männerbünde hinreichend erklärt zu sein scheinen und die Sicherung von Privilegien in vielen Bünden ein zentraler Bestandteil ist, wird damit noch nicht erklärt, warum ausschließlich Männer – und zwar nur bestimmte Männer – in die Bünde aufgenommen werden. Der Grund liegt in der identitätsstabilisierenden Funktion des Bundes. *Männliche Identität* wird durch die Identifikation mit Männlichkeitsbildern aufgebaut, die in unserer Gesellschaft mit bestimmten Vorstellungen und Eigenschaften verknüpft sind. Der wirtschaftlich und emotional unabhängige, durchsetzungsstarke, rationale Mann stellt nach wie vor das kulturelle Leitbild idealer Männlichkeit dar – die sog. hegemoniale Männlichkeit (Connell, 1999; Meuser, in diesem Band). Alles davon Abweichende wird entwertet und untergeordnet, in erster Linie Weiblichkeit, aber auch homosexuelle Männlichkeit, die mit Verweiblichung, Passivität und Schwäche verbunden wird und damit die Identitätsbildung der anderen Männer bedroht (Maas, 1999). Hegemoniale Männlichkeit bildet demnach nicht die mögliche Vielfalt von „Männlichkeiten" ab, sondern nur eine eingeschränkte Gestalt, und prägt deshalb nicht nur die Beziehung zwischen Männern und Frauen, sondern auch die *Beziehung der Männer untereinander* (Lehner, 2002, S. 23). Sie ist keineswegs die empirisch häufigste Form, sondern die Form, die in einflussreichen gesellschaftlichen Diskursen propagiert wird und Männer unter Druck setzt, sich diesem Ideal anzunähern. Versucht man, hegemoniale Männlichkeit zu einem Protagonisten zu verdichten, so dürfte der Manager ein aussichtsreicher Kandidat dafür sein (Haubl, 2003).

Von psychologischer Seite (z.B. Lehner, 2002) wird die Entstehung dieses Männlich-
keitsmodells mit der männlichen Sozialisation innerhalb geschlechtsspezifischer fami-
lialer Arbeitsteilung erklärt, bei der die Mutter das emotionale Zentrum der Familie
und der Vater, trotz gestiegener Beteiligung an Familienaufgaben, zumindest auf der
fürsorglich-gefühlsmäßigen Ebene der „Abwesende" ist. Die starke Bindung an die
Mutter, die in dieser Form zum Vater nicht existiert, führt zum einen dazu, dass
Männlichkeit ohne intensive körperlich-emotionale Beziehung zu einer männlichen
Bezugsperson entwickelt wird und zu einem emotionslosen, abstrakten, wenig sicheren Ideal wird. Zweitens trägt sie dazu bei, dass sich Jungen im Ablösungsprozess von
der Mutter und auf der Suche nach ihrer männlichen Identität mehr oder weniger sich
selbst und ihren Freunden überlassen sind. Während Mädchen stärker behütet werden
und sich identifikatorisch an der Mutter orientieren, suchen Jungen die Gesellschaft
anderer Jungen.[3] In der Auseinandersetzung mit den Spielkameraden entwickeln
Jungen hierarchische Über- und Unterordnungsverhältnisse, um Konflikte zu regeln,
aber auch Strategien, ihre Position innerhalb der Gruppe zu verbessern, d.h. Konkur-
renzverhalten (Lehner, 2002, S. 27). Männlichkeit bedeutet dann: sich durchsetzen,
keine Schwäche zeigen, sich möglichst gut positionieren, sichtbare Ziele erreichen. Die
durchaus vorhandene homoerotische Nähe wird in ritualisierte Bahnen gelenkt (Be-
rührungen beim Sport, Raufen), da manifeste Homosexualität („verweiblichte Männer") hegemonialer Männlichkeit widerspricht.

Die Jungen- und später die Männergruppe wird somit zu einer wichtigen Quelle des
männlichen Selbstverständnisses, und zwar lebenslang, weil „Identitätsarbeit" durch
das ganze Leben erfolgt (Keupp et al., 1999). Da Berufstätigkeit zum hegemonialen
Männlichkeitsbild gehört und die Kollegen die nächste Bezugsgruppe darstellen, ist es
nicht verwunderlich, wenn Frauen aus diesen Gruppen als Gleichberechtigte ausgeschlossen werden. Frauen sind zwar wichtig als Bewunderinnen männlicher Leistungen und als Objekt der Begierde, eignen sich aber nicht als Identifikationsobjekte. Die
Männlichkeit des einzelnen Mannes kann sich nur innerhalb der Gruppe der Männer
bewähren. Genutzt wird dafür das Prinzip der Vergemeinschaftung der Organisation,
oder anders gesagt: Es wird produziert und reproduziert. Selbstverständlich verläuft
die männliche Sozialisation bei Jungen unterschiedlich und spielen die Eltern nicht
immer die oben genannten stereotypen Rollen. Bemerkenswert ist jedoch ein Befund
von Kets de Vries, einem bekannten Führungsforscher, demzufolge gerade erfolgrei-
che männliche Führungskräfte sehr fürsorgliche Mütter und häufig abwesende Väter
haben (de Vries, 2004, S. 64).

Da die Ziele des Männerbundes nicht nur in taktischer Einflussnahme im Sinne von
Mikropolitik (Rastetter, 2002) bestehen, sondern in tiefer liegenden psychischen Moti-
ven, ist es Männern oft nicht bewusst, einen Typus zu verkörpern, der sich „in seinem
Fühlen, Denken und Handeln auf eine charakteristische, voraussehbare, stereotype

---

[3] Als eine Folge davon beanspruchen Jungen laut Studien 5- bis 10-mal mehr öffentlichen
     Raum als Mädchen (Benard & Schlaffer, 1997; Stöckli, 1997).

Weise verhält, die man als ‚männerbündlerisch' bezeichnen kann" (Sombart, 1996, S. 151). Die affektive und latent erotische Basis bei gleichzeitiger hierarchischer Binnenstruktur führt zu einem in allen Männerbünden ausgeprägten Abgrenzungsbedürfnis gegenüber Frauen, das nicht selten zu kuriosen Begründungen führt, weshalb im betreffenden Verband, im Team oder in der Organisationseinheit keine Frauen anzutreffen sind: Frauen stören die Gruppenharmonie, verderben die Geselligkeit, das Miteinander gerät aus den Fugen, die Charakterbildung kann nicht funktionieren usw. (vgl. Rastetter, 1994, S. 253).

Da gerade in Führungsbereichen sehr berufs- und erfolgsorientierte Männer tätig sind, liegt es nahe, hier ähnliche Mechanismen zu erwarten, wie sie in Männerbünden charakteristisch sind.

5 Rituale und Reglements

Im Folgenden soll untersucht werden, ob Leitungsbereiche von Organisationen männerbündisch funktionieren. Zu den wichtigsten Mechanismen von Männerbünden gehören gemäß Definition die Grenzziehung nach außen und die Regelung der Aufnahme neuer Mitglieder. In *Initiationsriten* nimmt der Kandidat eine neue Identität an, die durch äußere Zeichen wie Gewand, Haarschnitt oder Uniform unterstrichen wird. Bestimmte Eignungsprüfungen gewährleisten, dass nur die passenden Anwärter akzeptiert werden. Gleichzeitig wird der Neuling entindividualisiert und hat den Werten und Zielen des Bundes zu folgen, wofür ihm etwas Höherwertiges versprochen wird.

Aufnahme- und Ausleseverfahren heutiger Organisationen sind archaischen Initiationsriten ähnlich: Je höher eine Position in der Hierarchie der Organisation, desto weniger abgegrenzt ist das Aufgabenfeld und desto weniger Regeln existieren, die handlungsleitend und Erfolg messend wären (Neuberger 2002, S. 729). Je größer aber die Unsicherheit ist, desto größer ist die Notwendigkeit, eine homogene, vertrauenswürdige Gruppe zu bilden. Im hochgradig konkurrenzorientierten und intransparenten Führungsbereich stellt Vertrauen eine wichtige, aber prekäre Ressource dar (Ripperger, 1998). Vertrauen schafft Verpflichtungen und Verbindlichkeiten und dämmt somit Kampf und Konkurrenz ein. Geschlechtsgleichheit garantiert keine Vertrauenswürdigkeit, ist aber ein einfach festzustellendes Merkmal, das weitere Ähnlichkeiten wahrscheinlich macht: schulische Laufbahn, Wehrdienst, berufliche Karrieremuster, privater Hintergrund.

Heute geht es für den Kandidaten, der Aufnahme begehrt, mehr denn je darum, sich den Prüfungen der bereits Etablierten willig zu unterziehen und von den auswählenden Organisationsmitgliedern als passend empfunden zu werden (Rastetter, 1996, S. 291). Objektive Auswahlkriterien existieren in den seltensten Fällen und werden häufig nur als Alibi für scheinbare Rationalität eingesetzt (Kompa, 1995). Denn die immer komplexeren und sich immer schneller wandelnden Aufgaben können nicht mehr mit herkömmlichen Eignungstests – auch nicht mit Assessment Centern – erfasst werden, da häufig nicht einmal feststeht, welche Anforderungen in Zukunft auf den Stelleninhaber zukommen. Die Folge davon ist, dass die Auswählenden jemanden suchen, der ihnen so flexibel und vertrauenswürdig erscheint, dass er sich den jeweiligen Gegebenheiten anpasst, und der das Gefühl vermittelt, Schwierigkeiten mit ihnen zu meistern. Dazu ist es nötig, ihn auf das Team einzuschwören, ihn ins Team zu „initiieren", sodass er sich der Gruppe verpflichtet fühlt.

Homosoziale ‚Inzucht' widerspricht indessen dem Diversity-Ansatz, und es ist zu vermuten, dass Fehlentscheidungen und wenig kreative Lösungen an der Tagesordnung sind. Zudem führt die Chance der Ressourcenakkumulation im Bund dazu, dass unverhältnismäßig hohe private Profite angeeignet werden. Skandale um unrechtmäßige Bereicherungen und Diskussionen um überhöhte Managergehälter belegen die negativen Folgen homosozialer Auslese. Vermutlich bilden öffentliche Skandale nur die Spitze des Eisbergs, während das Gros der funktionierenden Seilschaften unerkannt bleibt.

Ein weiterer notwendiger Mechanismus des Männerbunds ist die *Kontrolle von Nähe und Distanz*. Die durch Ausschluss eines Geschlechts automatisch hergestellte Nähe unter den Mitgliedern muss durch eine streng reglementierte Binnenordnung kontrolliert werden. Diese ist zum einen charakterisiert durch die *Abwertung homosexueller Orientierung* bzw. den Ausschluss von sich zur Homosexualität bekennenden Männern. Homosexuelle Führungskräfte fühlen sich nach wie vor diskriminiert, auch wenn sie schon selbstbewusster mit dieser Situation umgehen (Maas, 1999). Aber auch andere unerwünschte „Männlichkeiten" (z.B. mangelnde Berufs- und Karriereorientierung, „neue Väter") werden durch Aufnahmeprüfungen und Regeln der Mitgliedschaft auf Randpositionen verwiesen. So äußern viele Väter als Hauptgrund, warum sie nicht in Elternzeit gegangen sind, neben finanziellen Einbußen „berufliche Schlechterstellung", „geringere Aufstiegschancen" und „Sanktionen durch Vorgesetzte und Kollegen/Kolleginnen" (Ifb, 2001).

Nähe und Distanz unter Männern wird zum anderen über das *Bestärken heterosexueller Normen* in kommunikativen Prozessen geregelt. Sexwitze und sexistische Sprüche, die eine heterosexuelle Orientierung bekunden, sind in praktisch allen Männerbünden vorzufinden (Gruber, Smith & Kauppinen-Toropainen, 1996). Nachtclubbesuche bei Geschäftsreisen, Festivitäten mit Damenbegleitung und die Vorstellung der Ehefrau (oft bei Politikern, manchmal auch bei Bewerbern für Führungspositionen) sind weitere Beispiele für die Regelung der Binnenstruktur des Männerbunds. Frauen werden in Männerbünden zu symbolischen Vermittlerinnen männlicher Heterosexualität – entweder als periphere Figuren der Männergruppen (als Bedienungen, Empfangsdamen, Prostituierte etc.) oder als Erzählfiguren in Geschichten und Witzen.

Es kann also konstatiert werden: Im Management finden sich zentrale Merkmale von Männerbünden wieder:

▪ Der Zugang ist mit *Initiationsritualen* verbunden, die dem Neuling vermitteln, dass seine Zugehörigkeit zur Führungselite ein Privileg darstellt.

▪ Es existieren gleichzeitig starre *Hierarchien*, die Gehorsam und Unterwürfigkeit verlangen, und auf dem Prinzip der Gleichheit basierende *Netzwerke* und Solidaritäten (manchmal auch Verschwörungen), die einen ausgrenzenden Schulterschlusseffekt haben.

▪ Ein *Reglement* von Verhaltensweisen und Umgangsformen verhindert eine allzu intime Nähe unter den Mitgliedern, die den höheren Zielen des Männerbundes zuwiderlaufen würden. Diese Ziele erfordern nicht nur *Opfer* (Gesundheit, Freizeit, Mußestunden, Zeit für die Familie), sondern auch eine gewisse *Entindividualisierung* der Mitglieder (Gleichschaltung der äußeren Erscheinung, der Meinungen, der Lebensstile).

▪ Der *Ausschluss* der Frauen (und unpassender Männer) ist nach wie vor konstitutiver Bestandteil des Männerbundes, funktioniert aber nicht mehr per Dekret, sondern durch andere, subtilere Strategien. Dies soll im Folgenden gezeigt werden.

6 Interner Ausschluss

Der Männerbund lebt aber nicht in einem gesellschaftlichen Vakuum, sondern muss sich den historischen und sozialen Entwicklungen stellen. Er hat nicht nur den Skandal der Diskriminierung einer gut ausgebildeten Arbeitnehmergruppe zu legitimieren, sondern auch die ökonomische Verschwendung an Humanressourcen. Beide Argumente bedrohen den Männerbund und zwingen ihn, vormals unakzeptable Mitglieder aufzunehmen. Fatalerweise reagiert er darauf mit verstärktem Zusammenhalt statt steigender Offenheit, eine Tendenz, die er ohne die neuen Bedrohungen womöglich nicht (mehr) nötig hätte. In dieser Konstellation könnte die durch vermehrte Zusammenarbeit erhoffte Erweiterung der Geschlechterrollen einer verstärkten Polarisierung weichen und den Geschlechterkampf verstärken.

Werden Männern in Führungspositionen Frauen als Kolleginnen zur Seite gestellt, reagieren sie nicht selten mit *internem Ausschluss,* d.h. wichtige Absprachen und Informationen finden ohne die Kolleginnen statt, das Gruppengefühl wird unter Ausschluss der Frauen gepflegt. Mit dem internen Ausschluss wird die Integration und Kenntniserweiterung der Ausgeschlossenen verhindert, womit er zum typischen Mechanismus heutiger Männerbünde gegen die Integration der Frau wird. Dabei schließen sich Männer noch enger als Gruppe zusammen, um die Distanz zur Frau zu vergrößern. Frauen mit Aufstiegswillen sprechen demzufolge immer wieder das Problem der informellen Netzwerke der Männer und des Nicht-Eingeweiht-Werdens in wichtige Informationen an, das zu ihrem Ausschluss trotz Mitgliedschaft führt (Martin, 1996). Marshall (1995) fand beispielsweise folgende Gründe für Frauen in Führungspositionen, ihre Position aufzugeben: männliche Organisationskultur (feindschaftlicher Umgang, Isolation), die Suche nach einem ausgeglicheneren Leben und das Aufgeben von demotivierenden Rollen und Aufgaben. Auch in einer neueren Befragung von weiblichen Führungskräften wird – noch *vor* dem Problem der Vereinbarkeit von Familie und Beruf – die *männerdominierte Arbeitsplatz- und Unternehmenskultur* genannt, die eine besondere Erschwernis darstellt und dazu beiträgt, dass viele Führungsfrauen im Lauf der Zeit einen demotivierenden Lernprozess durchlaufen (Accenture, 2002).

Analog zum physischen Ausschluss funktioniert der interne Ausschluss über die Bestärkung der Geschlechterpolaritäten, deren wirksamste Durchsetzungsmittel in das Feld der *sexuellen Belästigung* fallen. Die meisten und die gravierendsten Belästigungsfälle finden in Männerdomänen statt, und zwar nicht von Vorgesetzten, sondern von gleichrangigen Kollegen ausgehend (Gruber, Smith & Kauppinen-Toropainen, 1996; Holzbecher, 1996). Im Management geschieht Belästigung vorzugsweise in Bemerkungen und Witzen; bei Betriebsfesten und Geschäftsreisen entstehen dafür besonders prekäre Situationen, vor allem wenn Alkohol mit im Spiel ist.

Aber nicht nur manifeste sexuelle Belästigung, sondern die *Sexualisierung der Frau* trägt dazu bei, diese auf Distanz zu halten, abzuwerten und gleichzeitig Kameraderie im Männerbund zu pflegen. Sexualisierung bedeutet, dass die Frau in erster Linie in ihrer sexuell-erotischen Rolle, weniger in ihrer Rolle als Fachfrau und Führungskraft gesehen und dementsprechend behandelt wird. Damit wird auch ihre Tätigkeit sexualisiert: Es wird von ihr erwartet, die zwischenmenschlichen Kontakte zu pflegen und ein angenehmes Arbeitsklima herzustellen. Erleichtert wird die Sexualisierung der Frau und ihrer Tätigkeit durch eine lockere, informelle Atmosphäre, wie sie in Führungskreisen gerne gepflegt wird (Müller, 1998).

Frauen haben verständlicherweise mit allen Merkmalen des Männerbundes große Probleme: die strengen, meist ungeschriebenen Reglements im Umgang der Mitglieder, die teilweise Entindividualisierung des Einzelnen zugunsten des Bundes und der zu erwartenden Gewinne, die gleichzeitig existierende Brüderlichkeit und Konkurrenz, Kameraderie und Hierarchie, und natürlich die latent oder offen bestehende Frauenfeindlichkeit mit den damit verbundenen sexistischen Äußerungen, der Witz- und Gesprächskultur sowie der Strategie des internen Ausschlusses.

7 Ansatzpunkte

Männerbünde scheinen nach der bisherigen Analyse gewichtige Gegner von Gleichstellungsbemühungen im Management zu sein, sozusagen ‚Verhinderer' von Chancengleichheit (Höyng & Puchert, 1998). Jedoch bestehen Männerbünde nicht nur aus gegenseitigen Selbstwertbestätigungen und Positionskämpfen, aus Privilegiensicherung und Sinnstiftung, sondern sie haben auch ihre *Kosten*: ein ständiges Sich-Beweisen als ‚richtiger' Mann, möglichst wenig Schwäche und Selbstzweifel zeigen, wenig Zeit für die Familie, Angst vor Verlust der privilegierten Position, Anpassungsdruck an die herrschende Kultur (z.B. über Zoten lachen, sich für Sport interessieren, keine Kritik üben). Es scheint so, als wären Opfer notwendig, um den Bund aufrechterhalten zu können: Man opfert seine Gesundheit, seine Familie, aber auch sein Gefühl für Gerechtigkeit den Frauen gegenüber, um vermeintlich Höheres und Wichtigeres zu erringen. Laut Studien fühlen sich viele Männer zerrissen zwischen ihrer Hingezogenheit zur Familie und den Anforderungen, die einem Mann unter den Bedingungen hegemonialer Männlichkeit gestellt sind (Lehner, 2002, S. 25). Coaches und TherapeutInnen können von zahlreichen Fällen männlicher Führungskräfte berichten, die am Balanceakt zwischen Familie und Arbeit gescheitert sind (de Vries, 2004).

Zudem ist Männlichkeit keine determinierte fixe Struktur, sondern veränderlich und dynamisch – das zeigen allein die unterschiedlichen Formen von Männlichkeit, die im Laufe der historischen Entwicklung vorherrschend waren. Heute muss ein ‚richtiger' Mann beispielsweise keine große Körperkraft mehr vorweisen, um in die Eliten aufgenommen zu werden. Die Frage ist also, wie es Männern möglich gemacht werden kann, ihre abwehrenden und ausgrenzenden Strategien aufzugeben zugunsten offenerer, gerechterer und modernerer Handlungsweisen. Wie sollten Gleichstellungsmaßnahmen gestaltet werden, um Erfolg zu haben? Im Folgenden werden einige Ideen vorgestellt, eingeteilt in die Zielgruppe der Männer, der Frauen und der Organisation selbst:

Zielgruppe Männer:

■ *Unterstützung* von aufgeschlossenen Verantwortlichen: Auch jene Entscheidungsträger, die eigentlich nichts gegen die Einstellung einer Frau einzuwenden hätten, scheuen sich häufig, ihren Mitarbeitern eine Frau als Kollegin zuzumuten, weil sie damit das fratriarchale (brüderliche) Prinzip und den Männerbund zerstören würden. Diese Vorreiter der Gleichstellung müssen von der Unternehmensleitung und den Frauen unterstützt werden, damit sie ihre innere Überzeugung auch verwirklichen können. Die Aufnahme von Gleichstellung in das Unternehmensleitbild hilft dafür ebenso wie die Suche von Aufstiegs-Frauen nach solchen potenziellen männlichen Bündnispartnern.

▨ Generell ist die verstärkte *Miteinbeziehung* von Männern in die Entwicklung von Gleichstellungsmaßnahmen vonnöten. Wer aktiv an Entwicklungsprojekten beteiligt wird, setzt diese bereitwilliger um, das ist eine alte Erkenntnis aus der Organisationsentwicklungsforschung (vgl. z.B. Schreyögg, 1999, S. 491). Auch anfangs skeptische Männer haben sich schon mit Gleichstellungsmaßnahmen identifiziert, wenn ihre Ideen und Vorschläge gefragt waren. Schließlich haben viele Führungskräfte gut ausgebildete Töchter, deren Karriere ihnen am Herzen liegt.

▨ *Reflexion der männlichen Rolle*, um die eigenen oft automatisch ablaufenden Verhaltensmuster zu verändern. Damit haben auch Männer die Chance, enge Männlichkeitsvorstellungen zu verlassen und sich eine größere Vielfalt von Handlungsweisen anzueignen. Schließlich könnten sie Vorteile aus mehr Geschlechtergerechtigkeit ziehen: weniger zeitliche Opfer (weil Frauen eventuell die Notwendigkeit überlanger Sitzungen und Diskussionen in Frage stellen), eine bessere Vereinbarkeit von Beruf und Familie, mehr Erfolg bei der Lösung von Problemen (weil unterschiedlichere Personen vielfältigere Ideen produzieren). Und wären nicht viele Männer froh, wenn sie ohne Angst vor Nachteilen am Arbeitsplatz in Erziehungsurlaub gehen oder ihre Arbeitszeit reduzieren könnten? Studien deuten jedenfalls darauf hin, dass die Zahl der Männer steigt, die persönliche Motive für mehr Gleichstellung zwischen den Geschlechtern haben (vgl. z.B. Peinelt-Jordan, 1996).

Zielgruppe Frauen:

▨ Förderung von *Vernetzung* unter Frauen: Solidarität und Vernetzung unter Frauen sind keine weiblichen Strategien mit jener Tradition, auf die Männerbünde zurückblicken können. Weibliche Identität hat es kaum nötig, sich durch Verbündung unter Frauen zu stabilisieren, da in der Entwicklung von Mädchen die Mutter als (relativ) zuverlässige Identifikationsfigur zur Verfügung steht. Existierende Frauen-Netzwerke sowohl innerhalb von Organisationen als auch innerhalb von Professionen zeigen jedoch, wie wichtig und erfolgreich Netzwerkarbeit von Frauen ist (vgl. z.B. van Winsen, 1997), und diese Strategie wird vermutlich in Zukunft steigenden Erfolg aufweisen. Denn sie kann der informellen Vernetzung von Männern eigene Strukturen entgegensetzen, die ähnliche Vorteile bieten.

▨ Damit in Zusammenhang steht die steigende Zahl von *Mentorenprogrammen* speziell für weibliche Nachwuchskräfte (vgl. z.B. Schönfeld & Tschirner, 2002). Genauere Evaluationen in diesem Bereich stehen zwar noch aus, erste Studien zeigen jedoch, dass Mentoren und Mentorinnen wichtige Funktionen als Ratgeber und Rollenmodelle, die im Männerbund in Form des Führer-Gefolgschafts-Prinzips seit langem existieren, für weibliche Nachwuchskräfte ausüben.

▨ *Bewusstmachung* der Funktionen und Strategien von Männerbünden. Frauen setzen gerne auf ihre Fachkompetenz und investieren enorme Energien in die Lösung von Sachfragen und in ihren persönlichen Leistungsoutput, agieren also auf der verwertungslogischen Ebene, ohne zu erkennen, dass es darum nicht immer geht.

Männerbündische Mechanismen zu durchschauen hilft, besser auf sie zu reagieren oder sie für sich zu nutzen.

Zielgruppe Organisationen:

▪ Bei der Sensibilisierung von Frauen und Männern bezüglich der Dynamiken von Männerbünden kommt *Organisationsberatern* eine besondere Rolle zu. Wenn in Beratungssituationen, seien es Konfliktfälle, Supervision oder OE-Projekte, organisationale Prozesse aus einer geschlechtersensiblen Perspektive analysiert werden, rückt das Ziel größerer Geschlechtergerechtigkeit näher (Lehner, 2002, S. 33).

▪ Suche nach *Vorbild-Organisationen*: Es steht noch aus, die Faktoren jener „Best practice"-Organisationen oder -Organisationseinheiten zu analysieren, die *nicht* männerbündisch funktionieren. Denn die Unterschiede zwischen verschiedenen „Geschlechterkulturen" in Organisationen weisen darauf hin, dass Männerbünde bessere oder schlechtere Ausgangsbedingungen finden, um sich zu entfalten (Höyng & Puchert, 1998; Hearn & Collinson, 1998). Neue Arbeitszeitformen, flache Hierarchien und selbstständige Arbeitsgruppen waren der Studie von Höyng und Puchert zufolge förderlich für gleichberechtigtere Kooperationsstrukturen zwischen Frauen und Männern.

8 Schluss

Gleichstellung steht Männerbünden zunächst als Gegnerin gegenüber, nicht nur, weil sie in letzter Konsequenz den Männerbund zerschlagen will, sondern auch, weil sie betriebswirtschaftlich und gesellschaftlich die bessere Legitimation erfährt. Während früher der Ausschluss von Frauen aus Leitungsfunktionen mit deren Nicht-Eignung oder mangelnder Qualifikation begründet werden konnte, wird heute der ökonomische Verlust infolge dieses Ausschlusses beklagt. Die freie Konkurrenz der Besten um gut dotierte Positionen wird durch Männerbünde unterlaufen. Zugleich hält die Bedrohung durch Gleichstellung den Männerbund am Leben oder verstärkt ihn sogar noch. Seine Auflösung kann nur gelingen, wenn Männer die Vorteile aus geschlechtergerechteren Verhaltensweisen erkennen und nicht mehr bereit sind, die Kosten des Männerbundes zu tragen. Auf gesellschaftlicher Ebene müsste noch früher angesetzt werden, nämlich bei der männlichen Sozialisation, in der hegemoniale Männlichkeit nach wie vor ein kulturelles Leitbild darstellt. Negative Folgen von Männerbünden zeigen sich aber nicht nur in mangelnder Durchsetzung von Gleichstellung, sondern auch in ökonomischen Verlusten infolge von Fehlentscheidungen, unrechtmäßigen Bereicherungen, mangelnder „Diversity" und mangelnder Kreativität. Sie könnten durchaus stärker als die organisational erwünschten Wirkungen von Vergemeinschaftung sein, die in Verfügbarkeit, Loyalität und intrinsischer Motivation bestehen. Deshalb sollte es Ziel aller gesellschaftlichen und organisationalen Verantwortlichen sein, Gleichstellung konsequent und kraftvoll zu betreiben.

Literatur

Accenture (2002): Aufstiegschancen und -hindernisse für weibliche Führungskräfte, www.accenture.de/index2.html?/4publika/index.jsp

Benard, C. & Schlaffer, E. (1997): Verspielte Chancen? Mädchen in den öffentlichen Raum!, Wien.

Blazek, H. (2000): Männerbünde. Eine Geschichte von Faszination und Macht, Berlin.

Blüher, H. (1919): Die Rolle der Erotik in der männlichen Gesellschaft, Jena.

Brunotte, U. (2004): Zwischen Eros und Krieg. Männerbund und Ritual in der Moderne, Berlin.

Connell, R. (1999): Der gemachte Mann. Konstruktion und Krise von Männlichkeiten, Opladen.

Domsch, M. E. & Ladwig, D. H. (2003): Management Diversity: Das Hidden-Cost-Benefit-Phänomen, in: Pasero, U. (Hg.): Gender – from costs to benefits, Opladen, S. 253-270.

Gruber, J. E.; Smith, M. & Kauppinen-Toropainen K. (1996): Sexual Harassment Types and Severity: Linking Research and Policy, in: Stockdale, M. S. (Hg.): Sexual Harassment in the Workplace, Thousand Oaks u.a., S. 151-173.

Haubl, R. (2003): Sexualität und Herrschaft in Organisationen. Die Erotik der Macht und des Geldes, unveröff. Manuskript, Frankfurt a.M.

Hearn, J. & Collinson, D. L. (1998): Men, masculinities, managements and organisational culture, in: Zeitschrift für Personalforschung, 12. Jg., Heft 2, S. 210-222.

Holst, E. (2002): Zu wenig weibliche Führungskräfte unter den weiblichen Beschäftigten, in: DIW-Wochenbericht, Heft 48, S. 839-844.

Holzbecher, M. (1996): Sexuelle Belästigung am Arbeits- und Ausbildungsplatz. Ergebnisse aus der Forschung und betrieblichen Fortbildung, in: Komitee feministische Soziologie (Hg.): Sexualität, Macht, Organisationen, Zürich, S. 91-108.

Höyng, S. & Puchert, R. (1998): Männliche Arbeitskultur: Wie Gleichstellung ganz ohne Strategie verhindert wird, in: Widersprüche, Heft 18, S. 69-82.

Ifb, Staatsinstitut für Familienforschung an der Universität Bamberg (Hg.) (2001): Work-Life-Balance – neue Aufgaben für eine zukunftsorientierte Personalpolitik, Bamberg.

Keupp, H., Ahbe, T., Gmür, W., Höfer, R., Mitzscherlich, B., Kraus, W. & Straus, F. (1999): Identitätskonstruktionen. Das Patchwork der Identitäten in der Spätmoderne, Reinbek.

König, R. (1990): Zur Einführung, in: Völger, G. & Weck, K. von (Hg.): Männerbünde - Männerbande: Zur Rolle des Mannes im Kulturvergleich, Köln, S. XXVII-XXXII.

Kompa, A. (1995): Der gesellschaftliche und ideologische Kontext der Managementdiagnostik – Anmerkungen eines Kritikers, in: Sarges, W. (Hg.): Management-Diagnostik, 2.Aufl., Göttingen u.a., S. 904-916.

Kreisky, E. (1995): Der Stoff aus dem die Staaten sind. Zur männerbündischen Fundierung politischer Ordnung, in: Becker-Schmidt, R. & Knapp, G.-A. (Hg.): Das Geschlechterverhältnis als Gegenstand der Sozialwissenschaften, Frankfurt a.M., S. 85-124.

Krell, G. (1994): Vergemeinschaftende Personalpolitik: Normative Personallehren, Werksgemeinschaft, NS-Betriebsgemeinschaft, Betriebliche Partnerschaft, Japan, Unternehmenskultur, München/Mering.

Krell, G. (2003): Die Ordnung der ‚Humanressourcen' als Ordnung der Geschlechter, in: Weiskopf, R. (Hg.): Menschenregierungskünste, Wiesbaden, S. 65-90.

Krell, G. (Hg.) (2004a): Chancengleichheit durch Personalpolitik. Gleichstellung von Frauen und Männern in Unternehmen und Verwaltungen, 4. Aufl., Wiesbaden.

Krell, G. (2004b): Managing Diversity: Chancengleichheit als Wettbewerbsfaktor, in: Dies. (Hg.): Chancengleichheit durch Personalpolitik, 4. Aufl., Wiesbaden, S. 41-56.

Krell, G. & Ortlieb, R. (2004): Chancengleichheit von Frauen und Männern in der Privatwirtschaft". Eine Befragung des Managements von 500 Unternehmen zur Umsetzung der Vereinbarung zur Förderung der Chancengleichheit, im Auftrag des DGB und der Hans-Böckler-Stiftung: Positionen und Hintergründe 2, Berlin.

Krell, G., Mückenberger, U. & Tondorf, K. (2004): Gender Mainstreaming: Chancengleichheit (nicht nur) für Politik und Verwaltung, in: Krell, G. (Hg.): Chancengleichheit durch Personalpolitik. Gleichstellung von Frauen und Männern in Unternehmen und Verwaltungen, 4. Aufl., Wiesbaden, S. 75-92.

Kühne, D. (1997): Differenziertes Human Resource Management. Lösungsansatz für die Geschlechtergleichstellung, Wiesbaden.

Lehner, E. (2002): Die Organisation als Männerbund, in: Wolf, M. (Hg.): Frauen und Männer in Organisationen und Leitungsfunktionen, Frankfurt a.M., S. 19-36.

Maas, J. (1999): Identität und Stigma-Management von homosexuellen Führungskräften, Wiesbaden.

Marshall, J. (1995): Women Managers Moving On, London.

Martin, P. Y. (1996): Gendering and Evaluating Dynamics: Men, Masculinities and Managements, in: Collinson, D. & Hearn, J. (Hg.): Men as Managers, Managers as Men, London, S. 186-209.

Müller, U. (1998): Asymmetrische Geschlechterkultur in Organisationen und Frauenförderung, in: Zeitschrift für Personalforschung, 12. Jg., Heft 2, S. 123-142.

Neuberger, O. (2002): Führen und führen lassen, Stuttgart.

Peinelt-Jordan, K. (1996): Männer zwischen Familie und Beruf – ein Anwendungsfall für die Individualisierung der Personalpolitik, München.

Platon (2001): Werke in acht Bänden, Bd. 3, hg. von G. Eigler, Darmstadt.

Rastetter, D. (1994): Sexualität und Herrschaft in Organisationen, Opladen.

Rastetter, D. (1996): Personalmarketing, Bewerberauswahl und Arbeitsplatzsuche, Stuttgart.

Rastetter, D. (1998): Männerbund Management, in: Zeitschrift für Personalforschung, 12. Jg., Heft 2, S. 167-186.

Rastetter, D. (2002). Zwischen Meritokratie und Mikropolitik. Ein organisationspsychologischer Blick auf das Management-Geschlecht, in: Wirtschaftspsychologie, 4. Jg., Heft 1, S. 11-15.

Ripperger, T. (1998): Ökonomik des Vertrauens – Analyse eines Organisationsprinzips, Tübingen.

Schönfeld, S. & Tschirner, N. (2002): Mentoring: Konzept und Erfahrungen, in: Wirtschaftspsychologie, 4. Jg., Heft 1, S. 85-91.

Schreyögg, G. (1999): Organisation. Grundlagen moderner Organisationsgestaltung, Wiesbaden.

Schurtz, H. (1902): Altersklassen und Männerbünde. Eine Darstellung der Grundformen der Gesellschaft, Berlin.

Sombart, N. (1996): Männerbund und politische Kultur in Deutschland. In: Kühne, T. (Hg.): Männergeschichte – Geschlechtergeschichte. Männlichkeit im Wandel der Moderne, Frankfurt a.M., S. 136-155.

Spreemann, S. (2000): Geschlechtsstereotype Wahrnehmung von Führung, Hamburg.

Stöckli, G. (1997): Eltern, Kinder und das andere Geschlecht. Selbstwerdung in sozialen Beziehungen, Weinheim.

Türk, K. (1995): Die Organisation der Welt, Opladen.

Völger, G. & Welck, K. von (1990): Zur Ausstellung und zum Materialienband, in: Dies. (Hg.): Männerbünde – Männerbande: Zur Rolle des Mannes im Kulturvergleich, Köln, S. XIX-XXVI.

de Vries, K. (2004): Chefs auf die Couch, in : Harvard Business Manager, Spezial Führung (April), S. 62-73.

Weber, M. (1922): Wirtschaft und Gesellschaft, Tübingen.

Wendling, P. (2002): Logen, Clubs und Zirkel. Die diskrete Macht geheimer Bünde, München.

van Winsen, C. (1997): Die Stärke der Frauen sichtbar machen – Wie Frauen in Führungspositionen durch eigene Netzwerke Selbstsicherheit erfahren und Beweglichkeit gewinnen, in: Wunderer, R. & Dick, P. (Hg.): Frauen im Management – Kompetenzen, Führungsstile, Fördermodelle, Neuwied u.a., S. 296-313.

Michael Meuser

Men's Studies – Entwicklung, Konzepte, Diagnosen

1 Einleitung 269

2 Entstehung, Entwicklung und Selbstverständnis
eines neuen Forschungsgebietes 270

3 Zentrale Begriffe 273
   3.1 Hegemoniale Männlichkeit 273
   3.2 Homosozialität 275

4 Modernisierung von Männlichkeit? 279

5 Männlichkeit als Gestaltungsaufgabe 281

Literatur 283

1   Einleitung

Als in den 1960er Jahren zunächst in den USA und in den 1970er Jahren dann auch in Deutschland die sozialen Beziehungen zwischen Männern und Frauen zum Gegenstand wissenschaftlicher Forschung wurden, war das zunächst eine Angelegenheit von Frauen und erfolgte in Gestalt von Frauenforschung bzw. *women's studies*. Untersuchungsgegenstand war die gesellschaftliche Situation von Frauen, waren weibliche Lebenslagen, weibliche Lebensentwürfe, Frauenwelten. Die Frauenforschung war eng verbunden mit der Frauenbewegung und hatte zumeist einen dezidiert politischen Hintergrund. Männer und deren Lebenslagen waren in dieser Phase nur sehr selten Untersuchungsgegenstand, und wenn sie auf die Forschungsagenda gesetzt wurden, dann geschah dies vorwiegend im Kontext der Diskussion über geschlechtliche Gewalt (vgl. z.B. Brownmiller, 1978; Gravenhorst, 1988; Teubner, 1988).

Ab Ende der 1980er Jahre erweiterte sich der Blick. 1988 erschien ein von der Sektion Frauenforschung in der Deutschen Gesellschaft für Soziologie herausgegebener Band, in dem feministische Wissenschaftlerinnen darüber diskutierten, ob Männerwelten ein legitimer Untersuchungsgegenstand seien und in welcher Weise der Fokus der Frauenforschung gegebenenfalls auf männliche Lebenslagen ausgedehnt werden solle (Hagemann-White & Rerrich, 1988). Die 1990er Jahre sind geprägt durch eine Weiterung der Frauenforschung zu Geschlechterforschung und eine parallel dazu allmählich sich entwickelnde Männerforschung. Im Rahmen der *men's studies* sind Männer nicht nur Objekt der Forschung, sondern betreten auch als Forscher das Feld. Zwar sind männliche Geschlechterforscher weiterhin deutlich in der Minderheit, sie werden aber allmählich in den normalen Wissenschaftsbetrieb der Geschlechterforschung integriert. Das erfolgt – aus nahe liegenden Gründen – vornehmlich auf der Ebene des wissenschaftlichen Nachwuchses und geschieht vor allem in Gestalt von Qualifikationsarbeiten. Von einer institutionellen Etablierung sind die *men's studies* in Deutschland, anders als in den USA und den skandinavischen Ländern, allerdings noch weit entfernt, wie ein Blick auf die Forschungsförderung und die Besetzung von Lehrstühlen und Professuren im Bereich der Geschlechterforschung zeigt. Insgesamt beginnt sich jedoch die Einsicht durchzusetzen, dass das Geschlechterverhältnis nur dann adäquat erforscht werden kann, wenn beide Seiten des Verhältnisses gleichermaßen in den Blick genommen werden.

Ich werde im Folgenden zunächst die Entstehung, die Entwicklung und das Selbstverständnis der *men's studies* darstellen (2). Anschließend werde ich zwei für diese Forschungsrichtung zentrale Begriffe erläutern: hegemoniale Männlichkeit und Homosozialität (3). Vor dem Hintergrund dieser Begriffe werde ich in gegenwartsdiagnostischer Perspektive den Blick auf Phänomene einer Modernisierung von Männlichkeit richten, wie sie sich als Folge der Transformation der Geschlechterordnung und des Strukturwandels der Erwerbsarbeit abzeichnet (4). Abschließend werde ich darlegen, wie im Zuge dieser Entwicklungen Männlichkeit von einer Vorgabe zu einer

Gestaltungsaufgabe wird und wie sich dies in einem wachsenden Angebot medialer Männlichkeitsofferten dokumentiert (5).

2 Entstehung, Entwicklung und Selbstverständnis eines neuen Forschungsgebietes

Der Ursprung der *men's studies* liegt, wie bei zahlreichen anderen Innovationen in der akademischen Welt, hauptsächlich in den USA. Beteiligt an der Formulierung einer Agenda der *men's studies* waren aber auch Forscher aus Großbritannien. Der für die Entwicklung einer eigenen theoriesprachlichen Begrifflichkeit vermutlich bedeutsamste Beitrag kam freilich von den australischen Soziologen Tim Carrigan, Robert W. Connell und John Lee (1985), die den Begriff der *hegemonialen Männlichkeit* geprägt haben (vgl. 3.1). 1987 erschien in den USA und in Großbritannien eine Reihe von Büchern, mit denen das neue Gebiet der *men's studies* an die wissenschaftliche Öffentlichkeit trat und ein erstes Profil erhielt:

- Harry Brod (Hg.): The Making of Masculinities

- Robert W. Connell: Gender and Power

- Jeff Hearn: The Gender of Oppression

- Michael Kimmel (Hg.): Changing Men

In den 1990er Jahren folgten einige Bände, deren Fokus auf der Entwicklung einer Theorie der Männlichkeit lag, u.a.:

- Jeff Hearn & David Morgan (Hg.): Men, Masculinities and Social Theory

- Harry Brod & Michael Kaufman (Hg.): Theorizing Masculinities

Die *men's studies* existierten nicht, gäbe es nicht die *women's studies*. Sie sind vor allem in ihren Anfängen eng auf die *women's studies* bezogen und vor allem eine Reaktion auf die Herausforderung der *women's studies* in den Sozialwissenschaften.[1] Des Weiteren verdanken sie ihr Entstehen dem Umstand, dass – nicht zuletzt bedingt durch die feministische Kritik – die Strukturen der Geschlechterordnung einem Transformati-

---

[1] Anfangs erfolgte diese Reaktion bisweilen in einer mit Blick auf die Standards wissenschaftlicher Forschung problematischen Form. So wollten Hearn und Morgan (1990b) die *men's studies* auf einen profeministischen Verhaltens- bzw. ‚Ethikkodex' verpflichten, der jeder Kritik an feministischen Positionen von vornherein entsagt und die eigene Forschung an die feministische Forschungspolitik anbindet.

onsprozess unterliegen. Die *men's studies* sind die Reflexion des Wissenschaftssystems auf die in Frage stehende Position des Mannes in der Geschlechterordnung, darauf, dass die männliche Herrschaft nicht mehr den Status des Selbstverständlichen bzw. fraglos Gegebenen hat.

Lassen sich die *men's studies* mithin als die andere Seite der *women's studies* begreifen? Diese Einschätzung mag zwar nahe liegen, übersähe aber drei wichtige Unterschiede:

- *Erstens* ist die Frauenforschung eng mit der Frauenbewegung verknüpft; zumindest war sie dies in ihren Anfängen.[2] Eine vergleichbare Verbindung von wissenschaftlicher Forschung und politischer Bewegung gibt es bei den *men's studies* nicht – aus dem einfachen Grunde, dass es keine der Frauenbewegung vergleichbare Männerbewegung gibt. Die *women's studies* traten mit dem Impetus an, dem untergeordneten Geschlecht eine Stimme zu geben. Männern mangelt es hingegen nicht an Möglichkeiten, ihrer Sicht der Dinge Gehör und Geltung zu verschaffen. Vor dem Hintergrund gesellschaftlicher Machtverteilungen ist es evident, dass die *men's studies* weitaus stärker als die Frauenforschung eine akademische Angelegenheit sind, während diese über die akademische Welt hinaus zu wirken versucht.

- *Zweitens* handelt die Frauenforschung (überwiegend) von Frauen und wird auch von Frauen betrieben. Beides gilt zumindest für die bisherige Entwicklung der Frauenforschung. Mit den *men's studies* verhält es sich anders. Obschon die Initiative zu den *men's studies* von Männern ausging und bislang überwiegend von Männern getragen wird, war das Forschungsgebiet von Beginn an für Frauen offen.[3]

- *Drittens* ist das Spektrum der in den *men's studies* vertretenen wissenschaftlichen Disziplinen weniger breit gefächert als in den *women's studies*. Diese erstrecken sich, obwohl ihr Schwerpunkt in den Geistes- und Sozialwissenschaften liegt, prinzipiell auf sämtliche wissenschaftliche Disziplinen, umfassen also auch die Naturwissenschaften. Die *men's studies* sind auf die Geistes- und Sozialwissenschaften begrenzt.

In jüngster Zeit gibt es verstärkte Bemühungen, *women's studies* und *men's studies* in ein übergreifendes Konzept von *gender studies* zu integrieren. *Gender studies* ist zumindest in soziologischer Perspektive ein angemessener Begriff, weil Geschlecht eine relationale Kategorie ist und der Untersuchungsgegenstand mithin immer Geschlechterverhältnisse sind. Man kann den Fokus auf Männer und Männlichkeiten oder auf Frauen und Weiblichkeiten ausrichten, in dem einen wie dem anderen Fall lässt sich

---

2   Mit dem Übergang von Frauen- zu Geschlechterforschung ist dieser enge Nexus lockerer geworden (vgl. Behnke & Meuser, 1999; Meuser, 2004).

3   Das gilt zumindest für die wissenschaftliche Männerforschung. In einer sich ebenfalls als Männerforschung bezeichnenden Betroffenheits- oder Selbsterfahrungsreflexion ist, wie eigene Beobachtungen gezeigt haben, die Beteiligung von Frauen Gegenstand kontroverser Diskussionen.

der Untersuchungsgegenstand nur in seiner Relation zu der jeweils anderen Seite erfassen. Man kann z.B. männliche Dominanz nicht untersuchen, ohne zu berücksichtigen, wie das Handeln von Frauen auf die dominante Position von Männern bezogen ist. Von einem männlichen Kommunikationsstil zu reden macht nur Sinn im Unterschied zu einem weiblichen Kommunikationsstil. Die Analyse von Männlichkeit erfordert eine vergleichende, die Differenz zu Weiblichkeit einbeziehende Perspektive und vice versa. Diese Feststellungen mögen für sich genommen trivial sein, verdeutlichen aber, dass *men's studies* nur als Teilgebiet der *gender studies* zu betreiben sind und einen spezifischen Fokus innerhalb der Analyse von Geschlechterverhältnissen bezeichnen (Maihofer, 2004).

Welche Gründe sprechen dafür, dass die *men's studies* ein notwendiger Teil der *gender studies* sind? Ein häufig geäußerter Einwand lautet, der Mainstream sozialwissenschaftlicher Forschung sei angesichts der deutlichen Dominanz von Männern in der Wissenschaft ohnehin nichts anderes als „Männerforschung" und die Männer seien die bevorzugten Untersuchungsobjekte, auch wenn das gewöhnlich nicht explizit gemacht werde. Sozial- und geisteswissenschaftliche Forschung befasst sich in der Tat sehr häufig mit Männerwelten, ohne diese als solche zu bezeichnen. Die Geschichtsschreibung hat bis in die jüngste Vergangenheit kaum etwas anderes als eine Männergeschichte betrieben (Maihofer, 2004, S. 14). In der Industriesoziologie sind die Merkmale von Industriearbeit anhand des beruflichen Alltags des männlichen Industriearbeiters beschrieben worden. Die Jugendsoziologie war lange Zeit im Wesentlichen eine Jungensoziologie; sie hat ihre Befunde überwiegend anhand der Lebenswelten männlicher Jugendlicher gewonnen, aber generalisierend von der Jugend gesprochen. Die Kriminologie beschreibt den Verlauf krimineller Karrieren, ohne zu berücksichtigen, dass sich ihre Empirie auf Karrieren männlicher Krimineller bezieht. Die Beispiele ließen sich fortsetzen und würden allesamt zeigen: Das zentrale Kennzeichen einer derartigen „Männerforschung" ist, dass die Forscher nicht wahrnehmen, dass sie es mit vergeschlechtlichten Welten zu tun haben. Indem Geschlecht außerhalb der Betrachtung bleibt, stellt sich die wissenschaftliche Forschung in die die bürgerliche Geschlechterordnung kennzeichnende Tradition einer Gleichsetzung des Männlichen mit dem Allgemein-Menschlichen. Diese Gleichsetzung fundiert, wie Georg Simmel (1985) bereits vor 100 Jahren erkannt hat, die privilegierte Position des Mannes in der Geschlechterordnung. Was die *men's studies* von dem Mainstream einer auf Männerwelten konzentrierten Forschung unterscheidet, ist das Bemühen um eine Dekonstruktion dieser Gleichsetzung.

> „Studies which are routinely about men, in that men constitute the acknowledged or unacknowledged subjects, are not necessarily about men in a more complex, more problematized, sociological sense. They tend to be resource rather than topic" (Hearn & Morgan, 1990b, S. 7).

Hier setzt die Männerforschung im Sinne von *men's studies* an; sie macht Mannsein und Männlichkeit zum Topos.

> „The most general definition of men's studies is that it is the study of masculinities and male experiences as specific and varying social-historical-cultural formations. Such studies situate masculinities as objects of study on a par with femininities, instead of elevating them to universal norms" (Brod, 1987b, S. 40).

Männerforschung will zeigen, in welcher Weise die Geschlechtszugehörigkeit das Handeln von Männern in unterschiedlichen sozialen Feldern bestimmt. Männerforschung ‚entzaubert' die Vorstellung, Männer seien geschlechtsneutrale Wesen. Blickt man auf die Kulturgeschichte westlich-abendländischer Gesellschaften, insbesondere der bürgerlichen Gesellschaft, entdeckt man einen Geschlechterdiskurs, der nur die Frauen in ihrer Geschlechtlichkeit beschreibt (Meuser & Lautmann, 1997). Ein exemplarisches Fragment dieses Diskurses findet man in Rousseaus berühmten Werk „Emile oder über die Erziehung":

> „In bezug auf die Folgen der geschlechtlichen Beziehungen gibt es zwischen den beiden Geschlechtern keine Gleichheit. Der Mann ist nur in gewissen Augenblicken Mann, die Frau aber ihr ganzes Leben lang Frau, oder wenigstens ihre ganze Jugend hindurch. Alles erinnert sie unaufhörlich an ihr Geschlecht" (Rousseau, 1981, S. 389).

Der Mann erscheint in diesem Diskurs als das rationale, durch sein Geschlecht nicht determinierte Wesen, als Träger der universalen Vernunft. Es ist der Anspruch der men's studies, dieses Deutungsmuster, welches als kulturelles Erbe der bürgerlichen Gesellschaft weiterhin präsent ist, zu dekonstruieren. Ein zweiter, daran anschließender Anspruch ist die Analyse der sozialen Strukturen männlicher Dominanz und Herrschaft.

3   Zentrale Begriffe

3.1   Hegemoniale Männlichkeit

In diesem Zusammenhang ist der Begriff der hegemonialen Männlichkeit von zentraler Bedeutung. Dieser von Carrigan, Connell und Lee (1985) geprägte und durch die Schriften Connells (1987; 1995) populär gewordene Begriff hat sich schnell zu einer Leitkategorie der *men's studies* entwickelt. Anstelle einer Begriffsexplikation sei zunächst ein geradezu exemplarisches Dokument hegemonialer Männlichkeit präsentiert. Die nachfolgende Äußerung stammt von einem in einem großen Industrieunternehmen in leitender Position tätigen Manager im Alter von Mitte 50.[4] Dieser Angehörige einer gesellschaftlichen Funktionselite sagt über sich als Mann:

> „Dort, wo ich als männliches Wesen geboren werde, und dort, wo man in reifen Jahren eine Verbindung mit einem weiblichen Wesen eingeht, dort trägt man im Grunde genommen sehr viel mehr Verantwortung als die Frau und ist damit von Hause aus, von der Geburt derjenige, der verantwortlich ist für die Familie. Du bist eigentlich derjenige, wenn du nachher deinen Beruf hast, du bist dazu verdonnert, Geld verdienen zu müssen, und wenn du dem andern Geschlecht nicht abhold bist und du willst eine Familie gründen, dann bist du für die Frau verantwortlich, dann bist du für die Kinder verantwortlich. Du bist eigentlich derjenige, der von A bis Z der verantwortliche Part ist in einer Lebensgemeinschaft für die Lebensgemeinschaft."

Wir finden in dieser Sequenz nahezu sämtliche Elemente hegemonialer Männlichkeit, soweit sie sich auf das private Zusammenleben von Mann und Frau bezieht. Erstens: die Dominanz des Mannes gegenüber der Frau; hier in der Kategorie der Verantwortlichkeit für die Familie gefasst. Der Mann definiert sich als Oberhaupt der Familie, von dessen Handeln das Schicksal der gesamten Gemeinschaft abhängt. Die Verantwortung des Mannes ist umfassend; sie reicht „von A bis Z". Zweitens: Diese Position einzunehmen, ist keine Frage der Wahl, sie ist dem Mann gleichsam biologisch vorbestimmt („dort, wo ich als männliches Wesen geboren werde"). Drittens: Der Verantwortung wird der Mann dadurch gerecht, daß er die finanziellen Ressourcen beschafft, die der Familiengemeinschaft ein sicheres Leben ermöglichen: der Ernährer der Familie. Viertens: Die Beziehung von Mann und Frau ist in der Form der Ehe institutionalisiert, und das impliziert das Zeugen von Nachwuchs. Ein fünftes Element ergibt sich aus dem bisher Aufgeführten von selbst, ist aber in einem kurzen Nebensatz auch angedeutet: eine heterosexuelle Orientierung („wenn du dem andern Geschlecht nicht abhold bist").

Hegemoniale Männlichkeit bezieht sich aber nicht nur, wie Connell (1987; 1995) betont, auf das Verhältnis der Männer zu den Frauen. Geschlechterverhältnisse sind „in einem mehrdimensionalen Sinne von Hierarchien durchzogen" (Maihofer, 2004, S. 17), sie sind immer auch Binnenverhältnisse; hegemoniale Strukturen gibt es mithin auch im Verhältnis von Männern untereinander. Die Ausgrenzung von Homosexualität gehört hierzu. Hegemoniale Männlichkeit ist keine individuelle Eigenschaft, sondern ein Orientierungsmuster, das unter Männern eine hohe normative Kraft besitzt. Hegemoniale Männlichkeit bezeichnet den „hierarchischen Konstruktionsmodus von Männlichkeit" (Scholz, 2004, S. 47), das generative Prinzip des doing masculinity so-

---

[4] Die Äußerung stammt aus einer Gruppendiskussion, die im Rahmen eines Forschungsprojektes zu kollektiven Orientierungen von Männern geführt wurde (Meuser, 1998).

wohl in der hetero- als auch in der homosozialen Dimension. Als Erzeugungsprinzip darf hegemoniale Männlichkeit nicht mit der Praxis des doing masculinity gleichgesetzt werden. Nur den wenigsten Männer gelingt es, hegemoniale Männlichkeit gleichsam vollkommen zu verkörpern, am ehesten den Angehörigen der gesellschaftlichen Funktionseliten. Diese Männer setzen aber die Standards, geben mit ihrer Praxis gleichsam vor, was hegemoniale Männlichkeit ausmacht. Sie haben eine gesellschaftliche Leitbildfunktion (Meuser, 1998).

Obwohl nur wenige Männer dem hegemonialen Ideal in ihrer Handlungspraxis gerecht werden, halten auch solche Männer, denen dies nicht gelingt, am Anspruch der Hegemonie fest. Hegemoniale Männlichkeit hat mithin eine doppelte Struktur; sie impliziert ein Geschlechterarrangement, in dem Männer erstens gesellschaftliche Dominanz über Frauen gewinnen und aufrechterhalten und in dem zweitens bestimmte Muster von Männlichkeit auch in der Hinsicht als hegemoniale sich durchsetzen, dass sie als kulturelle Leitbilder von Männlichkeit und als Orientierungsmuster für Männer fungieren. Dadurch entstehen Hierarchien von Männlichkeiten, in denen untergeordnete Männlichkeiten, die in ihrer Handlungspraxis dem Ideal hegemonialer Männlichkeit (aus welchen Gründen auch immer) nicht gerecht zu werden vermögen, das hegemoniale Ideal stützen, indem sie am Anspruch der Dominanz über Frauen festhalten.[5] Das trägt zur Reproduktion gegebener Machtverhältnisse zwischen den Geschlechtern bei.

3.2   Homosozialität

Eine entscheidende institutionelle Stütze hegemonialer Männlichkeit sind männerbündisch strukturierte Gemeinschaften. Stammtische, Vereine, Burschenschaften, Cliquen männlicher Jugendlicher, um nur einige Beispiele zu nennen, aber auch bestimmte Berufsfelder (z.B. Müllabfuhr, Bauwirtschaft, bis vor kurzem auch das Militär) und viele Arbeitsplätze sind geschlechtlich homogene soziale (und nicht selten auch physikalische) Räume, in denen die zugehörigen Männer sowohl andere Männer in Prozessen sozialer Schließung ausgrenzen als auch Hegemonieansprüche gegenüber Frauen aufrechterhalten. Solche homosozialen Gesellungsformen sind eine wichtige Ressource männlicher Solidargemeinschaft. Sie tragen dazu bei, die Grenzen zwischen den Geschlechtern, denen sie ihre Existenz verdanken, zu verstärken. Indem sie

---

5   Hegemoniale Männlichkeit, untergeordnete Männlichkeit, marginalisierte Männlichkeit – die Begriffe weisen darauf hin, dass es nicht eine uniforme Männlichkeit gibt (Connell, 1987; 1995). Die *men's studies* sprechen bewusst von Männlichkeiten. Die These einer Pluralität von Männlichkeiten darf allerdings nicht im Sinne einer beliebigen Optionalität verstanden werden. Eine bestimmte Männlichkeit ist keine Frage der Wahl, sondern weitgehend fundiert in kollektiven Zugehörigkeiten – zu einem sozialen Milieu, einer Generation, einer ethnischen Gemeinschaft u.a. (Meuser, 1999).

den Männern Gelegenheiten verschaffen, sich wechselseitig der Differenz zu und der Überlegenheit über Frauen zu vergewissern, sind sie ein kollektiver Akteur der Konstruktion der Differenz.

Der für die *men's studies* neben dem der hegemonialen Männlichkeit ebenfalls zentrale Begriff der Homosozialität meint „the seeking, enjoyment, and/or preference for the company of the same sex" (Lipman-Blumen, 1976, S. 16), also eine wechselseitige Orientierung der Angehörigen eines Geschlechts aneinander. Homosozialität hat eine physische und eine symbolische Dimension. Homosozialität meint zunächst die räumliche Separierung exklusiv-männlicher Sphären, d.h. die Konstitution von Orten, zu denen Frauen der Zutritt verwehrt wird. Das allein reicht aber nicht aus, bedeutsamer ist die symbolische Dimension, die darin besteht, dass die Ausbildung moralischer Orientierungen, politischer Einstellungen sowie von Wertsystemen primär im wechselseitigen Austausch der Geschlechtsgenossen untereinander geschieht und dass es sowohl auf individueller wie auf kollektiver Ebene die Geschlechtsgenossen sind, an denen der einzelne Mann sich orientiert.

Lipman-Blumen (1976) zufolge ist Homosozialität eine Beziehungs- und Gesellungsform, die traditionell stärker von Männern als von Frauen praktiziert wird. Sie sieht in diesem Ungleichgewicht einerseits einen Ausdruck männlicher Dominanz, andererseits trage das Ungleichgewicht zur Reproduktion der Dominanz bei, indem Frauen von wichtigen Bereichen der sozialen Welt ausgeschlossen werden und die Kohäsion unter Männern gestärkt wird. Michael Kimmel (1996), ein führender Vertreter der amerikanischen *men's studies*, sieht eine weitere zentrale Bedeutung homosozialer Gemeinschaften darin, dass in ihnen die männliche Geschlechtsidentität geformt wird. Männlichkeit, so Kimmel, ist weitgehend eine homosoziale Angelegenheit.

Pierre Bourdieu (1997a, S. 203) schreibt in einem für die Theoriediskussion in der Männerforschung wichtigen Aufsatz zur männlichen Herrschaft, der männliche Habitus werde „konstruiert und vollendet (...) nur in Verbindung mit dem den Männern vorbehaltenen Raum, in dem sich, *unter Männern*, die ernsten Spiele des Wettbewerbs abspielen". Solche Spiele werden gespielt in der Ökonomie, der Politik, der Wissenschaft, den religiösen Institutionen, im Militär, im Sport, aber auch auf der Straße zwischen rivalisierenden street gangs und auf dem Schulhof in Gestalt des von den Akteuren so genannten „Spaßprügelns". Bourdieu streicht zwei miteinander verbundene Aspekte heraus: die kompetitive Struktur von Männlichkeit und den homosozialen Charakter der sozialen Felder, in denen der Wettbewerb stattfindet. Dieser wird unter Männern ausgetragen.

Die Berufswelt ist ein zentrales Handlungsfeld, in dem die ernsten Spiele des Wettbewerbs stattfinden. Sie ist ein bedeutender Ort, an dem im Erwachsenenalter die männliche Sozialisation stattfindet. Der Berufseinstieg markiert den Übergang zum ‚Mannesalter'. Bis heute hat ein großer Teil der Berufswelt einen homosozialen Charakter. Dies ist die Folge der Trennung der Sphären von Männern und Frauen, wie sie sich im Zuge der Industriegesellschaft herausgebildet hat: ‚Männerwelt Beruf', ‚Frauenwelt

Familie'. Neben dieser grundlegenden Separierung und diese überlagernd gibt es eine Trennung zwischen sog. Frauenberufen und sog. Männerberufen. Letztere waren bis weit in die zweite Hälfte des 20. Jahrhunderts hinein lupenreine homosoziale Räume. Das trifft auf nahezu alle handwerklichen und technischen Berufe zu sowie auf die Berufe, die mit dem Privileg der Ausübung des staatlichen Gewaltmonopols versehen sind: Polizei und Militär.

Im Zuge der Veränderungen der Geschlechterverhältnisse in den letzten drei bis vier Jahrzehnten sind nach und nach die meisten der homosozialen Männerwelten im beruflichen Bereich aufgebrochen. Das betrifft zunehmend auch solche Berufe, die lange Zeit als Männerbastionen gelten konnten. Als vorerst letzte dieser Bastionen ist vor einigen Jahren durch ein Urteil des EuGH die Männerbastion Bundeswehr aufgebrochen worden. Das einzige Berufsfeld, das sich dieser Entwicklung – vermutlich nachhaltig – zu widersetzen vermag, ist der Klerus der Katholischen Kirche.

Als zählebig homosozial erweisen sich die Führungsetagen sowohl in der Privatwirtschaft als auch im öffentlichen Dienst. Hier findet man – in Deutschland weitaus stärker als in anderen westlichen Ländern – noch eine Vielzahl reiner Männerwelten (siehe dazu auch Rastetter in diesem Band). Aber bis ein Mann es geschafft hat, in diese Welten vorzudringen – sofern ihm dies überhaupt gelingt –, arbeitet er heute, anders als sein Vater und Großvater, auch in vielen Männerberufen in einer Umgebung, die ihren homosozialen Charakter verloren hat. Damit brechen traditionelle Felder der Einübung und Reproduktion von Männlichkeit weg. Das wird von nicht wenigen Männern als ein Verlust erfahren. Was sie neben anderem vermissen, ist eine gewisse Atmosphäre. Fine (1987) beschreibt in einer Fallstudie zu Restaurantküchen, einem stark männerdominierten, vielfach ausschließlich mit Männern besetzten Berufsfeld, wie die Köche eines Restaurants, nachdem eine Kollegin neu eingestellt worden ist, Schwierigkeiten haben, ihre gewohnten Kommunikationsformen weiter zu praktizieren. Was sie durch die Anwesenheit der Frau bedroht sehen, ist die sog. *clubby atmosphere*. Diese ist nicht unwesentlich durch einen *sexual talk* geprägt, durch sexuelle Anspielungen, Anzüglichkeiten und Scherze. Wollen die Frauen in dieser Männerwelt ‚überleben', müssen sie in dem Sinne *one of the boys* werden, dass sie sich auf die Kommunikationsformen der Männer einlassen. Tun sie das nicht, bleiben sie in aller Regel nicht lange an dem neuen Arbeitsplatz.[6]

Dieses Beispiel verweist auf einen wichtigen Punkt: Auch wenn homosoziale Männerwelten im beruflichen Bereich immer seltener werden, bleibt die Berufswelt ‚vergeschlechtlicht'. Die Forschung zum Verhältnis von Organisation und Geschlecht hat gezeigt, dass Organisationen eine geschlechtliche Substruktur haben (Acker, 1990). Bourdieu (1997b, S. 97) zufolge ist die „männliche Ordnung (...) sowohl den Institutio-

---

6   Studien über Männer in sog. Frauenberufen enthalten keine Hinweise darauf, dass Männer in ähnlicher Weise *one of the girls* werden müssen, um bestehen zu können (vgl. z.B. Heintz et al., 1997).

nen als auch den Akteuren eingeschrieben". Organisationen sind in mehrfacher Hinsicht *gendered*.

Die Arbeitskultur von Organisationen ist männerbündisch geprägt. Mit Blick auf die Personalpolitik weist z.B. Höyng (1999) darauf hin, dass neben fachlichen Kriterien ein entscheidendes Kriterium für Personalauswahlentscheidungen die „soziale Ähnlichkeit" von Bewerbern und Bewerberinnen ist. Die Wahl fällt in der Regel auf die Person, die am besten in den Kreis derjenigen passt, mit denen die oder der Neue zusammenarbeiten muss. Wie auch immer im Einzelnen definiert sein mag, was eine Person passend macht, entscheidend ist, dass das Geschlecht ein zentrales Passungskriterium ist. Dadurch fällt die Wahl vor allem bei Führungspositionen oder in von Männern dominierten Berufen in der Regel gleichsam wie selbstverständlich auf einen Mann, eben weil in der entsprechenden Organisationseinheit überwiegend, wenn nicht ausschließlich Männer arbeiten. Dieses implizit männerbündisch strukturierte Entscheidungshandeln findet dann nicht selten eine mehr explizite Fortsetzung in den sog. old boys networks, die, beispielsweise in Gestalt von Stammtischen, zwar außerhalb der Organisation ihren Ort haben, aber einen großen Einfluss auf das Organisationsgeschehen ausüben. Gerade in diesen informellen homosozialen Kreisen wird das „Betriebswissen" (Höyng, 1999, S. 95) weitergegeben, das für beruflichen Erfolg und Karriere notwendig ist.

Der Praxis, Personalauswahlentscheidungen am Kriterium der sozialen Ähnlichkeit zu orientieren, liegt nicht unbedingt ein strategisches Handeln zugrunde, das den Ausschluss von Frauen gezielt betreibt. Vielmehr führt die strukturelle Dominanz von Männern in Organisationen in Verbindung mit einer Praxis, die nicht auf Organisationen und nicht auf Männer begrenzt ist, sondern einem allgemeinen Muster von sozialer Nähe folgt, dazu, dass eine männerbündisch geprägte Struktur fortbesteht. In Interviews mit Personalreferenten wurde herausgestellt, wie wichtig es für die Funktionsfähigkeit von Organisationen sei, dass die Mitglieder einer Organisationseinheit „gut miteinander können" (Meuser, 1989, S. 54, 66ff.). Gewiss liegen dem Ausschluss von Frauen auch misogyne Einstellungen und strategisches Handeln zugrunde. Doch auch wenn dies nicht der Fall ist, heißt das nicht unbedingt, dass Frauen gleiche Chancen wie Männer haben.

Leitbild der männerbündischen Arbeitskultur ist ein Mitarbeiter, dessen Leben um die Berufsarbeit und die berufliche Karriere zentriert ist, der alle anderen Lebensbereiche dem Beruf unterordnet. Diesem Typus gehört zwar nicht die Mehrzahl der Beschäftigten an. Er markiert aber insofern „die hegemoniale Form von Männlichkeit in Organisationen" (Höyng, 2002, S. 208), als seine Arbeitsweise und Arbeitseinstellung gewissermaßen das Ethos der Arbeitskultur vorgeben. Es ist bekannt, dass dieser Typus in der jüngeren Zeit, im Zeichen verstärkter Deregulierung und verschärfter Konkurrenz um die verbleibenden Arbeitsplätze, an Bedeutung gewonnen hat. Ein Teil der geschlechtlichen Substruktur von Organisationen ist dieser Typus insofern, als er – vor dem Hintergrund der gegebenen Geschlechterordnung – typischen männlichen Lebenslaufmustern besser entspricht als typischen weiblichen Lebenslaufmustern.

Auch wenn homosoziale Männerräume im beruflichen Bereich aufbrechen, ist zu konstatieren, dass die Berufswelt in weiten Teilen und vor allem in den höheren Rängen immer noch in hohem Maße eine männlich geprägte Welt ist. Gleichwohl ist es interessant zu schauen, welche Konsequenzen die tendenzielle Auflösung der Geschlechtstypik von Berufen hat, auch wenn dies und eine damit möglicherweise verbundene Modernisierung von Männlichkeit nur sehr langsam vonstatten gehen.

4 Modernisierung von Männlichkeit?

Die Auflösung der Geschlechtstypik von Berufen ist ein zentrales Merkmal der Transformation der Geschlechterordnung. Das geschieht für die beiden Geschlechter in deutlich unterschiedlichem Maße. Es gibt mehr Frauen, die in ‚Männerberufe' gehen, als Männer, die den umgekehrten Weg wählen. Frauen erobern sich Räume, die ihnen bislang verschlossen waren. Männer tun dies in weitaus geringerem Maße. Ein wichtiger Grund hierfür ist gewiss, dass typische Frauenberufe in der Regel sowohl hinsichtlich des sozialen Status als auch des zu erzielenden Einkommens weniger attraktiv sind als typische Männerberufe. Die Situation, in einem geschlechtsuntypischen Beruf zu arbeiten, stellt sich für Frauen und Männer unterschiedlich dar.

Studien über geschlechts*un*typische Berufswahlen behandeln meistens die Situation von Frauen in Männerberufen und tun dies insofern zu Recht, als diese Konstellation viel häufiger gegeben ist als die umgekehrte. Eine Ausnahme ist eine Studie von Bettina Heintz et al. (1997), die eine vergleichende Perspektive anlegt. Als männeruntypisches Berufsfeld wurde die Krankenpflege untersucht. Hier sind die Männer in einer Minderheitenposition, so wie dies Frauen in Männerberufen sind. Damit entsteht das Problem oder die Aufgabe, einen Weg zu finden, diesen Minderheitenstatus zu bewältigen. Der von Frauen typischerweise eingeschlagene Weg besteht darin, die Geschlechterdifferenz herunterzuspielen, d.h. nicht zu betonen, dass sie anders sind als die Mehrheit der Kollegen, und mithin zu versuchen, sich als Frauen gleichsam unsichtbar zu machen. In extremen Fällen kann das heißen, *one of the boys* zu werden (s.o.).

Die Krankenpfleger bewältigen ihren Minderheitenstatus anders, sie tun es in offensiver Weise. Sie betonen ihre *Andersartigkeit*, indem sie z.B. ‚männliche Coolness' als ein Qualifikationsmerkmal für den Umgang mit den Patienten einführen. Und sie haben Erfolg damit. Coolness wird zu einem allgemeinen Qualifikationsmerkmal, nicht mehr nur für die Männer. Auf diese Weise gelingt es ihnen, das professionelle Selbstverständnis des Pflegeberufs in eine Richtung zu verschieben, die Eigenschaften erstrebenswert werden lässt, die – in unserer Kultur – männlich konnotiert sind. Auf diese Weise wird die Geschlechterhierarchie reproduziert. Die Männer sind „qua Geschlecht nicht nur *auch* geeignet für die Pflege, sie sind es sogar *besser*" (Heintz et al., 1997, S. 231), so das Resümee der AutorInnen. Hier findet eine Umdefinition beruflicher Qualifikationen statt, von der die Männer profitieren.

Das Beispiel zeigt recht gut, in welcher Weise eine Enttraditionalisierung mit einer Reproduktion tradierter Muster einhergehen kann. Eine Modernisierung von Männlichkeit ist in dem Sinne gegeben, dass ein Berufsfeld, das weiblich konnotiert ist, erschlossen wird. Dies ist aber nicht mit einer Revision der Geschlechterordnung verbunden; vielmehr nehmen die Männer schnell Einfluss auf die professionellen Standards. Heintz und Nadai (1998, S. 77) diagnostizieren eine „verblüffende Persistenz" der Geschlechterdifferenz.

Gleichwohl zeigen Studien im Rahmen der *men's studies*, die sich mit dem Wandel und der Modernisierung von Männlichkeit befassen, dass trotz aller Beharrungstendenzen die Basis männlicher Dominanzansprüche tendenziell wegbricht (vgl. z.B. Böhnisch, 2003). Gewiss gibt es nach wie vor eine männliche Suprematie in vielen gesellschaftlichen Bereichen, vor allem in der Berufswelt; die männliche Herrschaft setzt sich jedoch nicht mehr mit der Evidenz des Selbstverständlichen durch. Sie sieht sich einem wachsenden Rechtfertigungsdruck gegenüber. Das ist eine Folge der Umbrüche im Geschlechterverhältnis.

Die gesellschaftliche Basis traditioneller Männlichkeit und männlicher Dominanz gerät aber auch von einer weiteren Seite her unter Druck. Kern der industriegesellschaftlichen Geschlechterordnung sind die Trennung und die Hierarchisierung der Sphären von Produktion und Reproduktion sowie die mehr oder minder stringent vollzogene Zuweisung der Geschlechter zu einer der beiden Sphären. Zumindest in dem ideologischen Überbau der bürgerlichen Gesellschaft erfolgt diese Zuweisung geschlechtsexklusiv. In der Praxis hat die strikte Trennung der Sphären bekanntlich nur im Bürgertum so funktioniert, wie die Ideologie es vorsah. Gleichwohl, als hegemoniale Klasse hat das Bürgertum auch den hegemonialen Geschlechterdiskurs bestimmt. Insofern lässt sich sagen, dass die Männlichkeitskonstruktionen unter industriegesellschaftlichen Bedingungen von der Trennung und Hierarchisierung der Sphären von Produktion und Reproduktion bestimmt waren. Berufs- statt Familienorientierung und Vollerwerbstätigkeit im Rahmen des sogenannten Normalarbeitsverhältnisses machen den Kern industriegesellschaftlicher Männlichkeitskonstruktionen aus. Sie bilden die Normalitätsfolie männlicher Lebenslagen und sie sind die strukturelle Basis männlicher Suprematie.

Wir sind gegenwärtig Zeugen einer weitreichenden Transformation der Erwerbsarbeit. Flexibilisierung der Arbeit, Entgrenzung von Arbeit und Leben, Feminisierung der Arbeit sind wichtige Stichwörter. Die Flexibilisierung des Arbeitsortes und -platzes, z.B. in Gestalt von Telearbeit, mag von vielen als vorteilhaft erfahren werden; strukturell betrachtet, stellt sie die Grenzen zwischen Produktion und Reproduktion infrage.

Feminisierung der Arbeit bedeutet u.a., dass diskontinuierliche Erwerbsbiographien, wie sie für Frauen typisch sind, mehr und mehr zu einem Merkmal beruflicher Normalbiographien, mithin auch für Männer zu einer Regelerfahrung werden. (Zur Diskussion über die Feminisierung der Arbeit vgl. Appelt & Sauer, 2001; Scheele, 2004.) Wenn wir in Rechnung stellen, welchen zentralen Stellenwert eine kontinuierliche Erwerbsarbeit für die Konstruktion von Männlichkeit und für die männliche Geschlechtsidentität hat, dann ist leicht zu sehen, dass hier Herausforderungen auf eine wachsende Anzahl von Männern zukommen, die m.E. größer sind als die Herausforderungen, die durch die Frauenbewegung bedingt sind. Diese Konsequenzen des Strukturwandels der Erwerbsarbeit für Männlichkeitskonstruktionen sind von der Geschlechterforschung noch kaum bedacht. Hier dürfte ein zentrales Forschungsfeld für die nahe Zukunft liegen.

5 Männlichkeit als Gestaltungsaufgabe

In den Umbrüchen in der Arbeitswelt deutet sich eine Entwicklung an, die auch in anderen Bereichen der sozialen Welt zu beobachten ist: Männlichkeit verliert mehr und mehr ihre traditionellen institutionellen Orte und damit den Charakter des Selbstverständlichen. In einem gewissen Sinne ist sie damit erst in der Moderne angekommen. In der Perspektive der wissenssoziologischen Modernisierungstheorie ist es das entscheidende Merkmal der Moderne, dass der „Zustand des unreflektierten ‚Zuhauseseins' in der sozialen Welt" (Berger, Berger & Kellner, 1987, S. 71) verlassen wird. Mit dieser Herausforderung sind Männer in ihrer Geschlechtlichkeit gegenwärtig konfrontiert. Männlichkeit wird zu einer Gestaltungsaufgabe. Männer müssen, so Böhnisch (2003, S. 85), „selbst schauen, wie sie mit ihrer Männlichkeit zurecht kommen, da sie nicht mehr institutionell vorausgesetzt und im Geschlechterverhältnis entsprechend gestützt ist". Männlichkeit wird von einer Vorgabe zu einer Aufgabe.

Betrachtet man die Massenmedien bzw. die dort geführten Diskurse als Seismograph gesellschaftlicher Entwicklungen, dann haben wir einen deutlichen Indikator dafür, dass Männlichkeit den Charakter des fraglos Gegebenen verliert. Dem Prekär-Werden der institutionellen Basis männlicher Dominanz steht eine mediale Männlichkeitsofferte gegenüber (Böhnisch, 2003; Gauntlett, 2002).

In den Medien hat sich ein Männlichkeitsdiskurs in unterschiedlichen Ausprägungen entwickelt:

■ In der allgemeinen Presseberichterstattung werden Männer immer häufiger als problembehaftete Wesen dargestellt, die sich gegenüber Frauen in einer defizitären Lage befinden, sei es, dass sie über ein geringeres Gesundheitsbewusstsein verfügen, sei es, dass sie die schlechteren Schulnoten aufweisen, sei es, dass die Menge und die Qualität ihres Spermas und damit ihre reproduktive Leistung zu wünschen lassen.

▪ Die Werbung hat den (nackten) Männerkörper als Projektionsfläche zur Vermarktung von Konsumprodukten entdeckt. War bis Mitte der 1980er Jahre allein der weibliche Körper in den Inszenierungen der Werbung präsent, lässt sich seitdem eine wachsende Enttabuisierung des Blicks auf den männlichen Körper beobachten. Der männliche Körper erfährt eine Ästhetisierung und gerät tendenziell unter ein Schönheitsdiktat, sein Erscheinungsbild wird mithin zu einer Gestaltungsaufgabe (Willems & Kautt, 1999; Zurstiege, 2001).

Während der Markt geschlechtsspezifischer Lifestyle-Magazine bis vor ca. 10 Jahren als ein exklusiver ‚weiblicher' Markt gelten konnte, hat sich seitdem mit einigem Erfolg ein neues Segment von an Männer adressierten Magazinen auf dem Zeitschriftenmarkt etablieren können. Das sind Magazine wie *Men's Health, GQ, Maxim, FHM*. Galt früher die implizite Devise „‚real men' didn't need a magazine to tell them how to live" (Gauntlett, 2002, S. 154), scheint sich gegenwärtig eine wachsende Nachfrage nach einem solchen Wissen zu entwickeln. Damit wird dem Männlichen der Nimbus des Sachlich-Neutralen entzogen; Männer werden zu einem geschlechtlich Besonderen, als das Frauen schon immer gesehen wurden. Dies erfolgt unabhängig von den Intentionen der Zeitschriftenmacher, es ist der zwangsläufige Effekt der hier betriebenen Diskursivierung von Männlichkeit. Diskursivierung zerstört Fraglosigkeiten, sie macht das vormals Unhinterfragte befragbar. Und genau dies geschieht in den Männerzeitschriften. Männlichkeit wird befragt und vermessen. Der eigentliche Gegenstand, die *hidden agenda* der Zeitschriften ist die soziale Konstruktion von Männlichkeit (Gauntlett, 2002, S. 170).

Im Informationszeitalter, von Castells (2001, S. 375ff.) als eine „Kultur der realen Virtualität" beschrieben, erhalten die Massenmedien eine wachsende Bedeutung als Ort der Erzeugung und symbolischen Repräsentation von Wirklichkeit. Die Medien sind der Ort, an dem die entscheidenden „kulturellen Schlachten" ausgetragen werden (ebd., S. 399). Der in den Medien gepflegte Männlichkeitsdiskurs formuliert zwar keine Absage an den hegemonialen Geschlechterdiskurs, zeugt aber davon, dass dieser brüchig geworden ist. Das gilt insbesondere für den Diskurs der neuen Männerzeitschriften. Ausdruck dessen ist nicht nur die Diskursivierung von Männlichkeit als solcher, vielmehr werden die Brüche, auf die der neue Diskurs eine Reaktion darstellt, in den Zeitschriftentexten selbst sichtbar (Meuser, 2001).

Der Verlust institutionalisierter Orte traditioneller Männlichkeit und die mediale Diskursivierung von Männlichkeit stellen eine Herausforderung an hergebrachte Muster hegemonialer Männlichkeit dar. Eine selbstverständliche Reproduktion tradierter Männlichkeitsentwürfe scheint immer weniger möglich zu sein. Eine Auflösung der gesellschaftlichen Hegemonie von Männern ist damit allerdings nicht zwangsläufig verbunden. Die Schaltstellen gesellschaftlicher Macht sind weiterhin überwiegend mit Männern besetzt. Es muss mithin als eine empirisch offene Frage betrachtet werden, ob die gegenwärtig zu beobachtenden Umbrüche und Herausforderungen die Basis hegemonialer Männlichkeit ernsthaft und nachhaltig zu bedrohen vermögen oder ob eine Modernisierung hegemonialer Männlichkeit stattfindet, in deren Zuge männliche Hegemonie zwar nur noch gebrochen, weil nicht mehr fraglos gegeben praktiziert werden kann, gleichwohl aber Bestand hat – gewissermaßen als eine modernisierte, ,aufgeklärte' Hegemonie, die um die Herausforderungen weiß, sich davon aber nicht ernsthaft beirren lässt.

Literatur

Acker, J. (1990): Hierarchies, Jobs, Bodies. A Theory of Gendered Organizations, in: Gender & Society, 4. Jg., S. 139-158.

Appelt, E. & Sauer, B. (2001): Globalisierung aus feministischer Perspektive, in: Österreichische Zeitschrift für Politikwissenschaft, 30. Jg., Heft 2, S. 127-135.

Behnke, C. & Meuser, M. (1999): Geschlechterforschung und qualitative Methoden, Opladen.

Berger, P. L., Berger, B. & Kellner, H. (1987): Das Unbehagen in der Modernität, Frankfurt a.M.

Böhnisch, L. (2003): Die Entgrenzung der Männlichkeit. Verstörungen und Formierungen des Mannseins im gesellschaftlichen Übergang, Opladen.

Bourdieu, P. (1997a): Die männliche Herrschaft, in: Dölling, I. & Krais, B. (Hg.): Ein alltägliches Spiel. Geschlechterkonstruktion in der sozialen Praxis, Frankfurt a.M., S. 153-217.

Bourdieu, P. (1997b): Männliche Herrschaft revisited, in: Feministische Studien, 15. Jg., Heft 2, S. 88-99.

Brod, H. (Hg.) (1987a): The Making of Masculinities. The New Men's Studies, Boston.

Brod, H. (1987b): The Case for Men's Studies. In: Ders. (Hg.): The Making of Masculinities. The New Men's Studies, Boston, S. 39-62.

Brod, H. & Kaufman, M. (Hg.) (1994): Theorizing Masculinities, Thousand Oaks.

Brownmiller, S. (1978): Gegen unseren Willen. Vergewaltigung und Männerherrschaft, Frankfurt a.M.

Carrigan T., Connell, R. W. & Lee, J. (1985): Toward a New Sociology of Masculinity, in: Theory and Society, 14. Jg., S. 551-604.

Castells, M. (2001): Das Informationszeitalter, Bd. I: Die Netzwerkgesellschaft, Opladen.

Castells, M. (2003): Das Informationszeitalter, Bd. III: Jahrtausendwende, Opladen.

Connell, R. W. (1987): Gender and Power. Society, the Person and Sexual Politics, Cambridge.

Connell, R. W. (1995): Masculinities, Cambridge/Oxford.

Fine, G. A. (1987): One of the Boys: Women in Male-Dominated Settings, in: Kimmel, M. (Hg.): Changing Men. New Directions in Research on Men and Masculinity, Newbury Park, S. 131-147.

Gauntlett, D. (2002): Media, Gender and Identity. An Introduction, London/New York.

Gravenhorst, L. (1988): Private Gewalt von Männern und feministische Sozialwissenschaft, in: Hagemann-White, C. & Rerrich, M. S. (Hg.): FrauenMännerBilder. Männer und Männlichkeit in der feministischen Diskussion, Bielefeld, S. 12-25.

Hagemann-White, C. & Rerrich, M. S. (Hg.) (1988): FrauenMännerBilder. Männer und Männlichkeit in der feministischen Diskussion, Bielefeld.

Hearn, J. (1987): The Gender of Oppression. Men, Masculinity, and the Critique of Marxism, Brighton.

Hearn, J. & Morgan, D. H. J. (Hg.) (1990a): Men, Masculinities and Social Theory, London.

Hearn, J. & Morgan, D. H. J. (1990b): Men, Masculinities and Social Theory, in: Dies. (Hg.): Men, Masculinities and Social Theory, London, S. 1-18.

Heintz, B. & Nadai, E. (1998): Geschlecht und Kontext. De-Institutionalisierungsprozesse und geschlechtliche Differenzierung, in: Zeitschrift für Soziologie, 27. Jg., S. 75-93.

Heintz, B., Nadai, E., Fischer, R. & Ummel, H. (1997): Ungleich unter Gleichen. Studien zur geschlechtsspezifischen Segregation des Arbeitsmarktes, Frankfurt a.M./New York.

Höyng, S. (1999): Männerbündische Arbeitskultur am Beispiel von Personalpolitik, in: Krannich, M. (Hg.): Geschlechterdemokratie in Organisationen, Frankfurt a.M., S. 93-98.

Höyng, S. (2002): Gleichstellungspolitik als Klientelpolitik greift zu kurz. Die Möglichkeiten von Gender Mainstreaming aus dem Blickwinkel von Männern, in: Bothfeld, S., Gronbach, S. & Riedmüller, B. (Hg.): Gender Mainstreaming – eine Innovation in der

Gleichstellungspolitik. Zwischenberichte aus der politischen Praxis, Frankfurt a.M./ New York, S. 199-228.

Kimmel, M. (Hg.) (1987): Changing Men. New Directions in Research on Men and Masculinity, Newbury Park.

Kimmel, M. (1996): Manhood in America. A Cultural History, New York.

Lipman-Blumen, J. (1976): Toward a Homosocial Theory of Sex Roles, in: Signs, 1. Jg., S. 15-31.

Maihofer, A. (2004): Von der Frauen- zur Geschlechterforschung – modischer Trend oder bedeutsamer Perspektivenwechsel?, in: Döge, P., Kassner, K. & Schambach, G. (Hg.): Schaustelle Gender. Aktuelle Beiträge sozialwissenschaftlicher Geschlechterforschung, Bielefeld, S. 11-28.

Meuser, M. (1989): Gleichstellung auf dem Prüfstand. Frauenförderung in der Verwaltungspraxis, Pfaffenweiler.

Meuser, M. (1998): Geschlecht und Männlichkeit. Soziologische Theorie und kulturelle Deutungsmuster, Opladen.

Meuser, M. (1999): Multioptionale Männlichkeiten? Handlungsspielräume und habituelle Dispositionen, in: Honegger, C., Hradil, S. & Traxler, F. (Hg.): Grenzenlose Gesellschaft?, Teil 2, Opladen, S. 151-165.

Meuser, M. (2001): „Ganze Kerle", „Anti-Helden" und andere Typen. Zum Männlichkeitsdiskurs in neuen Männerzeitschriften, in: Döge, P. & Meuser, M. (Hg.): Männlichkeit und soziale Ordnung. Neuere Beiträge zur Geschlechterforschung, Opladen, S. 219-236.

Meuser, M. (2004): Festschreibung oder Auflösung der Geschlechterdifferenz?, in: Meuser, M. & Neusüß, C. (Hg.): Gender Mainstreaming. Konzepte, Handlungsfelder, Instrumente, Wiesbaden/Bonn (im Druck).

Meuser, M. & Lautmann, R. (1997): ‚Menschen und Frauen'. Die Geschlechtslosigkeit des Mannes in der Moderne, in: Völger, G. (Hg.): Sie und Er. Frauenmacht und Männerherrschaft im Kulturvergleich, Bd. 2, Köln, S. 253-258.

Rousseau, J.-J. (1981): Emil oder über die Erziehung, Paderborn.

Scheele, A. (2004): Feminisierung der Arbeit und die Arbeitsforschung, in: Arbeit, 13. Jg., Heft 2, S. 173-176.

Scholz, S. (2004): Männlichkeit erzählen. Lebensgeschichtliche Identitätskonstruktionen ostdeutscher Männer, Münster.

Simmel, G. (1985): Das Relative und das Absolute im Geschlechter-Problem, in: Ders.: Schriften zur Philosophie und Soziologie der Geschlechter. Frankfurt a.M., S. 200-223 (zuerst 1911).

Teubner, U. (1988): Männerleid und Männerfreud. Zu einigen Aporien von Macht und Individuum, in: Hagemann-White, C. & Rerrich, M. S. (Hg.): FrauenMännerBilder. Männer und Männlichkeit in der feministischen Diskussion, Bielefeld, S. 26-40.

Willems, H. & Kautt, Y. (1999): Korporalität und Medialität: Identitätsinszenierungen in der Werbung, in: Willems, H. & Hahn, A. (Hg.): Identität und Moderne, Frankfurt a.M., S. 298-362.

Zurstiege, G. (2001): Im Reich der großen Metapher – Männlichkeit und Werbung, in: Döge, P. & Meuser, M. (Hg.): Männlichkeit und soziale Ordnung. Neuere Beiträge zur Geschlechterforschung, Opladen, S. 201-217.

AutorInnenverzeichnis

Alewell, Dorothea, Prof. Dr., geb. 1964, Professorin für ABWL, insbesondere Personalwirtschaft und Organisation, an der Friedrich-Schiller-Universität Jena. Arbeitsschwerpunkte: Personalökonomik, Institutionenökonomik, Ökonomische Analyse des Rechts. Ausgewählte aktuelle Publikationen: Alewell, D. & Pull, K. (2004): Mutterschutzbedingte Reorganisationskosten des Arbeitgebers – eine international vergleichende Analyse gesetzlicher Schutzbestimmungen, in: Zeitschrift für Personalforschung, 18. Jg., Heft 4, S. 374-395; Alewell, D. (2002): Die institutionelle Gestaltung der Arbeitsteilung durch das Arbeitsrecht. Weiße Flecken auf der organisationstheoretischen Landkarte vertragstheoretischer Ansätze, in: Zeitschrift für Personalforschung, 20. Jg., Heft 4, S. 510-524; Alewell, D. (1997): Die Finanzierung betrieblicher Weiterbildungsinvestitionen. Ökonomische und juristische Aspekte, Wiesbaden; Alewell, D. (1993): Interne Arbeitsmärkte – Eine informationsökonomische Analyse; Dissertation, Hamburg.
E-Mail: D.Alewell@wiwi.uni-jena.de
Homepage: http://www.wiwi.uni-jena.de/Personal/personal.html

Becker, Albrecht, Prof. Dr., geb. 1960, Institut für Betriebliche Finanzwirtschaft, Universität Innsbruck. Arbeitsschwerpunkte: Accountingforschung, Organisationstheorie, Wissen und Lernen in Organisationen. Ausgewählte aktuelle Publikationen: Brauner, E. & Becker, A. (2004): Wissensmanagement und organisationales Lernen: Personalentwicklung und Lernen durch transaktive Wissenssysteme, in Hertel, G. & Konradt, U. (Hg.): Electronic Human Resource Management: Personalarbeit unter Einsatz des Inter- und Intranet, Göttingen, S. 235-252; Becker, A. (2003): Controlling als reflexive Steuerung von Organisationen, Stuttgart; Becker, A., Jordan, S. & Messner, M. (2003): Controlling als organisationale Praxis: Implikationen für die Forschung, in Weber, J. & Hirsch, B. (Hg.): Zur Zukunft der Controllingforschung, Wiesbaden, S. 143-160.
E-Mail: albrecht.becker@uibk.ac.at
Homepage: http://www. uibk. ac.at/c/c4/c434/man_ acc/index.html

Bode, Matthias, Dr., geb. 1963, Projektmitarbeiter am Lehrstuhl Marketing und Konsum, Universität Hannover. Arbeitsschwerpunkte: Musik & Marketing, Werbung, Interpretative Methodologie, Kultur & Konsum, Marketinggeschichte. Ausgewählte aktuelle Publikationen: Bode, M. (2004): Musik in der Werbemittelforschung unter besonderer Berücksichtigung interpretativer Verfahren, Frankfurt a.M. u.a.; Hansen, U. & Bode, M. (1999): Marketing und Konsum: Theorie und Praxis von der Industrialisierung bis ins 21. Jahrhundert, München.
E-Mail: mb@marketing.uni-hannover.de
Homepage: http://www.m1.uni-hannover.de/mitarbeiter.php

Canis, Anne, Dipl.-Kffr., geb. 1978, wissenschaftliche Mitarbeiterin am Lehrstuhl für Allgemeine Betriebswirtschaftslehre, insbesondere Personalwirtschaft und Organisati-

on, Wirtschaftswissenschaftliche Fakultät der Friedrich-Schiller-Universität Jena. Arbeitsschwerpunkte: Personalökonomik, Wissensmanagement, Gender Studies, Organisationstheorie. Ausgewählte aktuelle Publikationen: Alewell, D., Bähring, K., Canis, A. & Thommes, K. (2004): Determinanten der Nachfrage nach Personaldienstleistungen durch Unternehmen – Überlegungen zur „strukturellen Stimmigkeit" der Personalarbeit, erscheint in: Lindstädt, H. & Spengler, T. (Hg.): Strukturelle Stimmigkeit in der Betriebswirtschaftslehre.
E-Mail: a.canis@wiwi.uni-jena.de
Homepage: http://www. wiwi.uni-jena.de/Personal/personal.html

Domsch, Michel E., Univ.-Prof. Dr., geb. 1941, Leitung Institut für Personalwesen und Internationales Management, Helmut-Schmidt-Universität, Universität der Bundeswehr Hamburg. Arbeitsschwerpunkte: Auslandseinsatz, Diversity, Arbeitszeitflexibilisierung. Ausgewählte aktuelle Publikationen: Domsch, M. E. & Ladwig, D. (Hg.) (2005): Handbuch Mitarbeiterbefragung, 2. Aufl., Berlin u.a.; Domsch, M. E., Ladwig, D. & Tenten, E. (Hg.) (2003): Gender Equality in Central and Eastern European Countries, Frankfurt a.M.; Rosenstiel, L. von, Regnet, E. & Domsch, M. E. (Hg.) (2003): Führung von Mitarbeitern, 5. Aufl., Stuttgart.
E-Mail: michel.domsch@hsu-hh.de; ipa@hsu-hh.de

Hansen, Ursula, Prof. Dr. Dr. h.c., geb. 1939, Lehrstuhlinhaberin, Lehrstuhl Marketing und Konsum, Universität Hannover. Arbeitsschwerpunkte: Handels- und Dienstleistungsmarketing, Relationship Marketing, Marketingethik und Ökologisches Marketing, Marktorientiertes Hochschulmanagement, Konsumverhaltensforschung. Ausgewählte aktuelle Publikationen: Hansen, U. (2005): Consumer information as an instrument of consumer policy. Policy paper by the Scientific Advisory Board for Consumer, Food and Nutrition Policies to the Federal Ministry of Consumer Protection, Food and Agriculture, erscheint in: Journal of Consumer Policy; Hansen, U. & Schrader, U. (2004): Informationsrecht und Informationsverhalten der Konsumenten – zentrale Bedingungen eines nachhaltigen Konsums, in: Gröppel-Klein, A. (Hg.): Konsumentenforschung im 21. Jahrhundert, Festschrift für Prof. Dr. Peter Weinberg, Wiesbaden, S. 275-297; Hansen, U. & Bode, M. (1999): Marketing und Konsum: Theorie und Praxis von der Industrialisierung bis ins 21. Jahrhundert, München.
E-Mail: uh@marketing.uni-hannover.de
Homepage: http://www.m1.uni-hannover.de/index. php

Innreiter-Moser Cäcilia, Dr.in, Assistenzprofessorin an der Johannes Kepler Universität Linz – Institut für Organisation. Arbeitsschwerpunkte: Chancengleichheit von Frauen und Männern in Arbeitsorganisationen, Umsetzung von Gender Mainstreaming, Strukturorganisation, Projektmanagement. Ausgewählte aktuelle Publikationen: Innreiter-Moser, C. (2003): Einkommen im Lebenszyklus von Frauen, in: KONTRASTE – Presse- und Informationsdienst für Sozialpolitik, Nr. 4, April, S. 2-5; Innreiter-Moser, C. (2003): Equality. Definition und Interpretation in den Aussagen österreichischer Studentinnen, in: Buchmayr, M., Hauch, G. & Salmhofer, G. (Hg.): Frauen in die Chef-

etagen!? Innsbruck; Berry, M. & Innreiter-Moser, C. (2002): Communicating Cultural Dimensions of Gender-related Identity in Female Austrian and Finnish Business Students´ Responses to Joanna Kramer (and to each other), in: Culture and Organization, 8. Jg., Heft 2.
E-Mail: caecilia.innreiter@jku.at

Jochmann-Döll, Andrea, Dr. rer. pol., geb. 1962, Forscherin und Beraterin, Leiterin des Forschungs- und Beratungsbüros GEFA (Gender, Entgelt, Führung, Arbeit). Arbeitsschwerpunkte: Modernisierung und diskriminierungsfreie Gestaltung von Entgeltsystemen, Gender Mainstreaming, Organisationsentwicklung. Ausgewählte aktuelle Veröffentlichungen: Jochmann-Döll, A., Schilling, E. & Düser, W. (2004): Praxisbeispiel PARITÄTISCHER Wohlfahrtsverband, Landesverband Thüringen e.V.: Gender Mainstreaming im Rahmen eines Equal-Projektes der EU, in: Krell, G. (Hg.): Chancengleichheit durch Personalpolitik, 4. Aufl., Wiesbaden, S. 99-104; Jochmann-Döll, A. & Tondorf, K. (2004): Monetäre Leistungsanreize im öffentlichen Sektor, Bestandsaufnahme – Analysen – Gestaltungsempfehlungen, edition 119 der Hans-Böckler-Stiftung, Düsseldorf, Kurzfassung erschienen in WSI-Mitteilungen, 57. Jg., Heft 8, S. 428-434.
E-Mail: jochmann-doell@gefa-forschung-beratung.de

Krell, Gertraude, Prof. Dr. rer. pol., geb. 1952, Professorin für Betriebswirtschaftslehre mit dem Schwerpunkt Personalpolitik am Institut für Management der Freien Universität Berlin. Arbeitsschwerpunkte: Chancengleichheit von Frauen und Männern, insbesondere Managing Diversity, Gender Mainstreaming, Arbeits- und Leistungsbewertung, Emotionen in Organisationen, Personalpolitik für Dienstleistungsorganisationen, Geschichte und Orientierungen einer Lehre vom Personal, Kritik von Managementkonzepten. Ausgewählte aktuelle Publikationen: Krell, G. (Hg.) (2004): Chancengleichheit durch Personalpolitik, 4. Aufl., Wiesbaden; Krell, G. (2004): Gefühl und Geschlecht in Bürokratie, Gemeinschaft und ICH-AG, in: Pasero, U. & Priddat, B. P. (Hg.): Organisationen und Netzwerke: Der Fall Gender, Wiesbaden, S. 65-92; Krell, G. (2003): Die Ordnung der „Humanressourcen" als Ordnung der Geschlechter, in: Weiskopf, R. (Hg.): Menschenregierungskünste. Anwendungen poststrukturalistischer Analyse auf Management und Organisation, Wiesbaden, S. 65-90.
E-Mail: krellg@wiwiss.fu-berlin.de
Homepage: www.wiwiss.fu-berlin.de/w3/w3krell

Meuser, Michael, Dr. phil., PD, geb. 1952, Privatdozent für Soziologie an der Universität Bremen, Gastprofessor an der Universität Wien und am Institut für Höhere Studien Wien, im Sommersemester 2005 Vertretungsprofessor an der Universität Siegen. Arbeitsschwerpunkte: Soziologie der Geschlechterverhältnisse, Methoden qualitativer Sozialforschung, Soziologie des Körpers, politische Soziologie. Ausgewählte aktuelle Publikationen: Meuser, M. & Neusüß, C. (Hg.) (2004): Gender Mainstreaming. Konzepte, Handlungsfelder, Instrumente, Bonn (beziehbar gegen eine Schutzgebühr von 2 Euro via www.bpb.de); Meuser, M. (2004): Nichts als alter Wein in neuen Schläuchen? Männlichkeitskonstruktionen im Informationszeitalter, in: Kahlert, H. & Kajatin,

C. (Hg.): Arbeit und Vernetzung im Informationszeitalter. Wie neue Technologien die Geschlechterverhältnisse verändern, Frankfurt a.M./New York, S. 73-93; Bohnsack, R., Marotzki, W. & Meuser, M. (Hg.) (2003): Hauptbegriffe qualitativer Sozialforschung, Opladen.
E-Mail: meuser.michael@t-online.de

Ortmann, Günther, Prof. Dr., geb. 1945, Professur für Allgemeine Betriebswirtschaftslehre an der Helmut-Schmidt-Universität, Universität der Bundeswehr Hamburg. Arbeitsschwerpunkte: Organisationstheorie, strategisches Management, Unternehmungsnetzwerke. Ausgewählte aktuelle Publikationen: Ortmann, G. (2004): Als Ob. Fiktionen und Organisationen. Wiesbaden; Ortmann, G. (2003): Organisation und Welterschließung. Dekonstruktionen, Wiesbaden; Ortmann, G. (2003): Regel und Ausnahme. Paradoxien sozialer Ordnung, Frankfurt a.M.
E-Mail: ortmann@hsu-hh.de
Homepage: http://ortmann.hsu-hh.de

Osterloh, Margit, Prof. Dr. rer. pol. Dipl. Ing., geb. 1943, Ord. Professorin am Institut für Organisation und Unternehmenstheorien, Lehrstuhl für Organisation, Technologie- und Innovationsmanagement der Universität Zürich. Arbeitsschwerpunkte: Organisationslehre, Innovations- und Technologiemanagement, Managing Motivation, Unternehmens- und Wirtschaftsethik, Frauen in der Unternehmung. Ausgewählte aktuelle Publikationen: Osterloh, M. & Weibel, A. (2005): Investition Vertrauen. Prozesse der Vertrauensentwicklung in Organisationen, Wiesbaden (forthcoming); Osterloh, M. & Frost, J. (2003): Prozessmanagement als Kernkompetenz. Wie Sie Business Reengineering strategisch nutzen können, 4. Aufl., Wiesbaden; Frey, B. & Osterloh, M. (2002): Managing Motivation: Wie Sie die neue Motivationsforschung für Ihr Unternehmen nutzen können, 2. Aufl., Wiesbaden.
E-Mail: osterloh@iou.unizh.ch
Homepage: www.iou.unizh.ch/orga

Rastetter, Daniela, Prof. Dr., geb. 1961, Hamburger Universität für Wirtschaft und Politik, Fachbereich BWL. Arbeitsschwerpunkte: Personal, Organisation, Gender Studies. Ausgewählte aktuelle Publikationen: Rastetter, D. (2005): Vertrauen in weibliche Führungskräfte, erscheint in: Bendl, R. (Hg.): Betriebswirtschaftslehre und Geschlechterforschung; Rastetter, D. (2004): Methoden der Personalforschung, qualitative, in: Gaugler, E. et al. (Hg.): Handwörterbuch des Personalwesens, 3. Aufl., Stuttgart, S. 1177-1186.
E-mail: RastetterD@hwp-hamburg.de

Scheidegger, Nicoline, lic. phil, geb. 1967, Wissenschaftliche Mitarbeiterin am Institut für Organisation und Unternehmenstheorien, Universität Zürich. Arbeitsschwerpunkte: Netzwerktheorien und Netzwerkanalyse. Ausgewählte aktuelle Publikationen: Scheidegger, N. & Osterloh, M. (2004): „One Network Fits All? Effekte von Netzwerkcharakteristika auf Karrieren", in: Pasero, U. & Priddat, B. P. (Hg.): Organisationen und Netzwerke: Der Fall Gender, Wiesbaden, S. 199-226; Littmann-Wernli, S. & Schei-

degger, N. (2004): „Mit sozialem Kapital durch die ‚Gläserne Decke'", in: Peters, S., Schmicker, S. & Weinert, S. (Hg.): Flankierende Personalentwicklung durch Mentoring, München/Mering, S. 49-63.
E-Mail: nicoline.scheidegger@iou. unizh.ch

Vedder, Günther, Dr. rer. pol., geb. 1965, Wissenschaftlicher Assistent am Lehrstuhl BWL/Arbeit–Personal–Organisation der Universität Trier. Arbeitsschwerpunkte: Qualitätsmanagement, Zeitsoziologie, Diversity Management. Ausgewählte aktuelle Publikationen: Vedder, G. (Hg.) (2004): Familiengerechte Hochschule, Frankfurt; Vedder, G. (Hg.) (2004): Diversity Management und Interkulturalität, München/Mering.
E-Mail: vedd4201@uni-trier

Mehr wissen –
weiter kommen

Gleichstellung von Frauen
und Männern erzielen

Namhafte Experten aus Wissenschaft und
Praxis präsentieren das Grundlagenwissen
der Personalpolitik. Außerdem analysieren
sie Themen wie z. B. Personalbeurteilung,
Leistungsvergütung oder Reorganisation.
Neben den für das jeweilige Handlungsfeld
bedeutsamen Rechtsnormen werden Forschungsergebnisse sowie Erfahrungen als
Problemanalysen vorgestellt und daraus
Handlungsempfehlungen für die Praxis
abgeleitet.
Für die vierte Auflage wurde das Buch vollständig überarbeitet. Neue Grundlagenbei-
träge u. a. zu Mobbing, Managing Diversity
und Gender Trainings sowie Praxisbeispiele
von Commerzbank, Deutsche Bank, Ford,
Motorola u. a. wurden aufgenommen.

„Der [...] Sammelband beschäftigt sich mit
einer konsequenten Gleichstellungspolitik,
die in den Managementprozess integriert
werden muss. [...] Dabei werden [...] Themen
angesprochen, die im Zusammenhang mit
der Chancengleichheit bislang nur am Rande
Beachtung fanden. Zu diesen gehören beispielsweise die Personalbeurteilung, die
Leistungsvergütung oder die Reorganisation.
[...] Die abgeleiteten Handlungsempfehlungen
machen das Buch nicht nur für die Praxis
sehr empfehlenswert. Es ist zu hoffen, dass
dies wichtige Buch eine breite Aufmerksamkeit findet."

Organisationsentwicklung

Gertraude Krell (Hrsg.)
**Chancengleichheit durch
Personalpolitik**
4. Aufl. 2004. XII, 469 S.
Br., EUR 49,90
ISBN 3-409-42229-3

Änderungen vorbehalten. Stand: Januar 2005

Gabler Verlag · Abraham-Lincoln-Str. 46 · 65189 Wiesbaden · www.gabler.de

GABLER